KB272872

인터넷과 참여민주주의

-이론과 사례-

인터넷과 참여민주주의

-이론과 사례-

정 동 규 著

한국학술정보㈜

책 머리에

정보화가 진행되면서 민주주의에 대한 새로운 기회가 증대되고 있다. 근대 이후 대의제 민주주의는 민주주의의 유형중 가장 핵심적인 모델로 자리 잡고 있지만, 현대 대의민주주의는 참여의 위기, 대표성의 문제 등 많은 문제점을 내포하고 있다. 그러나 정보통신기술의 발달, 특히 인터넷의 발달은 전자민주주의라는 새로운 영역을 출현시켰으며, 전자민주주의는 기존의 대의제 민주주의의 한계를 보완하고자 하는 참여민주주의(participatory democracy)와 접목되면서 민주주의에 대한 전망을 새롭게 하고 있다.

그러나 이 책은 인터넷이라는 새로운 도구의 등장이 자동적으로 민주주의의 확산을 가져온다는 기술적인 측면을 강조하는 관점을 거부한다. 이 책은 기술의 정치사회적 맥락에 주목한다. 즉, 인터넷을 도구적으로 활용하여 현실정치의 문제점을 치유하고 새로운 정치적 대안을 찾을 수 있는 방법을 적극 모색하고자 하는 입장을 견지한다. 인터넷이라는 정보통신기술은 민주주의 발전의 목적이 아닌 수단일 뿐이다. 도구의 발전이 민주적 의식과 행태의 공유를 자동적으로 보장하지는 않는다. 변화와 참여의 주체는 시민 자신인 것이다. 정치사회적 입장을 강조하는 이 책은 사이버공간에서의 공론화와 정치참여가 현실공간에서의 정치참여와 상호작용함으로써 정보화 사회에서 참여민주주의에 대한 발전적 전망을 모색할 수 있다고 본다. 즉, 정치참여의 과정에서 온/오프라인의 상호작용이 중요하고, 이러한 과정을 통해 참여민주주의의 핵심인 시민에 의한 숙의, 대화와 토론이 가능하고, 참여의 질도 높아진다고 본다.

2002년 제16대 대선을 전후로 한국에서도 새로운 민주주의를 경험하고 있다. 특히 16대 대선에서는 동원선거가 쇠퇴하고 다양한 형태의 참여민주주의의 실험이 나타났다. 이 과정에서 '노사모'는 단연 주목을 받았는데, 그 이유는 온/오프라인을 통한 자발적 정치참여, 지역주의 극복과 참여민주주의라는 시대정신의 지향, 개방성과 쌍방향 의사소통을 지향하는 수평적 네트워크, 퇴행적 정치문화의 개혁 등으로 인터넷 시대 새로운 정치참여의 모델로 볼 수 있기 때문이다. 즉, 16대 대선은 위로부터의 동원정치에서 아래로부터의 참여정치로 전환하는 과정이며, 많은 논란에도 불구하고 노사모의 경험은 한국에서도 시민이 주체가 되어 온/오프라인 정치참여를 통한 참여민주주의의 모델을 보여준 사례라고 평가할 수 있다.

한편, '국민참여의 힘'으로 탄생한 노무현 정부는 스스로를 '참여정부'로 표방하고, 참여민주주의를 기본 이념으로 내세우고 있다. 1987년 이후 민주주의 이행과정에서 한국사회는 제1기 민주화의 수준을 넘어 제2기 민주화의 새로운 과제에 직면하고 있다. 따라서 참여정부의 과제는 제1기 민주화 단계에서 지연된 민주주의의 공고화(democratic consolidation)와 참여민주주의의 제도화로 요약할 수 있다. 그러나 정상적인 민주주의의 길을 걸어 온 서구와는 달리 한국에서의 참여민주주의는 다를 수밖에 없을 것이다. 즉, 한국에서의 참여민주주의는 대의민주주의를 부정하고 대체하기 보다는, 강화하고 보완하는 방향에서 추진되어야 할 것이다. 왜냐하면 한국에서 대의제 민주주의는 그 합리성을 부정하기에는 역사도 짧고 경험이 일천하며, 1987년 민주화 이후에 세 번의 민간정부가 들어섰음에도 불구하고 선진 민주주의의 공고화는 여전히 지연되고 있기 때문이다. 그렇기 때문에 이 책에서는 한국에서 참여민주주의가 대의제 민주주의를 대체하자는 것이 아니라, 정보화를 활용하여 시민참여를 확대하고, 이를 통해 대화와 토론, 그리고 숙의를 통해 대의제 민주주의를 보완하고 참여민주주의를 확대해 나가자는 입장을 견지하고 있다.

그렇지만 대화와 토론, 시민의 참여를 강조하는 노무현 정부의 참여민주주의가 제대로 실현되고 있다고 보기는 힘들다. 참여정부에서 시도한 '국민참여센터'나 '국민참여마당' 등은 온라인 공론장으로서 만족할만한 역할을 하지 못했으며, 정치참여와 참여민주주의의 제도화 수준에서도 만족스럽지 못하다. 정보화는 민주주의의 필요조건은 될 수 있어도 충분조건은 아니다. 무엇보다 참여민주주의는 정치과정에서 시민의 참여와 대화와 토론, 그리고 숙의를 강조한다. 따라서 한국에서 참여민주주의의 실현을 위해서는 기술적·제도적·시민적 수준에서의 제고가 함께 이루어져야 한다. 즉, 정보통신기술의 도입과 적용 그리고 참여민주주의의 제도화와 함께 시민의 참여와 민주적 자질 역시 고양되어야 할 것이다.

　이 책은 필자의 학위논문을 보완한 것이다. 17대 총선을 다룬 보론은 2004년 봄 정치학회에서 발표한 논문을 수정·보완했다. 처음 출판사로부터 출판을 제안 받고 많이 망설였다. '참여정부'가 출범한지 2년이 지났지만, 참여정부가 추구하는 가치나 정책들이 제대로 실행되지 못하고 있으며, 참여민주주의의 제도화 수준에서도 만족스럽지 못하기 때문에 이 주제로 책을 출판하는 것에 상당한 부담을 느낀 것도 사실이다. 그렇지만, 국민의 참여속에 인터넷 선거의 신기원을 이뤘다고 평가받는 한국의 16대 대선과정에 대해서 어떠한 형태로든 이론적·경험적 평가가 필요하다고 생각했기 때문에 출판을 결심했다. 아무쪼록 남은 임기 동안 참여정부가 제대로 국정을 운영하여 한국 민주주의의 제도화를 한 단계 더 높이기를 기대한다.

　이 책이 나오기까지 많은 분들의 도움이 있었다. 필자의 대학원 은사이신 성균관대 정외과 임용순 교수님, 마인섭 교수님, 이국영 교수님과 정외과 교수님들에게 감사를 드린다. 경남대 정외과 심지연 교수님과 서강대 정외과 유석진 교수님에게도 특별히 감사를 드리고 싶다. 그동안 직장과 연구를 병행하는 이중생활 때문에 남편과 아빠의 역할을 제대로 하지 못했다. 많은 시간을 함께 하지 못했던 두 아들 유석과 현석, 그리고 항상 이해하고 믿어주는 아내 권성희에게 미안하고 감사하다는 말을 전한다. 언제나 자식을 위해 헌신하시는 어머니께 감사드리며, 지난 봄에 타계하신 아버님께 이 책을 바친다. 끝으로 어려운 여건 속에서도 이 책을 출판해준 한국학술정보 측에 감사드린다. 독자여러분들의 많은 비판을 바란다.

2005년 6월

정동규

목 차

〈표 목차〉

<그림 목차>

제1장 서 론

제1절 연구의 목적

본 연구는 정보통신기술의 발달, 특히 인터넷의 발달이 정치참여와 참여민주주의의 확산에 어떠한 영향을 미치는가를 분석해 보는데 그 목적이 있다. 보다 구체적으로는 한국에서 2000년 16대 총선과 2002년 16대 대선과정에서 인터넷을 통한 시민의 정치참여 활동을 분석해보고, 이를 통해 한국에서 참여민주주의의 확대, 심화 가능성을 탐색해 보는 것이다.

21세기가 시작되면서 한국의 정치사회(political society)에서 나타나고 있는 가장 주목할 만한 변화는 정치과정에 대한 시민의 참여가 증대하고 있고, 인터넷의 정치적 활용이 늘어나고 있다는 사실이다. 특히 16대 대선에서는 온라인(on-line)과 오프라인(off-line)을 통한 시민의 정치참여가 활성화되어, 한국에서도 참여민주주의를 논의하기에 이르렀다.[1] 또한 16대 대선에서 승리한 노무현 정부는 스스로를 '참여정부'로 표방하고 '국민과 함께 하는 민주주의'를 국정목표로 제시하고 있다.[2]

---

1) 손호철은 16대 대선에서 동원선거가 쇠퇴하고 다양한 형태의 '참여민주주의'의 실험이 나타났다고 평가한다. 손호철, 2003. "16대 대선과 한국사회의 진로", 서울대 한국정치연구소 주최, 『16대 대선의 선거과정과 의의』 세미나 발표문, 2쪽.

2) 노무현 정부가 '참여정부'로 표방한 것은 국민참여의 상징성을 보여주는 것이다. 노무현 정부는 스스로를 "'국민 참여의 힘'으로 탄생한 정부이며, 향후의 국정운영에서도 국민의 참여는 핵심적인 역할을 하게 될 것"임을 강조하면서, '국민과 함께하는 민주주의'를 국정목표로, '참여와 통합의 정치개혁'을 국정과제로 제시하고 있다(청와대 홈페이지 http://www.president.go.kr/warp/kr/news/vision/idea/ 검색일 2003. 10. 8). 또한 한국의 정치개혁 아젠다도 16대 대선 이전과 이후가 뚜렷이 구별된다. 즉, 16대 대선 이전에는 지역주의 청산, 깨끗한 정치 실현, 고비용 저효율 구조 타파 등이 강조된 데 비해, 16대 대선 이후에는 제왕적 지구당위원장직 폐지, 상향식 공천 등 공천의 민주화와 정치과정에 '국민참여'를 확대하기 위한 제도화가 강조되는 것이 특징이다.

정보통신기술(information and communication technology: ICT)의 혁명을 기반으로 한 정보화는 산업사회에서 정보사회[3](information society)로의 패러다임의 전환을 가져왔을 뿐만 아니라, 정치영역에서도 새로운 변화를 초래하고 있다. 정치에서 정보통신기술의 정치적 적용이 가장 활발한 분야는 선거, 정당정치 등 정치과정 분야라고 할 수 있다. 그리고 시민사회 역시 정보통신기술을 활용하여 온/오프라인을 통한 시민의 정치참여를 확대해 나가고 있다. 인터넷으로 대표되는 정보통신기술의 발달이 정치과정에 있어 혁명적 변화를 가져올 것이라는 기대는 신기술 자체에 내재된 민주적 특성에서 비롯되었다.

즉, 컴퓨터매개 커뮤니케이션[4](computer mediated communication; 이하

---

3) '정보사회'의 개념 정의에 대해서는 많은 논란이 있다. 그 핵심은 오늘날의 '정보시대'가 과거와의 '연속성'과 '변동(단절)' 중에서 어느 측면을 더 중요시 할 것인가의 문제로부터 출발한다. 지금까지 존재해 왔던 사회와의 차이(differences)에 의해 특징되는 '정보사회'를 강조하는 입장은 토플러(A. Toffler)를 비롯한 미래학자들에게서 주로 발견된다. 웹스터는 후기산업사회론(Daniel Bell과 그 추종자들), 포스터 모더니즘(Jean Baudrillard, Mark Poster), 유연전문화(Michael Piore, Charles F. Sable, Larry Hirschhorn), 정보양식 발달론(Manuel Castells)을 주장하는 학자들을 이 범주에 포함시킨다. 반면, '정보화'를 기존 사회와의 '연속성'을 강조하는 입장으로는 신맑스주의(Herbert I. Schiller), 조절이론(Michel Aglietta, Alain Lipietz), 유연적 축적(David Harvey), 민족국가의 폭력(Anthony Giddens), 공공영역(J rgen Habermas, Nicholas Ganham)을 주장하는 논자들을 들고 있다. F. Webster, *Theories of The Information Society*, 조동기 역, 1997. 『정보사회이론』, 서울: 나남출판.; 그리고 정보사회에 대한 각 논자들의 개념 정의와 유래에 대해서는 강정인, 1998. 『세계화, 정보화 그리고 민주주의』, 서울: 문학과지성사. 117~118쪽 각각 참조. 한편, 국내에서는 대체로 토플러의 개념 정의에 가까운 입장을 보이고 있는데, 토플러는 정보사회의 특징으로 이전의 산업사회와는 달리 정보의 생산·저장·분배에 관련된 산업이나 활동이 경제의 가장 중요한 활동으로 등장하고, 그 결과 정보기술이 정치, 경제, 사회, 문화의 전 영역을 지배하는 사회라고 보고 있다. 그러나 본 연구에서는 이전 사회와의 연속성을 강조하는 입장을 따르기로 한다. 이러한 입장은 정보화의 중요성은 인정하지만, 정보화가 자동적으로 오프라인에서의 민주의식의 증대를 가져다 주는 것은 아니며, 또한 온/오프라인의 상호작용을 통한 정치참여를 강조하는 본 연구의 문제의식과 가깝다고 보기 때문이다.
4) 컴퓨터매개 커뮤니케이션(CMC)의 일반적 특성은 다음과 같다. ①중간매개과정의 생략(disintermediation), ②접근의 용이성(accessibility)과 신속성(speeding-up), ③ 전지구적 커뮤니케이션의 형성(globalization): 공간적 확대, ④커뮤니케이션의 비동시성(asynchronism), ⑤상호작용성(interactivity): 정보생산자와 정보소비자의 경계

CMC)이 지닌 쌍방향성(interactivity), 협송전달5)(narrowcasting), 수평적 커뮤니케이션 등의 특성이 과거 정치적 방관자나 정치적 청중으로 머물렀던 국민들을 정치적 참여자로 바꾸어 놓을 것이며, 이는 더 이상 소수 엘리트에 의한 정치가 아닌 시민의 뜻에 의한 정치, 즉 전자민주주의의 구현을 가능케 할 것이라는 희망을 보여 주었다.

전자민주주의 전문가인 릴리는 "전자민주주의(e-democracy)는 대의민주주의와는 대조적인 성격을 갖는 참여민주주의(participatory democracy)를 추구하며, 인터넷과 새로운 정보통신기술을 이용하여 시민들이 상호접촉하고 조직화함으로써 변화를 갈망하는 자신들의 목적을 성취하고자 하는 것"이라고 설명하면서, 전자민주주의를 새로운 정치발전의 기회로 보았다(Riley, 2001).

릴리가 지적했듯이, 정보화의 진전에 따라 특히 주목되는 것은 민주주의의 새로운 모색으로서 참여민주주의에 대한 관심이다. 근대이후 대의제 민주주의는 민주주의의 유형중 가장 핵심적인 모델로 자리 잡고 있는데, 그 이유는 정치공동체의 규모가 커졌기 때문이라고 할 수 있다. 그렇지만 대의제 민주주의는 지리적 범위의 광범위성, 유권자의 천문학적 숫자에 따른 기술적인 한계 등으로 많은 한계점을 내포하고 있다. 그러나 정보통신기술의 발달, 특히 인터넷의 발달은 전자민주주의라는 새로운 영역을 출현시켰으며, 전자민주주의는 기존의 대의제 민주주의의 한계를 극복하고 보완하고자 하는 참여민주주의와 접목되면서 민주주의에 대한 전망을 새롭게 하고 있다.

지금까지 정보통신기술의 발달이 민주주의에 미치는 영향에 대해서는 낙관론과 비관론이 공존하고 있다. 그러나 정보통신기술이 민주주의에 미치는 부정적인 전망에도 불구하고, 정보화는 정보의 공개와 공유를 용이하게 함으로

소멸, ⑥개인주의적 정보소비(personalization), ⑦익명성(anonymity) 등을 들 수 있다. 황주성 외, 2001. "인터넷이 정치과정에 미치는 영향과 대응방안 연구", 『인터넷의 정치·사회적 파급효과 및 대응방안 연구』, 과천: 정보통신정책연구원, 32~35쪽.

5) 협송전달은 공중파방송(broadcasting)의 대중성·무차별성에 대응하는 개념으로 정보의 전달방식에서의 개별화·차별화를 나타낸다. 채널마다 특성을 가지고 있는 케이블 TV가 그 좋은 예이며, 세계적으로 공중파방송의 퇴조와 케이블방송의 확대는 하나의 경향으로 간주되고 있다.

써 일방적인 정보전달이나 독점을 차단할 수 있는 가능성을 증대시키고, 쌍방향 커뮤니케이션으로 정치참여를 확대시켜 대의제 민주주의의 한계를 보완하며, 직접 민주주의적 요소를 살려나감으로써 참여민주주의에 대한 긍정적 모색을 할 수 있게 한다.

특히 한국에서는 인터넷의 확산이 빠르게 진행되는 환경 속에서[6], 16대 대선을 거치면서 시민의 정치참여와 참여민주주의에 대한 관심이 증대하고 있다.[7] 즉, 본 연구의 분석시기(time scope)인 2000년 16대 총선에서부터 2002년 16대 대선에 이르기까지 한국의 정치과정을 보면 시민사회의 낙천·낙선운동과 정치참여, 인터넷상에서 공공 담론(public discourse)의 형성, 정당의 후보자 선출과정에서 상향식 공천의 도입과 전자투표와 인터넷 투표의 도입, 한국정치사상 최초로 국민참여형 경선제의 실시, 그리고 특정 정치인을 지지하기 위한 자발적 팬클럽까지 등장하였다.

이러한 과정은 한마디로 한국정치에서 시민사회와 정치사회 양쪽에서 온/오프라인을 통한 시민의 정치참여가 확대되는 과정이라고 볼 수 있다. 이는 한국의 정치과정에서 두 가지 측면에서 중요한 의미를 지니는데, 하나는 본격적으로 인터넷이 정치과정에 도입되기 시작했으며, 다른 하나는 정당의 공천과 선거과정에 시민사회 또는 시민의 자발적 참여가 확대되고 있다는 점이다.

---

6) 2002년말 현재 한국의 초고속인터넷 가입가구는 1,040만 가구, 인터넷 이용인구는 2,627만명(인터넷 이용률 59.4%), 이용자의 주당 인터넷 이용시간은 13.5시간, PC 보급대수는 2,249만대, 무선인터넷 가입자수는 2,908만명, 이동전화가입자는 3,234만명, IT산업의 GDP 비중은 14.9%를 차지하고 있어 한국의 정보화 수준은 선진국 수준에 도달하였다고 평가된다(정보통신부, 2003. 『한국의 정보화 전략』, 10쪽). 이러한 한국의 정보화 인프라는 2002 월드컵에서의 '붉은 악마' 현상, '광화문 촛불시위', 16대 대선에서 '노사모'가 보여준 '네티즌 파워' 등 정치사회적 변화와 참여를 가능케 한 조건이 되었다고 할 수 있다.

7) 지금까지 한국에서 참여민주주의에 대한 연구와 관심은 학계보다는 시민사회를 중심으로 실천적 입장에서 논의가 진행되어 왔다. 대표적으로 1994년에 창립된 '참여연대'를 들 수 있다. 여기서 주목되는 점은 한국에서 정치참여의 양상이 16대 대선 이전에는 시민사회단체를 중심으로 전개된 데 비해, 인터넷의 확산과 16대 대선을 거치면서 젊은 세대를 중심으로 개별 시민으로 확산되는 경향을 보이고 있다는 점이다.

그런데 이 두 가지 측면은 서로 분리되어 진행되는 것이 아니라 양자의 상호작용 속에서 확대 재생산되었고, 그것은 정치참여의 활성화로 귀결되었다. 따라서 본 연구에서는 정치참여의 문제를 사이버공간에서의 분석에만 그치지 않고 사이버공간(cyberspace)과 현실공간(real space), 온라인과 오프라인의 상호작용(interaction)이라는 입장에서 분석하고자 한다. 즉, 온라인에서의 공론화와 정치참여가 오프라인에서의 정치참여와 결집으로 전환되고 상호작용할 때, 시민의 정치참여를 통한 참여민주주의의 가능성을 모색할 수 있다는 것이 본 연구의 기본적인 관점이다.

이러한 입장에서 본 연구에서 구체적으로 검토하고자 하는 내용은 다음과 같다. 첫째, 대의제 민주주의의 특징과 한계를 살펴보고, 그 대안으로 제시되는 참여민주주의 이론과 구체적인 참여민주주의 프로젝트들을 검토한다. 둘째, 인터넷의 발달이 기존의 대의제 민주주의의 한계를 보완하고 참여민주주의의 확대를 가져올 수 있는가를 검토한다. 셋째, 정치과정, 특히 선거과정에서 인터넷을 활용한 시민의 정치참여와 참여민주주의의 확대를 가능케 하는 구체적인 프로젝트들을 검토한다. 넷째, 이러한 논의에 기반하여 한국의 선거과정, 특히 16대 대선과정을 중심으로 온/오프라인을 통한 시민의 정치참여를 분석하고, 한국에서 참여민주주의의 가능성을 검토한다.

그리고 본 연구는 다음과 같은 점에서 기존의 연구와 차별성을 가진다.

첫째, 한국에서 참여민주주의에 대한 가능성을 특히 선거과정에 초점을 맞추어 분석한다는 점이다. 이는 분석의 대상을 선거과정에 집중함으로써 보다 치밀한 연구결과를 얻을 수 있다는 강점이 있는 반면, 지방자치나 산업분야 등 참여민주주의의 전체적인 영역에서 종합적인 분석을 시도하지 못한다는 점에서 본 연구의 한계가 될 수도 있다.

둘째, 인터넷과 정치참여를 분석하고 있는 기존의 연구가 주로 온라인상에서의 정치참여만을 다루고 있는데 비해, 본 연구는 온/오프라인의 상호작용을 통한 정치참여를 다룬다는 점이다. 이러한 입장은 정치과정에서 인터넷이 중요한 수단이 되고 있다는 점은 부정할 수 없지만, 인터넷이라는 도구의 발전이 민주적 의식변화와 참여증대를 자동적으로 보장하지는 않는다는 점에서,

온/오프라인의 상호작용을 통한 참여의 확산이 중요하다고 보기 때문이다.

제2절 연구 대상과 방법

1. 연구대상

본 연구의 대상은 2002년 16대 대선과정에서 온/오프라인을 통한 정치참여에 대한 논의를 중심으로 하되, 비교적 맥락의 문제의식을 살리기 위해 2000년 16대 총선과정을 포함한다. 한국의 선거과정에서 16대 총선이 인터넷의 정치적 활용과 시민사회의 정치참여가 본격적으로 등장했던 선거라면, 16대 대선은 인터넷의 활용과 시민사회의 정치참여가 폭발적으로 나타난 선거라고 보기 때문이다.

실제로 16대 총선에 출마한 후보자들 중 50% 이상이 홈페이지를 개설하고 사이버 선거운동을 전개했으며, 총 40만 명 이상의 네티즌들이 중앙선거관리위원회 사이트 등에 접속해서 후보자들의 병역, 납세실적 등 후보자 정보를 얻을 수 있었다. 또한 총선시민연대는 온/오프라인을 통한 낙천·낙선운동을 전개하여 유권자들의 폭발적인 반응을 얻었다. 낙천·낙선운동이 실제 선거 결과에 미친 영향에 대해서는 다양한 해석이 가능하지만, 앞으로 정치에서 인터넷이 중요한 수단으로 활용될 가능성을 제시하였다는 점에서 커다란 의미를 가진다고 할 수 있다.

또한 16대 총선 당시 총선시민연대가 주도한 낙천·낙선운동은 한국정치에서 시민사회의 본격적인 정치참여라고 평가할 수 있으며, 이후 정당 내부의 정치참여 확산에도 커다란 영향을 미쳤다. 주요 정당들이 대통령 후보를 비롯한 공직선거후보나 당 지도부를 선출하는데 국민참여형 경선제를 도입하거나, 전당원투표제를 도입하는 등 당원과 유권자들의 참여를 확대하는 계기가 되었다. 특히 한국정당사상 처음으로 새천년민주당의 대통령후보 선출과정에서 국민경선제가 실시되었고, 한나라당 역시 민주당과 유사하게 국민참여형 경선제를 실시하여, 정당의 공천과정에서 '개방화'와 '분권화'가 확대되었다. 또한 민주당은 투·개표 과정에서 전자투표를 도입하고, 20~30대 네티즌들의 참여를 위해 인터넷 투표를 도입하기도 하였다.

이러한 인터넷의 정치적 이용은 16대 대선의 특징이 '인터넷 선거'로 불릴 만큼 더욱 폭발적으로 이루어졌고, 국민참여 역시 더욱 확산되었다. 실제로 민주당은 국민경선제에서 확인된 국민참여를 확대하기 위해 선거대책본부 산하에 '국민참여운동본부'를 설치하여, 온/오프라인을 연결하는 네트워크형 선거조직을 갖추었으며, 인터넷 정치헌금제(e-fundraising)라는 새로운 형태의 정치자금 모금을 시도하기도 하였다. 특히 민주당의 국민경선과 16대 대선에서 '노사모'(노무현을 사랑하는 사람들의 모임)가 보여줬던, 온/오프라인을 통한 자발적인 정치참여 활동과 온라인 공론장8)(on-line public sphere)의 형성은 인터넷시대의 새로운 정치참여 모델의 가능성을 보여준 것으로 평가된다.

따라서 본 연구에서는 16대 총선과정에서 총선시민연대의 온/오프라인 정치참여 활동, 16대 총선에 출마한 후보자들과 주요 정당의 인터넷 선거 캠페인, 그리고 16대 대선을 앞두고 한나라당과 민주당이 실시한 국민참여형 경선제, 16대 대선에서 정당과 후보자의 온/오프라인 선거 캠페인, 인터넷 시대 새로운 정치참여의 실험으로서 '노사모' 등이 주요 분석대상이 될 것이다.

---

8) 독일어 외펜트리히카이트(Öffentlichkeit)는 영역본에서는 '공공성(publicness)' 혹은 '공공영역(public sphere)'으로, 일역본에서는 '공공성(公共性)' 혹은 '공공권(公共圈)'으로 주로 번역된다. 국내에서는 주로 '공공영역', '공공권역', '공론영역', '공론장(公論場)', '여론', '공론' 등의 용어로 번역된다. 본 논문에서는 '공론장'의 개념으로 통일해서 사용하고자 한다. 이는 하버마스가 '공공영역(die öffentliche Sphre)'을 국가, 혹은 공권력의 영역으로 특칭해서 사용하는 반면, 'Öffentlichkeit'는 그 자체 사적 부문에 속하는 것이지만 공공영역으로서의 국가와 사적 영역으로서의 사회 사이에서 양자를 매개하는 것으로 정의하고 있으므로 용어의 혼란을 피하기 위한 것이 일차적인 이유이다. 두 번째는 'Öffentlichkeit'가 제도적으로 고착된 어떤 특정한 영역으로 한정되기보다는 '사적 개인으로서의 공중이 논의하여 여론을 형성하는 마당'이라는 의미에서 장(場)의 개념과, '토론하고 논의한다'는 론(論)의 개념이 들어 있는 '공론장'이라는 용어가 적합하다고 생각하기 때문이다. 즉, 공론장으로서의 정의가 온라인상에서의 대화와 토론, 숙의를 강조하는 본 연구의 내용 전개와도 가깝다고 보기 때문이다. Öffentlichkeit의 개념 사용과 관련된 논란에 대해서는 위르겐 하버마스, 한승완 역, 2001. 『공론장의 구조변동』, 서울: 나남출판, 13~14쪽.

2. 연구방법

본 연구는 한국의 선거과정, 특히 16대 대선과정에서 온/오프라인을 통한 정치참여를 검토하고, 인터넷이 참여민주주의에 어떠한 영향을 미치는가를 분석한다. 그런데 인터넷과 정치참여를 분석함에 있어 기존 연구들이 주로 온라인상에서의 정치참여만을 다루고 있는데 비해 본 연구는 온/오프라인의 상호작용을 중시하고, 분석틀로서 온/오프라인 정치참여의 상호작용 모델을 제시한다. 인터넷은 고립되어 존재하는 것이 아니다. 인터넷을 연구할 때, 그 존재를 가능케 해주는 '오프라인' 세계와 인터넷이 분리되어 있는 것으로 간주하는 것은 커다란 오류가 될 수 있다. 인터넷 이용자는 사이버공간의 일부분인 것만큼이나 물리적 공간의 일부분이다. 따라서 인터넷 연구에서 '기반이 있어야'(grounded) 한다는 인식을 가지는 것은 매우 중요하다. 온라인 경험의 다양성을 인식하고 그것에 주목하는 것도 중요하지만, 온라인 경험이 항상 어떤 방식으로든 오프라인 경험과 얽혀 있다는 것을 인식하는 것이 중요하기 때문이다(Steve Jones, (ed.), 2000: 13).

이러한 맥락에서 본 연구에서는 다음의 두 가지를 염두에 두고자 한다. 하나는 인터넷을 도구적 맥락에서 정치에 활용하는 측면이고, 다른 하나는 인터넷이 정치사회적 맥락(political-social contexts)에서 정치에 활용되는 측면을 분석하는 것이다. 전자는 인터넷 자체의 특성인 정보전달의 기능, 커뮤니케이션의 기능 그리고 공론형성의 기능 등을 말하는 것이며, 후자는 시민사회의 정치참여와 정당내부의 참여의 확대를 분석하는데 있어 필요하기 때문이다. 따라서 본 논문은 정보화와 민주주의의 관계를 설명함에 있어 정치사회적 맥락을 중시하는 '기술의 사회구성론적 관점'에 서 있다. 특히 인터넷의 활용을 정치사회적 맥락에서 살펴보는 것은, 본 논문에서 강조하는 온/오프라인 정치참여의 상호작용이라는 입장에서 분석을 시도하는데도 유효하다고 본다.

다음으로 본 연구는 한국의 16대 대선을 연구대상으로 하는 사례연구(case study)라고 할 수 있다. 이러한 사례연구는 단일사례에 대한 자세하고 풍부한 설명, 그리고 깊이 있는 분석을 가능하게 한다. 반면, 단일 사례, 단일 국가의

사례연구는 비교적 맥락에서의 평가와 이론적 일반화가 어렵다는 한계를 지닌
다. 이에 본 연구에서는 직접적으로 비교연구를 행하고 있지는 않지만, 연구
진행 과정에서 외국의 인터넷 선거와 정치참여에 대한 경험적 분석 사례를 통
해 문제의식을 풍부히 하고자 한다.

  특히 본 연구에서는 연구대상을 한국의 16대 대선을 중심으로 하되, 단일 사
례연구의 한계를 보완하고 비교적 맥락의 문제의식을 살리기 위해 16대 총선
과정을 연구대상에 포함시키고자 한다. 한국에서 시민사회의 정치참여와 인터
넷을 비롯한 정보통신기술의 정치적 적용은 16대 총선에서 본격적으로 시작되
었고, 16대 대선에서는 폭발적으로 이루어졌기 때문이다. 이러한 문제의식은
대통령 선거와 국회의원 선거라는 선거형태가 다른 두 선거를 분석대상으로
설정함으로써, 인터넷의 활용과 정치참여에 대한 비교의 결과를 추출해 낼 수
있을 것이다.

  즉, 국회의원을 선출하는 총선의 경우 정당이 주도하는 전국적인 이슈와 후
보자가 주도하는 지역적인 이슈가 혼재됨으로 인해, 실제로 인터넷이 개입할
수 있는 강력한 기반을 형성하기는 매우 어렵다. 왜냐하면, 인터넷이 국회의
원 선거구에 따라 공동체적 특성을 가지고 발달하거나 선거 이슈가 형성되는
것은 아니기 때문이다. 반면, 대통령선거는 총선이나 지방선거와는 비교가 되
지 않을 만큼 '시선의 집중화' 현상이 강하게 나타난다. 그것은 단일선거라는
특징도 있지만, '승자독식'(winner-takes-it-all) 제도인 대통령제라는 정치
적 게임의 특징을 지닌 채 선거가 전개되기 때문이다. 따라서 본 연구에서는
총선과 대선이라는 선거형태가 다른 두 선거를 비교 분석함으로써 단일 사례
연구가 지니는 약점을 보완할 수 있을 것이다.[9]

  다음으로 본 연구에서는 인터넷 연구 방법론으로 컨텐츠 분석[10](contents

---

9) 이러한 문제의식을 가진 연구로는 박동진, 2003. "인터넷과 16대 대선: 전자적 공
   론장의 가능성을 중심으로", http://www.arc.re.kr/krfspecial/krfspecial3.asp
   (검색일 2003. 8. 22).
10) 컨텐츠 분석의 연구로는 웹(web) 분석을 들 수 있다. 웹 연구는 두 가지 방향으
   로 진전되어 왔는데, 첫 번째는 웹을 이용하는 사람들을 탐구하고자 하는 시도이
   고, 두 번째는 웹 이용자들에 의해 교환되는 텍스트(text)에 초점을 맞추어 왔다.

24

analysis)을 활용할 것이다. 인터넷이라는 새로운 현상을 연구할 때 고려해야 할 문제들로는, 인식론 수준의 거시적인 문제, 개념과 방법의 적용과 관련된 방법론적 문제, 그리고 특정 방법의 실행과 관련된 미시적 문제 등을 들 수 있다. 지금까지 정보화 시대의 정치현상을 분석하기 위한 연구로도 질적 방법 (qualitative method)과 양적 방법(quantitative method)이 모두 동원되어 인터넷과 관련된 연구문제들이 분석되고 있다. 이러한 입장에서 인터넷 연구와 관련된 기존 연구방법은 크게 3가지로 구분될 수 있는데, 인터넷 조사연구[11] (internet survey research), 참여 관찰[12](participant observation), 컨텐츠

이들은 텍스트를 체계적으로 분석할 수 있다면, 텍스트의 내용과 함의뿐만 아니라 텍스트를 생산하는 이용자들도 밝혀낼 수 있다고 주장한다. 특히 Mitra and Cohen은 비판적/문화적 텍스트 분석에 대한 모색을 제안한다. 비판적 텍스트 분석의 목표는 텍스트의 양과 내용에 대한 분석 수준을 넘어 텍스트의 실효성 (effectivity)과 텍스트를 생산하고 소비하는 사람들의 공동체에 대한 이해의 수준으로 나아가는 것이다. 즉, 비판적 텍스트 분석을 통해 텍스트가 사이버공간이라는 공적 영역에 위치될 때, 어떻게 다의적이고 효과적일 수 있는가에 대한 해석을 얻을 수 있다는 것이다. Ananda Mitra and Elisia Cohen, 「웹 분석하기: 방향과 과제」, Steve Jones (ed.), Doing Internet Research: Critical Issues and Methods for Examining the Net, 이재현 옮김, 2000. 『인터넷 연구 방법: 쟁점과 사례』, 서울: 커뮤니케이션북스, 81~119쪽.

11) '인터넷 조사연구'에 대해서는 Diane F. Wiltmer, Robert W. Clieman, and Sandra Lee Katzman, 「종이와 연필로부터 스크린과 키보드로: 인터넷 조사 연구를 위한 방법론을 향하여」, Steve Jones (ed.), 2000: 363~388쪽 참조.

12) '참여관찰'은 질적인 연구방법의 하나로서, 조사자가 직접 참여함으로써 문제를 관찰하고 이에 대한 해답을 구하는 방법이다. 특히 참여관찰은 온/오프라인 상호작용의 사회적 맥락(social contexts)을 중요시하면서 다음의 네 가지를 강조한다. 즉 오프라인 맥락과 관련하여 ①오프라인 조직의 참여 조건과 ②국면적(localized) 상황을 논의하고, 온라인 맥락과 관련하여 ③인터넷의 역사와 문화적 배경, ④집단 이해의 규범의 다양성과 같은 온라인 집단의 편차를 논의한다. 이러한 참여관찰의 방법은 다음과 같은 장점을 가진다. 첫째, 가장 정확한 관찰을 할 수 있다. 둘째, 연구자로 하여금 참여자들이 보여주는 정체성 수행의 범위, 그리고 그러한 수행이 그들에게 갖는 의미를 좀더 잘 이해할 수 있게 해준다. 셋째, 상호작용의 다양한 사회적 맥락을 고려하는 참여 관찰은 온라인 행동에 대한 참여자들의 서술을 비교할 뿐만 아니라, 사회의 다양한 권력차이를 고려함으로써 정체성의 정치를 부각시킬 수 있다(Lori Kendall, 「'사이버스페이스'의 맥락 재설정: 온라인 연구를 위한 방법론적 고려 사항들」, Steve Jones, (ed.), 2000: 200~229). 최근 국내에서 참여관찰을 이용한 대표적인 연구로는 노사모 회원으로 노사모에 대한 연구를 수행

분석 등이 그것이다.

이중 본 연구에서 연구방법론으로 택하고 있는 '컨텐츠 분석'은 인터넷상에서 교류되는 문자 텍스트의 내용을 분석하고 이러한 내용의 의미를 해석하는 방법과 관계가 있다. 예컨대 인터넷 토론방이나 게시판에서 이루어지는 메시지 트레드(massage thread)들을 종합하여 내용을 분석함으로써 연구문제를 해결하려는 방법이다. 또한 뉴스그룹(newsgroup)에서 교환되는 정보와 이 정보를 둘러싸고 이루어지는 상호작용을 분석하는 방법에도 컨텐츠 분석방법이 활용되기도 한다. 이러한 컨텐츠 분석방법은 인터넷상에서 교류되는 정보와 의견이 개방될 경우에 연구자가 이에 접근할 수 있지만, 폐쇄적인 성격을 갖는 토론방이나 게시판의 경우는 접근이 불가능하다는 단점을 갖고 있다. 하지만 인터넷상에서 이루어지는 상호작용의 형태, 특히 정치적 성격을 갖는 상호작용의 형태는 참여자가 전달하는 텍스트 분석을 통해 어느 정도 가능할 수 있다(정연정, 2001(a): 292).

따라서 본 연구의 주요 활용자료는 16대 대선과정에서 주요 정당과 대선 후보자들의 홈페이지와 '노사모'와 '창사랑' 같은 후보 지지자들의 홈페이지, 그리고 오마이뉴스, 프레시안 등 16대 대선과정에서 네티즌들의 온라인 활동 공간이자 대안언론으로 부각된 인터넷 언론들의 홈페이지가 될 것이다. 또한 15대 총선과정에서도 주요 정당과 후보자들의 홈페이지와 총선시민연대를 중심으로 시민단체들의 홈페이지를 분석하여 비교적 맥락의 분석을 시도할 것이다. 그런데 새천년민주당과 달리 한나라당의 경우 16대 총선과 대선관련 자료를 발간하지 않았고, 또한 16대 대선이 끝난 후 당의 공식 홈페이지를 개편하여 민주당과의 병렬적 비교가 어려웠다는 점을 미리 밝혀둔다.

그런데 한 가지 연구방법이 갖고 있는 한계를 극복하기 위해서는 다른 연구방법이 보완적일 수 있기 때문에 방법론간의 혼합은 중요하다. 특히 본 연구의 연구대상인 16대 총선과 16대 대선 당시의 인터넷 홈페이지가 폐쇄되었거나 사용이 정지된 경우 연구의 한계를 가질 수밖에 없다. 따라서 본 연구에서

한 고영만의 연구를 들 수 있다. 고영만, 2003. 「노사모 연구: 사이버 공동체의 생성·발전과 정치참여에 대하여」, 서강대 정치외교학과 대학원 석사학위논문,

도 컨텐츠 분석의 단점을 보완하기 위해 '참여 관찰'을 이용한 기존의 연구성 과들을 적극 활용할 것이다.

제2장 정보화와 민주주의: 이론적 논의

참여민주주의(participatory democracy)는 정책결정과정에 일반 시민들의 직접 참여기회를 최대한으로 확대하고 보장하기 위해서 기존의 대의제 민주주의제도에 직접 민주주의적 요소를 대폭 도입한 민주주의의 한 유형이다. 그런데 정보통신기술의 발달로 전자민주주의가 출현하였고, 전자민주주의는 기존 대의제 민주주의의 한계를 극복, 보완하고자 하는 참여민주주의와 접목되면서 민주주의에 대한 발전적 전망을 높여가고 있다.

이 장에서는 정보화와 민주주의에 대한 기존연구를 검토해보고, 인터넷시대 정치참여와 참여민주주의에 대한 본 연구의 이론적 구성과 분석틀을 제시할 것이다. 또한 대의제 민주주의의 특징과 한계를 살펴보고, 이를 극복하기 위한 참여민주주의 이론의 다양한 유형과 주장, 그리고 참여민주주의의 구체적 프로젝트들을 검토할 것이다.

제1절 기존연구 검토와 분석틀

정보화와 민주주의에 대한 기존의 연구들은 대부분 정보사회와 민주주의 사이의 관계를 검토하는 것이다. 이에 관한 지금까지의 논쟁과 연구 시각은 크게 '기술결정론적 관점'(technological determinism)과 '기술의 사회구성론적 관점'(technological social-constructivism)으로 대별될 수 있다. 기술결정론적 관점은 다시 '낙관론'(optimism)과 '비관론'(pessimism)으로 구분된다.

'낙관론'은 정보기술의 '민주적 가능성'(democratic potential)에 초점을 맞춘 시각이다. 정보화의 진전에 따라 정보의 생산, 유통, 소비와 관련된 거래비용이 축소되어 참여의 비용이 감소하였고, 권력에 대한 감시가 용이해졌으며, 그리고 인터넷을 통해 정치적 사안에 대한 토론과 숙의의 가능성이 증대되었다는 점을 강조하고 있다. 이를 통하여 일상정치의 복원과 기능장애를 일으키고 있는 대의민주주의의 대안이 마련될 수 있다고 주장한다. 텔레데모크라시, 푸시버튼 민주주의, 직접민주주의의 복원 등이 그것이다.

이에 반해 '비관론'은 정보화가 지니는 '감시의 가능성'(surveillance potential)에 초점을 맞춘 시각이다.[1] 정보화로 인해 시민사회가 권력을 감시할 수 있는 가능성이 높아진 것이 사실이지만, 기존의 권력이 사회를 감시할 수 있는 능력은 이보다 더 증대되었다고 본다. 정보의 관리와 통제의 고도화를 통해 벤담(Jeremy Bentham)의 '원형감옥'[2](the Panopticon)의 구상이나, 오웰(G.

---

[1] 전자감시(electroveillance)에 관한 연구는 베니거(J. R. Beniger), 웹스터와 로빈스(F. Webster & K. Robins, 1986, 1988), 갠디(O. H. Gandy Jr., 1997), 라이언(D. Lyon, 1994), 단데커(C. Dandeker, 1990), 보가드(W. Bogard, 1996) 등이 대표적인 학자이다. 이에 대해서는 박동진, 2000. 「정보양식과 공론의 민주주의에 관한 연구: 비판적 정보양식론의 관점을 중심으로」, 인하대학교 대학원 정치외교학과 박사학위논문. 143~146쪽; 고영삼, 1998. 『전자감시 사회와 프라이버시』, 서울: 한울,; David Lyon, *The Electronic Eye*, 1994. 『전자감시사회』, 대전: 한국전자통신연구소, 참조.

[2] 벤담(Jeremy Bentham)이 사회통제의 제도적 장치로 구상하고 있는 것이 원형감옥이다. "원형감옥이라는 제도적 장치는 감옥, 정신병원, 학교 그리고 공장 등에서 제도적 권력과 통제가 자동적이면서 중단 없이 계속될 수 있는 장치의 형태로 모색되어진다. 중앙에 설치된 감시탑을 둘러싸고 원형으로 구성원들이 배치되어 중앙으로부터 감시와 통제가 용이한 체제이다. 이를 통해 감시자의 효율성이 증대되고 구성원들을 통제, 감시하는데 있어 '보이지는 않으면서도 감시할 수 있는(seeing without being seen)' 사회적 통제 장치를 확보할 수 있다"는 것이다. 이후 푸코(Michell Foucault)는 이 원형감옥이 현대의 사회통제방식으로 원용되고 있다고 파악한다. 즉, 현대기술문명은 인간을 통제하고 교도하며 마치 범세계적인 감옥에 갇힌 듯 체제에 순응하는 존재로 만든다는 것이다. 현대사회의 처벌은 범죄자를 교도하는 것에 그치는 것이 아니라 그들이 건전한 지식을 창출해내도록 교육한다. 나아가 교도관의 정교한 기술은 순응적 인간형을 창출하여 그들이 자발적으로 자신을 감옥에 가둬놓게 한다. 현대의 정보기술의 발달은 판옵티콘으로 상징되는 권력에의 감시와 기록의 수단을 제공하게 되며, 정보의 대상일 뿐 결코 의사소통의 주체가 되지 못한 채 통제되어 가능 것으로 본다. 즉, 정보통제의 발달로 중앙탑에 존재하는 감시자의 감시능력이 증대하고 일반 개개인은 판옵티콘의 말단 감시방에서 감시되는 것도 의식하지 못한 채 감시, 통제될 수 있다는 것이다. 원형감옥과 정보사회의 통제와 감시에 대해서는 홍성욱, 2002. 『파놉티콘 - 정보사회 정보감옥』, 서울: 책세상, 참조.

Orwell)의 '1984'[3]적인 전체주의적 통제체제를 출현시킬 수도 있다는 것이다. 즉, 시민생활에서의 감시기술의 발달, 기록보관 기술의 집중화, 비밀지정을 통한 정보에의 접근통제, 정보조작 등을 초래할 가능성이 있다. 이러한 감시와 통제의 가능성 외에도 비관론은 정보화에 내재해 있는 사회적 불평등성[4]과 정보의 과부하(information overload), 혹은 "풍요로움의 역설"(Keohane and Nye, 1998: 78~87)에 따른 민주주의의 역행을 지적하기도 한다. 즉 정보의 극적인 양적 증가가 정보의 질적인 증가를 담보하는 것도 아니며, 이러한 경우 우량한 정보와 불량한 정보를 구별하여야 하는 행위자들의 어려움은 증가하게 된다. 더 나아가 의도적으로 정보의 홍수를 만들어 유포시킬 경우, 개인의 차원에서 이에 적절하게 반응하기는 훨씬 더 어려워진다(유석진, 2003: 21~22).

한편, '기술의 사회구성론적 관점'은 정보화를 '양면의 칼'로 인식하면서, 그 자체의 영향력보다는 정보화가 이루어지는 정치사회적 맥락을 중요시한다. 바버(Barber, 1998-99: 588)가 지적하듯이, "만약 민주주의가 기술로부터 무엇인가 얻고자 한다면, 논의는 기술로부터 시작되어야 하는 것이 아니라 정치로부터 시작되어야 한다." 정보화가 민주주의에 미치는 영향은 정보화 자체의 속성 때문이 아니라, 정보화가 어떤 세력의 이해관계에 의해 어떠한 방식으로 추진되느냐에 따라 결정된다는 것이다. 즉 기술로서의 정보화는 감시가 관철되는 사회를 만들어낼 수도 있는가 하면, 반대로 민주주의가 창달되는 사회를 만들어낼 수도 있다. 이러한 사회구성론적 시각은 정보화를 독립변수로 파악

---

3) 전자기술에 의한 전체주의적 감시·통제 사회의 도래와 관련된 가장 극단적인 전망을 오웰식 비관론(Orwellian pessimism)이라고 한다. 오웰의 소설 *Nineteen Eighty-Four*에는 전체주의에 대한 강한 경고가 담겨 있으며 전체주의의 권력 도구로 전자감시가 어떻게 사용되고 있는지를 보여준다. George Orwell, *Nineteen Eighty-Four*, 정회성 역, 2003. 『1984』, 서울: 민음사.

4) 정보의 사회적 불평등성은 정보격차(digital divide)의 형태로 구체화되어 나타난다. 정보부자(information-rich, information haves)와 정보빈자(information-poor, information have-nots)의 구조가 정보화의 진전에 따라 기존의 불평등구조를 확대 재생산하면서 나타날 가능성이 높다. 그 결과 영향력의 비대칭성과 불평등성이 확대 재생산 될 수 있다. 정보 불평등에 대해서는 Herbert Schiller, *Information Inequality: the Communications Industry and the Deepening Social Crisis in America*, 김동춘 역, 2001. 『정보불평등』, 서울: 민음사, 참조.

하기보다는 환경적인 변수로 파악한다.

1. 기술결정론적 관점

정보화와 민주주의에 관한 초기의 연구는 주로 토플러(Toffler), 네이스빗(Naisbitt) 같은 미래학자들에 의해 이루어졌다. 이들은 정보통신기술의 발달은 기존의 대의민주주의를 약화시키고, 새로운 형태의 참여적 민주주의를 가져올 것이라는 낙관적 전망을 펼치고 있다. 이러한 낙관론자들은 정보사회에서 정치발전의 가능성을 정보양의 증가, 상호작용성의 확대, 그리고 정책결정과정 참여의 확대에서 찾고 있다.

이들은 첫째로, 인터넷이 정보제공과 습득의 매체로 활용됨으로써 민주주의 발전에 기여할 수 있다고 보았다. 인터넷은 일반 시민들에게 보다 많은 정보를 제공할 수 있으며, 인터넷이 갖는 협송전달 기능은 다른 미디어 매체에 비해 정보수요자의 필요에 부합하는 맞춤형 정보를 제공할 수 있다는 사실 때문이다. 이와 같은 정보의 공유는 "많은 정보를 보유한 적극적인 시민에 의한 민주주의의 부흥"을 가져올 것이라고 전망하였다(Corrado & Firestone, 1996: 29).

둘째, 시민들이 중요한 정치관련 정보에 접근이 가능함으로 인해 시민과 정부 사이의 상호작용(interaction)은 상당히 개선될 것으로 보았다(Evertt M. Rogers, 1986: 237). 이러한 상호작용은 이메일, 리스트서버, 채팅룸 등 전자적 커뮤니케이션 형태로 이루어지면서 과거에 비해 선출 및 비선출직 공직자와 시민들간의 효과적인 대화를 가능하게 할 것이며, 이는 결국 시민의 정치적 영향력을 강화시킬 것이라고 본다. 또한 이들은 새로운 정보통신기술의 도입으로 과거에는 불가능하였던 일반시민들의 정책결정과정 참여가 가능해 질 것이며, 공공정책 결정에 있어 일반시민들의 역할과 영향력을 강화시킬 것으로 보았다.

요컨대, 정보사회에 대한 낙관론적 입장은 시민이 확장된 사이버공간을 통해 자신들의 의견을 직접 표현하고 정책결정에 직접 참여하는 확장된 민주주의를 민주주의의 이상적 모습으로 보고 있다. 이들은 전자민주주의를 곧 직접

민주주의의 실현으로 보고, 전자투표방식을 이용한 레퍼랜덤(referendum)과 플레비시트5)(plebiscite)가 활성화됨에 따라 국민들은 과거 대표자에게 위임하였던 정책결정권한을 다시 찾아와 자신들과 관련된 주요 이슈에 대해 직접 결정을 내리게 될 것이라고 주장한다.

이와 관련해 토플러는 정보화시대의 세 가지 정치원리를 다음과 같이 설명한다. 첫째, 산업사회의 정치논리가 '다수결'인 반면, 다가올 사회의 정치는 '소수파'의 힘이 적극적으로 반영되는 형태(minority power)가 될 것이며, 둘째, 기존의 의회 중심의 대의제 정치가 시민들이 직접 정치에 참여하는 '반(半)직접민주주의'(semi-direct democracy)로 될 것이며, 셋째, 다수가 정치적 영향력을 확대함으로써 다수의 대중과 소수의 정치 엘리트라는 정치적 위계가 무의미해 질 것이며, 소수 권력가에 의한 정치적 결정이 불가능해지고 이슈에 따라 결정권이 분산(decision division)되는 정치가 될 것이라고 주장하였다(Toffler and Toffler, 1995: 177~201).

네이스빗 역시 새로운 정보통신기술의 도입으로 과거 시간과 공간의 한계로 대규모 정치체제 하에서는 불가능하였던 직접민주주의가 가능해 질 것이라고 주장한다. 그는 정보기술이 성장하고 일상적으로 이용되면서 사람들이 많은 사회적 문제에 대해 능동적으로 참여하는 직접민주주의가 도래할 것이며, 지금까지의 중앙정부에 의한 단독적인 정책 수립이나 결정이 시민들의 아래로부터의 압력과 힘 때문에 유지되기가 힘들 것이라고 주장한다(Naisbitt, 1985: 97~101).

---

5) 국민투표에는 레퍼랜덤(국민투표 또는 국민표결)과 플레비시트(인민투표 또는 신임투표) 두 가지가 있다. 레퍼랜덤은 일반적인 국민투표 전체를 가리키는 것으로, 의회를 통과한 법안의 가부를 최종적으로 전 국민의 표결에 붙이는 제도이다. 플레비시트는 국민주권의 논리적 귀결로서 국민이 국가 의사결정에 직접 참가하는 제도이다. 영토의 병합이나 변경 등에 관해서 국민 또는 해당 주민의 투표로 그 귀속을 결정하는 경우나 새로 권력을 장악한 지배자가 그 권력의 정통성을 얻기 위해 행하는 경우에 실시된다. 구병삭・강경근, 1991. 『국민투표』, 서울: 민음사, 80~90쪽. 따라서 레퍼랜덤은 헌법 등에 명기된 합법적・영구적인 제도인데 반해, 플레비시트는 국가제도적 성격은 갖지 않는 일시적인 것이다. 정요섭, 1984. 『선거론』, 서울: 박영사, 267쪽.

베커는 시민들이 정치적 사안에 관해 결정할 수 있는 권리인 투표권이 민주주의의 핵심적 요소임을 강조하였다. 그는 정보통신기술의 발달이 직접민주주의 구현의 방안으로 이용되어야 한다고 주장하며, 전자포럼이나 전자공청회 같은 정보의 교환보다도 시민 개개인의 의사표시가 최대한 반영되는 투표행위가 민주주의 구현의 최선의 방안이라고 보고, 대의민주주의를 대체하는 전자국민투표(electronic plebiscite)의 실시를 주장하였다(Becker, 1993).

스테이턴 역시 과거 시민들의 직접참여를 가로 막아왔던 시간적 장벽, 공간적 규모의 문제, 지식분배 및 접근의 어려움이 정보통신기술의 발달로 인해 제거될 수 있으며, 시민들은 자신들의 자기결정(self-determination)에 대한 요구를 충족시킬 힘을 가지게 되었다고 보았다(Staton, 1994).

이들은 대체로 인터넷의 정치적 활용이 정부 책임성, 시민들의 보다 많은 정치 관련 정보습득, 개선된 정치토론, 의사결정에 있어 대중참여 등에 기인할 것이라고 보았다(Hague & Loader, 1999: 8). 결국 이들의 공통된 주장은 정보통신기술에 기반하고 있는 정보사회에 대해 낙관적으로 보고 있으며, 산업사회의 대의민주주의가 점차 사라지고 참여에 기초한 직접민주주의가 새롭게 나타날 것이라고 본다.

그러나 이러한 낙관론적 주창자들은 정보사회의 정치적 변화를 기술결정론적 시각에서 바라보고 있다는 비판을 받는다. 이들의 논의는 현재의 기술과 그 가능성이라는 측면에서 강점을 가지지만, 반대로 사회적 관계의 수직적이고 역동적인 관계의 변화를 분석하지 않고, 정치과정에 대한 심도있는 이해가 부족하며 기술현상을 바로 사회적 현상으로 환원시키는 오류를 범하고 있다는 것이다. 즉 이들은 권력관계에 대한 논의를 생략한 채 민주주의의 본질을 시민들의 숙의와 토론에서 찾지 않고, 단지 기술적이고 절차적인 부분 – 투표, 접촉 – 만을 민주주의의 핵심적 요소로 간주한다는 지적이다.

한편, 정보화에 대한 긍정론적 관점이 주로 정치참여에 있어 기술적 측면을 강조한다면, '비판적 회의주의적' 관점은 컴퓨터의 등장이 정보이용의 확대는 가져왔지만, 지나친 정보홍수는 오히려 정치적 무관심과 방관자 의식이 심화될 수 있다(Toulouse and Luke, 1998: 52~53)거나, 현실세계에서의 불평등은 사이버공간에서도 그대로 재현될 것이라는 주장이다. 즉, "정보처리가 고도로 발달될수록 정치세력의 중앙집중화는 더욱 강화될 가능성이 짙으며, 자동화된 고도의 감시기술의 발전 때문에 시민권의 확장보다는 정치권의 관료체제가 더욱 강화되고 있다."(Gandy, 1989: 61~76)고 비판한다. 정보화가 정보의 생산, 유통, 소비를 다양화시키는 데는 성공하였지만, '상업적 정보'(commercial information)는 거대기업이, 그리고 '전략적 정보'(strategic information)는 기존의 권력이 장악하게 된다. 즉, 어떠한 정보를 어떠한 형태로 생산·유통시킬 것인가를 결정할 수 있는 권한과 권력을 가지고 있는 행위주체는 여전히 기존의 정치 구조와 권력에 의해 결정된다(Keohane and Nye, 1998: 81).

특히 사이버 회의주의자들(cyber-skeptics)은 최근의 연구에서는 디지털기술의 실제적 활용은 민주적인 참여의 현존하는 방식을 변화시키는데 실패할 것이라고 주장하고, 인터넷은 정치 및 사회적인 것에 대한 관심과 냉소 사이의 간극을 더욱 벌려놓을 것이라는 비관적 예언을 하기도 한다. 마고리즈와 리즈닉은 인터넷으로 일반화되는 민주주의의 부활에 대한 초기 희망은 미국의 경우를 보면 완전히 실패했다고 결론 내린다. 즉, 현실의 거대정당들, 전통적 이익집단들 그리고 공룡같은 미디어그룹들이 인터넷에서도 '일상의 정치(politics as usual)'를 양산해내면서 가상세계에서 그들의 지배력을 재확인한 미국의 경험을 토대로 인터넷의 정치적 실패를 강조한다(Margolis and Resnick, 2000).

이외에도 강정인과 유석진은 비관론적 관점에서 지적되는 문제점으로 다음과 같은 것을 들고 있다.[6] 첫째, 정보화 자체가 지니는 사회적 불평등성의 측면과 정보의 부익부 빈익빈 현상, 둘째, 정보화의 진전에 따라 기술적으로 보다 가능하여진 원형감옥 등의 기제를 통한 사회적 통제 가능성의 증대, 셋째, 정보화에 따라 발생할 수 있는 대중여론의 정치과정에의 여과되지 않은 투입 등으로 인한 중우민주주의 혹은 폭도정치로서의 대중정치의 가능성, 그리고

---

6) 유석진, 1997. 「정보화와 민주주의」, 전자민주주의연구원 주최 『정보화시대 한국의 정치과정』 세미나 발표논문, 14~19쪽; 강정인, 1998. 「정보사회의 정치적 함의」, 『세계화, 정보화 그리고 민주주의』, 서울: 문학과지성사, 188~199쪽.

정보화를 통한 정치의 희화화, 주변화 혹은 연예화 등의 경향으로 인한 정치적 냉소주의와 무관심의 증대라는 다양한 비관적인 측면이 존재하기 때문에, 권력의 민주화 혹은 민주적 권력의 정착 문제에 긍정적인 역할을 수행하지 못할 가능성이 높다.

2. 기술의 사회구성론적 관점

기술의 사회구성론적 관점은 기술이 사회변화를 결정짓는다는 기술결정론이나 문화가 기술의 도입 및 확산을 결정짓는다는 문화결정론과는 차별성을 지닌다. 기술의 사회구성론적 관점의 핵심은 기술을 어떻게 규범적으로 재구성하는가의 문제에 초점을 맞춘다. 벡(Ulrich Beck)은 기술 그 자체를 정치의 영역으로 설정하고, 기술의 개발에 대한 전 과정이 공론영역을 통해 공개되고 논의되어야 한다고 주장한다.

'기술을 민주화한다'는 최근의 주장들은 현대사회의 다양한 영역들중 가장 비민주화된 영역중의 하나가 기술이라고 지목한다. 벡은 "기술에게 자유를 부여하는 근대가 단 한번도 감행된 적이 없는가?"라고 반문하면서, 기술을 경제와 국가의 족쇄로부터 해방시켜야 한다고 주장한다(Beck, 1998: 209~210). 벡은 기술적 영감에는 두 가지 원천이 있는데, 그 하나는 보다 빠르고 보다 기능적으로 되어야 한다는 경제적 유용성과 효율성이고, 다른 하나는 기술적 작업(technological work) 그 자체이다. 벡은 전자가 후자를 압도하는 과정을 근대성(modernity)으로 보고, 기술을 근대적으로 조직화하자고 제안한다(Beck, 1998: 39). 따라서 기술의 민주화 혹은 기술의 사회적 구성은 기술을 목적합리성과 통제가능성에 대한 믿음으로부터 벗어나 불확실성, 다의성, 모호성, 상황성의 맥락 속에 위치지움으로써 기술을 정치화하는 과정이다(Beck, 1998: 211).

벡이 말하는 '성찰적 근대화(reflexive modernization)'[7]의 방법은 환경위기

---

7) '성찰적 근대화'란 창의적이고 시민 참여적인 근대화를 의미하는데, 그 중심 가치는 변화하는 환경 속에서 능동적으로 회의하고 결정하고 참여하는, 즉 궁극적인 의미에서의 자기결정능력이다. 반면에 '역근대화'(counter-modernization)란 현재 유럽 사

처럼 근대화과정에서 필연적으로 마주치게 되는 역근대성을 통해 그 정치적, 혹은 윤리적 방향성에 대한 동의를 구축할 수 있게 한다. 인터넷 기술은 매스미디어와 민주주의간의 역근대적 양상과 그것을 극복하고자 하는 실천을 통해 사회적 의미를 확보하고 민주화의 경로를 확보한다.

레비는 기술을 사회에 대한 조건화로 설명한다. 기술은 어떤 문화속에서 만들어지며, 한 사회는 그 안에서 생산된 기술에 의해 조건 지워진다는 것이다. 그렇지만 조건 지우는 것 자체가 어떠한 사회적 상태를 결정하는 것은 아니라고 설명한다. 기술이 사회를 조건 지운다는 것은 사회적·문화적·정치적 선택들이 기술의 존재 없이 심도 있게 고려될 수 없음을 뜻한다. 구텐베르크의 인쇄술은 종교개혁이나 현대 유럽의 과학발전, 계몽주의 이상의 출현, 18세기 공적 여론의 강화 등을 결정지은 것이 아니라, 이러한 일련의 사건들을 조건지운 것에 불과하다. 인쇄술은 단지 이러한 문화 사건과 형태들이 태동하게 된 전반적인 환경조성에 필요한 부분만을 제공한 것이다(Levy, 1997: 43~44).

레비는 계몽적 기획의 가능성을 열어놓은 상태에서 인터넷 기술이 사회적으로 어떻게 구성되는 지를 다음과 같이 잘 설명하고 있다(Levy, 1997: 41).

> 과학기술의 이면에는 생각이나 사회적 기회, 유토피아 사상, 경제적 이해관계, 권력의 전략 등 인간의 모든 사회적 행위들이 서로 갈등하며 작용하고 있다. 따라서 기술에 단 하나의 의미만을 부여하는 것은 의구심을 자아낼 뿐이다. 특히 디지털의 경우, 기술을 둘러싼 양가적이고 다수적인 의미 작용과 기획들은 매우 당연한 것들이다. 이미 여러 국가들은 일반적으로 힘을 갖기 위해, 특히 군사력의 헤게모니를 거머쥐기

회에서 팽배하고 있는 극우인종주의, 동유럽의 신민족주의 현상 등을 지칭하는데, 그 것이 고수하는 가치는 전통과 질서라고 할 수 있다. 울리히 벡은 현재 사회 도처에서 출현하고 있는 새로운 현상에 부응하여 민족주의나 인종주의에 편승하는 역근대화의 보수정치를 비판하고, 그 대안으로서 성찰적 근대화의 새로운 참여정치를 주장한다. 성찰적 근대화의 개념과 이론에 대해서는 Ulrich Beck, 「정치의 재창조: 성찰적 근대화 이론을 향하여」, Anthony Giddens & Ulrich Beck & Scott Lash, *Reflexive Modernization*, 임현진·정일준 옮김, 1998. 『성찰적 근대화』, 서울: 한울, 21~89쪽 참조.

위해 사이버 테크놀로지의 개발을 독려하고 있다… 그러나 이것은 개인의 자주성을 제고하고 인지적 능력을 배가시키려는 사람들의 생각과 사용자들의 요구에 부합된다. 이것은 과학자, 예술가, 경영자 그리고 인간들 사이의 협력을 증진시키려는 행동가들의 이상을 구현하고 있다 이들 모두는 이미 존재하는 다양한 형태의 공동의 지적재산(collective intelligence)들을 모아 살아 움직이게 만들려고 한다. 여러 이질적인 기획들은 서로 갈등을 일으키기도 하지만, 서로 도움을 주고 상대방의 입장을 강화하는데 기여하기도 한다.

레비의 지적은 정부, 자본가 및 다양한 세력들이 자신의 합목적성에 입각하여 인터넷 확산을 추동하지만, 결과적으로 인터넷은 이들의 목적과는 별개로 사회적으로 구성되는 측면이 있다는 것이다. 레비가 지적하는 인터넷 기술의 사회적 구성은 오히려 인터넷을 장악하고자 하는 정부나 자본가의 목적과는 별개로 공동의 지적 재산을 확대시키는 방향을 나아갈 수 있다는 것이다. 즉 인터넷 기술의 사회적 구성은 기술의 합목적성에 의해 결정되거나 특정 세력에 의해 좌우되는 것이 아니라, 다양한 우연성과 집합적 상호작용의 결과라고 파악할 수 있다(홍성구, 2001: 137).

그렇다면 기술의 사회적 구성이라는 측면에서 정보화 기술은 민주주의와 어떤 연관성을 지닐 수 있을까? 기술의 사회구성론적 관점은 "정보기술이 그 자체가 가지는 내재적 동인에 의하여 미리 결정된 방식으로 그리고 자동적으로 사회에 개입하는 것이 아니라, 오히려 정보기술의 창출과 활용의 전 과정이 그것을 둘러싼 사회정치적 환경과 인간의 주체적 선택의 결과로 결정"된다는 입장이다.[8]

---

8) 사회적 구성론은 기술을 자체의 '내적 논리'에 의해 주어진 것으로 보는 기술결정론의 가정을 거부하고, 기술을 그 창출과 사용을 둘러싼 조건들에 따라 구성되는 사회적 산물의 하나로 간주한다. 새로운 기술을 창출하고 사용하는 모든 단계에서 다양한 기술적 옵션들이 이용 가능하다고 본다. 이 중 어느 옵션이 선택되느냐 하는 것은 단순한 '기술적' 고려 사항에 달려 있는 것이 아니라, 보다 광범한 사회적, 경제적, 문화적, 정치적 요인들에 의해 좌우된다는 것이다. 김환석, 「정보기술과 정보사회를 어떤 관점에서 볼 것인가」, 크리스챤 아카데미 시민사회 정보포럼 편,

즉, 이 입장은 정보화를 도구적으로 활용하여 현실정치의 문제점을 치유하고 새로운 정치적 대안을 찾을 수 있는 방법을 적극적으로 모색하여야 하는 입장에서 출발하고 있다. 따라서 이들은 정보화를 독립변수로 파악하기보다는 환경적인 변수로 파악하며, 정보기술의 민주적 잠재력을 실현하기 위해 적극 노력하고, 특히 시민의 정치참여 활성화를 통한 대의민주주의 발전을 추구한다. 또한 민주주의가 단순히 정책을 결정하는 방식에 있는 것이 아니라 사회, 정치적 이슈에 대한 토론과 숙의를 통한 참여에 그 본질적 요소가 있다고 보고, 공공토론 과정에의 참여를 강조한다. 따라서 이들은 플레비시트적 전자민주주의보다는 토론과 숙의를 위한 전자회의와 정보접근 등을 강조한다.

먼저, 아터튼은 기술이 지닌 사회적인 영향력을 고려하면서 기술결정론의 오류를 극복하고자 한다. 그는 전자민주주의가 지금의 대의정치를 대체하는 정치를 의미하는 것이 아니라, 시민과 정치 지도자들간의 정치적 정보와 의견의 전달을 돕는 커뮤니케이션 기술의 운용을 의미한다고 본다(Arterton, 1994: 23).

아터튼은 전자민주주의의 성패는 사용된 기술이 아니라 사회적 선택에 좌우되며, 전자민주주의의 핵심은 결정의 신속함이 아니라 결정에 있어 많은 숙의를 할 수 있는 토론기회와 정보제공에 있다고 본다. 그는 정보기술에 의해 시민참여가 제고된다는 것에 대해 별로 낙관적이지 않으며, 시민참여가 활성화된다 하여도 대의제가 직접민주주의로 대체되는 것이 아니라 통신매체에 의해 대의과정이 활성화되는 것일 뿐이라고 주장한다(Arterton, 1994: 289~298).

결국 아터튼은 전자민주주의가 성공하기 위해서는 무엇보다 참여자들의 지도력, 자신감, 대화와 토론 능력, 정치제도에 대한 기본지식 등으로 구성되는 정치적 역량(political competence)이 강화되어야 한다고 본다. 전자민주주의가 최종적으로 참여자의 정치적 역량 강화를 낳기 위해서는 시민참여를 위한 제도적 측면들이 보장되어야 한다고 주장한다.

엘시타인은 진정한 민주주의의 요소로서 숙의의 과정(deliberative process),

1999. 『시민이 열어가는 지식정보사회』, 서울: 대화출판사, 72쪽.

다른 시민들과의 집단적 참여, 개인의 사회에 대한 도덕적 책임감, 국가 (republica)안에서 국가를 위한 행동을 통한 개인적 가능성의 실현 등을 제시한 다. 그리고 그녀는 민주주의 정치과정이 전자기술을 사용하여 버튼 선택식으로 변화한다면 민주주의의 핵심적인 요소인 숙의와 공공 정책적 선택은 사사화(私 事化, privatization)되고 도구적 결정으로 변질될 위험이 있다고 지적한다 (Elshitain, 1987).

특히, 바버는 전자민주주의가 추구하는 모델은 플레비시트 민주주의가 아닌 참여민주주의이며 이를 위해서는 시민들에 의한 숙의, 대중토론, 대중참여가 반 드시 실현되어야 한다고 주장한다. 그는 인터넷이 가지는 가장 큰 장점 가운데 하나인 속도(speed)는 참여민주주의의 발전에 결코 도움이 되지 않는다고 본다. 플레비시트 민주주의(plebiscite democracy), 즉 국민투표에 의한 의사결정을 위해서는 속도가 반드시 요구되나, 우리가 민주주의를 이야기 할 때 빠뜨릴 수 없는 숙의(deliberation), 생각(thinking), 회의(meeting), 대화(talking) 등의 요소를 고려한다면, 민주주의는 속도가 아니라 오히려 매우 느린 형태의 통치양 식이라는 것이 바버의 주장이다(Barber, 2000-2001).

한편, 국내에서는 유석진이 정보화가 민주주의를 촉진시킬 것이라는 낙관론 자들의 견해가 확고한 이론적, 경험적 토대를 가지지 못한 것으로 평가하면 서, 정보화가 민주주의의 제 측면, 즉 행위자, 절차, 그리고 제도에 미치는 영 향 모두는 관계가 불분명하거나 정보화라는 기술의 발전이 직접적인 결정요인 으로 작용하고 있지 않다고 본다. 다시 말해 정보화는 보다 높은 차원에서의 민주주의를 실현할 수 있는 기술적 차원에서의 필요조건일 수는 있어도 충분 조건일 수는 없다는 것이다. 따라서 그는 정보화가 이루어지고 있는 정치·경 제·사회적 환경을 무시하고 정보화의 효과에 대하여 논의하는 것은 불가능하 다고 주장한다(유석진, 1997: 19~20).

강정인도 기술혁신에 의해 추진되는 낙관적인 정보사회의 전망이 설득력이 없다고 본다. 그는 정보기술을 포함한 기술혁신이 담고 있는 미래사회에 대한 낙관적인 잠재력을 현실화시키기 위해서는 사회전체의 구조적 개혁을 추진해 야 하고, 다른 한편으로는 기술의 도구성·중립성을 부인하고 기술혁신 및 도입에 있어서 기술 자체에 대한 면밀한 사전 검토를 하며, 기술이 채택·보급된 후에는 그 기술에 대한 사후관리를 엄격히 할 것을 주장한다. 이러한 전제조건이 충족된 후에 정치학자들이 제안한 기술의 민주적 잠재력이 현실화될 수 있다고 본다. 그는 특히 현대 선진 자유민주주의 국가에 만연된 정치적 무관심·비참여·냉소주의는 컴퓨터나 원격통신장비 등 전자통신기술의 혁신 및 보급에 의해서 극복될 수 있는 기술적인 문제라기보다는 오히려 자유민주주의 정치구조에 본질적으로 내재한 문제, 즉 자유민주주의의 도구적 정치관과 참여관 그리고 정치의 사사화 현상이라는 점을 지적한다. 즉, 정치참여에 대한 기술적 요소는 인과변수라기보다는 촉진변수에 불과하다는 것이다(강정인, 1998: 206~207).

박동진도 기술결정론은 인간의 주체적 의지를 객관화시키고 대상화시켜 버리기 때문에 사회과학적으로 사회현상을 분석하는데는 한계가 있다고 지적하면서, 정보생산의 사회적 관계에 초점을 맞추는 비판적 정보양식론을 주장한다. 그는 비판적 정보양식론을 통해 사회적인 권력관계의 첨예한 대립, 권력과 저하의 상호작용의 결과가 민주주의의 실천적 논술로 전개되는 지점을 강조한다(박동진, 2000).

윤성이는 특히 인터넷을 통해 추구하는 전자민주주의나 사이버정치는 결코 현실정치와 별개로 구현되는 것이 아니며, 오히려 현실정치의 특성을 그대로 반영하면서 기존 구조를 더욱 강화하거나 기껏해야 부분적인 변화만을 가져올 수 있다고 본다. 따라서 새로운 기술에 내재된 잠재적 가능성과 그것이 민주주의에 미치는 영향은 기술적 선택이 아닌 정치적 선택, 즉 새로운 기술을 어떻게 활용할 것인가 하는 문제에 달려 있다고 본다. 또한 새로운 기술이 가져오는 정치적 결과는 기술자체의 특성뿐만 아니라, 기술이 적용되는 사회의 역사적, 정치적, 사회경제적 구조에 따라 달리 나타날 수 있다고 한다. 따라서 인터넷의 정치적 활용과 전자민주주의에 대한 논의는 인터넷 기술의 특성과 그것이 갖는 정치적 영향력에 대한 단편적 시각에서 벗어나 여타 정치, 경제, 사회, 역사적 변수를 동시에 고려할 것을 주장한다(윤성이, 2001).

요컨대, 정보기술의 '민주적 가능성'에 초점을 맞추고 있는 낙관론적 시각은,

정보통신기술의 발달로 대의민주주의를 대신해 참여에 기초한 직접민주주의의 가능성을 낙관적으로 전망하고 있지만, 이들은 정보사회의 정치적 변화를 기술결정론적 시각으로 보고 있다는 비판을 받는다. 반면, 정보화의 사회정치적 맥락을 중시하는 사회구성론적 접근은 정보기술의 민주적 잠재력을 실현하는데 초점을 두고 있다. 또한 이들은 시민의 정치참여 활성화를 통한 대의민주주의의 발전을 추구하고, 공공토론 과정에의 참여와 숙의를 강조한다는 점에서 낙관론적 기술결정론과는 차별을 보인다.[9]

3. 인터넷과 참여민주주의: 이론적 구성 및 분석틀

정보통신기술 자체가 민주주의를 발전시키거나 위협하지는 않는다. 중요한 것은 기술이 가지고 있는 참여적, 민주적 잠재성을 어떻게 극대화시킬 수 있는가 하는 문제이다. 새로운 공간이 등장했다고 해서 모든 시민의 참여를 통해 민주주의가 확산된다든가, 혹은 권력의 강화만을 초래한다는 기술적인 측면만을 강조한 이분법적인 접근은 참여를 야기하는 시민들의 다양한 요인을 고려하지 않음으로써 인터넷과 같은 새로운 참여공간의 등장에 따른 정치참여를 통한 변화를 설명하는데 미흡할 수밖에 없다.

따라서 본 연구에서는 인터넷 기술과 민주주의와의 연관성을 설명함에 있

---

9) 전자정부에 대해서도 기술결정론과 사회결정론은 강조점을 달리한다. 즉 기술결정론이 행정의 효율성을 강조하는 반면, 사회결정론은 행정전반의 민주성에 초점을 맞추고 있다. 기술결정론적 측면에서는 초고속정보통신망의 성공적인 구축으로 국가사회전반이 네트워크 되면서 이를 바탕으로 정부의 모든 행정서비스를 실시간에 국민에게 제공하고 부처간의 정보공유를 통해 실현 가능한 작고 효율적인 정부를 강조한다. 즉 행정정보의 공유가 활성화 된 정부는 내부적으로 생산성을 제고하고 외적으로는 대국민 서비스를 높이는 정부를 의미한다. 반면, 사회결정론적 측면에서는 행정의 민주성과 형평성 그리고 투명성을 상정하고 고객지향적인 전자정부구현을 위하여 정보통신기술을 적극적으로 활용하여 중앙정부와 자치단체가 전략적으로 경쟁력 있는 정부를 구현하는 것을 강조한다. 또한 행정의 효율적인 측면에서 비용이 적게들고 국민의 서비스 만족을 극대화하여 국민의 삶의 질을 향상시킨다. 오관석, 2002. 「전자정부의 민주성과 효율성에 관한 연구」, 전북대학교 대학원 정치학과 박사학위논문, 17쪽.

어, 정보화 그 자체의 영향력보다는 정보화가 이루어지는 정치사회적 맥락을 중요시하는 기술의 사회구성론적 관점을 따르고자 한다. 이러한 입장은 한편으로는 인터넷의 효과를 과대포장하여 낙관론에 빠지거나, 다른 한편으로는 인터넷의 효과를 폄하하여 비관론에 빠지는 입장을 모두 거부한다. 인터넷이 민주주의에 기여하기 위해서는 인터넷 기술은 물론, 인터넷 기술이 조성하는 새로운 정치적 조건을 민주주의에 기여하도록 해야 한다. 이에 본 연구는 기술의 내재적 특성과 기술외적인 정치사회적 여건 양자가 모두 정치참여에 영향을 미치는 요인으로 작용하고, 이러한 정치참여 과정에서 온/오프라인의 상호작용이 중요하다고 본다.

특히 정치사회적 맥락을 중요시하는 사회구성론적 관점은 사이버공간과 현실공간, 온라인과 오프라인의 상호작용을 강조하는 본 연구의 입장과도 맥락이 닿는다. 즉, 본 연구는 정치과정에서 인터넷이 중요한 수단이 되고 있다는 점에서는 동의하지만, 인터넷이라는 도구의 발전이 시민의 민주적 의식변화와 참여증대를 자동적으로 보장하지는 않는다는 점에서, 온/온프라인을 통한 공론의 형성과 참여와 결집이 상호작용함으로써 인터넷 시대에 참여민주주의의 확대 가능성을 모색할 수 있다고 본다.

인터넷이 아무리 많은 정보를 제공하고 정치인들을 손쉽게 만날 수 있으며, 시민 자신으로 하여금 정보의 생산자가 되게 할지라도, 어떤 시민은 참여를 하고 어떤 시민은 참여하지 않는다. 인터넷의 기술적인 특성은 모든 시민의 참여를 일관되게 증가시키지도 않고 감소시키지도 않는다. 다만, 능동적인 시민일수록 능동적인 참여를 할 개연성을 지닐 뿐이다. 결국 시민들이 인터넷을 정치적으로 활용하는 것은 인터넷의 기술적인 가능성에 의해서만 결정되어지는 것이 아니라, 인터넷을 정치적으로 이용하고자 하는 시민 개개인의 능동적인 선택이 전제되어야 한다는 것이다. 인터넷의 등장은 오히려 개인이 모든 이용을 스스로 책임지고 통제해야만 하는 통제혁명(control revolution)을 가져왔다(Sapiro, 2001: 20)는 주장도 제기된다. 결국 변화와 참여의 주체는 시민 자신인 것이다.

따라서 본 연구는 정치발전 혹은 민주주의는 결국 특정한 사회체계에서 다양한 요소들의 사회적 상호작용 및 실천의 결과이고, 이때 기술은 이러한 "매개체들 중의 하나"로 파악한다(Cockburn, 1992: 32). 그리고 커뮤니케이션 기술은 사회의 구성요소로 등장함과 동시에, 이성적이고 사회적인 구조와 관습을 내포한 다양한 방법들과 혼재하면서 상호작용을 하고 있다(Walter Ong, 1982)는 입장에서 시각의 확대를 꾀하고자 한다. 정보통신기술은 기본적으로 기존의 사회구조적 조건 및 사회 세력관계에 조응하여 발전하는 것이지만, 그 과정에서 사회구조와 정보통신기술의 상호작용이 존재한다는 것이다. 기술이 사회를 일방적으로 결정하는 것이 아니라, 기술자체도 기존의 세력관계 및 조건에 따라 결정된다고 보는 것이다(이순영, 2002: 6~7).

바버는 미래에 있어서 기술과 민주주의의 상관관계에 대한 세 가지 전망을 다음과 같이 제시한다. 첫째는 기술적 발전이 민주주의의 성숙에 긍정적 역할을 할 것이라는 '장미빛 낙관론'(the Pangloss scenario)이다. 둘째는 기술결정주의의 근본적 위험으로 인한 '최악의 비관론'(the Pandora scenario)이다. 셋째는 새로운 기술을 어떻게 사용하느냐에 따라 현대의 민주적 삶의 성숙이 달려있다는 '신중한 긍정론'(the Jeffersonian scenario)이다(Barber, 1998-99: 573~589). 그러면서 바버는 "새로운 기술에 다원주의와 자유에 대한 잠재적 가능성이 내재되어 있다 하나 특별한 노력 없이 그러한 가능성이 현실화될 것이라고 기대하는 것은 상당히 위험스러운 생각"이라고 강조한다(Barber, 2000/2001: 2). 따라서 본 연구는 바버의 '신중한 긍정론'에 가깝다고 할 수 있다.

1) 인터넷 매개 정치참여

인터넷 매개 정치참여(internet mediated political participation)는 적극적 정치커뮤니케이션 형태로서 인터넷을 통한 정치적 의사표현 행위(political expressive acts)를 의미한다. 다시 말해 '인터넷이라는 공적 공간에서 정치주체들인 정부, 정당, 정치인, 시민이 자신 및 공동체의 이익을 위해 참여행위를 하거나 정치적 의사를 표현할 목적으로 인터넷을 이용하는 모든 공적인 활동'으로 정의할 수 있다. 여기서 공적 공간이라 함은 공공장소(public place)와 같이 모든 사람들이 접근하여 이용할 수 있는 개방적인 공간을 의미하며, 사적

이익이 아니라 공공이익이나 공공선(common good)을 위해 공적 문제들을 논의하는 공간을 의미한다(Price, 1992: 7, 이순영, 2002: 17 재인용).

따라서 인터넷의 정치적 이용은 현실에서의 정치참여의 행위가 인터넷상에서 커뮤니케이션과정을 중심으로 이루어지는 활동이라는 점에서, 더 넓게는 정치적 사건들에 대한 관심을 유지하거나 이해를 돕기 위해 인터넷을 이용하여 정보를 추구하는 활동을 포함한다고 볼 수 있다. 다시 말해, 시민들이 인터넷을 이용하여 정치적 정보를 취득하거나 메시지를 상호교환하는 활동을 통하여 현실에서 행하어지는 모든 참여행위를 말한다.

인터넷 매개 정치참여는 정당·정치인을 상대로 참여활동을 한다는 점에서 현실세계에서의 정치참여와 매우 유사한 측면을 지닌다. 하지만 직접적인 행동보다는 커뮤니케이션이 행위의 중심이라는 점에서 차이가 있으며, 시민들간의 수평적인 정치적 의사소통까지도 포함된다는 점에서 현실의 정치참여보다 포괄적인 개념이라고 할 수 있다. 또한 자신의 정치적 의사를 관철시키기 위한 물리적 폭력까지 동원하는 현실세계에서의 정치참여와 달리 사이버공간에서는 직접적인 행동보다는 커뮤니케이션이 행위의 중심이 되기 때문에 현실에서처럼 폭력을 동원하는 폭력적인 참여는 일어나지 않는데서 현실정치와 차이점을 보이고 있다[10]. 이러한 인터넷을 통해 이루어지는 정치참여행위는 정보추구활동,

---

10) 물론, 사이버공간상에서도 상대방에 대한 욕설과 비방 등 언어폭력이나 각자의 의견과 주장만을 내세우는 과도한 논쟁이 일어나고 있다. 윤영철은 사이버공간을 통해 숙의가 제대로 이루어지는가를 '상호작용성', '의견의 다양성', '논리적 근거' 및 '상호 이해와 타협' 등의 숙의 조건을 통해 공동 게시판의 토론을 분석한 연구결과, 아직은 숙의가 충분히 이루어지지 않고 있음을 지적하고 있다(윤영철, 「온라인 게시판 토론과 숙의민주주의: 총선연대 사이트의 분석」, 한국언론정보학회 봄철 정기학술대회 발표논문, 2000. 4). 그러나 인간은 커뮤니케이션 욕구를 충족시킬 수 있는 조건이 만족스럽지 못할 경우 자신이 속한 사회나 문화속에서 욕구를 충족시키기 위해 기능적 대안을 추구하게 된다는 점에서, 즉 기존의 정치토론 문화나 매스미디어의 공론장 기능에 대해서 불만이 많을수록 인터넷을 대안적인 채널로서 적극 이용하게 된다는 점에서, 정치적 비방과 무차별적 글의 게시와 같이 배설적으로 정치게시판을 이용하는 현상(flaming)을 반드시 부정적으로 보기는 어렵다는 주장도 있다. 박선희, 1998. 「시민적 관여(civic engagement)가 컴퓨터 매개 정치 커뮤니케이션에 미치는 영향」, 서울대학교 대학원 언론정보학과 박사학위논문. 44~49쪽.

44

정치적 의사 표현 및 정치토의, 공동체활동, 정당·정치인 접촉 활동, 선거관련 활동, 정치적 항의 활동이라는 여섯 가지 참여형태로 구분할 수 있다(〈표 2-1〉).

〈표 2-1〉 인터넷 매개 정치참여 형태

참여형태 구 분	정보유지활동	정치의사표현 및 정치토의	사건관련활동	공동체활동	정당/정치인 접촉	정치적 항의활동
참여자관계	정당/정치인	시민→정당/ 정치인 시민↔정당/ 정치인	시민↔정당/ 정치인	시민↔시민	시민↔정당/ 정치인	시민→정당/ 정치인
참여성격	일방향적	(준)쌍방향적	쌍방향적	쌍방향적	쌍방향적	쌍방향적
참여주도권	시민/정당/ 정치인	시민/정당/ 정치인	시민/정당/ 정치인	시민	시민/정당/ 정치인	시민
참여내용	정치캠페인 보도자료, 정책관련 정보접촉	온라인투표, 정책제안 및 대화·토론	정당가입, 투표권유, 기부금납부	시민단체 활동 참여	대화와 접촉	온라인 시위, 서명운동 참여
구체적 인터넷 서비스	정당/정치인 사이트	정당/정치인 사이트의 게 시판, 토론실	정당/정치인 사이트	시민단체 사이트	정당/정치인의 홈페이지 및 이메일	시민단체사이 트, 정치관련 사이트

* 출처: 이순영, 2002, 「인터넷이 정치참여에 미치는 영향」, 전남대 대학원 정치학 박사학위논문, 19쪽 참고로 재구성.

한편, 인터넷을 이용한 참여의 문제에서 중요한 점은 정치참여의 양적 확대와 질적 향상이라고 할 수 있다. 왜냐하면 아무리 정보통신기술이 발달하고 하부구조(infrastructure)가 제대로 구축되었다고 하더라도 이를 이용하는 이용자들의 참여 없이는 새로운 정치과정이 효율적으로 작동될 수 없기 때문이다. 실제로 아터튼은 미국에서 전자타운 홀 미팅(electronic town hall meeting)을 실험한 13개의 사례연구를 수행하면서 가장 성공적인 참여프로젝트에서 조차도 시민 참여도는 지극히 낮았음을 밝히고 있다(Arterton, 1994). 이런 점에서 얼마나 많은 사람들이 참여하는가가 정보통신기술을 이용한 참여 민주주의 가능성을 제고하는 기본이 될 수 있다고 하겠다.

또 다른 중요한 점은 사이버공간에서 참여를 이끌고, 실제로 참여한 사람들과 정책결정자, 그리고 네티즌 상호간에 이루어지는 토론이라고 할 수 있다. 포스터는 정치영역에서 쟁점이 되는 사항들을 논의하면서, 특히 면대면(face to face) 커뮤니케이션이 주를 이루던 공론권(public sphere)의 시대는 막을 내렸다고 공언하고, 인터넷을 통한 새로운 형태의 전자매개 토론의 필요성을 주장한다(Poster, 1997: 201~218). 피쉬킨은 민주개혁을 위한 새로운 차원들을 제시하면서 민주주의에 있어서 가장 중요한 것은 토론을 통한 숙의 과정이라고 주장하였다(Fishkin, 1991). 이들 모두 참여의 문제와 더불어 토론의 중요성을 강조하고 있으며, 더 나아가 심사숙고하는 토론의 과정을 중시하고 있는 것이다.

고대 그리스의 직접민주주의의 핵심은 '토론과 참여'라고 할 수 있는데, 오늘날 대의민주주의는 토론과 참여의 과정이 결여되어 시민적 공론을 형성하기 어려운 체제라는 비판을 받고 있다. 따라서 미국의 이론가들은 현재의 대의민주주의를 보완하기 위한 대안으로 텔레데모크라시와 숙의 민주주의11)(deliberative democracy)를 제시하고 있다(London, 1995: 33~55). 사이버공간을 통해서 정치참여를 양적인 면으로 확대하는 데는 성공적일 수 있으나, 참여의 빈도와 규모가 확대되었다는 것이 곧 바로 질적인 변화를 의미하지는 않는다. 이는 아무리 참여민주주의를 구현할 기술적·기능적 환경이 조성되어 시민참여가 증가한다 하더라도 합리적인 토론 과정을 거치지 않는다면 진정 현대 대의민주주의의 문제를 해결하기에는 부족하다는 것을 보여준다.

---

11) 갬손은 이 두 가지 민주주의의 차이를 '사회적'(sociable)이라는 표현(teledemocracy)과 '진지한'(serious)이라는 표현(deliberative democracy)으로 대별하고 있다. William A. Gamson, 1992. *Talking Politics* (Cambridge: Cambridge University Press, 참조. 한편, 국내에서는 'deliberative democracy'를 숙의 민주주의, 심의 민주주의, 토론 민주주의, 언술 민주주의, 숙고적 민주주의 등으로 다양하게 번역되고 있는데, 본 논문에서는 '숙의 민주주의'로 통일하여 사용하고자 한다. 그것은 '깊이 생각하여 충분히 논의하는 것'을 의미하는 숙의(熟議)라는 개념이 deliberative democracy를 보다 명확하게 나타낼 수 있고, 논문의 전체적인 맥락에도 가깝다고 보기 때문이다.

2) 분석틀: 온/오프라인 정치참여의 상호작용 모델

고전적인 정치참여 모델은 성, 연령, 직업, 학력, 소득, 거주지역 등과 같은 사회경제적 변수와 계급 지위, 조직 가입, 정당 가입 등 개인의 사회적 특성들이 개인의 심리적 태도와 밀접하게 연관되어 있고, 이러한 심리적 태도가 정치참여에 영향을 미친다는 이론에 바탕을 두고 있다.[12] 그러나 인터넷을 매개로 하는 정치참여는 기존의 사회경제적 변수와 새로운 정보통신기술의 발달, 즉 기술의 내재적 특성과 기술외적인 정치사회적 여건 양자가 모두 정치참여에 영향을 미치는 요인으로 작용한다.

특히 본 연구는 인터넷이라는 새로운 도구의 등장이 자동적으로 민주주의의 확산을 가져온다든가, 혹은 권력의 강화를 초래한다는 기술적인 측면을 강조하는 이분법적인 관점을 거부한다. 본 논문에서는 기술의 정치사회적 맥락에 주목한다. 즉, 인터넷을 도구적으로 활용하여 현실정치의 문제점을 치유하고 새로운 정치적 대안을 찾을 수 있는 방법을 적극 모색하고자 하는 입장을 견지한다.

이러한 입장은 인터넷 역시 기본적으로 사회구조적 조건 및 사회 세력관계에 조응하여 발전하는 것이고, 그 과정에서 사회구조와 인터넷 기술의 상호작용이 존재한다고 본다. 따라서 기술이 사회를 일방적으로 결정하는 것이 아니라, 기술의 내재적 특성과 기술외적인 정치사회적 조건 양자가 모두 정치참여에 영향을 미치는 요인으로 작용한다고 보는 관점이다. 인터넷의 기술적인 특성은 모든 시민의 참여를 일관되게 증가시키지도 않고, 감소시키지도 않는다. 다만, 능동적인 시민일수록 능동적인 참여를 할 개연성을 지닐 뿐이다. 결국 변화와 참여의 주체는 시민 자신인 것이다.

이렇게 정치사회적 맥락을 강조하는 입장은 사이버공간에서의 공론화와 정치참여가 현실공간에서의 정치참여와 상호작용함으로써 정보화 사회에서의 참여민주주의에 대한 발전적 전망을 모색할 수 있다고 본다. 즉, 민주주의의 핵

---

12) 정치참여와 사회인구학적·사회심리학적 특성간 상관관계에 대한 다양한 논의는 George A. Kourvetaris, 1997. *Political Sociology: Structure and Process*, 박형신·정연주 옮김, 1998, 『정치사회학』, 서울: 일신사, 240~256쪽 참조.

심이 '토론과 참여'라고 할 때, 오늘날 대의민주주의는 토론과 참여의 과정이 결여되어 시민적 공론을 형성하기 어려운 체제라는 비판을 받고 있다. 그러나 인터넷의 발달로 사이버공간에서의 토론과 정치참여, 그리고 현실공간에서의 참여와 결집이 상호작용할 때, 다시 말해 온/오프라인의 상호작용을 통한 정치참여가 확산될 때, 참여민주주의의 핵심인 시민들에 의한 숙의, 대중토론, 대중참여가 가능하고, 결국 참여민주주의의 확대 가능성을 기대할 수 있다고 본다. 이러한 과정을 본 논문에서는 온/오프라인 정치참여의 상호작용 모델로 제시한다(〈그림 2-1〉).

〈그림 2-1〉 분석틀: 온/오프라인 정치참여의 상호작용 모델

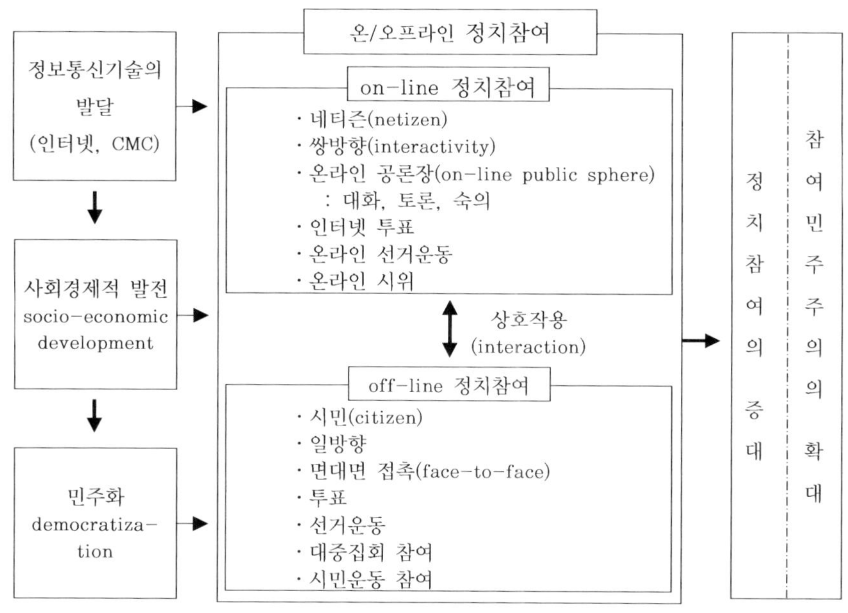

제2절 대의제 민주주의의 한계와 참여민주주의론의 대두

현대 민주주의의 가장 일반적인 유형은 대의제 민주주의이다. 그러나 대의제 민주주의는 '규모의 정치'에서 비롯되는 여러 가지 한계점을 지니고 있다. 현대 대의제 민주주의 국가에서 공통적으로 나타나고 있는 현상은 '참여의 위기'와 '대표성의 위기'이다.

1. 대의제 민주주의의 특징과 한계

일반적으로 국민의 정치참여는 직접참여와 간접참여로 나눌 수 있다. 직접참여는 국민 자신들이 직접 통치에 참여하는 것이며, 간접참여는 국민들이 자신들의 대표를 선출하여 그들에게 통치를 신탁(trust)하는 것이다. 즉, 공동체의 의사결정에 어떤 방식으로 참여하느냐에 따라 민주주의를 크게 직접민주주의와 대의제 민주주의로 구분한다. 직접민주주의는 인민들이 직접 통치에 참여한다는 점에서 '국민이 국가의 주인이다'라는 민주주의의 이념을 구현하는 데 최상의 제도라고 할 수 있다. 그러나 직접민주주의는 기본적으로 소규모의 동질적인 시민들로 구성된 공동체에서만 가능하지, 방대한 영토와 엄청난 규모의 인구를 가진 현대국가에서는 가능하지 않다. 이러한 이유로 오늘날 대부분의 민주주의 국가에서는 대의제 민주주의라는 통치방식을 채택하고 있다.

1) 대의제 민주주의의 특징
근대 민주주의가 이룩한 가장 빛나는 제도적 혁신은 대의제 민주주의(representative democracy)라고 할 수 있다. 대의제 민주주의는 국민의 지배를 근대 국가의 환경에서 실현하기 위한 민주주의 역사의 제도적 발명이었다. 대의제 민주주의는 기본적으로 선거라는 수단을 통해 대표를 선출함으로써 시민들의 집단적 의사를 확인하고, 그들의 대표들에게 집단적 의사의 실현을 위임하여 인민의 지배를 실현하려는 제도이다. 즉, 직접민주주의처럼 본질적으로 시민들이 지배하나, 자신들이 직접 지배하는 것이 아니라, 자신들이 선출한 대표를 통해서 지배하는 제도이다.

이러한 대의제 민주주의는 대의제(representative system)와 민주주의(democracy)의 복합어이다. 그러기 때문에 '모든 대의제는 민주주의'인 것은 아니며, '모든 민주주의가 대의제를 채택'하는 것은 아니다. 모든 대의제도가 민주적이라고 할 수 없기 때문에, 대의제 민주주의의 이름으로 채택되는 제도(예, 선거제도나 국회제도)가 민주적이기 위해서는 그것이 민주주의의 원리에 부합되어야 한다(정영태, 1998: 7).

그렇다면, 대의제가 민주주의의 원칙에 부합되기 위해서는 어떤 조건을 갖추어야 하는가? 대의제 민주주의 옹호론자들에 따르면, 현대사회에서는 인구수나 지리적 범위 또는 집단적 결정 대상의 성격 등으로 직접민주주의가 적용될 수 없기 때문에, 인민이 직접 선출하는 대표를 통해서 집단적 결정이 이루어질 수밖에 없다고 주장한다. 동시에 대의제도가 민주주의의 원칙에 부합되도록 하기 위해서 정기적으로 시행되는 선거에 의해서 대표들이 인민의 요구에 부응(responsive)하도록 하면 된다고 한다. 이를 위해서 대표를 선출하는 과정이 자유롭고 공정하도록 만드는 제도적 장치가 마련되기만 하면 된다고 본다.

즉, 대의제 민주주의는 정부가 주권자인 인민의 직접적인 참여를 통해서 선출되고 대표가 인민의 완벽한 대리인으로 행동할 때 실현된다. 따라서 대의제 민주주의가 실현되기 위해서는 다음 두 가지 요건이 충족되어야 한다(임혁백, 2000: 2~7). 첫째, 민주적 참여(democratic participation)에 의한 정부의 구성이다. 자유로운 인민의 선택에 의해 정부가 구성되고, 정부는 인민의 동의에 근거해서 지배의 정통성을 획득하여야 한다. 둘째, 민주적 책임성(democratic accountability)의 확보이다. 선출된 대표가 인민의 완벽한 대리인으로 행동하도록 강제되어야 하며 인민의 최선의 이익을 위해 행동하지 않는 대표는 투표를 통해 퇴출될 수 있어야 한다.

가장 잘 알려진 대의제 민주주의론자인 다알은 이러한 조건을 보다 구체화시키고 있다. 그에 의하면, 인민의 대표를 선출하는 과정이 자유롭고 공정하기 위해서는 '공직선거에서의 자유롭고 공정한 경쟁(political contestation)'

50

과, '공직선거 경쟁에 참여할 수 있는 권리의 포괄성(political inclusiveness)'
이라는 두 가지 원칙을 충족시켜야 한다(Dahl, 1971: 4). 그리고 이 두 가지
원칙을 다시 ①선출된 공직자(elected officials), ②자유롭고 공정한 선거(free
and fair election), ③광범위한 선거권(inclusive suffrage), ④공직 출마권
(right to run for office), ⑤표현의 자유(freedom of expression), ⑥대안적
정보(alternative information), ⑦결사의 자유(associational autonomy) 등 일
곱 가지의 제도적 장치로 구체화한다(Dahl, 1999: 419~420).

그런데 대의제 민주주의론자들은 민주주의의 원칙이 정치영역, 그것도 주로
선거와 의회정치에만 적용되어야 하고 경제영역이나 사회영역으로의 확장에는
관심을 가지지 않는다.[13] 즉, 위의 일곱 가지 제도적 장치들만 갖추어지면 공
직자를 선출하는 선거가 자유롭고 공정한 경쟁이 이루어진다는 것이다.

쉐보르스키(Przeworski)는 민주주의를 '모든 갈등하는 이해관계의 해결을
제도내에서의 경쟁에 맡기는' 제도, 곧 '불확실성의 제도화'라고 규정하는데[14],
그것은 이들이 공직선거에서 계급·인종·성 등 사회적 속성의 차이에 관계없
이 모든 시민들의 참여가 보장되고 선거가 자유롭고 공정한 경쟁이 되면, 경
쟁의 결과를 사전에 예측할 수 없다고 보기 때문이다. 또 선거를 통한 정권교
체 또는 정권교체 가능성이 존재해야만 민주주의라고 주장한다(김만흠, 1996:

---

13) '다원론'에서는 의사결정과 관련되는 절차나 과정 또는 방법 등의 측면에 초점을
맞춘다는 점에서 이들이 제안하는 민주주의를 절차적 민주주의(procedural
democracy) 또는 형식적 민주주의(formal democracy)라고 하는 것이다. E
Huber, D. Rueschemeyer and J. D. Stephens, 1997. "The Paradoxes of
Contemporary Democracy: Formal, Participatory and Social Dimensions",
Comparative Politics, (April). p. 324. 또한 이러한 제도적 장치들을 경제영역이나
사회영역으로 확대하지 않고 정치영역에만 국한시키고자 하기 때문에 이들이 제안
하는 민주주의를 정치적 민주주의(political democracy)라고도 한다.
14) Adam Przeworski, 1991. *Democracy and the Market: Political and Economic
Reforms in Eastern Europe and Latin America,* Cambridge: Cambridge
University Press, p. 13. 쉐보르스키는 '불확실성의 제도화'를 정권교체의 가능성
과 연결짓기도 한다. 그는 당파적 정권교체의 진정한 가능성, 정권교체의 결과로
인한 정책역전의 가능성, 문민에 의한 효과적인 군부통제 등의 세 가지 요건을 민
주주의의 기준으로 제시하였다.

185). 그러나 '불확실성의 제도화'나 '선거에 의한 정권교체(가능성)'를 민주주의로 파악하고 있는 이들도 인민의 대표를 선출하는 절차, 과정, 방법의 측면에서 민주주의의 문제에 접근하고 있다는 점에서 다알의 대의제 민주주의관에서 크게 벗어난 것은 아니다.

2) 대의제 민주주의의 한계와 문제점

대의제 민주주의는 근대 영토국가 시대를 이끌어온 민주주의였고 오늘날 탈근대 시대에도 기본적인 정치체제로서의 지위를 유지할 것으로 예상되고 있다. 그러나 대의제 민주주의 문제점과 한계에 관한 주장은 지속적으로 제기되고 있다. 앞에서 보았듯이 대의제 민주주의는 주로 지리적 단위에 기초한 대의기구(representative body), 지역대표를 선출하는 선거(election), 그리고 지리적 대의기구(지방의회나 국회)와 선거정치를 사실상 독점하고 있는 정당(political party), 주요하게는 이 세 가지 제도에 의해 운영된다. 그런데 이러한 제도들을 주요한 장치로 하는 대의제 민주주의는 다음과 같은 한계점을 내포하고 있다고 지적된다.

첫째, 모든 시민은 자신의 삶에 영향을 미치는 결정에 참여할 수 있어야 한다는 민주주의의 기본이념에 어긋난다는 것이다. 시민들은 선거때만 주권자가 되고, 선거와 선거사이에는 대표들이 하는 일을 쳐다만 보고 있어야 한다. 그런데 이러한 대표들이 결정하는 문제들에 대해서 그때그때 책임을 묻거나, 교정하지 않고 다음 선거까지 기다리게 할 경우 엄청난 피해를 입을 수 있다.[15]

둘째, 대의제 민주주의는 여전히 '대표의 실패' 문제를 극복하지 못하고 있

---

15) The Economist, 1996. "A Survey of Democracy", (December 21), p. 3. 이 조사보고서는 이러한 민주주의를 '파트타임 민주주의(part-time democracy)'라고 부르기도 한다. 특히 이러한 비판은 근대 민주주의이론가인 루소에게서도 찾아볼 수 있다. 직접민주주의의 신봉자였던 루소는 "영국인들이 자신들을 자유인이라고 생각하지만 그들은 크게 오해하고 있다. 그들은 의회의 의원들을 선거하는 동안만 자유인일 뿐이다. 대표자들을 뽑는 순간 인민은 노예로 전락하고 인민주권은 휴지조각이 되어버린다"고 영국의 대의제도를 신랄하게 비판했다. J. J. Rousseau, 1967. *The Social Contract and Discourse on the Origin of Inequality*, New York: Washington Square Press, pp. 99~100.

다는 것이다. 대의제 민주주의는 선거라는 장치를 통해서 주권자인 시민의 대리인인 대표에게 권력을 위임하고, 또한 권력을 위임받은 대표들로 하여금 주인인 시민들의 이익을 극대화하도록 책임지게 한다는 원리에 기초하고 있다. 그러나 민주적으로 선출된 대표가 시민의 완벽한 대리인으로 행동하지 않고 자신의 사익을 추구할 가능성이 있으며, 선거가 시민과의 약속을 위반한 대표를 처벌하기에 미흡한 장치라는 것이 드러나고 있다(임혁백, 2000: 7).

셋째, 대의제 민주주의 하에서 주인인 시민과 대리인인 대표간에 거리는 좁혀지지 않고 확장되는 경향이 있다는 것이다. 대의제 민주주의는 정치인과 시민간의 분업을 전제로 한다. 이는 현대민주주의가 안고 있는 공간적 제약에 더하여 시민능력의 결함 때문에 불가피하다. 그런데 이러한 정치적 분업은 시민들의 정치적 소외감과 냉소주의를 강화한다. 시민들은 정치가 정치인, 선거운동 전문가, 로비스트, 여론조사 전문가 등과 같은 정치전문가들의 영역이라고 보고, 정치는 자신과 상관없는 원거리에 있는 영역으로 간주한다.

넷째, 국민이 직접 선출하는 대표의 후보를 결정하는 권한이 정당에게 독점되어 있어, 특정 사회집단에 속하는 국민들은 자신이 지지할만한 대안을 갖지 못하는 경우가 많다는 것이다(Paul Hirst, 1990: 4~5). 이러한 상황은 당선자 결정방식이나 의회에서의 표결방식 결정방식, 즉 다수결제도로 말미암아 더욱 악화될 수 있다. 또한 대의제 민주주의는 다수결주의에 의거하여 집단의 의사를 결정하기 때문에 소수의 배제를 초래하고, 대의민주주의 하에서 강력하게 조직되고 발언권이 강한 특수 이익집단이 민주적 토론과정을 지배할 가능성이 크다는 것이다(임혁백, 2000: 8).

마지막으로, 민주주의의 문제를 주로 대표를 선출하는 절차와 방식에 초점을 맞추는 대의제 민주주의는 시민사회 또는 비정치 영역에서의 민주주의 문제의 중요성을 과소평가하거나 배제함으로써, 대의제민주주의 그 자체를 왜곡하거나 훼손한다는 것이다. 실제로 대의제 민주주의의 열렬한 옹호자였던 다알조차도 자본주의사회에서 필연적으로 나타나는 사회적 자원과 경제적 자원의 불평등이라는 조건으로 말미암아 대의제 민주주의가 왜곡된다고 강조했다.[16)]

요컨대, 다두제로 불리우는 대의제 민주주의는 개인의 자유와 공직자 선출과
정에의 자유롭고 평등한 참여 및 경쟁의 공정성에만 초점을 맞추어 민주주의의
문제를 정치영역에 국한시키고, 그것도 지도자를 선택하는 과정(process)과 방
법(method) 그리고 절차(procedure)에 국한시킴으로써(Robinson, 1996: 49),
결과적으로는 대다수 시민의 자유를 침해하고 나아가 절차적 민주주의 자체를
왜곡시킬 수 있다. 이와 같이 운영되고 있는 현재의 정치과정은 민주주의의 지
평을 넓히는데 커다란 제약으로 작용하고 있다. 따라서 대의제 민주주의의 한계
를 극복할 수 있는 대안적 작업이 요구되는 것이다.

3) 대의제 민주주의에서 시민참여의 한계

대의제 민주주의의 문제점과 한계를 극복하기 위해서는 일반대중들이 크고
작은 공동체와 관련된 의사결정과정에 직접 참여할 수 있는 기회를 최대한 보장
하는, 직접민주주의적 요소를 대폭 수용해야 할 것이다. 직접민주주의를 도입할
경우, 다음과 같은 이점이 있다.[17]

첫째, 시민들의 요구나 이익이 정책결정과정에 반영될 수 있는 가능성을 크
게 높일 수 있다. 둘째, 시민들이 정책결정과정에 직접 참여함으로써 사회갈

---

16) Robert A. Dahl, 1985. *A Perface to Economic Democracy*, Cambridge: Polity
    Press, p. 383. 다알에 의하면, 다두제(polyarchy, 즉 절차적 민주주의)는 앞의 일
    곱 가지 제도적 장치가 모두 구비되어 있다 하더라도, 다음과 같은 네 가지 결점
    을 가지고 있다고 한다. 첫째, 기존의 정치적 · 경제적 · 사회적 불평등구조를 영속
    화시킨다. 둘째, 특수(사적)이익을 강조함으로써 시민정신 또는 공익정신을 손상
    시킨다. 셋째, 공적 의제(public agenda)를 왜곡시킨다. 넷째, 사실상 공적 결정을
    내리는 사적 조직에 대한 필요한 통제를 할 수 없다. R. Dahl, 1982. *Dilemmas
    of Pluralist Democracy: Autonomy vs. Control*, New Haven: Yale University
    Press, pp. 40~54. 다알의 이러한 논의는 정치영역에서의 민주주의와 사회경제적
    불평등을 초래하는 제도를 분리해서는 민주주의의 문제를 해결할 수 없다는 것을
    시사한다.
17) Carol Pateman, 1980. *Participation and Democractic Theory*, New York:
    Cambridge University Press,; Thomas E. Cronin, 1989. *Direct Democracy*, New
    York: Cambridge University Press,; C. B. Macpherson, 1977. *The Life and
    Times of Liberal Democracy* (Oxford: Oxford University Press, Chap. 5. 참조.

등을 해소하거나 완화시킬 수 있고, 따라서 정치체제의 안정성(stability)을 보장할 수 있다. 셋째, 시민들이 공동체의 의사결정에 직접 참여함으로써 다른 집단에 대한 이해심을 높이고, 공동체에 대한 관심과 책임감을 높여줄 수 있다. 그리하여 자신의 행동에 책임을 질 줄 아는 민주시민을 양성하는데 기여할 수 있다.

이처럼 직접민주주의를 도입한다면, 대의민주주의의 한계를 극복할 수 있을 것이다. 그러나 문제는 간접민주주의 방식인 대의제 민주주의를 직접민주주의로 대체할 수 없다는 점이다. 이는 다음과 같은 이유들 때문이다(정영태, 1997: 168~170).

첫째, 방대한 영토나 엄청난 유권자 수에 따른 기술적인 한계가 있다.

둘째, 대부분의 시민들은 생업에 쫓겨 자신의 생활영역에서 벗어난 문제, 특히 전국적인 문제나 자신의 이해관계에 직접적으로 영향을 미치지 않는다고 생각하는 문제에 관심이 없거나 관심을 쏟을 시간적 여유가 없다.

셋째, 직접민주주의에만 의존하거나 의사결정 방식을 다수결주의로 할 경우, 영원한 소수의 약자(a permanent minority of the weaker or underclass)를 만들 수 있다.

마지막으로 공동체의 의사결정을 직접민주주의에만 의존하고 조직이나 집단 간의 갈등을 조정하거나 전체 사회와 관련된 문제를 심의하고 결정할 상위기구를 배제할 경우, 두 가지 문제점이 생길 수 있다. 우선, 기능별 집단간이나 지역 주민간의 갈등이 극심할 경우 구심력보다 원심력이 강해 사회가 동요될 수도 있다(Parry and Moran, 1994: 277~278). 다음으로 직접민주주의만을 강조하고 상위단위에 대한 민주적 통제를 가능케 하는 제도적 장치가 마련되지 않을 경우, 소수 엘리트나 기술관료에 의한 독재를 초래할 수 있다(Poulantzas, 1978: 261~262).

이처럼 대의제 민주주의는 대다수 시민의 무관심과 무감각이 체제의 안정성을 유지하는데 필요하다고 생각하기 때문에 오직 소수의 엘리트에게만 높은 수준의 정치참여와 관심을 요구한다(Pateman, 1970: 7). 그래서 대의제에 정당성을 부여하고, 정치 엘리트 즉 직업정치인에게 시민들이 권리를 위임하게 만든다. 정치는 시민들의 일상의 삶에서 분리되어 전문적인 정치인에 의하여 진행되며, 대부분의 시민들은 사적인 경제활동에 몰두하게 된다. 또한 대의제에서 의사결정은 다수결 원칙에 의한 투표 방식으로 진행되며, 투표는 대부분의 시민이 정치에 참여하여 주권을 행사하고 자기 의견을 표현하는 거의 유일한 수단이다. 그러나 다수결 원칙에 의한 투표에서 사회적 약자들의 의견은 대개 배제되어 정치적 소외현상이 나타난다. 대의제 민주주의는 투표와 동의를 동일시하여 동의하지 않는 시민들 그리고 사회적 약자들을 지속적으로 무시하기 때문에 많은 시민들이 정치에 무관심해지고 참여하지 않게 되는 결과를 초래하게 된다.

그렇다면 어떤 대안으로 대의제 민주주의의 한계를 극복할 수 있을 것인가? 이에 대한 대안이 참여민주주의를 적극 도입하자는 것이다.

2. 참여민주주의의 대두와 이론

1) 참여민주주의의 개념과 대두배경

참여(participation)는 라틴어의 'par'에서 유래되었으며, 사전적 의미는 '같이 한다(share)' 혹은 '부분을 취한다'(take part)는 뜻이다.[18] 그러나 참여민주주의와 관련하여 정치사회적인 의미에서의 참여는 보다 전문화된 개념 규정을 필요로 한다.

참여민주주의에서 말하는 참여의 개념은 "사회의 보통 구성원이 의사결정의 결과에 영향을 미치거나 영향을 미치고자 하는 행동"(Nagel, 1987: 1, 김대환,

---

18) 김대환, 1997, 「참여의 철학과 참여민주주의」, 참여사회연구소(편), 『참여민주주의와 한국사회』, 서울: 창작과비평사, 16쪽. '참여' 개념은 논자에 따라 개념규정을 달리할 만큼 다양하다. 사르토리에 따르면, 참여는 '본인 스스로의 참가'이고 '스스로 활성화 된' 의지에 따른 참가이다. 즉 참여는 단순한 '무엇의 일부가 되는' 것이 아니며 더욱이 비자발적인 '무엇의 일부로 만들어지는' 것도 아니다. 참여는 '스스로의 움직임'이고 따라서 동원의 반대이다. G. Sartori, *The Theory of Democracy Revisited, Part One: The Contemporary Debate,* 이행 역, 1989. 『민주주의 이론의 재조명 Ⅰ』, 서울: 인간사랑, 163~167쪽.

56

1997: 17 재인용)으로 정의될 수 있다. 이 개념을 보다 명확히 해보면 첫째, 참여의 주체로서 '사회의 보통 구성원'이다. 직업적인 의사결정자가 의무나 권한으로서의 의사결정 과정에 영향을 미치는 것은 여기에서 말하는 참여가 아니다. 관료나 정치인, 법정대리인, 로비스트, 그리고 노조 내로 국한할 때의 노조간부 등은 참여의 주체에서 제외된다. 이것이 의미하는 바는 '위로부터 아래로'가 아닌, '아래로부터 위로'의 행동만이 참여라는 것이다.

둘째, 참여의 목적은 '의사결정의 결과에 영향을 미치는 것'이다. 선거를 통해 의사결정의 지위를 가진 공직자를 선출하는 것뿐만 아니라, 여러 가지 형태로 의사결정자에 압력을 행사하거나 소환이나 집회 등의 직접적인 방법으로 법률 및 규칙의 제정 등에 영향을 미치고자 하는 목적의식하에서 이루어지는 행동이 참여인 것이다. 그리고 이 목적은 개인적인 것이 아니라 적어도 몇 사람 사이에 공유되는 것이라야 한다. 따라서 아래부터의 목적 추구와는 상관없이 위로부터의 정치적 목적을 위한 '동원(mobilization)'은 그 외형과는 달리 참여로 간주되지 않으며[19], 개별적 효용극대화를 위한 시장참여는 그 용어에도 불구하고 여기서 말하는 목적의 참여와는 동떨어진 것이다.

셋째, 매우 중요한 것은 참여는 '행동(action)'을 의미한다는 것이다. 단순히 투표행위만이 아니라 시위, 집회, 캠페인, 청원에의 서명, 기부, 조직의 설립 및 조직에의 가입과 활동 등과 같은 다양한 형태의 행동을 포괄한다.

참여민주주의는 일반시민들의 정책결정과정에의 직접 참여기회를 최대한으로 확대하고 보장하기 위해서 기존의 대의제 민주주의제도에 직접민주주의적 요소를 대폭 도입한 것이다. 참여민주주의를 주장하는 이들이 직접민주주의만을 고집하지 않는 것은 그것만으로는 민주주의의 이상을 실현하는데 명백한 한계가 있기 때문이다. 참여민주주의는 기능별, 지역별 기초 단위 내에서의 직접민주주의와 이들 기능별 집단의 대표와 전통적인 지역대표에 의한 간접민주주의(또는 대의제 민주주의)를 결합한 것이다. 따라서 참여민주주의가 실현된

---

19) 버바는 이를 '의제(擬制)참여'(pseudo-participation)로 구분하기도 한다. Sidney Verba, 1961. *Small Groups and Political Behavior: A Study of Leadership*, Princeton: Princeton University Press, 김대환, 1997: 17쪽.

사회에서는 작업장민주주의, 조직이나 단체내의 민주주의, 주민자치에 기초한
지방자치 등에 대한 민주적 통제가 이루어 질 것이다.[20]

이러한 참여민주주의에 대한 구상은 고대 그리스까지 거슬러 올라간다. 근대
대의제 민주주의 모델이 등장하기 이전까지, 민주주의는 고대 아테네 정치체제
에서 원형을 갖는 직접민주주의 모델을 기반으로 했다. 폴리비우스(Polybius),
아리스토텔레스(Aristotle), 키케로(Cicero)등이 말한 민주주의는 1인 통치체제
인 군주제, 소수에 의한 통치체제인 귀족제에 대비되는 개념으로 다수에 의한
통치 혹은 인민에 의한 직접 통치체제를 지칭하는 것이었다. 따라서 정치체제에
대한 고전적 분류기준으로 볼 때 민주주의는 오늘날 참여민주주의가 추구하는
정치제도·운영원리를 의미했다고 볼 수 있다.

그러나 근대 국민국가 체제의 등장과 함께 정치적 단위의 크기가 커지고 산
업화로 사회가 분화·복잡화되면서, 고대 직접민주주의 제도의 도입과 운용이
어렵게 되었고, 아리스토텔레스, 플라톤, 폴리비우스 등이 주장한 혼합정체
(mixed system)의 복원을 선호했다. 대의제 민주주의는 인민이 주기적 선거
를 통해 공직자를 선출하고 선출된 공직자가 인민을 대표해서 정책결정을 담
당하는 정치체제로, 고전적 기준에서 보면 귀족제와 민주제가 혼합된 정치체
제로 볼 수 있다. 근대 대의제 민주주의 모델의 등장으로 민주주의는 고전 민
주주의와 근대민주주의로 분기되었으며, 오늘날 민주주의 모델의 여러 유형들
은 전자와 후자를 양 극단으로 하는 스펙트럼 상에서 여러 가지 조합을 만들
어내게 되었다.

근대 대의제 민주주의의 한계를 비판하고 그 극복 방법으로 고대 직접민주
주의적 요소의 복원을 주장하는 흐름은 이미 19세기 후반~20세기 초반 사회
주의의 등장과 함께 나타났다. 체제로서 사회주의와 자본주의 진영이 갈라진
2차 대전 후 1950~60년대 초반까지, 구미사회는 복지국가 모델에 기초하여

---

20) 정영태는 참여민주주의의 핵심을 국가권력과 경제권력(자본가계급)에 대해서 시
   민의 직접참여를 최대한으로 확대함으로써, 이들 조직이나 집단에 민주적 통제를
   확보하는 것으로 본다. 따라서 참여민주주의 사회는 현재와 같은 자본주의 사회와
   는 질적으로 다른 성격을 가지게 될 것이라고 본다. 정영태, 1997: 166쪽.

58

자본가와 노동자, 좌파와 우파, 정치엘리트와 일반국민들 사이에 사회적 조화(social harmony)가 실현되는 것으로 보였으며 지속적인 경제성장을 구가했다. 그러나 1960년대 후반 복지국가모델을 지탱하던 경제성장이 주춤하고 1970년대 오일쇼크와 함께 불황으로 이어졌으며, 그에 따라 복지국가를 지탱하던 국내 정치동맹구조도 해체되었다. 국내정치는 갈등관계로 재편되었으며 다시 '민주주의'가 중요화두로 등장하게 되었다.

민주주의의 한 형태로서 참여민주주의가 논의되기 시작한 것은 심각한 정치적 격변으로 새로운 이념적 지형이 그려지던 1960년대였다.[21] 1960년대 후반 베트남전을 둘러싸고 기존 자유민주주의와 맑시즘에 대해 모두 실망한 구미의 학생운동을 중심으로 한 운동진영이, 신좌파(New Left)라는 새로운 정치적 조류를 형성하면서 제시한 것이 참여민주주의 모델이다. 유럽의 '68혁명', 미국의 1960년대 흑인민권운동과 베트남전 반대운동이 광범위하게 조직되고 그 정치적 결과중 하나로 등장했던 것이 대안적 민주주의 모델로서 참여민주주의라고 볼 수 있다. 오늘날에는 '참여민주주의'가 특정 정치적 조류의 노선이라기 보다는, 좌·우파를 막론하고 대의민주주의의 한계를 보완하기 위한 다양한 제도적·정책적 시도로서 받아들여지고 있다.

참여민주주의(participatory democracy)는 고대민주주의와 직접민주주의의 영향을 받아 민주주의의 이론적 변형으로 발전되었다.[22] 참여에 관한 긍정적 관점은 루소(J. J. Rousseau), 밀(J. S. Mill)과 같은 고전적 민주주의의 이

---

21) 적어도 1960년대 중반까지만 해도 민주주의의 이상과 현실의 괴리의 심화가 곧바로 많은 학자들에게 경각심을 불러일으키지 않았다. 60년대의 비판적 학자들이 민주주의의 위기를 시민들의 적극적인 정치적 관심의 부재에서 구한 반면, 70년대의 보수적인 학자들은 '민주주의의 과잉'(excesses in democracy)에서 민주주의의 위기를 진단하였던 것이다. 강정인, 1994. 「세계화 그리고 민주주의의 미래」, 『현대 민주주의론의 경향과 쟁점』, 서울: 문학과지성사, 8~12쪽. 요컨대, 시민들에 의한 너무나 많은 참여가 보수주의와 자유주의자들에게 있어 민주주의의 위기로 인식되었던데 반해, 참여주의자 좌파 이론가들에게는 너무나 적은 정치적 참여와 관심이 민주주의의 위기를 구성했던 것이다.
22) 헬드는 참여민주주의가 독창적인 민주주의 모델이라기보다는 기존 민주주의 이론의 영향력하에서 도출된 이론적 변형이라는 점을 지적하고 있다. David Held, 1987, *Models of Democracy,* Stanford: Stanford University Press, p. 5.

론가들에 의해 주창된 이래, 20세기 정치이론가인 콜(G. D. H. Cole)에게서도 찾아볼 수 있다.[23] 그러나 참여민주주의를 민주주의의 한 유형으로 분류하고 제안된 것은 1960년대 카우프만(Kaufman)에 의해 이루어졌다.[24] 이후 참여민주주의의 이론적 계보와 내용, 제도적 유형에 이르기까지 포괄적인 정식화를 시도했던 초기의 대표적 이론가는 페이트만(Pateman)과 맥퍼슨(Macpherson)을 들 수 있다. 그리고 바버(Barber)는 참여민주주의의 독특한 현대적 형태로서 '강한 민주주의'(strong democracy)를 주장하면서 참여민주주의이론을 발전시켰다. 초기 참여민주주의가 자기개발(self-developement)의 측면에 역점을 두었다면, 1970년대 페이트만 등을 중심으로 한 참여민주주의는 공동체의 정치적 변화에 목적을 두고 있다(Jane Mansbridge, 1995).

한편, 다알로 대표되는 다원민주주의자들은 다원민주주의 체제의 안정성 유지의 측면에서 참여민주주의를 강조하고 있다. 또한 풀란차스를 비롯한 1970년대 신좌파 이론가들은 자유민주주의(liberal democracy)에 대한 다면적 비판과 한계에 대한 고찰을 통해 대안적 민주주의 모델이 필요함을 역설하였다.

본 연구에서는 특히 현대민주주의에서 참여민주주의론에 관한 논의를 중심으로 살펴보되, 참여민주주의에 관한 다양한 논의를 다음과 같이 세 가지로 유형화하고자 한다.[25] 첫째, 다원민주주의로서의 참여민주주의로 다알의 경제

---

23) 루소, 밀 등 고전민주주의 이론가들과 콜의 참여민주주의 사상에 대해서는 Carole Pateman, 1970. *Participation and Democratic Theory*, Cambridge: Cambridge University, Ch. II. 참조.

24) 카우프만은 현대사회가 정치, 경제, 사회의 모든 문제해결에 있어서 더 이상 관용과 대화를 통한 재래식의 민주적 절차로서는 아무런 효과를 얻을 수 없는 상황에 놓여 있다고 보고, 급진적인 정치운동만이 목표달성을 위한 유일한 길임을 강조하면서 자유주의의 근본적 혁신을 주장하였다. 그는 '새로운 정치'는 민주주의 제도를 근본적으로 재구축하는 것만이 진정한 사회의 미래를 충족시킬 수 있는 것이며, 좌파의 과격주의자들이 믿는 것처럼 기존체제의 부정으로부터 보다 나은 사회가 도래하는 것이 아니라, 보수적 권력엘리트의 신념을 새롭게 바꿈으로써 현존하는 모든 문제들을 해결할 수 있다고 함으로써 자유민주주의체제를 벗어나지 않고 있다. Arnold Kaufman, 1968. *The Radical Liberal in the New Politics*, New York: Simon & Schuster, 참조.

25) 월프는 참여민주주의론의 유형을 개인주의적 민주주의로서의 참여민주주의(Barber의 강한 민주주의), 다원민주주의로서의 참여민주주의(Dahl의 경제적 민주주의),

적 민주주의(economic democracy)를 들 수 있다. 둘째, 신좌파이론가들의 참여민주주의에 관한 주장으로는 페이트만의 산업민주주의(workplace democracy), 맥퍼슨의 발전적 민주주의, 그리고 풀란차스의 사회주의적 다원주의(socialist pluralism)를 들 수 있다. 셋째, 공동체주의적 민주주의로서 바버의 강한 민주주의(strong democracy)를 들 수 있다. 본 연구에서는 참여민주주의에 관한 각기 다른 관점에서의 주장과 주요 내용들에 대해 비교론적 관점에서 살펴볼 것이다.

2) 다원민주주의에서 참여민주주의: 다알의 논의를 중심으로

민주주의에 대한 다원주의의 시각은 개인의 다양한 가치들이 상호공존하는 것을 기본전제로 삼고 있다. 그들은 '자유 우선의 논리'에 입각한 오늘날의 민주주의야말로 유용한 것이라고 확신했으며, 이를 현실 속에서 입증하려고 노력한다. 그러나 다원민주주의(pluralist democracy)에서는 자원의 불평등성 때문에 정책결정과정에의 접근은 소수집단에 제한되었다는 비판을 받는다. 즉, 정치적 자원의 불평등한 분배는 정치적 참여에 있어서의 영향력에 차이를 가져올 수밖에 없고 이것을 개선하는 작업이 필요한 것이다. 이러한 다원민주주의의 딜레마를 해소하기 위해서 다원주의 이론가인 다알은 '경제적 민주주의'를 끌어들이고 있다.

발전적 민주주의로서의 참여민주주의(Philip Green의 평등주의적 민주주의)로 분류한다. Joel D. Wolfe, 1986. "Varieties of Participatory Democracy and Democratic Theory", *The Political Science Reviewer*, vol. 16(Fall), 안승국·이태홍·홍원표 편역, 1995, 『민주주의론 강의 1』, 서울: 인간사랑, 220~228쪽. 그러나 본 논문에서는 바버를 공동체주의적 참여민주주의자로 분류한다. 이러한 입장으로는 유홍림, 1997. 「미국의 공동체주의 정치사상」, 서울대학교 『미국학』 제25집); 김미영, 1998. 「현대공동체주의에 관한 일연구: MacIntyre, Walzer, Barber를 중심으로」, 고려대학교 사회학과 박사학위논문, 참조. 그리고 헬드는 페이트만, 맥퍼슨, 풀란차스를 신좌파이론가중 참여민주주의자로 분류한다. David Held, *Models of Democracy*), 이정식 역, 1988. 『민주주의의 모델』, 서울: 인간사랑, 284~295쪽.

경제적 민주주의는 민주주의를 경제영역까지 확장시키는 것으로서, 정책결정과정에의 차별적인 접근을 야기시키는 자원에 대한 재분배를 촉진하는 것을 목적으로 한다. 토크빌(A. Tocqueville)은 정치적 평등이 경제적 자유를 침해할 것을 우려했지만, 오늘날 문제가 되는 것은 반대의 경우이다. 다알은 불균형적인 자원배분을 극복하기 위해서는 기업도 민주적인 방식에 따라 자치적으로 경영할 것을 제안하였다. 그는 "만약 민주주의가 국가를 다스리는 데 정당화된다면 그것은 또한 기업을 다스리는데도 정당화된다. 마찬가지로 민주주의가 기업을 다스리는 원리로서 정당화될 수 없다면, 우리는 어떻게 민주주의가 국가를 다스리는 원리로서 정당화될 수 있는지 이해할 수 없다"(Dahl, 1985, 조지 세바인 외, 1994: 197)면서 기업 내에서의 민주주의를 옹호한다. 다알의 경제적 민주주의에 따르면, 법적인 테두리 내에서 자율적인 기업은 경제적 불평등을 개선하는데 기여하게 될 것이고, 전체의 이익은 소유권보다 자치권에 우위를 둠으로써 더 잘 실현될 것이라고 본다.

그러나 월퍼는 참여민주주의 모델로서 다원민주주의의 단점은 공식적인 정책결정 및 대표에 의존하는 데서 비롯된다고 보고, 다알의 경제적 민주주의가 획기적인 것이기는 하지만 참여를 투표행위로 제안함으로써 실질적으로는 기존의 민주주의와 별 차이가 없으며, 국민의 의사가 왜곡되거나 희석되는 대의제의 문제점을 해결하지 못하고 있다고 비판한다(Wolfe, 1986, 안승국 외, 1995: 248~251).

3) 신좌파이론가들의 참여민주주의

1970년대 신좌파 이론가들은 민주주의와 참여의 관계, 근대 대의제민주주의와 다원민주주의(pluralism), 자유민주주의(liberal democracy)에 대한 다면적 비판과 한계에 대한 고찰을 통해 대안적 민주주의 모델이 필요함을 역설하고 이론적 근거를 제공했다. 여기에서는 페이트만과 맥퍼슨 그리고 풀란차스의 논의를 간략하게 살펴보겠다.

먼저, 참여민주주의의 초기 이론가인 페이트만은 고전 민주주의 이론가인 루소와 밀, 그리고 20세기 정치이론가인 콜의 논의로부터 참여민주주의의 특

62

징과 본질을 찾고, 참여에 대한 교육적 기능의 강화와 산업민주주의
(workplace democracy)를 주장한다. 페이트만이 상정하는 참여민주주의의 이
론적 논의를 종합하면 다음과 같다(Pateman, 1970: 42~44).

첫째, 개인과 기구는 서로 상호간에 고립되어 있는 것이 아니기 때문에, 국가
차원에서 대의제 기구만이 존재한다는 것은 민주주의체제에서 충분하지 못하
다. 따라서 필수적인 개인의 태도 및 심리적 특성이 발전될 수 있는 민주주의
를 위해서는 사회화(socialization) 혹은 사회적 훈련(social trainning)을 통해
서 모든 사람의 참여를 극대화 시켜야 한다. 민주체제를 유지하기 위해서는 참
여사회가 필수적이며, 참여를 통한 사회화가 정치이외의 모든 영역에서 일어날
수 있어야 한다.

둘째, 참여를 통한 사회화가 일어나는 가장 중요한 영역은 산업(industry)부
문이다. 이는 많은 개인들이 그들 생애의 대부분을 일하면서 보내고, 작업장에
서의 직무는 어디에서나 병행하기 힘든 집단적인 일처리에 있어 직접적인 경험
교육을 제공하기 때문이다. 또한 참여에 있어 산업이 중요한 이유는, 개인에게
동등한 참여를 위해서는 필수적으로 독립과 안정이 요구되는 현실적인 경제적
평등(economic equality)과 관련이 있기 때문이다.

요컨대, 페이트만의 참여민주주의 이론에서는 참여의 교육적 기능을 강조하
고 있으며, 이에 중요한 역할을 담당하는 영역이 산업분야임을 밝히고 있다. 그
리고 그는 참여민주주의가 성립하기 위해서는 산업부문에서의 참여의 사회화
과정을 통해 이루어진다고 주장하고, 이를 통해 고전민주주의이론에서 주장하
듯이 모든 시민의 참여, 즉 완전한 참여에 의한 민주주의가 이루어질 수 있다
고 주장한다.

다음으로 맥퍼슨은 발전적 인간관계에 입각하여 한 사회의 민주적 수준
(democratic quality)은 이용 가능한 기술·자원 조건하에서 인간의 발전을 최
대한도로 허용하는지의 여부에 따라 좌우된다고 주장한다(Macpherson, 1973:
58). 이러한 입장에서, 맥퍼슨은 기존 민주주의론을 다음과 같이 세 가지로 나
누어 설명한다(Macpherson, 1977: 22).

첫째, 피치자를 정부의 억압으로부터 원칙적으로 보호할 수 있는 체제로 민주

주의를 설명하는 '보호적 민주주의'(protective democracy) 모델, 둘째, 민주주의를 주로 개인적인 자기발전의 수단으로 생각함으로써 하나의 새로운 도덕적 차원을 도입한 '발전적 민주주의'(developmental democracy) 모델, 세째, 현재의 지배적 모델로서 발전적 민주주의 모델의 비현실성을 제기하면서 민중의 참여없이 균형을 이루어내는 엘리트간의 경쟁으로서의 민주주의인 '균형 민주주의'(equilibrium democracy) 모델이 그것이다.

맥퍼슨은 자유민주주의의 지배적 형태인 '균형 민주주의'26)에 대해, 무관심을 수반하는 균형이라는 비참여적 정치행태를 통해 사회적 불평등을 유지하고 있다고 비판하고, 낮은 참여와 사회적 불평등은 밀접히 연관돼 있기 때문에 공평하고 인간적인 사회는 보다 참여적인 정치체제를 필요로 한다는 관점에서 참여민주주의를 제시하고 있다.27)

맥퍼슨은 참여민주주의는 그것을 어떻게 운영하는가 보다도 어떻게 그것에 도달하느냐 하는 이행의 문제가 중요하다고 지적하면서, 참여민주주의 실현을 위한 두 가지의 전제조건으로 인민의 의식변화와 사회적·경제적 평등을 제시한다(Macpherson, 1977: 99~100). 그리고 맥퍼슨은 참여민주주의의 운영에 대해서 다음과 같이 논의를 진전시키고 있다. 오늘날 주요 정치단위인 현대국가의 대규모성으로 인해 참여민주주의가 간접적인 대의제의 형태를 취하지 않을 수 없다고 전제하면서28), 두 개의 참여민주주의 모델을 제시하여 자유민주

---

26) 균형민주주의는 슘페터(Schumpeter)에 의해서 최초로 정식화되고, 다알에 의해 계승·주장되는 자유민주주의 이론으로, 오늘날 서구에서 정통적인 위치를 차지하고 있다. 맥퍼슨에 의하면, 균형적 민주주의 이론은 현 서구의 정치과정을 현실적으로 정확하게 설명하지만, 자유민주주의 정치체제가 최적의 균형과 소비자 주권을 제공한다는 주장은 보통선거 하에서의 정당제도와 사회내 계급적 불평등이 부여하는 제약 때문에 더 이상 타당하지 않으며, 또한 정치적 참여의 제도적 배제를 허용하는 비민주적 측면을 갖는다고 본다. C. B. Macpherson, 1977: pp. 77~92. 참조.

27) 맥퍼슨은 참여의 증대만으로 사회의 불평등구조를 해결할 수 있는 것은 아니지만, 낮은 참여와 사회적 불평등은 밀접하게 연관되어 있기 때문에 보다 공평하고 인간적인 사회는 보다 '참여적인 정치체제(participatory political system)'가 필요하다고 주장한다. Macpherson, 1977: pp. 93~94.

28) 맥퍼슨은 보다 많은 참여가 바람직하다고 전제한 후, 이것의 가능성을 규모의 문

주의 사회에서의 현실성을 분석하고 있다.

첫 번째 모델은 직접민주주의(direct democracy)를 기초로 대의민주주의(delegate democracy)형태의 '피라밋형 체제'(pyramidal system)를 상정한다. 이 모델에서 직접민주주의는 면대면 토론과 합의 또는 다수결에 의한 결정이 가능한 지역사회와 공장수준에 한정되며, 자치시·행정구 등에서는 지방의회를 구성하여 지방적 수준의 문제를 다루고 국가적 수준에서는 전국 의회를 구성하는 대의민주제 형태를 이루는 것이다(Macpherson, 1977: 108~109). 그러나 맥퍼슨은 피라밋형 의회제도가 할 수 있는 최선의 것이라고 상상하지만, 원래의 의도대로 운영되지 않을 것이라고 보며[29], 이 모델이 비정당제나 일당제를 상정하고 있기 때문에 하부에 대한 적절한 책임을 수행하지 못하고, 활기 있는 민주주의 체제가 아니라고 지적한다(Macpherson, 1977: 112).

그는 첫 번째 모델의 비현실성을 지적하면서 현실적인 참여민주주의 모델로 피라밋형의 의회제도를 경쟁적 정당제와 결합시킨 두 번째 모델을 제시한다. 그는 참여민주주의를 위해서는 일정하게는 직접민주주의가 필요하며, 이는 피라밋형 시스템만이 가능하게 될 것이라고 본다. 아울러, 자유민주주의와 모순

제를 중심으로 분석하였다. 이에 따르면, 컴퓨터 기술과 텔레커뮤니케이션(telecommunications)의 진보가 직접민주주의를 가능하게 할 것 같아 보이지만, 정책결정과정에서 누군가가 문제를 정식화해야 한다는 불가피한 조건, 시민들의 답변이 정부의 정책에 반영되어 지는가의 문제, 시민들에게 반응을 기대할 수 있는가의 문제, 상호양립하기 어려운 요구의 조정을 위한 조직의 필요성 등이 있으므로 시민이 발의하는 것으로 모든 문제를 해소한다는 것은 불가능하다고 본다. 즉, 맥퍼슨은 정책의 광범위한 문제는 시민들의 발의에 맡길 수 있지만, 전자공학의 발달에 의존하여 모든 문제를 이런 방식으로 해소하고자 하는 것은 민주적이라는 외관을 부여함으로써 권력의 실질적 소재를 감추고 현재의 정부보다 더한층 전제적으로 만들 가능성마저 있다고 비판한다. Macpherson, 1977: pp. 95~98.

29) 맥퍼슨은 구 소련의 '민주집중제'(democratic centralism)가 피라밋형의 의회제도의 구조를 가지고 있었지만 민주주의적 통제를 제공하지는 못했다고 지적하면서 피라밋형의 의회제도가 민주주의적 통제를 보장하는 것은 아니라고 주장한다. 그는 이러한 현상은 피라밋형 의회제도 자체의 문제가 아니라, 혁명 직후 상황에서의 반혁명의 위협이 현존하고 있는 경우, 계급분열이나 계급대립이 재발되는 경우, 민중이 무관심한 경우에 생긴다고 설명하고 있다. Macpherson, 1977: pp. 109~111.

되지 않기 위해서는 동시에 경쟁적 정당의 존재가 필수적이라고 주장한다.

이러한 두 제도의 결합은 계급이 분화되지 않은 진정으로 민주적인 사회에서도 필요하며, 또한 가능하다고 본다. 왜냐하면 계급적으로 분열되어 있지 않은 사회에 있어서 조차 쟁점은 일어날 수 있을 것이고, 쟁점이 효과적으로 제기되고 토론되기 위해서는 정당이 필요하기 때문이다. 또한 비계급 분화 사회에서의 경쟁적 정당제는 계급 분화 사회와는 달리 계급대립을 모호하게 하는 기능30)이 요구되지 않기 때문에 참여민주주의와 양립이 가능하다고 설명한다. 따라서 맥퍼슨의 참여민주주의는 피라밋형 구조의 대의민주주의와 경쟁적 정당관계로 결합하고 더욱 확장된 자유의 개념과 소유권 및 인권의 개념이 강한 공통체의식이 포함된 것이라고 볼 수 있다.

끝으로 풀란차스는 다른 신좌파 이론가들과 마찬가지로 마르크스주의와 자유주의간의 엄격한 병렬관계(juxtaposition)를 극복하려는 입장을 발전시켜 왔다. 풀란차스는 대의민주주의제도가 하층대중의 민주주의(rank-and-file democracy) 조직에 의하여 단순히 없어질 수 있다는 마르크스와 레닌의 신념은 잘못된 것이라고 지적하면서, "총선거와 언론 및 회합의 자유가 없고, 자유로운 의견개진이 없으며, 삶은 모든 공공제도 안에서 사멸한다"는 견해를 가지고 있었다(Held, 1988: 287).

풀란차스는 자유주의와 마르크스주의의 극복을 시도했지만 사회민주주의적 방식을 거부한다. 그는 사회주의 사상과 민주적 제도간의 전반적인 관계는 동구사회주의의 현실뿐만 아니라, 개혁에 대한 사회민주주의적 비전의 도덕적 파산에 비추어서 재고될 필요가 있다고 주장한다. 사회민주적 정치는 사회적·경제적 개혁에서 상대적으로 최소한의 조정만 취해온 '사회공학(social engineering)'과 확산정책(proliferating policies)에 대한 자만을 초래하였다.

---

30) 맥퍼슨은 서구 자유민주주의국가에서 민주적 선거권의 실시 이후 정당제도가 수행해온 주요기능은 계급적 이해관계의 대립을 온건하고 원만하게 하는데 있었다고 분석한다. 그는 계급적 경계선을 희미하게 하고, 계급적 이해관계를 조정하는 이 기능은 정당의 유형과 상관없이 잘 수행돼 왔다고 본다. Macpherson, 1977: pp. 64~69.

따라서 국가는 규모와 권력의 측면에서 사회민주적 정치가 이전에 가졌던 비전을 약화시킬 정도로 성장하였다(Held, 1989, 안승국 외, 1995: 278).

풀란차스는 그러나 직접민주주의나 자율적인 제도들은 단순히 국가를 대체할 수 없다고 본다. 그는 '사회주의적 다원주의(socialist plura- lism)'라는 유형을 통해서 국가와 사회를 민주화시켜야 한다고 주장하면서 두 가지 종류의 변동을 강조한다. 의회, 국가관료제 그리고 정당을 더 공개함으로써 국가를 민주화함과 동시에, (공장내의 정치, 여성운동, 생태학적 집단 등을 통한) 지역적 수준에서 새로운 형태의 갈등이 국가뿐만 아니라 사회의 민주화, ─ 즉 책임성을 보장하는 절차에 복종하는 민주화를 보장하여야 한다는 것이다(Held, 1988: 287~288). 그러나 풀란차스는 맥퍼슨, 페이트만과 마찬가지로 대의민주주의제도를 제거함으로써 직접민주주의 제도가 모든 정치, 사회 그리고 경제 영역에까지 확대될 수 있다고 생각하지는 않았다.

신좌파이론가들인 맥퍼슨의 민주주의론과 페이트만과 풀란차스의 논의는 자유주의와 맑스주의의 전통으로부터 차용한 통찰력을 연결시켜 참여민주주의론이라는 민주주의의 새로운 모델을 제시하고 있다. 이들 논의의 공통된 핵심적 특징은 다음과 같이 정리된다(Held, 1988: 293). 첫째로, 이들이 제기하는 참여민주주의론에서는 작업장과 지역공동체를 포함하는 사회의 핵심제도를 규제하는데 시민이 직접 참여한다. 둘째로 정당관료가 당원들에게 직접적인 책임을 지게 함으로써 정당체계를 재조직한다. 셋째로 대의제의 모든 의회제 구조 속에서 '참여정당'이 기능한다. 넷째로, 정치적 형태를 실험할 수 있는 가능성을 보장하기 위하여 공개적인 제도체계를 유지한다.

그리고 이러한 특징을 기초로 신좌파이론가들의 참여민주주의론에 관한 일반조건은 다음과 같이 정리할 수 있다(Held, 1988: 293). 첫째, 물질적 자원의 재분배를 통하여 많은 사회집단의 빈약한 자원의 토대를 직접 개선한다. 둘째, 공적 및 사적 생활에서 관료의 권력을 극소화한다. 셋째, 정보에 입각한 결정이 보장되도록 공개적 정보체계를 유지한다. 따라서 신좌파이론가들은 자기발전을 위한 평등권은 정치적 효율성을 기르고, 집단적 문제에 대한 관심을 불러일으키고, 통치의 과정에서 지속적 '참여사회'만이 성취할 수 있다는 점에서 참여민

주주의론의 정당화 원칙을 찾는다고 볼 수 있다.[31]

4) 공동체주의적 민주주의에서 참여민주주의 : 바버의 강한 '민주주의'를 중심으로

참여민주주의의 가장 대표적 이론가인 바버는 대의제 민주주의가 가지고 있는 자유주의적 인간관의 부정으로부터 출발하고 있다.[32] 바버는 기존의 자유민주주의를 선거에 의한 과두제로 간주하고 모든 국민이 정책의 결정과 집행에 참여하는 참여민주주의를 제창했다. 그리고 기존의 자유민주주의 혹은 대의제적 민주주의를 '약한 민주주의'(thin democracy)로, 자신의 참여민주주의를 '강한 민주주의'(strong democracy)로 명명한다.

바버가 문제시하는 현실은 자유민주주의로 인한 민주주의의 위기와 정치의 위기이다. 바버에게 정치의 위기는 공적인 것(res publica; things public)의 사사화로 파악되며, 그 뿌리를 자유주의 사상에서 찾고 있다. 그는 "미국인들이 공적인 일에 점점 더 적게 참여할수록 공적인 일들이 점점 더 사적인 부문으로 넘어가게 되며", "투표에 의한 냉소주의, 정치적 소외, 사적인 것의 선호, 그리고 공공제도들이 점점 더 마비되는 것 등은 근대성(modernity)의 결과 이상이며, 그것은 정치에 대해 생각하고 정치를 행하는 자유주의적 방식과 분리될 수 없는 불안의 징후들"이라고 진단한다(Barber, 1984: 서문, xiii~xiv).

---

31) 이외에도 그린은 마르크스주의적 평등주의(equalitarian)의 입장에서 대의민주주의를 비판하고, 대의민주주의의 모순을 극복하기 위해서 불평등에 대한 공동체적 통제와 생산수단의 사회화, 민주적 노동분업이 이루어져야 한다고 주장한다. Philip Green, 1985. *Retrieving Democracy: In Search of Civic Equality*, Totowa, N. J.: Rowman and Allanheld, 안승국·이태홍·홍원표 편역, 1995: 252~261쪽.

32) 바버는 그의 저서 『강한 민주주의』(*Strong Democracy*) 서문에서, "토크빌 시대 이래 민주주의의 과잉(excess of democracy)이 자유주의 제도를 해칠 수 있다고 말해왔지만, 나는 자유주의의 과잉(excess of liberalism)이 민주주의제도를 손상시켜왔다는 점을 보여줄 것"이라고 말해, 자신의 이론이 자유주의에 대한 비판임을 분명히 하고 있다. Benjamin R. Barber, 1984. *Strong Democracy: Participatory Politics for a New Age*, Berkeley: University of California Press, 서문.

바버가 제안한 '강한 민주주의'는 모든 국민이 정책결정과 집행에 참여하는 정부형태이다. 그렇기 때문에 그의 문제의식은 대의민주주의에 대한 비판으로 집중된다. 바버는 "순수 민주주의(pure democracy)는 모든 인민이 항상 모든 공적 문제들에서 스스로를 통치하는 정부형태"이지만, 그것은 현대 국가가 처한 조건에서는 기대할 수 없을 것으로 보았다. "대의제 민주주의는 순수원칙 대신에, 모두에 의해 선출된 일부 국민들이 모든 공적 문제에 모든 시간동안 통치하는 정부형태로 민주주의를 정의하였다". 그러나 이 접근법은 "책임성(accountability)을 희생하지 않으면서 효율성(efficiency)을 획득하였지만, 참여와 시민정신에 큰 대가를 치루었다." 왜냐하면 "통치권력을 위임하는 것은 비록 투표에 의해 우리에게 속박되어 있는 대표들에게 위임하는 것일지라도, 권력이 아니라 시민활동을, 책임성이 아니라 시민적 책임성을, 정부에 대항하는 2차적 권리가 아니라 우리의 1차적 통치권력을 넘겨주는 것이다. 만약 민주주의가 우리의 이해관계에 따라 통치되는 것이 아니라 우리 스스로를 통치할 권리를 수반한다면 자유민주주의 제도들은 민주주의적이기에 부족하다"(Barber, 1984: 서문, xiv). 따라서 바버는 '대의'가 문제이므로 직접 참여가 해결책이라고 본다.

강한 민주주의는 모든 사람들이 최소한의 일부 시간에 최소한의 일부 공적인 문제들에서 스스로를 통치하는 정부형태로 민주주의를 정의함으로써 효율적인 정부의 문제들을 무시하지 않고 시민정신을 재활성화 시키고자 한다. 바버는 "강한 민주주의가 유일하게 완전히 정당한 형태의 정치이고, 그 자체로서 서구의 자유주의 전통에서 우리들에게 가장 귀중한 모든 것의 생존을 위한 조건이 된다. 자유롭기 위해서 우리는 스스로 통치(self-governing)하여야 하며, 권리를 가지기 위해서 우리는 시민이 되어야 한다. 결국 시민들만이 자유로울 수 있다"고 주장한다(Barber, 1984: 서문, xvi). 즉, 강한 민주주의, 참여적 민주주의만이 민주주의이고 진정한 정치라는 것이 바버의 주장이다.

바버가 주장하는 강한 민주주의는 생활방식으로서의 정치이고 존재론이 우위인 정치, 본연의 정치로서의 정치이고 정치적 존재의 정치이다. 그것을 "참여민주주의의 현대적 형태"라고 정리한다. 강한 민주주의는 변화 가능한, 성장할 수 있는 인간을 전제로, 현대의 분화나 크기, 기술에 적대적이지 않고 그것을 고려한 '현대적인' 직접 민주주의이다. 그것은 "동질적 이해보다 시민 교육에 의해 통일된 시민, 그리고 그 시민적 제도와 참여적 제도 덕택에 공통의 목표와 상호 행동을 할 수 있게 만들어진 시민의 자치 공동체의 이념에 기댄다"(Barber, 1984: 117). 강한 민주주의는 정치가 유일한 삶의 방식(the way of life)이라는 주장을 하기보다 "덜 총체적이고 덜 통일적인 공적 삶", "생활방식(the way of living)"으로서의 정치를 제시한다 (Barber, 1984: 118~119).

강한 민주주의는 "정치 공동체 창출을 통해 갈등이 해소되는 참여적 양식의 정치이다"(Barber, 1984: 132). "공동체는 참여를 통해 발전되고 동시에 참여를 가능케 한다. 시민 활동성은 개인을 시민으로서 어떻게 공적으로 생각할지를 교육하고, 시민권은 공공성과 정의에 요구되는 감각을 시민적 활동에 불어 넣는다. 정치는 그 자신의 대학이 되고 시민권은 그 자신의 훈련장이, 참여는 그 자신의 교사가 된다"(Barber, 1984: 152). 따라서 참여의 교육기능은 강한 민주주의를 강화시킨다.

제3절 정보화를 활용한 참여민주주의 프로젝트

이상에서 현대민주주의에서 참여민주주의론에 대한 논의를 다원주의자와 신좌파이론가, 공동체주의자 등의 주장들을 비교론적 관점에서 살펴보았다. 그런데 페이트만과 맥퍼슨 그리고 풀란차스 등 초기 참여민주주의론자들의 주장은 적절한 사회경제적 프로그램 혹은 구체적인 조직적 대응에 대해 언급하지 않은 채, 참여의 원칙에 몰두함으로써 현실적인 실천에서는 상당한 한계를 지니고 있다(Held, 1988: 293~294)고 비판받는다.

그러나 정보통신기술의 발달, 특히 인터넷의 발달은 이들 비판자들이 제기하는 문제들의 극복 가능성을 증대시키고 있다. 정보기술이 민주주의를 활성화시킬 것이라는 주장은 미래학자들에 의해 먼저 제기되었다. 그들은 커뮤니케이션 혁명이 정치를 변혁시킬 것이라고 보고, 커뮤니케이션 미디어를 이용한 직접민주주의의 확립과 텔레데모크라시를 제안한다. 그들은 "전자기술의 발달로 인해 방대한 규모의 정치체제도 모든 시민들이 둘러앉아 그 사회의 문제에 대해 토론할 수 있는 뉴 잉글랜드(New England) 시의 시민회의와 같이 바뀔 것이라고 믿고 있다. 또한 전자투표방식으로 래퍼랜덤이나 플레비시트가 가능할 뿐 아니라 활성화되어 시민들은 그들의 대표자들에게서 정책결정권을 다시 가져와 그들 자신이 결정을 내릴 수 있게 될 것"(Arterton, 1994: 29)이라는 것이다.

텔레데모크라시는 기술발전을 통해 모든 시민이 '직접적으로' 공공의 정책결정에 관여하게 되는 정치체제를 가리킨다. 즉, 과거의 직접민주주의가 면대면이 가능한 동일한 공간에서 같은 시간대에 모여 의사를 토론하고 결정하는 체제였다면, 현대의 텔레데모크라시는 시간을 달리하거나 또는 멀리 떨어진 장소에 있으면서도 통신 매체를 사용하여 시민들이 직접적으로 의사결정과 토론에 참여할 수 있는 것이다. 따라서 텔레데모크라시는 과거 직접민주주의의 시·공간적 한계를 극복할 수 있다는 점에서 획기적이다.

이러한 정보통신기술을 활용한 참여민주주의 프로젝트들은 참여민주주의론자들 뿐만 아니라 다원민주주의에서도 찾아볼 수 있다. 여기에서는 다원민주주의내에서 다알과 로돈(Laudon)의 정치참여 프로젝트와 '강한 민주주의' 주창자인 바버의 참여민주주의 기획, 그리고 아터튼의 텔레데모크라시를 중심으로 정보통신기술을 활용한 참여민주주의 프로젝트들을 살펴볼 것이다.

1. 다원민주주의적 정치참여 프로젝트

다원민주주의적 입장에서도 정보기술을 이용한 민주주의의 강화 방안에 대해 논의한다. 대표적 다원민주주의론자인 다알은 정보기술을 통한 시민교육의 활성화 방안과 '미니 시민단'(minipopulus)의 구상을 통해 시민들의 정치적 영향력을 강화시킬 것을 주장한다. 그는 자신의 '준유토피아적'(quasi-utopian) 민주주의의 구상에서 컴퓨터와 원격통신장비를 이용하여 시민들의 정치적 식견을 향상시키고 정치적 의사결정과정에 보다 많이 참여시킬 수 있는 방안을 논의한다. 달의 첫 번째 제안은 컴퓨터를 포함한 상호작용적 원격통신을 이용하여 시민들에게 정치적 의제에 관해 보다 많은 정보를 보편적으로 그리고 쉽게 이해할 수 있는 형태로 제공하는 것이다(Dahl, 1985: 79~80).

현재까지 정치는 엘리트가 자신들의 이익이나 권력을 강화시키는 방향으로 정보제공의 방향을 결성하고 정보를 전달했다. 달은 이러한 문제점을 해결하고 시민들의 정치적 이익을 반영하기 위해 두 번째 제안으로 정책결정자들이 일반 시민들의 소망과 의견을 충분히 숙지할 수 있도록 하고 시민들의 정치참여를 활성화시키기 위해 '미니 시민단'을 구성할 것을 제안한다(Dahl, 1985: 87~88). 그는 이러한 결정이 입법부나 행정부를 구속하지는 않지만 이들이 가장 높은 수준에서의 여론을 반영하기 때문에 정치인들은 그 존재와 추천 사항을 참작해야 한다고 주장한다. 그렇지만 달은 현대적 상황에서 보통의 시민들에게 국회의원에 버금가는 정치적 식견을 기대하기란 불가능하다고 주장한다. 바로 이러한 이유 때문에 그는 보다 많은 시민의 참여를 주장하는 참여민주주의자들의 주장에 반대한다(Dahl, 1985: 87).

로돈 역시 다원주의적 민주주의 입장에서 정보통신기술의 활용을 논의한다. 그는 기술은 단지 기존의 역사적·조직적·환경적 영향하에서 미래를 형성하는 데 촉진적인 변인으로 작용한다고 본다. 그리고 그는 정보기술의 민주적 함의를 고찰할 때, 각 기술이 지닌 접근 가능성과 통제에 있어서의 상이함이 누가 영향력을 얻고 잃으며, 누가 어떤 결정에 언제, 어떻게 참여하는가를 결정하는 데 차별성을 가져온다는 점을 명심해야 한다고 주장한다(Laudon, 1977: 19).

이러한 입장에서 로돈은 다양한 정보기술을 기술자체가 지닌 민주적 잠재력에 따라 자료변형 기술(data-transforming technology), 대중참여적 기술(mass-participation technology), 상호작용적 기술(interactive technology)의 세 가지로 분류하고, 정보기술의 민주적 함의를 검토한다(Laudon, 1977: 14~19). 이중 로돈은 상호작용적 기술을 민주적 잠재력이 가장 크다고 본다. 이 기술의 특징은 앞의 두 유형의 기술들이 엘리트와 대중간의 수직적 커뮤니케이션을 허용하는데 반해, 개인 및 집단들간에 정규적인 그리고 수평적인 커뮤니케이션을 흐름을 허용한다는데 있다. 더욱이 상호작용적 기술은 이용자에게 대중

참여적 기술보다 높은 지식과 경제적 비용을 요구하며, 참여의 의사에 있어서도 강한 커미트먼트를 요구한다. 따라서 상호작용적 기술의 이용에 함축된 민주주의의 모델은 다원주의적 민주주의이다(Laudon, 1977: 16~18).

로돈은 시민기술의 민주적 잠재력을 극대화하기 위해 세 가지의 제안을 한다. 첫째, 지리적·사회적 분산에도 불구하고 기존의 지역단위의 집단들이 활동을 조정하고 연합을 형성할 수 있는 능력을 제고시킬 수 있는 시민기술을 적극 개발하여야 한다. 둘째, 이러한 기술의 이용이 현재 미국의 정치를 장악하고 있는 정상 집단(peak association) 및 과두제의 영향력을 약화시키고 풀뿌리 조직의 영향력을 강화시키는데 기여하여야 한다. 셋째, 사회적 자원(교육 및 돈)과 정치적 영향력의 긴밀한 고리를 약화시킬 수 있을 만큼 기술장비의 구입 비용이 저렴하고 그 작동이 단순해야 한다(Laudon, 1977: 64~66).

2. 바버의 '강한 민주주의' 기획

월프는 바버의 참여민주주의론에 대해 적절한 사회경제적 프로그램은 언급하지 않은 채 참여의 원칙에 몰두함으로써 현실적인 실천에서는 상당한 한계를 지니고 있다거나, 시간과 규모의 문제, 인간능력의 한계문제, 다수횡포의 문제 등의 이유로 실천 불가능하거나 비효율성의 정치라는 비판을 제기한다.[33]

그러나 참여민주주의 연구에서 우리가 바버에 주목하는 가장 큰 이유는 참여민주주의의 제도적 변혁의 실험을 위한 가장 정교한 연구계획이 바버에 의해 제기되었기 때문이다. 강한 민주주의는 시민참여에 의한 직접적인 자치를 필요로 한다. 그것은 이웃의 수준에서 또 국가적 수준에서 개인들을 공동담화, 공동

---

33) 월프는 바버가 현대사회에서 직접민주주의를 실현시킬 확실한 방식을 제시하지 못했으며, 참여를 유발시키는 동기적 요인도 명백히 규정하지 못하였다고 비판한다. 또한 그는 바버가 정치의 자율성을 강조했지만, 정치를 항상 합리적인 영역에서 운용되는 것으로 보았다고 주장한다. 따라서 월퍼는 바버가 대립적인 이해관계를 조정하기 위한 효율적인 기제를 제시하지 못했다고 평가한다. Joel D. Wolfe, 1986. 안승국 외 편역, 1995. pp. 236~241.

의 결정과 정치판단, 공동행위 등에 연계시키는 제도들을 필요로 한다. 바버는
이러한 제도들이 이론의 정합성뿐만 아니라 실천 가능성을 입증하기 위해 다음
과 같은 기준들을 충족시켜야 한다고 본다(Barber, 1984: 262).

> 첫째, 현실적이고 작동 가능한 것이어야 하고,
> 둘째, 거대한 현대 사회의 주요한 대의제도들을 보완하고, 또 그것들
>   과 양립할 수 있어야 한다.
> 셋째, 비합리주의, 선입견, 획일성, 협량 등과 같은 참여적 공동체의 통
>   합적 성향들에 대한 자유주의자의 염려를 직접 다루어야 한다.
> 넷째, 근대성이 참여를 방해하고 있는 것으로 여겨지는 장애물들, 즉
>   규모, 기술, 복합성, 지역주의의 역설 등을 구체적으로 다루어
>   야 한다.
> 다섯째, 대의제, 단순한 투표, 관료와 전문가의 지배 등에 대한 대안
>   을 제시함으로써 담화, 판단, 공적 시각 등에 관한 이론으로서
>   의 강한 민주주의의 특별한 주장들을 표현해야 한다.

그리고 바버는 제도적 개혁들을 체계적으로 제시하기 위해 강한 민주주의
이론에 의해 제시되는 범주들에 따라 제도적 개혁들을 조직화하였다. 즉 강한
민주주의적 담화(심사숙고, 의제설정, 경청, 감정이입), 강한 민주주의적 의사
결정(공적 결정, 정치적 판단, 공동정책결정), 강한 민주주의적 활동(공동작업,
공동체활동, 시민봉사) 등이다. 바버는 강한 민주주의가 지방수준에서의 참여
의 친근성과 실행 가능성을 수반할 뿐만 아니라, 지역적 국가적 참여의 권력
과 책임성을 수반한다고 강조한다(Barber, 1984: 267).

이러한 강한 민주주의를 실현하기 위한 제도화로서 바버는 다음과 같이 12가
지 기획을 구체적으로 제시하고 있다(Barber, 1984: 267~307).

> ① 토론과 숙고를 제고하기 위한 시민들로 구성되는 공개토론장으로서
>   의 '근린 의회(Neighborhood Assemblies)'
> ② 텔레비전을 통해 근린 의회를 지역 단위로 통합하고 전국 대표자들과

의 조정을 중개하는 기구로서의 '전자타운회의(Electronic Town Meeting)'와 새로운 정보통신기술(telecommunication technology)의 시민이용을 관리·감독하고 국민투표적 이슈들(referendun issues)에 관한 논쟁과 토론을 감독하는 전국적 '시민 커뮤니케이션 조합(Civic Communications Cooperative: CCC)'

③ 시민교육과 균등한 정보 접근기회를 위한 '시민 비디오텍스 서비스(A Civic Videotex Service)'와 '시민교육우편법(Civic Educa- tion Postal Act)'

④ 지방의 시민참여에 의한 '비범죄화(Decriminalzation)'와 '비공식적인 비전문가 재판(Informal Lay Justice)'의 실험

⑤ 다선택 포맷(multi-choice format)과 두 단계의 투표계획을 갖춘, 의회입법에 대한 대중발안과 국민투표를 허용하는 전국적인 '국민발안과 국민투표과정(Initiative and Referendum Process)'

⑥ 시민커뮤니케이션조합(CCC)의 감독하에, 처음에는 교육적 여론조사적 목적만을 위한 '전자투표(Electronic Balloting)'의 실험

⑦ 급료를 지불하는 지방공직에 대한 '추첨(Lottery)'에 의한 선택적 지방선거

⑧ 선정된 학교, 공공주택공급 프로젝트, 교통체계 등 공공선택에의 보증과 시장접근을 위한 '내적보증체계(Internal Voucher Spys- tem)'의 실험

⑨ 국가적 시민정신과 공동활동을 위해 모든 시민들을 대상으로 하는 '보편적 시민봉사(Universal Citizen Service)' 프로그램

⑩ 시민정신(national citizenship)을 함양하고 자발적 시민행위를 유도하기 위한 공동작업과 공동활동에서의 '지방지원 프로그램(Local Volunteer Programs)'의 공적 지원

⑪ 경제적 대안을 위한 모델로서의 공공제도를 가진 '작업장 민주주의(Workplace Democracy)'에서의 실험에 대한 공적 지원

⑫ 물리적 공공장소로서의 이웃을 개조하기 위한 새로운 '시민적 공공장소의 구축(Architecture of Civic and Public Space)' 프로그램

그리고 바버는 이러한 전 과정의 마지막에 '반성의 제도화'(institutionalizing regret)가 요구된다고 본다. "여기에 제시된 모든 개혁들을 조절하는 하나의 전술적 선택은 대안적 제도들에 보완책을 마련하는 것이다. 우리는 처음부터 자유주의적 장애물들, 즉 대의제, 정당체제, 소선구제 등을 제거함으로써 강한 민주주의적 프로그램을 더욱 신속하게 실현시킬 것이다. 그러나 헌법에 대의제적 요소를 제거하지 않고 참여적 요소를 첨가함으로써 신중한(prudent) 민주주의는 개혁한다. 목적은 자유민주주의를 시민참여와 정치적 공동체로 새롭게 이끌어 가는 것이지 그것을 없애버리는 것 - 그것의 결점과 함께 장점을 파괴시키는 것 - 이 아니다. 강한 민주주의는 제거시키지 않고 첨가시키며, 빗나가게 하지 않고 새로운 방향으로 이끌어 가는 보완전략이다"(Barber, 1984: 308~309).

바버는 현대 미국 민주주의의 문제로 형편없는 투표율로 나타나는 참여 부진을 꼽는다. 그러나 강한 민주주의를 만들기 위한 바버의 기획은 투표율과 대화수준을 상승시키는 것에 초점을 맞추고 있지는 않다. 오히려 그는 시민들 간의 수평적 의사소통 관계와 시민들에 대한 교육 그리고 민주주의를 형성하는데 있어 중요한 심성인 공동성(共同性)을 함양하는 것을 커다란 목표로 하고 있다. 그는 이러한 기획을 통해 시민들이 능동적으로 정치에 참여하고 사회의 가치와 방향을 결정하는데 실제적 힘을 발휘하는 참된 자치정부(self-government)를 모색하며, 이때 '강한 민주주의'가 실현될 수 있는 것이라고 보았다.

특히 바버의 민주주의 기획에서 주목되는 것은 강한 민주주의를 실현하기 위해 12가지 기획을 구체적으로 제시하고, 새로운 매체 기술을 적극 활용하여 직접민주주의적 요소를 강화하는 '강한 민주주의'를 제안하고 있다는 점이다. 그는 통신매체를 통한 조작의 위험성을 인지하지만, 정보기술을 이용하여 강한 민주주의의 실현가능성을 주장한다. 강한 민주적 대화, 강한 민주적 결정, 강한 민주적 행동을 제도화하기 위한 여러 제안에는 국민투표와 국민발안 과정과 연결된 '근린 의회', 텔레비전을 통해 근린 의회를 지역 단위로 통합하고 전국 대표자들과의 조정을 중개하는 기구로서의 '전자타운회의', 복수선택을 하는 투표와 여론조사, 공공요금체계로 지불하고 '시민의 커뮤니케이션조합'에 의해서 운영되는 비디오텍스를 통한 정보제공 서비스 등을 주장한다.

이와 같은 개혁을 통하여 바버는 시일이 지남에 따라 공동의 대화, 감정 이입적 상상 및 공동 행동이 확실히 전국적인 범위로 확대될 것이라고 전망한다. 그러나 바버는 시민들간의 수평적 유대를 강화시키고 그들을 교육시키는데 기술이 이용되는 것을 인정하는 것이지, 기술이 침체된 민주주의를 활성화하는데 주도적 역할을 한다고 생각하는 것은 아니다(강정인·하상복, 1993: 128 재인용). 텔레데모크라시의 실험을 통해 민주주의의 한 단면인 투표율과 대화가 증대됐다고 해서 민주주의와 정치참여가 활성화되었다고는 할 수 없다. 시민들간의 유대와 공동성 그리고 정치교육이라는 좀 더 깊은 민주주의적 측면들이 전제되어 있을 때 비로소 민주주의와 정치참여의 활성화가 가능할 수 있을 것이다.

3. 아터튼의 텔레데모크라시 프로젝트

아터튼은 미래학자들을 중심으로 한 텔레데모크라시 옹호자들이 변혁이 일어나는 '과정'에 대해서는 거의 무관심하다고 비판하면서(Arterton, 1994: 29), 시민들의 정치적 활동을 고무시키기 위하여 미국에서 시도된 13개의 텔레데모크라시 프로젝트[34]를 분석하고, 시민들의 정치참여를 위해 사용되는 통신

---

34) 13가지 텔레데모크라시 프로젝트들은 다음과 같다. ①알래스카 주의회 원격회의 네트워크(Alaska's Legislative Teleconfercing Network), ②워싱턴주의 대안들(Alternatives for Washington), ③벅스 군 TV(Berks County Television: BCTV), ④'76년의 선택(Choices for '76), ⑤더 소스(The Source)와 전자정보교환 시스템 네트워크(EIES)를 통한 컴퓨터회의(Computer Conferences), ⑥드 모인의 의료투표(Des Moines Health Vote '82), ⑦국내정책협의, 국가문제토론회(Domestic Policy Association, National Issues Forum), ⑧하와이 원격투표(Hawaii Televote), ⑨ 호놀룰루 전자도시회의(Honolulu Electronic Town Mee- ting), ⑩ 마키의 전자강연(Markey's 'Electure', ⑪미네르바 전자도시회의(MINERVA Electronic Town meeting), ⑫노스캐롤라이나의 오픈/네트(North Carolina OPEN/Net), ⑬큐브를 통한 어퍼 알링턴 시민회의(upper Arlington Town Meeting

기술을 다음과 같이 제시한다(Arterton, 1994: 60∼67).

- 시청자전화 참여형(Televised Call-in Format)
- 반송 우편투표(Mail Back Ballots)
- 상호작용적 케이블 TV(Interactive Cable Television)
- 텔레비전회의와 비디오회의(Teleconferencing and Video Con- ferencing)
- 컴퓨터회의(Computer Conferencing)
- 전자우편과 비디오텍스(Electronic Mail and Videotex)

아터튼의 텔레데모크라시 연구는 산발적인 몇 개의 사례를 근거로 막연한 예측을 한 미래학자들과 달리, 구체적이고 체계적인 분석을 통하여 텔레데모크라시의 실현 가능성을 논의했다는 점에서 의의가 있다. 또한 절차적 차원에서의 대의민주주의의 문제점을 극복하려는 텔레데모크라시 프로젝트들은 참여적 절차를 실현하기 위한 제도를 필요로 한다. 즉, 절차적 차원에서의 다양한 실험들은 민주적 절차를 통하여 어떻게 참여를 조정하고 관리할 것인가 하는 제도적 차원에서의 모색이 전제되어야 한다(유석진, 1997: 12). 이에 아터튼은 시민참여를 위한 제도적 측면에서 다음의 11가지로 분류하고 텔레데모크라시 프로젝트들을 평가하고 있다(Arterton, 1994: 99∼100).

① 접근(도)(access): 시민들이 텔레데모크라시 프로젝트에 참여할 수 있는 범위
② 도달(률)(reach): 실제로 참여행위를 하게 되는 참여자의 비율
③ 효과(effectiveness): 시민참여가 공공정책에 직접적인 영향을 미쳤는지의 여부
④ 의제설정(agenda setting): 결정되어야 할 사안들, 고려되어야 할 대안들, 참여의 시기와 순서 등을 정하는데 있어 시민들이 행사할 수 있는 통제력의 수준

---

over QUBE). Arterton, 1994: pp. 84∼89.

⑤ 접근경로의 다양성(diversity of access paths): 시민들이 어떤 프로젝트에 대해 배우고 참여할 수 있는 길(방법)의 수

⑥ 지속성(duration): 시민참여를 위한 제도가 지속되는 기간과 반복횟수

⑦ 개인 또는 집단적 근거(individual or group based): 시민들이 개인으로서 참여하는지 혹은 조직된 이익집단의 구성원으로서 참여하는지의 여부

⑧ 자발성(initiative): 시민들이 참여하게 될 수 있는 기회와 이런 참여를 이끌어낼 수 있는 정보를 스스로 발견하고 만들어 내는 정도

⑨ 비용(costs): 참여와 관련하여 시민들에게 요구되는 노고, 재정적 부담

⑩ 교육적 가치(educative value): 다루어지고 있는 문제나 정책분야에 대해 시민들이 배울 수 있는 정도

⑪ 정치적 역량(political competence): 텔레데모크라시 프로젝트 참여를 통해 정치적 능동성을 획득하는 시민들의 기량과 자신감

이러한 분석을 통해 아터튼은 미래학자들과의 주장과는 달리 사용된 기술에 의해서가 아니라, 프로젝트 담당자들이 계획한 조직상의 선택 – 그들의 가치관과 참여관에 근거한 선택 – 에 따라 좌우되었다고 주장한다. 즉, 플레비시트적 민주주의의 성취를 가로막는 진정한 장애물은 기술적인 데 있는 게 아니라 정치적인 데 있다는 것이다(Arterton, 1994: 148). 또한 아터튼은 새로운 통신장비를 이용한 시민의 참가가 단기적으로는 증가하겠지만, 시간이 지나고 그 신기함이 상실됨에 따라 전자투표에 의한 정치참가율의 증가도 낙관하기 어렵다고 신중하게 지적한다(Arterton, 1988; 강정인, 1998: 181쪽 재인용). 결론적으로 아터튼은 전자장비에 의한 시민들의 정치참여가 활성화된다고 해도 궁극적으로 대의제도가 시민들의 직접민주주의에 의해 대체되는 것이 아니라 기껏해야 통신매체에 의해서 대의과정이 활성화될 뿐이라고 주장한다.

4. 인터넷과 참여민주주의 실현을 위한 요건

오늘날 대의제 민주주의의 지속적인 약화와 참여의 결핍은 대부분의 민주주의국가들에서 나타나는 공통적인 경향이라고 볼 수 있다. "절차적 측면에서 민주주의를 자신의 문제에 관해 스스로 결정을 내리고 책임지는 것으로 정의한다면 (시민)참여의 결핍은 민주주의의 존립에 치명적인 위협"이라고 할 수 있다(공성진, 1994: 8).

근대사회에서 불가피하게 대의제 민주주의가 채택된 이유는 '규모의 정치'라는 기술적 제약 때문이다. 그런데 인터넷으로 상징되는 정보화 혁명과 뉴미디어의 출현으로 시민들의 정치참여를 통한 직접민주주의의 가능성 또는 참여민주주의의 확대 가능성을 높여주고 있다. 인터넷이 정치에 이용될 수 있는 것은 인터넷의 기술적 특성을 바탕으로 한다. 런던은 정보통신기술에 대한 전자민주주의적 가정을 다음과 같이 정리하고 있다(London, 1994).

① 정보통신기술은 교환할 수 있는 정보의 양에 대한 과거의 모든 제약을 극복해 준다.
② 정보통신기술은 어떠한 실천적 목적, 시간과 공간 등에 대한 고려 없이 교환하는 것을 가능하게 한다.
③ 정보통신기술은 메시지의 내용과 시간에 대한 소비자의 통제력을 향상시킨다.
④ 정보통신기술은 메시지 수용에 있어 수신자의 송신자에 대한 통제를 강화한다.
⑤ 정보통신기술은 매스커뮤니케이션에 대한 통제를 분산시킨다.
⑥ 정보통신기술은 텔레비전에 있어 새로운 쌍방향 혹은 상호작용성을 가능하게 한다.

본체크는 인터넷은 첫째, 상호작용이 효과적으로 이루어지는 장이며, 둘째로 관계하는 사람들간의 신속한 쌍방향(interactivity), 시·공간적 제약을 넘어선 지구적 커뮤니케이션이 이루어지는 장을 제공하는 데 있다고 주장한다 (Bonchek, 1997). 인터넷의 상호작용성은 기존의 매체와는 확연히 다른 특성으로 커뮤니케이션이 이루어지는 과정에서 참여자들의 상호담론(mutual discourse)을 통제하는 정도와 서로의 역할 교환을 가능케 한다. 여기서 통제한다는 것은 참여자가 커뮤니케이션 상황에 영향을 미칠 수 있음을 말하고, 역할교환이란 누구나 송신자이며 동시에 누구나 수신자일 수 있다는 의미이다. 이러한 특성은 일대다 매스미디어 정치의 일방향성을 교정할 수 있는 잠재력을 지닌 것으로, 그리고 정치과정에 시민들의 참여가 증가할 것이라는 기대감을 가져왔다.

레인골드는 종전의 민주주의에서는 소수 엘리트들에게만 집중되었던 정보이용이 컴퓨터의 등장으로 시민들에게 무한정한 정보를 제공하게 되어 정보부족으로 정치과정에 참여하지 못한 시민들로 하여금 정부의 의사결정에 보다 효과적으로 개입할 수 있게 하며 정부의 제반 의사결정을 보다 합리화, 민주화 할 수 있다고 주장한다(Rheingold, 1994).

인터넷을 포함한 컴퓨터 네트워크는 정보유통의 쌍방향성 및 상호작용성을 기술적으로 보장해 준다는 점에서 기존 매체들과 구별된다. 즉 인터넷은 정보수용자들이 매체가 일방적으로 전달해주는 정보만을 획득하는 것이 아니라, 자신이 원하는 정보를 선별적으로 접할 수 있다는 '선별성'(selectivity)을 제공해 준다. 인터넷은 정보이용의 선택성이 매우 뛰어난 매체이기 때문에 그 이용이 개인적인 담화나 사적인 이용에 치우칠 수도 있고, 정치과정에의 이용은 그 가능성이 많음에도 실제 이용에서는 발현되지 않을 수도 있다. 즉 인터넷 사용인구가 증가한다고 해서 그들이 모두 정치적 욕구를 충족시키는데 그들의 시간을 허비하지 않는다. 이러한 예는 미국에서 인터넷을 통해 투표하기 위해 등록된 수가 1996년에는 92%였는데, 1997년에는 82%로 감소한 것을 보아도 알 수 있다(Davis, 1999: 25). 인터넷의 이용이 곧 바로 모든 시민의 참여를 증가시키지 않음을 보여주고 있는 것이다.

따라서 앞에서 살펴본 것처럼 새로운 정보통신기술을 이용한 참여민주주의의 실현을 위해서는 그러한 기술의 도입과 적용뿐만 아니라 그것의 민주적 제도화와 함께, 민주 정치의 지배 주체인 시민들의 자신의 자질, 즉 비판적 성찰과 의사소통적 합리성 및 시민적 관여도(civic engagement) 제고 등이 복합적으로 전제된 상황에서, 그에 바탕한 컴퓨터 매개 공간의 정치적 이용이 활성화될 때 비로소 실현 가능한 것이다. 즉, 사이버공간을 활용한 참여민주주의는 시민들의 정보 취득, 의견 형성과 표출, 토론과 여론 형성, 그리고 정치적 행동이라는 일련의 과정 속에서 필요한 기술적·제도적·시민적인 수준으로 나누어 제시하면 다음과 같다(강상현, 1999: 152~155).

첫째, 기술적 요건과 관련해서는 정보통신 인프라의 구축과 이의 고도화가 우선적으로 필요하다. 둘째, 이를 기반으로 시민들이 공적인 문제에 대해 적극적으로 의견을 개진하거나 토론 또는 의사결정과정에 참여할 수 있게 하는 구체적인 서비스가 기술적으로 뒷받침되어야 한다. 셋째, 그러나 시민 참여적인 정보화 구현은 기술적 요건만으로 되는 것은 아니다. 기술의 민주화를 위해서는 이를 뒷받침하는 제도의 민주화가 필요하다. 정보통신기술도 마찬가지다. 적어도 공적인 정보에 대해서는 보편적 서비스(universial service)가 이루어져야 하고, 이에 대한 시민들의 정보 접근권도 보장되어야 한다. 넷째, 사이버공간을 시민들의 활성화된 토론공간이자 여론형성의 장으로 만들기 위해서는 통신공간에서의 활동의 자유도 보장되어야 한다. 공적인 문제에 대해 어떠한 의견이든 자유롭게 개진될 수 있으며 하며, 통신검열은 철폐되어야 한다. 다섯째, 참여민주주의를 위한 시민의 활발한 정치참여와 대화와 토론 그리고 숙의를 위한 시민의 자질 함양도 필요하다. 결국 사이버공간을 활용한 참여민주주의 프로젝트는 기술과 제도의 민주화를 전제로 민주적 시민의 역량을 구성하는데 달려있다고 할 수 있다.

제4절 소 결

민주주의의 이상은 시민의 참여를 요구한다. 또한 현대 민주주의는 시민의 '참여'(participation)와 정당에 의한 '대표'(representation)를 그 핵심으로 한다. 그러나 현대 민주주의 국가들에서 공통적으로 나타나는 현상은 낮은 정치 참여로 인한 '참여의 위기'와 '대표성의 위기'이다.

참여민주주의론은 대의제나 과정적이고 절차적인 민주주의로 한정되는 자유 민주주의의 대안으로 제시되었다. 현대의 자유민주주의는 역설적으로 민주주의 의 빈곤으로 특징지을 수 있다는 것이 참여민주주의 주창자들의 공통된 지적이 다. 즉, 이들은 대중사회론의 미명하에 만연해가고 있는 정치적 무관심, 정당 혹은 정책 선택의 자유가 민주주의의 최대치인 양 설정되고 있는 대의제의 형 식성, 몇 년만에 한번씩 치르는 선거제도가 지니는 정치적 권리의 제한, 선거권 을 행사한 뒤에는 인민을 피치자로 남게 하는 형해화된 참정권 등이 현대민주 주의가 지니고 있는 민주주의의 본질이라고 비판한다.

참여민주주의론의 목적은 구성원 모두가 제각기 보유하고 있는 지적·정서 적·도덕적 잠재능력을 최대한 계발하여 공동체의 생활에 자유롭고 능동적으 로 참여하는 것이다. 이러한 목적을 지닌 참여민주주의 이론에 있어서 참여의 주요한 기능은 교육적인 기능, 즉 심리적 측면과 민주적 기술 및 절차의 습득 을 포함한 넓은 의미의 교육적 기능이다. 아울러 참여는 통합적 효과와 집단적 결정의 수용을 뒷받침하는 장점을 지닌다.

특히 참여민주주의는 참여를 통한 사회화가 모든 영역에서 이루어져야 한다 고 주장한다. 참여민주주의에서 '참여'란 의사결정에 대한 평등한 참여를 말하 며, '정치적 평등'이란 결정의 결과를 결정하는데 대한 권력의 평등을 말한다. 따라서 결과적으로 참여민주주의론은 자유민주주의에 비해 '평등'에 대한 강조 와 '윤리적 정당성의 획득'이라는 차원에서 의의를 찾을 수 있으며, 이는 공존 원칙으로서 참여민주주의가 지니는 강점이라고 볼 수 있다.

또한 참여민주주의론자들은 개인과 제도가 분리되어 고려될 수 없다는 핵심 적 주장에서 출발한다. 페이트만은 민주주의의 빈곤이 절실히 느껴지고 있는 현실에서 참여민주주의는 (진정으로) 민주적인 정체를 향한 운동의 '행동 및 특별한 처방'을 제공한다고 주장한다. '정치적'이라는 용어는 정치학의 실천 (practice)과 동일하다고 간주하는 이들은, 대의제 민주주의가 '모든 사람의 최대한의 참여'만으로 충분하지는 않다고 지적하면서 참여과정 자체를 통해서 발전하는 교육적인 기능을 강조한다. 아울러 이같은 참여가 사회적인 문제를 해결하는데 유의미한 것이 되기 위해서는 산업의 영역과 정치체계 일반에 참여하는 것이 필수적이라고 주장한다. 또한 이들은 루소적 전통에서 전시민(total citizen)을 만드는 것이 민주주의의 본질이라고 주장한다.[35]

특히 바버는 자유민주주의 혹은 대의제적 민주주의를 '약한 민주주의'로 규정하면서 그것의 무정부주의적 경향, 현실주의적 경향, 최소주의적 경향 등을 비판한다. 그리고 참여민주주의를 '강한 민주주의'로 규정하고, 그것을 위한 시민정신, 특히 '정치적 담화'(political talk)의 문제를 강조하고[36], 정보통신기술을 적극 활용할 것을 제안한다.

요컨대, 참여민주주의론자들의 주장은 자본주의사회에서건 사회주의사회에서건, 아래로부터의 참여없이는 '진정한' 의미의 민주주의가 불가능할 것이라는 점과 사회경제적 조건이나 제도만 마련되면 민주주의가 즉각적으로 완성될 수 있다는 시각이 갖는 문제점에 대해 적절한 지적을 하고 있다는 점에서 의의를 지닌다. 그러나 이러한 참여민주주의론자들의 주장에 대해 참여의 원칙만 강조하고, 적절한 사회경제적 프로그램을 제시하지 않는다거나 시간과 규모의 문제, 다수횡포의 문제 등의 이유로 현실적인 실천에서는 상당한 한계를 지니고 있다는 비판도 있다.

그러나 앞에서 살펴본 것처럼 바버나 아터튼은 참여민주주의에 대한 구체적인 기획과 프로젝트들을 제시하고 있다. 특히 바버는 강한 민주주의를 실현하

---

35) 보비오는 이것이 불가능하다고 본다. 또한 보비오는 만약 정치적 참여의 교육적 본질을 절대적으로 신봉하지 않는다면, 참여민주주의가 반드시 더 좋은 결과를 산출하지는 않는다고 주장한다. N. Bobbio, 1987. *The Future of Democracy*, Cambridge: Polity Press, 유홍근 역, 1989. 『민주주의의 미래』, 서울: 인간사랑. 17쪽.

36) 이러한 입장에서 워렌은 바버의 참여민주주의론을 카우프만, 페이트만, 메이슨(R. Mason) 등의 작업장 민주주의, 자주관리 민주주의(self-managing democracy)와 구분해 숙의 민주주의론(deliberative democracy)으로 파악한다. 워렌은 숙의 민주주의론자로 Barber, Jean Cohen & Andrew Arato, Dahl, James S. Fishkin, J. Habermas, Michael Walzer 등을 들고 있다. Mark E. Warren, 1996. "What Should We Expect from More Democracy? Radically Democratic Responses to Politics", *Political Theory*, Vol. 24. No. 2. pp. 266~267.

기 위해 12가지 기획을 구체적으로 제시하고, 새로운 매체 기술을 적극 활용하여 직접민주주의적 요소를 강화하는 '강한 민주주의'를 제안하고 있다. 그는 통신매체를 통한 조작의 위험성을 인지하지만, 정보기술을 이용하여 강한 민주주의의 실현가능성을 주장한다. 참여민주주의 연구에서 우리가 바버에 주목하는 이유는 이러한 제도적 변혁의 실험을 위한 가장 정교한 연구계획이 바버에 의해 제기되었기 때문이다.

이러한 참여민주주의 프로젝트들은 정보통신기술, 특히 인터넷의 발달로 시민들의 정치참여와 참여민주주의의 확대 가능성을 높여주고 있다. 전자민주주의, e-politics 등이 바로 그것이다. 또한 참여민주주의가 참여과정 자체를 중시하고 대화와 토론, 그리고 숙의를 강조한다는 점에서 선거, 정당, 의회와 같은 정치과정 영역과 시민사회의 정치참여 영역에서는 더욱 중요하다.

제3장 인터넷과 정치참여: 이론과 실험

정보통신기술을 활용한 전자민주주의는 정치과정에 어떠한 변화를 가져올 것인가? 전자민주주의가 암시하는 직접 민주주의는 가능한 것인가? 또한 전자민주주의가 실현됨으로써 현대 민주주의의 문제점으로 지적되고 있는 정치적 무관심, 정치혐오증, 정치 불신감 등이 해소될 수 있을 것인가 등의 문제를 둘러싸고 많은 논의가 이루어지고 있다. 그러나 지금까지의 연구는 대체로 이론적 전망에 머물러 있고, 정보통신기술을 활용한 구체적인 참여민주주의 프로젝트와 관련해서는 본격적인 연구가 부족한 것으로 평가된다.

이 장에서는 정보통신기술의 상징인 인터넷이 정치과정, 특히 선거과정에 도입됨으로써 어떻게 정치참여를 촉진하고, 참여민주주의를 확대할 수 있을 것인가에 초점을 맞추고자 한다. 즉, 인터넷 혁명은 시민 없는 대의제 민주주의의 결함을 어떻게 보완, 시정해 줄 것인가. 특히 인터넷을 기반으로 하는 사이버공간에서 참여민주주의 프로젝트에 대한 논의는 시민참여를 어떻게 제도화하고, 이를 통해서 참여민주주의의 확산 가능성을 열어갈 수 있는가를 살펴볼 것이다.

제1절 온라인 공론장과 숙의 민주주의

1. 사이버공간과 공론장의 형성

인터넷은 지금까지의 매스 미디어 가운데 가장 많은 시민들이 참여할 수 있는 가장 민주적인 대중매체이다. 과거에는 소외되어 왔던 시민계층이 인터넷을 통해 자신들의 의사를 표시하고 그것이 여론으로 승화되어 정책에 반영될 수 있도록 함으로써 정치과정에 직접 참여할 수 있게 된 것이다. 이러한 과정에서 주목되는 것은 인터넷이라는 사이버공간에서 공론이 형성되는 공간, 즉 인터넷의 온라인 공론장(on-line public sphere)으로서의 역할이다.

사이버공간은 물리적 실체가 존재하지 않으면서도, 현실공간에서의 실체들이 가상적으로 존재하는 공간이다. 또한 사이버공간은 "사람들이 컴퓨터매개 커뮤니케이션(CMC) 기술을 사용함으로써 언어, 인간관계, 데이터, 부 그리고 권력이 명백히 드러나는 개념적 공간"(Rheingold, 1994: 5) 이기도 하다. 즉 사이버공간은 현실공간의 물리적 실체들이 물리적 형태를 띠지 않고 존재하고 있지만, 현실공간에서 나타나는 인간의 사회적 관계들이 그대로 유지되는 가상의 공간이다.

이러한 사이버공간은 현실공간이나 기존의 매스 미디어와 비교하여 다음과 같은 새로운 특성을 갖는다.[1]

> 첫째, 사이버공간은 개방적이고 탈중심화 된 공간이다.
> 둘째, 자유롭고 탈매개적이다. 사이버공간은 기존 매스 미디어와 달리 중간의 게이트키핑(gatekeeping)을 거치지 않을 뿐 아니라, 특정 개인이나 집단의 인위적인 제약으로부터 자유롭다.
> 셋째, 사이버공간은 동시적 혹은 비동시적(asyncronous)으로 정보에 접근하거나 의견교환을 할 수 있어 시공의 제약을 초월할 수 있다.
> 넷째, 사이버공간은 다양하고도 탈대중적이다. 사이버공간은 기본적

---

1) 원우현, 2002. 『인터넷 커뮤니케이션』, 서울: 박영사, 46~48쪽. 카피니는 사이버공간의 속성을 정보의 수집과 전달 속도의 증대, 쉽게 접근할 수 있는 정보량의 확대, 정보 유연성의 확대, 상호작용의 기회 증대, 지리에 근거한 상태에서 이익에 근거한 공동체 특성으로의 전환, 미디어 유형간의 구별이 흐려짐, 정보 문지기(gatekeepers)와 권위적 목소리에 관한 전통적 정의에 대한 도전, 정보 생산자와 소비자의 전통적 정의에 대한 도전으로 이해한다. Michael X. Delli Carpini, 2000. "Gen.com: Youth, Civic Engagement and New Information Environment", *Political Communication*, Vol. 17, pp. 346~347. 윤영민은 비동시성, 다대다 커뮤니케이션, 쌍방향성, 지적 커뮤니케이션을 사이버공간의 특성으로 파악한다. 윤영민, 1996. 『전자정보공간론』, 서울: 전예원, 20쪽.

으로 개인 미디어라는 특성을 지니는 동시에 네트워크화된 집
단과 조직의 미디어일수도 있고 때로는 익명의 다수와 연결된
매스 미디어적 특성도 동시에 지니는 공간이다.
다섯째, 사이버공간은 개인뿐 아니라 집단에게 새로운 정체성과 권능
을 부여하는 새로운 소통의 장이 된다.
여섯째, 사이버공간은 '대안적 공론장'으로서의 새로운 민주적 커뮤니
케이션의 장이 될 수 있다.

이러한 대안적 공론장으로서 사이버공간은 시민들이 공공문제나 핵심 현안과 관련된 이슈들을 숙의의 과정을 통해 토론할 수 있는 기회를 제공한다. 현실공간에서 일반 시민들은 일정한 시간과 장소에 모여서 정치적 의견이나 정보를 교환하고 이에 관한 심도 있는 토론에 참여하기 어려운 여건에 있다. 반면 사이버공간에서는 시간과 공간을 초월해서 많은 사람들끼리 대화와 토론을 할 수 있기 때문에 심도 있는 정치토론이 가능하고, 이를 통해 여론형성이 이루어 질 수 있다. 따라서 인터넷의 각종 공공게시판이나 토론실 등을 통해서 정치엘리트들과 일반 시민 사이에, 혹은 일반 시민들 간에도 정치적 대화나 토론이 가능하게 된 것이다.

한편으로는 사이버공간에 대한 시장의 침식과 국가권력의 개입의 증대는 공론장으로서의 가능성에 대해 부정적인 전망을 갖게 하기도 한다. 그러나 사이버공간은 가상의 추상적 공간이기 때문에, 그 공간적 범위의 한계는 사실상 무제한적이라는 특성을 갖는다. 또 CMC의 쌍방향적 특성은 언제든지 여건만 충족된다면 사이버공간이 공론장의 역할을 충실히 수행할 수 있는 가능성이 있음을 보여준다. 참여민주주의는 이러한 사이버공간을 활용하여 민주주의를 질적으로 고양시키려는 민주주의의 기획이다.

그런데 전자민주주의가 실현되려면 제도적 차원에서의 기반이 갖추어져야 하고, 진정한 의미의 공론장이 형성되어야 한다. 공론장의 개념은 하버마스에 의해 체계화되었다. 의사소통행위에 내재된 합리성을 강조하는 하버마스의 이론은 새로운 공론장으로서의 사이버공간이 지닌 가능성을 부각시키는데 적합

하며, 앞으로 사이버공간을 어떻게 활용해 나가야 할 지에 대한 강한 시사를 주고 있다. 여기서 하버마스의 공론장 개념을 도입하는 이유는 다음과 같다(이상신, 1998: 2).

첫째, 논쟁과 비판적 토론을 중심으로 정의하는 그의 공론장 개념은 사이버공간의 긍정적 가능성과 한계에 대한 균형 있는 평가에 적합하다.

둘째, 공론장 개념의 역사적 변이 과정을 추적하는 하버마스의 이론은 사이버공간 분석을 단순한 기술결정론에 빠질 위험에서 벗어나게 하면서, 사회·문화·정치적 요소들과의 연관성을 총체적으로 고려할 수 있게 해준다.

셋째, 하버마스의 이론은 단순한 분석틀로서 뿐만 아니라, 사이버공간의 실천적 활용 방향에 대한 전망까지 확보할 수 있는 기반을 마련해 준다.

넷째, 하버마스는 공론장 이론을 의사소통의 이상적 상황에 대한 이론으로 발전시키는데, 이를 통해 사이버공간의 내재적 원리에 대한 비판까지 가능해질 수 있다. 여기에서는 시민들의 토론과 참여의 제도적 보장을 강조하는 숙의 민주주의에 대한 하버마스의 제안이 사이버공간에서 현실화될 수 있음을 살펴보고자 한다.

2. 하버마스의 공론장과 민주주의 기획

하버마스에 의하면, 공론장(Öffentlichkeit, public sphere)은 공중(public body)들이 자유롭고, 비판적이고, 이성적이며, 공개적인 토론을 통해 합의를 이끌어내는 의사소통적 관계영역이다(Habermas, 1989: 88). 공론장은 사적영역의 반대편에 위치하는 것으로서 의사소통을 통해 사회문제들을 공공의 쟁점으로 바꾸는 특수한 기능을 수행하며(Habermas, 1996: 33), 공적인 토론을 통해 정치적 문제 또는 법에 대한 합의(consensus)에 도달하도록 한다. 이처럼 공론장은 공중이 공론의 담지자로서 스스로를 조직하는 공간으로서 근대 법치국가 조직 원리의 핵심 영역이다.

하버마스에 의하면, 근대 자본주의의 발전과정에서 실재했던 공론장은[2] 통신, 신문, 잡지 등의 발전과 시민사회의 성장으로 인해 점차 절대군주에 대항하게 되면서 정치영역에서의 공론장으로 변모하였다. 정치적 공론장은 국가와 시민사회의 매개항이자 통로로서 여론정치의 공간이자 서구 의회민주주의가 성장하는 공간으로 기능했다. 공론장은 절대 권력의 비밀 및 밀실정치와 대립되는 공공성 또는 공개성의 입헌정치를 가능하게 하였으며, 부르주아 입헌국가가 자유와 평등을 제도화하는데 공헌했다. 정치적 공론장의 가장 중요한 요소는 정당, 자발적 결사체, 언론 등이며 이들은 국가권력을 견제·감시하고 시민사회의 관심 및 이익을 국가(혹은 정치사회)에 중재하는 역할을 담당해 왔다.3) 하버마스가 제시한 부르주아 사회에서의 공공론장은 다음의 〈표 3-1〉과 같다.

---

2) 하버마스에 의하면, 영국의 커피하우스, 프랑스의 살롱, 독일의 다과회 등이 공론장에 해당된다. 공론장에서 토론 주체는 재산 소유자로서 자신의 사적 자율성이 확보된 자였으며, 교육받은 교양인들, 즉 귀족, 금융부르주아, 법률가, 의사, 교수와 같은 신흥부르주아, 철학자, 예술가 등이다. 이들은 공론장에서 동등한 인간으로 만났고, 예술과 문학, 정치 등 모든 것에 관해서 자유롭고 비판적인 토론을 벌였으며, 그 토론은 항상 외부세계를 향해 열려 있었다. Jürgen Habermas, 1989. p. 23. pp. 36~37.

3) 공론장의 기능은 법에 명확하게 표시되어 있다. 첫째, 합리적 비판과 토론에 참여하는 공중의 영역(의사표현의 자유, 출판의 자유, 집회결사의 자유 등)과 이 영역 내의 사적 개인들의 정치적 기능(청원권, 선거의 자유 등)과 관련된 것, 둘째, 가부장적 핵가족의 은밀한 영역에 기반한 자유로운 인간 존재로서 개인의 지위에 관한 것(개인적 자유, 사생활의 불간섭 등), 셋째, 시민사회 영역에서 재산 소유자들의 상호행위에 관한 것(법 앞에 평등, 사유재산 보호 등). 그리고 법에 명시된 기본권들은 공적 부문과 사적 부문의 영역들을 보호했다. 즉 한편으로는 신문, 정당같은 공론장의 제도, 기구들과 다른 한편으로는 가족, 재산과 같은 사적 자율성의 기반들을 보호했다. 그것은 결국 시민이란 정치적 존재와 상품 소유자라는 경제적 존재인 사적 개인들의 기능을 보호했다. J. Habermas, 1989. p. 83.

〈표 3-1〉 18세기 부르주아 공론장

사적 영역 (private realm)		공적 권위 영역 (sphere of public authority)
시민사회(civil society, 상품교환과 사회적 노동의 영역)	정치적 공론장 (public sphere in the political realm) 문예적 공론장 (public sphere in the world of letters, 클럽, 신문)	국가 (state, '경찰'의 영역)
핵가족의 내부공간 (부르주아 지식인)	도시(city, 문화적 재화 시장)	궁정 (court, 궁정·귀족사교계)

   * J. Habermas, 1989. *The Structural Transformation of the Public Spere*, p. 30.

그러나 하버마스는 자본주의의 고도화로 인해 현대사회에는 복지국가가 출현하게 되었고 이에 따라 사회조직들이 발달하게 되었다고 본다. 이는 국가와 시민사회의 관계틀 속에서 볼 때, 기존의 국가와 시민사회의 분리라는 현상이 이제는 국가와 시민사회의 융합으로 나타나게 되었음을 의미한다. 이와 같은 국가와 시민사회의 융합은 기존의 비판적 여론형성의 주체였던 공론장을 급속히 탈정치화 시키는 원인이 되었고, 정치적 공론장은 재봉건화(refudalization)되었다.[4] 이에 따라 공론의 주체는 문화를 토론하는 공중에서 문화를 소비하는 공중으로 변화되었고, 여론은 사적 시민들의 비공식적 의견들로 분산되었으며, 의회도 정치강령을 정당화하는 '공적 연단'으로 전락했다. 결국 공론장은 정치, 경제적 선전을 위한 도구, 공적 명성이 전시되는 곳이 되면서 사사화(privatization)되었다(Habermas, 1989: 175).

공론장의 약화는 민주적 공론 형성과 합의 도출 과정을 불가능하게 만들었다. 이에 하버마스의 공론장 이론은 후기 하버마스에 와서 의사소통 행위이론으로 발전한다. 하버마스는 후기자본주의 사회에서 갈등과 위기의 영역은 경제영역

---

4) 재봉건화의 물질적 토대는 자본의 집적·집중과 이로 인한 거대기업의 등장, 국가의 사회에 대한 개입 확대, 관료제 확대, 국가와 사회의 상호침투 등에 있다. J. Habermas, 1989. pp. 141~147.

이라기 보다는 정치영역이며, 기술적 이성의 도구적 논리에 따르는 현대 정치는 하나의 과학적 과제로 인식하기에 이르렀다. 이에 하버마스는 현대 정치의 위기는 공론장의 회복, 즉 의사결정과정에 대한 시민들의 폭넓은 참여와 자유롭고 합리적인 토론을 통해 극복될 수 있다고 보고, 의사소통행위이론(communicative action theory)을 제시한다.

민주주의를 위한 전략은 공론장의 재활성화에 있다. 하버마스는 숙의 민주주의 개념을 통해 이러한 주장을 전개한다. 숙의 민주주의는 정치적 의사형성이 이루어지는 공론장을 민주주의의 중심무대로 상정한다. 숙의 민주주의에서 공론장은 의사소통 과정을 통해 상호주관성을 형성하고 이를 통해 합리적인 의견 형성과 의지 형성의 장으로 기능한다. 여기에서 여론은 '영향력'을 산출한다. 이 영향력은 정치적 산출이라는 채널을 거쳐 '의사소통적 권력'으로 변형되고, 이 권력은 다시 입법을 통하여 '행정적 권력'으로 변형된다(Habermas, 1996: 55~56). 요컨대, 하버마스의 민주주의 전략은 공론장에서 의사소통적 합리성, 연대원리를 실현하고 이것을 법과 정치로 확산시키는 것이다. 즉 공론장의 활성화가 숙의 민주주의의 핵심인 것이다.

하버마스에 의하면, 이러한 공론장은 사회적 차별과 특권을 개입시키지 않고 합리적 대화를 추구하는 개인들로 구성되며 참여자들이 합리적 담론을 가능케 하는 기준을 존중함에 의해 참여자의 평등성과 보편적 접근 가능성이 보장되는 영역이다(유홍림, 1997: 117). 따라서 공론장은 상이한 정치주체들이 자신의 의지를 관철하기 위해 사회적 대화(social dialogue), 즉 토론(discussion), 협상(bargaining), 합의(concertation)하는 정치적 장이다. 이 정의에 의하면 공론장은 다음과 같은 특성을 갖는다(유범상, 2000: 33~39).

첫째, 공론장은 정치주체들이 공개적인 토론과 협상을 통해 정치적 교환을 하는 장이다. 정치적 교환의 영역으로서의 공론장은 이해당사자, 상이한 이익구조, 정치적 의제, 상이한 전략 등을 구성요건으로 한다.

둘째, 공론장은 주체들의 상호행위(social dialogue)를 통해 공론 및 담론정치(politics of discourse)[5]가 발생하는 장이다. 공론장에서의 갈등은 전쟁이 아닌 다른 수단, 즉 정치주체들 간의 사회적 대화와 토론에 의해 해결되며, 이

과정에서 공론화가 이루어지고 여론이 발생한다. 이처럼 공론장은 강제의 수
단에 의한 이익관철 보다는 토론과 협상과 대화에 의해 정치주체들 간의 상호
이해가 조정되는 공간이며 여기에서 정치적 담론이 주요한 역할을 수행한다.

셋째, 공론장은 특정한 제도적 형태를 지니는 장이다. 공론장은 특정하게
'형태결정된 사회적 관계'(a form-determined social relation), 즉 특정한 제
도적 형태로 존재한다. 공론장은 상이한 주체들이 상이한 의제를 가지고 토론
과 공론을 통해 교환의 정치가 이루어지는 다양한 영역과 기구를 의미하는 것
이다.

일반적으로 민주주의는 인민의 자기통치, 즉 사회구성원들이 참여, 토론하
여 형성된 집합적 의지에 따라 공동체의 문제들을 해결하는 기제이자 원리이
다. 하버마스는 민주주의를 바라보는 전통적인 두 가지 시각인 자유주의 모델
과 공화주의 모델을 모두 비판하면서, 그 대안으로 숙의 민주주의 혹은 절차
적 민주주의 모델을 제시한다. 하버마스가 제시하는 숙의 민주주의는 자유주
의적 공정성(입헌주의적 원리)과 공화주의적 의사형성(민주주의적 공론장)의
요소를 수용한 것으로서 토론 및 의사결정을 위한 이상적 절차를 강조한다.[6]

---

5) 담론정치란, 집권세력을 비롯한 지배블럭이 자신들의 이해를 통합하고 사회구성원
   으로부터 지지와 정당성을 확보하기 위해 정치적 상징과 가치체계를 생산하는 과정
   뿐만 아니라, 이에 대한 대중과 반대세력의 대응을 포괄하는 동태적 과정 전체를 가
   리킨다. 강명구・박상훈, 1997. "정치적 상징과 담론의 정치: '신한국'에서 '세계화'
   까지", 『한국사회학』, 제31집, 125쪽.
6) 자유주의적 모델은 정치 또는 민주주의 과정을 경쟁하는 이익 사이의 타협, 즉 정
   치적 시장에서 국가권력을 획득하기 위해 벌이는 정치엘리트들 간의 투쟁으로 이해
   한다. 여기서 공론장은 권력의 획득・유지와 이익 관철을 위해 전략적으로 행동하
   는 집단들의 경쟁의 장이다. 반면, 공화주의적 모델은 정치 또는 민주주의를, 사회
   를 형성하고 통합하는 과정에서 중추적 역할을 담당하는 실체적인 윤리적 삶의 성
   찰적 형식으로 이해한다. 여기서 공론장은 상호이해를 지향하는 공적 의사소통의
   장이며 공론장에서의 정치과정은 기본적으로 대화에 근거한다. 하버마스는 자유주
   의적 모델과 공화주의적 모델을 비판・수용하여 자신의 절차주의적 모델을 제시한
   다. 그에 따르면, 자유주의적 모델은 다소간 현실적이지만 규범적 내용이 약하고,
   공화주의적 모델은 정치적 논의를 윤리적으로 협소화한 이상주의적 견해이다. J.
   Habermas, "Three Normative Models of Democracy", 한상진 편, 1996. 『현대성
   의 새로운 지평』, 서울: 나남출판, 43~59쪽.

그리고 공론장은 정치적 의사결정이 이루어지는 핵심적인 장소이다.

이상에서 보듯이 하버마스는 시민사회에 토대를 둔 정치적 공론장과 자율적인 공론장을 통한 숙의 민주주의가 시민사회의 재봉건화와 생활세계의 식민화에 대한 대안이라고 주장한다. 본 논문에서도 숙의 민주주의를 '숙의'라는 정치적 과정과 정치적 기제를 강조하는 참여민주주의의 형태로서 규정하고자 한다.

3. 인터넷과 '숙의 민주주의'

하버마스는 정보화와 관련된 정치문제에 대해서는 조심스러운 입장을 보이고 있다. 그는 "새로운 미디어는 정보의 지구적 소통을 촉진할 뿐만 아니라, 동시에 새로운 종류의 파편화를 가져올 것"이라고 본다. 이러한 파편화 · 분절화가 어떤 결과를 가져올지는 예측하기 힘들지만, 결국 TV와 인터넷의 확산은 모든 것을 분산시켜 "쟁점이나 프로그램에 한정된 지구적 의사소통의 공동체가 서로로부터 고립된 채 어지럽게 확대되는 경향"을 가져올 것이라고 본다. 즉, "도시적 중심이 없는 지구촌"이라는 결과를 예상할 수도 있다는 것이다 (Habermas, 1996: 279).

하버마스는 공론이 형성되기 위한 전제조건으로서 우선 공론장에 참여하는 사람들이 공통된 문제에 대해 관심을 가지고 있어야 한다고 본다. 비록 참여와 발언이 자유롭다 하더라도 주체 자체가 시민들의 사려 깊은 토론을 이끌어 낼 만큼 관심의 보편성을 확보하지 못한다면 의미 있는 공론 형성은 어려워질 것이다.

한편, 사이버공간과 공론장이 여러 가지 형태적 유사성을 지니고 있다는 점에서, 사이버공간이 공론장의 재활성화에 기여할 수 있을 것이다. 하버마스는 공론장이 갖추어야 할 조건으로 다음의 세 가지를 들고 있다(Habermas, 1989; 이상신, 1998: 7 재인용).

첫째, 보편적 접근가능성(general accessibility)을 갖추어야 하고,
둘째, 어떠한 특권도 존재해서는 안 되며(elimination of all privileges),

셋째, 보편적 규범과 합리적 정당화가 이루어지는 공간(discovery of general norms and rational legitimations) 이어야 한다.

사이버공간은 이러한 기본적 요건들을 기술적으로 만족시키는 한편, 다음과 같은 특징을 갖는다. 첫째, 정보의 흐름이 일방향이던 기존 미디어와 달리 사이버공간의 참여자들은 스스로 정보의 공급 및 수용의 주체가 될 수 있다는 점, 즉 CMC의 쌍방향성이다. 둘째, 기존 대중매체는 종이 위에 쓰여진 문자, 시각정보, 음성정보 등 아날로그 형태의 정보를 제공하는 반면, 뉴미디어의 정보는 디지털화되어 있다는 것이다(김주환, 1997).

사이버공간에서의 쌍방향적 정보교류는 기존 대중매체의 수동적 정보수용자들로 하여금 자신의 개성과 기호에 따른 정보의 취사선택을 가능하게 해주고, 단순히 정보를 받아들이기만 하는 것이 아니라, 자신이 생산하거나 혹은 취사선택하여 조합한 정보를 능동적으로 공급할 수 있게 해준다. 이러한 특징외에도 사이버공간은 분권화된 구조(empowering)와 비동시성(asyncronocity)을 고유한 특징으로 한다. 하버마스의 공론장 모델을 온라인 공론장에 도입하면 다음 〈표 3-2〉와 같이 나타낼 수 있다.

〈표 3-2〉 인터넷과 온라인 공론장의 형성구조

사적 영역		공적 권위 영역
사이버공간(cyberspace)	정치적 공론장 (전자민주주의) 문화적 공론장 (인터넷 언론)	현대 정보(복지)국가체제
네티즌(netizen), 유저그룹	네트의 도시 (전자시장과 아고라)	기존 매스미디어

이러한 공론장의 개념을 민주주의 이론으로 발전시킨 숙의 민주주의는 자유민주주의의 한계를 극복하기 위한 대안적 논의로서 뿐만 아니라, 인터넷의 확

산으로 인한 정치적 공론장의 구조 변화를 설명하는데 적합한 이론체계로서 주목된다. 민주적 과정은 주어진 선호를 집합하여 그 중에서 집단적 선호를 선택하는 것이 아니라, 상호 발견, 설득, 교정의 과정을 통해서 공공의사 또는 집단적 의사를 형성해 나가는 과정이다. 숙의 민주주의하에서 공론장은 대화, 담론, 토론, 심의를 통하여 시민들이 자신의 선호를 형성하고 세련화시키며, 자신의 잘못된 선호를 교정할 기회를 제공한다. 따라서 공공영역은 다양한 시각과 이익들이 상호이해와 공동의 행동으로 수렴되는 장이라고 할 수 있다(임혁백, 2000: 164~165). 실제로 7개의 숙의적 민주주의 사례에 대한 경험적 연구는 이슈와 관련된 시민들의 견해가 합리적 선택 이론이나 경제이론과는 달리, 숙의 이전에 형성된 것이 아니라 타인과의 대화 과정의 결과로 형성된다고 주장하며, 숙의의 중요성을 강조하고 있다(Button and Mattson, 1999: 619~622).

인터넷의 기술적 특성인 시·공간제약성 극복, 상호작용성, 탈 집중화, 개방성, 멀티미디어성 등은 기존 매스미디어의 기능과 확실히 구별된다. 이러한 특성은 인터넷이 온라인 공론장의 역할을 제공하기에 긍정적인 환경을 제공해 준다. 따라서 숙의의 공간이 사이버공간에로 옮겨짐으로써 숙의가 활성화될 수 있는 것이다. 그러나 숙의의 질을 고려해 볼 때, 사이버공간을 통한 숙의가 대면 숙의와 같은 결과를 가져올 수 있을 것인지는 좀 더 많은 연구가 필요하다.[7] 또한 사이버공간이 숙의의 기회를 확대하겠지만, 사이버공간에서 숙의의 실현은 현실공간 만큼이나 어려울 것이라는 견해도 있다(윤영민, 2000: 142~148). 익명성은 공개적 발언을 촉진시키는 긍정적 효과가 있는 반면, 신뢰 형성을 방해하는 부정적 효과도 있기 때문이다.

그러나 사이버공간의 탁월한 잠재성에 대해서는 누구도 부정하기 어렵다. 그렇지만 어느 테크놀로지와 마찬가지로, 기술적 잠재성의 사회적 실현은 테

---

7) 이유진은 한국에서 시도된 전자민주주의의 실험들을 조사하여, 이 시도들이 대부분 관리 소홀과 이용자의 낮은 참여 등으로 의미 있는 토론과 대화의 장이 되지 못하고 있다고 지적한다. 이유진, 1997. "PC통신, 인터네트와 한국의 전자민주주의 가능성에 대한 고찰", 『한국정치학회보』, 31집 1호.

크놀로지와 인간의 상호작용이 전개되는 결과이다. 즉, 사이버공간의 정치는 사이버공간의 속성 뿐 아니라 현실세계의 정치문화에 의해서도 영향을 받는다(윤영민, 2000: 15~16).

또한 민주주의는 결국 시민의 참여를 토대로 활성화되는 것이다. 기술의 발전이 아무리 높은 수준으로 이루어진다고 할지라도 그것이 곧 민주주의를 실현시켜주는 충분조건은 아니다. 문제는 기술의 발전을 통해 확대된 가능성과 이점을 잘 활용하여 올바른 선택을 하고 적극적인 참여를 할 수 있는 주체들, 즉 참여하는 시민이 존재할 때에만 가능한 것이다. 따라서 고대 아테네의 직접 민주정치에서 오프라인을 통한 공론장과 참여, 그리고 현대 민주정치에서 온라인을 통한 공론장과 참여를 통한 쌍방향 커뮤니케이션의 실현, 이 두 가지가 결합될 때 참여민주주의의 확산을 말할 수 있을 것이다.

따라서 본 연구에서는 사이버공간과 현실공간에서의 참여의 상호작용을 강조한다. 즉 온라인을 통한 참여와 공론의 형성 그리고 오프라인을 통한 참여와 결집이 함께 이루어져야만 참여의 확대를 통한 참여민주주의의 가능성을 긍정적으로 전망할 수 있다고 본다. 16대 대선에서 보여준 노사모 사례는 온/오프라인의 정치참여가 결합한 참여모델이라고 볼 수 있으며, 16대 총선에서 총선시민연대의 낙천·낙선운동도 온/오프라인을 결합한 시민운동 모델이라고 볼 수 있다. 이에 대해서는 4장에서 자세히 다룰 것이다.

제2절 인터넷과 시민사회의 정치참여

인터넷은 공공선을 추구하는 시민사회의 입장에서 보면 매우 중요한 도구가 될 수 있다. 이는 온라인 공간이 정보사회의 공동체로 활용되고, 인터넷이 의사소통 네트워크로서 기능할 수 있는 특성 때문이다. 또한 인터넷의 이러한 기능은 시민사회의 정치참여 방식을 기존의 오프라인 방식에서 온/오프라인을 통한 새로운 정치참여 방식으로 변화할 수 있게 한다.

1. 정보사회의 공동체로서 온라인 공간

공동체 연구가인 힐러리(Hillery)는 공동체를 구성하는 가장 중요한 세 가지 요소로 '지리적 영역', '사회적 영역', '공동의 유대' 등을 지적하였다. 그는 공동체를 "일정한 영역 내에서 하나의 혹은 그 이상의 부가적인 공동의 유대를 통해 사회적으로 상호작용하는 사람들로 이루어진다"라고 정의하고, 지리적 영역을 공동체 개념에서 가장 중요한 요소로 취급하였다(윤성이, 2003: 1). 그러나 정보사회에서 공동체는 더 이상 지리적 공간의 공유에 얽매이지 않고 있다. 시간과 공간의 한계를 뛰어넘는 정보통신기술의 발달로 인해 지리적 인접성을 벗어나 공통의 가치와 관심을 바탕으로 한 새로운 공동체, 즉 온라인 공동체가 형성되고 있기 때문이다.

대표적인 온라인 공동체라 할 수 있는 미국 캘리포니아 지역의 WELL(Whole Earth Lectronic Link) 운영자인 레인골드(Reingold, 1993)는 온라인 공동체를 "인터넷에서 충분한 수의 사람들이 충분한 인간적 정서(sufficient human feeling)를 가지고 충분히 긴 시간 동안 공개적 토론을 수행함으로써 사이버공간 내에 대인 관계망을 형성할 때 나타나는 사회적 집합체"(이재현, 2000: 168) 라고 정의한다. 또한 라인골드는 온라인 공동체가 집합적 이익(collective goods)를 만들며 이는 '사회 네트워크 자본(social network capital)', '지식자본(knowledge capital)' 그리고 '소속감(communion)' 등의 세 가지 형태의 자본(capital)으로 유형화된다고 주장한다(이재현, 2000: 181~182).

특히 온라인 공동체 주창자들은 사이버공간에서의 싱호교류가 현실공간에서도 더 많은 개인간 접촉, 집단참여 그리고 공동체에 대한 헌신을 가져올 것이라고 본다. 그들은 사이버공간이 시민들이 공공의 문제(common affairs)에 대해 진지하게 토론할 수 있는 공공 영역의 기능을 수행 할 수 있을 것이라고 기대한다. 익명성을 특성으로 하는 CMC는 사회적 위계질서로부터 벗어날 수 있으며, 이러한 특성은 자신들의 사회경제적 특징, 즉 성, 인종, 민족, 나이, 외모 등의 이유로 인해 면대면 상황에서 자신들의 의사를 제대로 표현할 수 없는 사람들에게 매우 유리하게 작용한다. 한편 CMC가 갖는 비동시성

98

(asynchronous)의 특성은 숙의 과정을 촉진하는데 도움이 될 것으로 주장한다. CMC는 비동시적 대화를 가능하게 함으로 인해 시간대의 차이와 개인적 일정의 문제를 극복할 수 있으며, 또한 관련된 사안에 대해 충분히 생각하고 고민할 수 있는 시간을 허용할 수 있다고 주장한다(윤성이, 2003: 2).

인터넷을 통한 사이버공간의 확대, 즉 온라인 공간은 토론을 위한 공론의 장이자 새로운 담론형성의 공간으로 평가된다. 지금까지는 담론영역이 오프라인상의 기존 언론매체에 한정되어 있었지만, 인터넷의 발달은 온라인 상의 담론 공간으로 자리 잡는데 기여하였으며, 동시에 다양한 담론의 주체가 나타나게 되었다. 즉, 엘리트가 아닌 다양한 시민이 담론형성의 주체가 되는 계기가 된 것이다(백선기, 2003: 308).

그러나 한편에서는 사이버공간은 결코 현실공간을 대체할 수 없으며 인터넷의 사용이 오히려 진정한 공공체로부터 멀어지게 할 것이라는 부정적 입장도 제기된다. 온라인 공동체는 현실공동체와 비교할 때 가입(entry)과 탈퇴(exit)가 자유로우며 이러한 사실은 일면 개인의 자유를 증진시키는 효과는 있으나, 쉬운 가입과 탈퇴는 구성원으로 하여금 조직에 대한 강한 일체감과 책임감을 창출하는데 한계를 가지며, 결과적으로 두터운 공동체(thick community)를 유지하는데 한계가 있다는 것이다.[8]

그러나 사이버 공동체가 현실공동체의 한계를 보완할 수 있으며 양자간의 결합을 통해 더욱 건강한 공동체를 만들어 낼 수 있다는 주장이 설득력을 얻는다. 이러한 견해는 인터넷의 역할을 제한적으로 보는 입장이다. 즉, 인터넷은 새로운 유대(ties)를 만들어 내기보다는 기존의 유대를 유지하는데 보다 효

---

8) 푸트남은 정보통신기술이 우리 생활을 더욱 개인화(privatizing) 시킬 것이며, 인터넷의 확산으로 인해 국가내의 다른 지역 혹은 다른 국가에 사는 이웃과의 유대는 더욱 약해질 것이라고 우려하였다. Russ Edgerton, 1995. "Bowling Alone: An Interview with Robert Putnam About America's Collaping Civic Life", *AAHE BUlletin*, September. 또한 크라우트 등은 인터넷 사용자들을 대상으로 한 조사에서 인터넷 사용이 증가할수록 오프라인의 사회적 접촉은 감소하게 되며, 우울함과 외로움의 감정이 증가한다는 사실을 밝혔다. Kraut, Lundmark, et al., 1998, 윤성이, 2003: 3쪽 재인용.

과적인 것으로 본다. 스콧 런던은 정보통신망이 특히 면대면 네트워크에 의해 보완될 경우, 대화와 숙의를 촉진할 뿐만 아니라 사회적 자본을 구성하는 신뢰, 상호호혜 그리고 연결성(connectedness)을 증대시킴으로써 '자유공간(free space)'의 역할을 하는 공동체를 발전시킬 수 있을 것이라고 보았다(London, 1996). 라인골드는 전자적 네트워크는 사이버공간 속에 분리된 세계가 아닌 "현실세계를 지원하는 신경체계(nervous systems for the physical world)로 이해되어야 하며, 면대면 만남은 관계의 공고화와 세계관의 공유를 위해 필수불가결한 요소이며 인터넷은 이러한 만남은 관계의 공고화와 세계관의 공유를 위해 필수불가결한 요소이며, 인터넷은 이러한 만남을 보완하는데서 그 가치를 찾아야 한다고 주장한다.

이러한 정보사회의 공동체는 다음과 같은 특성을 지닌다(윤영민, 2000: 114~116).

첫째, 이전 사회에서 보다 훨씬 다양한 모습의 공동체(혹은 공동체적 현상)들이 등장한다. 거리상의 제약 없이 서로 만날 수 있기 때문에 사람들은 아주 쉽게 상호관계를 구축한다.

둘째, 대부분의 공동체가 자연발생적이거나 그냥 주어지는 것이 아니라 성원들의 노력에 의해 형성되고 유지된다. 스콧 래쉬(Scott Lash)에 의하면 정보사회에서 공동체는 '성찰적 공동체(reflexive community)'의 성격을 갖는다. '성찰적'이란 성원들이 공동체의 문화를 무조건 받아들이는 것이 아니라, 그것의 가치와 함축성을 따져서 공동체에 참여를 결정한다는 의미이다. 성찰적 행위는 한 번으로 끝나는 것이 아니고 공동체 활동의 중요한 부분이 된다(Giddens, Beck & Lash, 1994). 에치오니(Amitai Etzioni, 1983)도 정보시대에는 민주적이고 개방적인 공동체가 필요하다고 역설한다.

또한 사이버공간에서는 시민사회가 일반시민을 효과적으로 조직하고 동원할 수 있으며, 정치적 관심이 높은 시민들의 자원이 효과적으로 동원할 수 있게 되어 시민권력 강화에 기여할 수 있다.(윤영민, 2000: 45~46).

우선, 사이버공간에서는 다양한 정치단체 혹은 활동적인 시민이 공공문제에 자유롭게 입장을 표명할 수 있다. 그리고 사이버공간은 그 어느 매체보다 저렴한 비용으로 많은 정보를 빠르고 손쉽게 대중에게 전달할 수 있게 해준다. 과거에 시민들은 주로 소수의 정당이나 언론의 해석에 의존해서 정치정보를 입수하였다. 그러나 사이버공간을 통해 시민들은 정치적 현안이나 공공문제에 관해 매우 다양한 시각, 해석, 표현 등을 접하고 보다 많은 기회를 갖게 되며, 정치적 현안이나 공공문제에 대한 자신의 입장을 발전시킬 수 있다.

둘째, 시민사회의 입장에서 보면 보다 중요한 사실은 일반시민을 효과적으로 조직하고 동원할 수 있게 되었다는 점이다. 사회운동에 관한 자원동원이론에 의하면 운동의 요인만 존재한다고 사회운동이 자연발생적으로 출현하지는 않는다. 사회운동은 누군가가 의도적으로 조직하고 동원해야만 한다. 사회운동의 성패는 투입되는 자원의 양과 질에 달려 있다. 사회운동의 비용 중 가장 큰 부분은 일반 시민들과의 커뮤니케이션에 투입되는 비용일 것이다. 사이버공간은 바로 운동 조직과 지지자들과의 커뮤니케이션 비용을 대폭 낮춰줌으로써 극히 적은 자원의 투입만으로 시민운동을 가능하게 해준다.

인터넷을 활용한 시·공간적 한계를 넘어선 의제설정과정, 그리고 실시간 토론과정은 시민참여의 부족이라는 대의제 민주주의의 문제점을 보완하고, 참여적 요소를 강화하여 참여민주주의를 실현할 수 있는 수단으로 부각되고 있다. 인터넷의 확산성과 광역성·쌍방향성은 정보의 개방과 공유로 정책결정의 중앙집중화를 막고 분산화를 가져오며, 자발적 참여를 전제로 하는 시민사회를 강화시킨다는 것이다.

사이버공간이 온라인 공론장의 역할을 수행하면서 사이버공간에서의 정치적 공론의 형성은 토론과 시민사회의 정치참여로까지 이어진다. 시민사회는 국가 및 시장과 독립적으로 움직이는 것이 아니라 끊임없이 국가와 시장의 압력 및 권력 효과에 유기적으로 반응한다. 이 과정에서 시민사회는 다양한 형태의 사회적 네트워크나 자발적 공동체를 만들어내고, 사회적 투쟁의 집합으로 발전될 수 있다. 사이버공간의 특징인 원활한 의사소통은 사이버공간과 현실공간에서 사회적 네트워크나 자발적 공동체가 생기는 것을 촉진하며, 그렇기 때문에 온/오프라인의 상호작용을 통한 공론장의 형성이 중요한 것이다.

2. 의사소통 네트워크로서의 인터넷

시민운동이 노동운동이나 학생운동과 구별되는 특징은 조직운영상에 있어 약한 조직의 개념, 즉 느슨한 연대를 들 수 있다. 또한 운동 목적에 있어서도 계급이익의 실현이 아니라 '공공선의 추구'를 통해 공론영역의 확장을 시도하고, 국가정책에 이를 관철시키고자 하는데 초점이 맞추어진다.

멜루치는 이와 같은 시민운동의 조직적 특성을 네트워크로 묘사했다(Melucci, 1989: 122).

> 운동영역들은 일상생활에서 산재되어 있고, 파편화되며, 숨겨져 있는, 그리고 문화적 실험장으로서 행동하는 다원적 집단으로 구성된다. 그들은 새로운 모델, 인간관계 형태, 그리고 세계에 대한 대안적 인지 및 의미 등의 실험과 실천에서 개인적 투자를 요구한다. 이런 네트워크를 구성하는 다양한 집단들은 특수한 이슈들에 대하 일시적으로만 반응하여 동원된다. 수면 밑의 네트워크들은 개인들과 정보들이 유통하는 교환체계로 기능한다. 멤버십은 다원적이고 개인은 제한적이며 일시적이다. 즉, 개별적 관여가 참여의 조건이 된다.

이와 같은 시민운동의 자기 제한적 특성은 공론장을 확장시키고, 조직적 동원이나 시간적 지속성을 유지하는데 일정한 한계로 작용한다. 그러나 네트워크적인 시민운동은 그 자체로서 행위자들이 정보의 교환과 의사소통에 의해 연관되고 있는 공론장의 형태를 띠고 있다. 따라서 시민적 네트워크의 확산이 공론장의 확장을 의미하게 된다. 뿐만 아니라 시민운동의 네트워크적인 특성은 시민사회단체들 간의 연대를 손쉽게 함으로써 운동의 영향력을 보다 확산시키고 집중할 수 있다는 장점을 지닌다.

그런데 인터넷의 기술적 특징은 이러한 시민운동의 네트워크적인 특성과 쉽게 결합할 수 있다는 것이다. 16대 총선에서 낙천·낙선운동을 전개한 '2000 총선시민연대'는 412개 시민사회단체가 연대해 활동한 한시적인 단체이다. 총선시민연대는 각 부문별·지역별 단체들과 네트워크로 구성되었고, 이러한 네트워크를 가능케 해준 것이 바로 인터넷이었다. 이에 대해서는 다음 항과 제4장에서 자세하게 살펴볼 것이다.

또한 인터넷이 급속도로 확산되면서 인터넷을 매개로 한 시민들의 정치참여 형태도 매우 다양하게 나타나고 있다. 아래의 〈표 3-3〉에서 보는 바와 같이 인터넷을 매개로 하여 개인적 차원에서의 정보습득 및 의견형성은 물론이고, 집단적 차원에서의 정치토론 및 정치행동까지 다양한 형태의 정치참여가 가능하게 되었다.

〈표 3-3〉 인터넷을 통한 시민적 정치참여의 단계별 유형

수준	참여유형	유형별 형태	정보통신서비스	비 고
개인	정보습득	공공문제에 대한 정보검색과 인지	각종 정보제공 사이트	* 그 밖에 시민운동단체나 통신동호회 등의 사이트를 중심으로 한 다양한 정치참여도 가능 (각종 정보통신서비스 공존, 공유)
	의견형성	개인적 숙의와 의견형성, 표출	전자우편 전자게시판	
집단	정치토론	집단적 토의와 여론형성	공공게시판 토론방/대화방	
	정치행동	집단적 의사결정과 실행	전자투표/캠페인 (항의성 전자우편)	

* 출처: 강상현. 1999. 「전자민주주의와 시민참여」. 148쪽

3. 온/오프라인을 통한 정치참여

정보화와 인터넷의 발달은 시민사회단체들의 운동방식에도 커다란 변화를 가져온다. 시민운동의 성공은 자원동원(resource mobilization)에 달려 있으며 특히 일반대중의 지지동원(mobilizing supports)은 필수적이다. 일반대중과 접촉할 수 있는 수단이 한정된 산업사회에서 시민운동단체들은 이러한 지지동원의 많은 부분을 언론에 의존할 수밖에 없었으나, 인터넷이라는 커뮤니케이션 수단의 등장으로 훨씬 용이한 대중동원이 가능하게 되었다.

　　정보통신기술의 발달이 시민운동 환경에 커다란 변화를 가져올 것이라는 주장은 무엇보다 CMC의 특성인 정보유통의 속도와 쌍방향성, 그리고 협송전달에서 비롯된다. 즉, CMC는 시간과 공간의 제약을 극복할 수 있으며, 정보생산자와 수요자의 물리적 위치에 상관없이 방대한 양의 정보를 빠른 시간에 전달할 수 있다. 정보 흐름에 있어서도 과거에는 주로 정부와 정당, 그리고 언론 등으로부터의 일방향의 정보 흐름이, 정보화 시대에는 일반시민에서 정부나 정당으로 투입되게 하는 쌍방향으로 바뀌게 되어 시민사회단체들과 시민들의 직접 의사 소통이 가능하게 되었다(윤성이, 2001: 158). 이에 빔버(Bimber)는 “정부와 직접 의사 소통할 수 있는 시민들의 역량이 증가할수록 그들은 정치에 더욱 많이 참여하게 되며, 정치에 많이 참여할수록 개인으로서 시민의 직접적 영향은 커지게 된다”고 본다(Bimber, 1998: 4, 윤영민, 2000: 39쪽 재인용).

　　시민운동을 통해 시민들의 참여를 유도하고 운동목표를 효과적으로 성취하기 위해서는 회원들간 혹은 시민들과의 효율적인 커뮤니케이션이 필수적이다. 인터넷은 이들 간의 커뮤니케이션 비용을 절감할 수 있을 뿐만 아니라, 정치권력의 통제로부터 자유롭기 때문에 효율적인 수단이 될 수 있다. 이러한 맥락에서 사이버공간은 ‘대안적 공론권’(alternative public sphere)으로 이용되기도 하며, 대항헤게모니를 창출하는 담론적 공간이 되기도 한다(Fraser, 1990: 56~80).

　　한국에서는 2000년 16대 총선에서 사이버공간을 활용한 시민사회의 정치참여가 활발하였다. ‘총선시민연대’를 비롯해서 ‘정치개혁시민연대’(The Political Watch: http://www.pwk.or.kr), ‘공명선거실천시민협의회’(공선협: htp://www.koreango.org) 등 시민단체들의 낙천·낙선운동은 많은 유권자들의 관심을 불러일으킨 바 있다. 특히 총선시민연대가 3개월 동안 개설한 사이트(http://www.ngokorea. org)에는 무려 91만명이 접속하여 총 1만 5천여건의 게시물을 게재한 것으로 집게 되었다. 총선연대는 사이버공간을 활용하여 낙선운동 및 후보자에 대한 정보공개운동을 펼치는 한편, 유권자들의 시민운동 참여와 각 지역의 총선연대를 연결하는 매체로 인터넷을 적극 활용하였다.9)

104

총선시민연대의 활동에서 보듯이 인터넷의 확산은 기존의 시민운동을 더욱 활성화하는 계기가 될 것으로 기대된다. 그것은 인터넷 기술의 활용이 시민운동 분야에 있어 조직기반의 확대, 조직 응집성(density) 강화, 운동조직 간의 연합 및 조정(coalitions and coordination) 강화 등의 효과를 가져올 것이기 때문이다(윤성이, 2001: 161). 그러나 시민사회단체들의 홈페이지를 분석해 보면 아직은 공론장으로서 기능이 미약하고, 인터넷 활용실태 역시 초보적이고 소극적인 단계에 머물고 있는 것으로 나타났다. 총선시민연대 사이트의 게시판을 분석한 윤영철은, "총선시민연대의 인터넷 캠페인이 정보전달, 여론 수렴, 연대 구축 등에는 기여했으나, 총선시민연대의 게시판 토론은 근거 없는 주장이나 욕설 등이 난무하여 공론장이 되지 못하였다"고 평가한다(윤영철, 2000).

또한 한국전산원의 조사결과에 따르면, 한국의 시민단체 가운데 78.1%가 인터넷 사이트를 운영하고 있지만, 그 활용용도에 있어서는 일반시민과의 쌍방향 의사소통 활용에는 부진한 것으로 나타났다. 즉, 조사대상 시민단체의 53.0%가 단체홍보를 '시민단체→시민'이라는 일방향적인 목적으로 활용하고 있으며, '시민↔시민단체'의 참여전문가 및 회원과의 쌍방향 의사소통을 위한 목적은 1순위, 2순위를 합쳐 19.9%에 불과했다(〈표 3-4〉).

---

9) 총선시민연대의 홈페이지(http://www.ngokorea.org)는 2000년 1월 12일 개설하여 4월 18일까지 약 100일간 운영되었다. 운영기간 동안 하루 평균 1만회 정도가 접속하여 총 접속자 수가 92만 5천여건에 달하였으며, 게시판의 업로드 글 수가 2만5천건, 총선시민연대의 활동에 대한 지지서명자가 2만9천건에 달하는 등 활발한 활동을 전개하였다. 특히 총선시민연대의 운동은 오프라인 보다 온라인상에서 훨씬 신속하고 광범위하게 이루어질 수 있었는데, 개별 지역마다 해당 국회의원을 선출하는 총선의 특성상 전국 23개 지역의 총선연대가 각각 홈페이지를 개설하여 상호간 네트워크를 구축하였다. 이는 정보통신기술을 활용한 전국적인 네트워킹, 유권자의 쌍방향 커뮤니케이션을 통해 정보전달의 신속성과 용이성을 적극 활용한 예로 평가된다.

<표 3-4> 시민단체의 인터넷 사이트 운영목적

분　류	1순위(개)	2순위(개)	백분율(%)
단체홍보	140	21	53.0
참여전문가 및 회원간의 원활한 의사소통	23	67	19.9
상근자간의 정보공유	1	7	1.6
새롭고 효율적인 서비스 제공방식의 도입	12	33	10.0
타단체/지역조직(지부)과의 협력채널 구축	7	32	8.1
내부업무의 효율 향상	6	14	4.6
무응답	44	55	20.9
기타	4	8	2.8
총　계	237	237	100.0

* 출처: 한국전산원, 2003. 『한국인터넷백서』, 368쪽.

또한 사이버공간의 시민운동 유형을 운동의 목표와 방식에 따라 연대구축을 위한 시민운동, 온라인 중심 시민운동, 오프라인 중심 시민운동으로 나누어 분석한 윤성이의 연구결과에 따르면, "인터넷 혁명과 함께 새롭게 등장한 사이버 시민운동이 기존 오프라인 중심의 시민운동단체 보다 많은 영향력을 행사하거나 이들을 대체하는 새로운 시민운동단체로 자리 잡기에는 많은 한계가 있다"는 결론을 내린다(윤성이, 2001: 181).

그러나 인터넷이 아직 기존의 시민운동을 완전히 대체하지는 못하지만 새로운 기회를 제공하고 있는 것은 분명하다. 여기서 중요한 것은 인터넷을 활용한 시민운동이 기존의 오프라인 활동과 결합될 때만이 그 효과를 극대화 할 수 있다는 점이다. 즉, 인터넷의 활성화는 온라인상의 정치참여의 확대를 가져오지만, 온라인 정치참여의 적극성이 자동적으로 정치의식의 민주적인 변화를 보장하는 것은 아니다. 온라인과 오프라인에서 정치참여가 동시에 적극적일수록 정치 효능감(political effciency)과 참여에 대한 시민적 의무감이 높아지고, 온라인 정치참여만으로 오프라인에서의 정치의식의 긍정적 변화를 기대하기 힘들다(남채봉, 2002).

이러한 결과는 인터넷 등의 정보통신수단의 발전과 정보습득 기회의 확대가 자동적으로 정치의식의 민주적 변화를 보장하지 않는다는 것을 보여주는 것이다. 중요한 것은 사용자가 인터넷을 어떻게 활용하고, 온라인과 오프라인에서 참여의 상호작용을 어떻게 구현해 내느냐에 달려 있는 것이다. 2000년 총선에서 총선시민연대의 활동이 성공할 수 있었던 이유도 온라인과 함께 오프라인 활동을 병행했기 때문이라고 볼 수 있다. 이에 대한 보다 자세한 논의는 제4장에서 시도할 것이다.

제3절 전자투표

1. 전자투표 도입배경

지금까지 전자민주주의의 구현 모델은 정치적 정보의 전달과 교환, 시민의 정치참여 활성화라는 두 가지 목적에 따라 정보제공형, 대화형, 투표형의 세 가지 모델로 유형화 할 수 있다.[10) '정보제공형 모델'은 정치관련 정보를 시민들이 더욱 쉽게 얻을 수 있게 함으로써 정치에 대한 관심을 높여 참여를 확대시키고자 하는 프로젝트이며, '대화형 모델'은 정보통신매체를 통해 정치적 쟁점들에 대한 시민들간 대화와 토론을 활성화하여 정책결정과정에 참여를 촉진시키려는 프로젝트이다. '투표형 모델'은 시민의 정치참여방식중 투표를 가장 핵심요소로 상정하고 투표를 전자화하여 선거는 물론, 정책관련의사결정에 시민이 직접 참여할 수 있도록 정치적 결정과정의 대표성과 반응성을 높이고자

---

10) 박동진은 전자민주주의 모델을 정보제공형, 대화형, 투표형 외에 여론수렴형을 포함하여 네 가지로 제시한다. 박동진, 2000. 『전자민주주의가 오고 있다』, 서울: 책세상, 40~68쪽. 여론수렴형 모델은 쌍방향을 지향하는 대화형 모델과는 달리 일방적으로 의견을 올리도록 요구하는 가장 소극적인 정치참여 모델이다. 이는 통신 네트워크의 중요성이 부각된 초기에 정당과 같이 관료화된 조직에서 형식적으로 운영되어 적극적인 시민참여 모델과는 거리가 멀다. 여론수렴형 모델은 지금은 거의 자취를 감추고 쌍방향적 의미를 갖는 대화형 모델로 교체되고 있다.

하는 프로젝트이다.

여기서 전자투표 또는 인터넷 투표는 인터넷의 정치적 활용이라는 측면에서 실현 가능성이 높은 분야로 제기된다. 사람들이 가정에서 인터넷을 통해 물건을 살 수 있다면 가정에서 투표하지 못할 기술상의 이유가 없으며(Cairn-cross, 1999: 363), 인터넷 투표의 실현을 통해 얻을 수 있는 가장 큰 장점은 투표 참여율을 크게 높일 수 있다는 것이다. 이러한 전자투표 혹은 인터넷 투표에 대한 도입 논의가 확대되는 배경은 다음과 같다.

첫째, 투표율 저하 및 참여위기에 대한 대응책으로서 전자투표가 거론된다. 영국은 2001년 총선에서 보편적 참정권 도입 이후 사상 최저인 59.4%의 투표율을 기록함에 따라 참여위기에 대한 대응책으로 2002년부터 다양한 방식의 전자투표를 실험하고 있다.

둘째, 투표의 편리성과 투표행위에 따르는 거래비용 감소로 참여를 조장할 수 있다는 것이다. 여기에는 실질적인 투표행위의 인터넷화 만이 아니라, 유권자 등록과 선거인 명부 열람 등의 절차적인 과정도 포함될 수 있고, 투표를 위한 유권자의 정보획득 비용의 감소도 포함된다.[11]

셋째, 낙후된 선거시스템의 문제점에 대한 반성이다. 미국에서는 2000년 대선 당시 플로리다주 재개표 사태를 계기로 전통적 투·개표 방식에 대한 개선 주장이 강력히 대두되었다.[12]

---

11) 한국에서 인터넷 투표 기술을 개발한 피아이비코리아(www.pibkorea.co.kr) 대표는 인터넷 투표를 할 경우 관련 비용이 현재의 10분의 1 이하로 줄어든다고 주장한다. 실제로 2002년 새천년민주당의 대통령후보 선출을 위한 경선에서, 터치스크린(touch screen)방식의 투표가 실시되어 투표 종료와 거의 동시에 투표결과를 발표할 수 있었다. 비록 이것이 인터넷 투표와 동일한 것은 아니지만, 선거과정의 관리와 결과의 집계에 필요한 인적·시간적 낭비를 줄일 수 있다는 점은 명확하다. 만약 전면적인 인터넷 투표가 도입된다면, 공무원이 밤새 동원되어 표를 세고 검표하는 막대한 사회적 낭비를 줄일 수 있을 것은 명확하다. 유석진, 2002. "인터넷 투표의 허와 실", 미래전략연구원 발표논문.
http://www.kifs.org/main/info_article_view.php?section=2&s_id=594(검색일 2003. 9. 29)

12) 미국 로스엔젤레스 소재 연방법원은 2002년 2월 캘리포니아주에 대해 2004년 대통령선거 때까지 구식 펀치카드 투표기에 대한 교체명령을 내린바 있다. 또한 뉴

이와 같이 전자투표는 투표 참여율의 지속적인 저하와 함께 투·개표 과정에 문제점이 드러나면서 기존의 투표과정이 안고 있는 문제점들을 해결할 수 있는 대안적인 제도로 부각되고 있는 것이다. 즉, 국민발의(initiative), 국민투표(referendum), 공직자의 선출(election) 등에 전자적 수단을 이용함으로써 ①투표제도를 좀더 쉽고 편리하게 개선하여 유권자의 투표 참여율을 높일 수 있고, ②지정된 투표장소에 접근하기 곤란한 노인, 장애인, 해외 여행중인 유권자들에게 투표의 기회를 부여할 수 있으며, ③신속하고 정확하게 투표결과를 집계할 수 있으며, ④투표과정에 소요되는 막대한 비용을 절감할 수 있으며, ⑤궁극적으로 직접민주주의 혹은 참여민주주의를 활성화시킬 수 있다는 기대를 하게 되었다(김용철, 2002: 92).

2. 전자투표의 개념과 유형

전자투표(electronic voting)는 전자적 수단에 의한 투표행위나 투표집계 등 투표의 모든 측면에 응용된 개념이라고 할 수 있으며, 전자투표를 위한 단일의 전자적 수단 뿐만 아니라 전자집계(electronic counting)등 다양한 수단들의 결합이 가능하다. 이러한 전자투표의 종류는 유형별로 크게 다음 두 가지로 구분할 수 있다(정진우, 2002: 4~5).

첫째, 지정된 장소에서 전자기기를 이용한 투표를 들 수 있다. 이는 투표소나 관공서, 쇼핑센터 등과 같이 사람들이 자주 모이거나 접근이 편리한 장소에 투표결과를 기록하고 후에 집계하는 기능을 가진 전자기기를 설치하고 투표하는 방식이다. 여기에는 다음과 같은 방식들이 포함된다.

욕주의 민주당 의원인 찰스 슈머는 2000년 12월 '연방선거현대화법안'(Federal Election Modernization Act)을 발의했고, 여기에는 미국 각주의 선거시스템 현대화에 연방정부가 2억5천만 달러를 지원하는 내용이 포함되어 있다. 미국 의회 움직임과는 별개로 일부 주와 지역정부들도 투표시스템 현대화에 적극 나서고 있는데, 플로리다 주지사 제브 부시는 향후 2년간 2,400만 달러를 투자해 플로리다 주의 투표장비를 현대화한다는 법안에 서명했다. 정진우, 2000. "전자투표에 관한 동향과 전망", 한국전산원, 3쪽.

① 터치스크린 시스템(touch screen system): 스크린에 정해진 부분을 눌러 투표하는 방식으로, 네델란드에서 광범위하게 활용중이며 2000년 영국의 3개 지방선거에서 실험되었다.

② PC 기반기술(PC based technologies): 투표자가 투표권 등록 및 투표를 위해 스크린과 키패드(또는 마우스)의 조합을 활용하는 기술로 현재 브라질에서 사용중이다.

③ 고정식 또는 이동식 키오스크(static or mobile kiosk): 키오스크는 투표의 편의증진을 위해 투표소가 아닌 선거구내의 편리한 장소에 설치되거나 일터, 병원, 양로원 등 다양한 장소로 이동이 가능하며 키패드나 터치스크린 기술을 활용하는 방식이다. 이러한 방식의 시스템은 DRE(direct recording electronic) machine 으로 알려지고 있다. 한국에서도 2002년 새천년민주당 대선후보 경선과정에서 키오스크 방식이 사용되었고, 2001년 새천년민주당 서울시장 후보경선에서는 RF(radio frequency) 카드와 터치스크린을 이용한 키오스크 방식의 전자투표방식을 사용해 투표종료 후 15분만에 개표를 완료했다.

둘째, 원격투표(RVEM: remote voting by electronic means)를 들 수 있다. 이는 지정된 투표장소가 아닌 다양한 장소에서 다른 여러 전자적 기술을 활용하여 투표하는 방식이다. 여기에는 다음과 같은 시스템들이 있다.

① 전화투표(telephone voting): 유선전화나 이동전화를 이용하여 투표하는 시스템으로, 영국의 Milton Keynes, Bristol and Croydon 등에서 자문을 구하는 주민투표(advisory referendums)에 활용되고 있다.[13]

② SMS 텍스트 투표(SMS text voting): 단문서비스(SMS: short message service) 기능을 활용하여 이동전화로 투표하는 시스템으

---

13) 2000년 영국의 Milton Keynes, Bristol and Croydon 에서 세금인상에 관한 주민투표에 전화와 인터넷 사용을 허용하였으나, Milton Keynes 에서는 25% 미만이 전화를 사용하였고, Bristol and Croydon 에서는 10% 미만이 전화 또는 인터넷을 선택한 것으로 나타났다.

로, 2002년 영국의 지방선거에서 실험적으로 사용된 방식이다.
③ 인터넷 투표(internet voting): 인터넷을 이용하여 시민들이 어느 장소에서나 투표할 수 있도록 하는 시스템으로, 2000년 미국의 애리조나주 민주당 예비선거에서 사용되었으며, 2002년 영국의 지방선거에서 실험적으로 사용되었다. 한국에서도 2002년 새천년민주당이 대선후보 경선과정에서 부분적으로 사용된 바 있다.
④ 쌍방향 디지털 TV를 이용한 투표(interactive digital TV): TV의 발전하는 쌍방향 기능을 이용하여 투표하는 방식으로, 아직까지 공공부문 선거에서 활용된 사례는 없다.

이러한 원격투표(RVEM)와 지정장소 투표의 가장 큰 차이점은 감독과 비감독(supervised or unsupervised)의 여부이다(정진우, 2002: 5). 전통적 투표방식은 투표소에서 담당 공무원의 감독하에 투표가 진행되기 때문에 이중투표 위험성 감소, 투표의 비밀성 보장, 날인된 투표용지 같은 상대적으로 안전한 투표방식이 제공되는 반면, 원격투표는 감독투표가 가지는 장점들이 훼손되기 쉬운 위험에 노출되기 쉬워, 투표의 비밀성, 보안성 측면에서 취약하다고 볼 수 있다. 이러한 여러 가지 투표 방식중 최근에는 인터넷의 발달에 따라 인터넷 투표에 관한 관심이 증가하고 있는 추세이다.

3. 전자투표의 이용실태와 개선과제

많은 전문가들은 정보통신기술의 급속한 발전 추세를 고려할 때 가까운 미래에 전자투표 또는 인터넷 투표 방식의 실현 가능성이 매우 높은 것으로 전망하고 있다. 실제로 미국의 일부 주는 인터넷 투표방식의 부분적 도입을 서두르고 있는 상태이며, 대표적인 사례가 2000년 3월에 실시된 애리조나(Arizona)주 민주당 대통령 예비선거를 들 수 있다. 이 예비선거에서는 투표 참가인원이 1996년의 13,000명 정도에서 2000년에는 86,000명으로 급증하였고, 전체 투표자의 41% 이상인 36,000명 정도가 원거리 인터넷 투표를 하였고 38%가 우편투표를 한 반면, 전통적인 투표소에서 직접 투표용지에 기표한 투표자는 21%에 불과하였다. 이러한 결과는 유권자들이 투표소를 직접 방문하기보다는 보다 편리한 방법을 선호하는 것을 보여주는 것으로, 인터넷 투표의 편리성이 투표율 증가에 영향을 주었을 것이라는 예측을 가능하게 한다(이현우, 2001: 388~393).

또한 영국에서는 2003년 5월 실시된 지방선거에서 17개 선거구에서 인터넷과 전화, 디지털 TV 채널을 이용한 투표를 시범적으로 실시하였는데, 어느 정도 투표율을 높이는데 긍정적인 효과가 있는 것으로 평가되었다.[14] 브라질에서도 투표절차 및 투표 집계처리의 단순화를 위해 정부 주도로 전자투표를 실시한 바 있고, 코스트리카에서도 투표율을 높이기 위해 인터넷 투표를 도입하였다. 이외에도 호주, 독일, 이탈리아 등지에서도 인터넷 투표는 확산되고 있는 추세이다. 한국에서는 2002년 새천년민주당이 대통령후보 선출을 위한 국민경선에서 전체 선거인단(7만명)의 2.5%(1,750명)에 한해 제한적으로 인터넷 투표를 실시한 바 있다.[15]

그러나 참여의 양적 증대와 투표에 따르는 사회적 비용의 감소라는 긍정적 가능성에도 불구하고, 한편에서는 다음과 같은 문제점을 지적하면서 인터넷 투표의 활용에 부정적인 입장을 취하고 있다. 첫째, 모든 유권자들이 인터넷 및 컴퓨터를 이용할 수 있는 능력을 지닌 것은 아니기 때문에 투표에 있어 '정보격차(digital divide)' 현상을 초래할 수 있다. 둘째, 민주주의란 선거에 참여하지 못할 정도로 게으르고 무관심한 유권자들을 위해 존재하는 것이 아니다(김용철, 2002: 93). 셋째, 부정투표의 가능성과 비밀투표의 원칙을 보장하지 못하는 취약점을 지닌다. 넷째, 기술적인 문제들로서, 특정 정치세력이나

---

14) 이에 대해서는 〈International Herald Tribune〉 2003. 4. 28.
    또한 http//news.bbc.co.uk/1/hi/england/2997381.stm,
    http//news.bbc.co.uk/1/hi/uk_politics/2988307.stm 참조.
15) 한편, 인터넷 투표는 선거과정 뿐만 아니라, 지방자치단체에서 주민 투표로도 사용된다. 2002년 1월 14일 서울시 강남구는 10년째 고심해오던 청담-도곡지구의 재건축 우선 순위를 '인터넷 주민 투표' 방식을 거쳐 결정하였다. 유석진, "정보화 사회의 정치과정과 우리의 과제", 윤영관·유석진 엮음, 2003. 『정보화의 도전과 한국』, 서울: 한울, 34~35쪽.

악의적인 해커(hackers)가 의도적으로 과부하(overload)를 일으킬 경우, 즉 전자적 농성(electronic sit-in)이나 서비스 거부(denial of service) 등의 방식으로 병목현상을 초래하는 경우가 있을 수 있다. 이것은 결국 보안(security)의 문제와 직결된다.[16]

인터넷 투표에 대해 우려하는 기술적 문제는 기술의 발전에 따라 많은 문제들이 해결될 수 있을 것으로 기대된다. 보다 더 중요한 문제로는 인터넷 투표의 '대표성'(representativeness) 문제라고 할 수 있다. 애리조나 민주당 예비선거를 분석한 이현우의 연구결과를 보면, 인터넷 투표는 빈곤층의 비율이나 실업률 등의 경제적 변수와 상관관계가 있으며, 더불어 학력변수도 인터넷 투표율과 높은 통계적 상관관계가 있음을 보여주고 있다(이현우, 2001: 391). 즉, 실업 등으로 인한 경제상황의 악화는 인터넷에의 접근가능성을 감소시켜 인터넷 투표의 참여율을 낮추는 경향이 있으며, 또한 고학력일수록 인터넷 투표 참여율이 높아진다는 것이다.

이는 인터넷 투표가 사회적·경제적 여건이 좋은 유권자에게 편리성을 제공하여 그들을 '과대 대표'하고, 소외층을 '과소 대표'하는 불균형 현상이 나타난다는 것을 말해 준다. 이러한 문제는 단지 전체적인 투표율의 제고만을 위해서 인터넷 투표를 채택하는 경우 기술적인 문제뿐 아니라 참여의 평등원칙에도 위배되는 결과를 초래할 수 있다. 즉, 인터넷 투표의 도입은 현실 세계에서의 정보격차로 인하여, 기존의 정치적 영향력 혹은 참여의 불평등을 확대재생산할 가능성이 높다는 것이다. 이러한 측면은 평등이라는 민주주의의 중요한 원칙을 침식하는 기제로 작용할 수 있다.

전자투표와 특히 원거리 인터넷 투표(remote internet voting)는 전자민주

---

16) 이러한 우려에 대하여 관련업계에서는 현재의 기술로도 얼마든지 방지가 가능하다는 입장이다. 즉, 기술적인 것이 인터넷 투표 도입의 장벽이 될 수는 없다는 것이다. 하지만, 이러한 희망적 예측에 기초하여 중대한 정치적 제도의 변화를 시도하기에는 너무나 많은 위험성이 도사리고 있다. 직접 민주주의를 가장 광범위하게 실시하고 있다는 스위스에서는 국민전자투표에 관한 법안이 부결되었다. 부결된 이유는 인터넷 투표가 투표권의 남용 및 이에 따른 조작의 우려가 높다는 것으로 우리에게 시사하는 바가 크다고 할 수 있다. 유석진, 2002: 4쪽.

주의가 추구하는 이상적인 제도라고 볼 수 있다. 이는 투표율을 제고하고, 투표자의 편의성 및 투표결과의 신속성에 있어 기존의 재래식 투표방식과는 비교가 안될 정도로 장점을 가진 제도이다. 그러나 인터넷 투표의 절차상 용이성과 효율성이 민주주의의 질적 향상을 담보하는 것은 아니다. 민주주의는 논쟁과 숙의의 과정이 생략된 신속하고 효율적인 정치과정보다는, 느리고 비효율적이라도 숙고하고 토론하고 합의하는 과정을 요구한다.

즉, 인터넷의 정치적 활용은 직접민주주의 또는 참여민주주의로 갈 수 있는 기술적 가능성을 부여한 것이지, 그 자체가 직접민주주의 또는 참여민주주의의 달성을 자동적으로 보장하는 것은 아니다. 따라서 앞에서 지적한 인터넷 투표 방식에 내재한 잠재적 위험 요소들을 최소화할 수 있을 때, 인터넷 투표는 사회적으로 정당화될 수 있으며 정치과정에 적극적으로 활용될 수 있을 것이다. 또한 전자투표 혹은 인터넷 투표가 정당성을 지니려면 투표과정 전반에 걸쳐 보통·평등·직접·비밀 선거의 원칙이 준수되어야 하고, 한편으로는 현실공간에서의 참여가 동시에 이루어져야 궁극적으로 참여적이며 숙의적인 전자민주주의를 달성할 수 있을 것이다.

제4절 인터넷과 선거

1. 인터넷 정치참여와 선거

인터넷이 선거라는 제도적 공간에서 정치참여에 미치는 영향에 대해서는 다음과 같이 세 가지로 정리할 수 있다. 이러한 견해는 제2장에서 살펴본 인터넷과 민주주의 또는 인터넷과 정치참여와의 관계와도 맥락을 같이한다.

첫 번째는 인터넷의 특성상 자유로운 커뮤니케이션이 가능하고, 이러한 자유로운 쌍방향 혹은 상호작용적 커뮤니케이션을 통한 주체들의 참여는 인터넷상에서 온라인 공론장을 형성하여 참여민주주의의 새로운 장을 열 것으로 기대하고 있다. 나아가 사이버공간에서의 자유로운 참여와 연대는 현실공간에서의 참여로 이어져 결국 정치참여가 증대될 것이라는 입장이다.

두 번째는 첫 번째와는 상반되는 입장으로 인터넷이 익명성과 상호작용성이라는 특성상 사이버공간에서는 참여는 자유로울지 모르나 이것이 곧바로 현실 정치참여로 연결되지는 않는다는 견해이다. 즉, 인터넷의 실제 이용과정에서 나타나는 현상들, 예컨대 인터넷의 오락적 이용, 애초의 의도와는 달리 일방적인 정치정보의 전달 및 홍보수단으로의 전락, 저조한 투표율 등이 그 근거로 제시될 수 있다.

세 번째는 다소 절충적인 입장으로 인터넷이 정치참여를 증진하는가 아니면 무관한 것인가의 문제는 아직 경험적으로 검증되지 않았기 때문에 판단을 보류해야 한다는 견해이다.

그러나 분명한 것은 인터넷의 보급률과 이용률이 높아지고 그 영향력이 급증하면서, 선거과정에서 정당과 정치인들이 인터넷 이용률이 증가하고 있다는 점이다. 또한 시민들과 시민단체들 역시 인터넷을 통한 선거참여가 증대되고 있다. 인터넷을 통한 정치참여의 효율적인 측면은, 사이버공간이 다른 매체들보다 훨씬 저렴한 비용으로 다양한 정보를 빠르고 용이하게 접하고 전달할 수 있다는 장점이 있기 때문이다. 새로운 매체인 인터넷이 활발한 정치참여를 가져올 것이라는 보다 구체적인 기대는 다음과 같은 이유에서이다(Schmidkte, 1998: 69~73).

> 첫째, 인터넷은 집단행위자의 비용을 들어준다. 예를 들어 정보의 분배나 대중과의 정치적 견해의 커뮤니케이션, 그리고 항의를 하는데 있어서 집단행동 등의 비용이 신기술로 인해 낮춰지게 된다.
> 둘째, 인터넷은 참여를 위한 개인의 비용을 들어준다. 시간이나 돈이 단지 공동체와 정치적 목적을 위해서만 사용되기에는 너무 희소하다. 하지만, 네트워크의 등장으로 집단행동을 함께 하는데 있어 개인적 장벽은 많이 절감되었다.
> 셋째, 인터넷은 조직 내부의 수직적 구조를 완화시키고 행위자의 참여의식을 강력하게 만든다. 새로운 매체는 행위자간에 상호작용을

가능케 하는 체계를 갖추었다. 또한 참여자들에게 단체가 앞으로 어떠한 행동을 추진할 것인가에 대한 정보를 완전히 알려주거나 결정과정에서 모두가 동등하게 참여할 수 있는 기회를 준다.

넷째, 인터넷은 집단의식의 형성을 쉽게 만든다. 예를 들어, 개인의 메일리스트와 특별한 암호시스템은 배타적인 공동체에서 소속감을 갖게 만들고 참여의 감정적인 동기부여를 주게 된다. 커다란 단체 네트워크와 다른 단체들 – 국내단체든지, 해외단체든지 – 과의 연계는 정치적 힘을 쉽게 보여주며 비교적 많은 제약을 가진 단체들에게 영향을 미친다.

온라인을 통한 정치참여에 대한 자신감과 참여자들 간의 유대감으로 형성되는 공동체는 참여를 통해 발전되고, 동시에 참여를 가능케 한다. 또한 온라인 커뮤니티를 통한 활발한 의사소통은 다양한 정보와 주장을 충분히 검토할 수 있게 함으로써 시민의 정치참여를 위한 동기 부여를 촉진시키고 공동체가 갖는 다수의 영향력에 대한 기대감으로 정치에 대한 관심을 불러일으킬 수 있다. 특히 인터넷에서의 정치적 참여자들은 열성적인 활동가들이다. 이러한 열성적 활동과 더불어 네트워크의 사용이 정치적 행동을 용이하게 만들고 고취시킬 수 있다. 사이버공간을 통한 원활한 의사소통을 통해 집단적으로 자신들의 입장과 의견에 대해 토론하고, 이에 대한 공동의 해결방안을 모색하고 실천에 옮기는 과정에서 집단적이고 정치적인 행위를 이끌어낸다. 그러나 중요한 것은 온라인을 통한 정치참여가 오프라인에서의 정치참여와 유기적으로 결합할 때만이 정치참여의 효과는 극대화 될 수 있을 것이다.

2. 인터넷과 선거캠페인

인터넷은 정당이나 정치인의 입장에서 보면 새롭게 등장한 유력하고 효율적인 정치홍보 수단이 될 수 있다. 인터넷은 유권자의 입장에서 볼 때 정보 획득의 비용을 매우 낮춰주며, 후보자의 입장에서는 보다 많은 유권자들에게 시간적·공간적 제약 없이 자신을 폭넓게 알릴 수 있는 기회를 마련해 주기 때문이다. 더욱이 인터넷은 단순한 정보의 제공뿐만 아니라 후보자와 유권자간의 직접적인 접촉의 창구로도 활용될 수 있는 장점을 갖고 있다. 따라서 매개과정을 생략하고 직접 유권자들과 접촉할 기회를 제공하는 인터넷을 활용한 홍보는 선거운동 뿐만 아니라, 의정활동에서도 적극 활용될 수 있을 것이다.

1) e-campaign의 개념과 유형

e-campaign은 CMC를 기반으로 한다. CMC는 네트워크로 연결된 수많은 컴퓨터에 의해 구축된다. 더 나아가 단순한 네트워크가 아닌, 컴퓨터를 이용하는 사람들 간의 네트워크를 의미한다. 전자우편이나 뉴스그룹을 통한 의견 개진, 현상에 대한 토론, 그리고 채팅을 통한 실시간 대화 등이 오프라인의 감정, 사상, 가치, 의견, 철학 등의 내용을 담고 네트워크를 경유하여 송·수신되며, 그것도 실시간이면서 쌍방향적 성격을 갖는다. 나아가 프로그램화된 기법을 이용해 가상적 상태를 극대화시킬 수 있다. 따라서 CMC는 일회성 논의에 그치는 것이 아니라, 전자적 사이버 시민사회(electronic cyber civil society)라는 새로운 정형의 발전을 함의한다. 즉 가상공동체들을 중심으로 참여자들의 동원과 조직이 만들어지는 것이다. 참여자들의 정치적인 동원과 조직은 인터넷이라는 사이버공간으로도 형성되며, 이것이 캠페인 형태로 구체화되는 것을 가리켜 e-campaign이라 부른다.(김용호 외, 2002: 11)

인터넷을 통해 분출된 e-campaign은 제도영역과 비제도영역 모두에서 확인될 수 있다. 비제도영역에서 e-campaign의 사례는 네티즌에 의해 수행되는 각종 온라인 시위[17], 미국의 통신품위법(CDA)에 반대하는 검은 리본 달기

---

17) 온라인 시위의 형태는 시위 대상 사이트에 집단적으로 접속하여 게시판 등에 자신들이 주장하는 문구나 이모티콘(emoticon)을 말머리로 달고, 이른바 '도배'를 하는 행위, 또는 게시판, 대화방을 장기간 점거하여 서버의 수용능력을 초과하게 함으로서 서버를 다운시켜 서비스를 중단하게 하는 행위 등이 있다. 전자의 경우 2000년 9월 정보통신부의 '정보통신망이용촉진 등에 관한 법률' 개정에 반대하는 진보네트워크 등 시민사회단체와 네티즌들이 정보통신부와 정보통신윤리위원회 홈페이지에 '검열반대'라는 말머리를 달고 집단적인 시위를 벌인 바 있는데, 당시 정

운동 같은 정부정책에 대한 운동, 그리고 한국의 16대 총선에서 총선시민연대의 낙천·낙선운동 역시 전국의 473개 시민단체가 인터넷을 통해 총선시민연대 홈페이지에 결집하여 선거기간 동안 진행한 e-campaign이라고 할 수 있다. 이러한 비제도 영역에서 e-campaign은 네트(Net)를 경유한 적극적인 개입과 참여를 무기로 참여자들이 정치적 권리를 행사할 수 있는 가능성을 자극한다.

제도영역에서 e-campaign은 인터넷을 이용한 선거운동에서 명확히 보여진다. 인터넷을 이용한 선거운동중 e-campaign을 가장 적절히 이용한 사례는 1998년 미네소타 주지사 선거에 출마한 제시 벤추라(Jesse Ventura)를 들 수 있다.

이외에도 인터넷을 이용한 e-campain과 관련해서는 다음과 같은 것들을 들 수 있다.

첫째, e-volunteering이다. 미국 정치지망생의 경우, 자원봉사를 통한 선거경험, 정치경험, 그리고 민주주의 체험은 필수적인 요건이기도 하다. 따라서 미국의 정치 웹사이트, 선거홍보 사이트 대부분이 volunteering 메뉴를 갖고 있다. 자원봉사 문화는 한편으로는 '돈 안드는' 선거의 가능성을 보여준다는데 의미가 있으며, 다른 한편으로는 정치적 참여를 유도하는 열린 정치의 기초를 제공하는 의미가 있다. 따라서 e-volunteering은 선거에 직면한 상황 혹은 선거운동 기간 중 강력한 파괴력을 보여준다. 앞서 논의한 바 있는 제시 벤츄라는 제시네트(Jesse-Net)라는 자원봉사 모집 메뉴를 통해 8천여 명의 젊은 자원봉사자들을 모집했고, 이들이 서로 e-mail로 연결되면서 자원봉사자들을 세포 번식하듯 늘려나갔다.[18] 제시 벤츄라의 사례는 인터넷을 통한 자원봉사가 오프라인 정치 캠페인에도 힘을 실어 주지만, 네트워크라는 조건이 결합되었을 경우, 더욱 파괴력을 갖는다는 사실을 명백히 보여준다.

둘째, e-polling이다. e-polling은 인터넷을 통해 이루어지는 여론조사를

보통신부 홈페이지는 접속폭주로 약 10시간 동안 접속불능상태에 빠진 적이 있다.
18) 이에 대해서는 〈Newsweek〉 한국어판, 1999. 10. 19. 참조.

의미한다. 여론조사는 선거캠페인에서 유용하게 사용되는 정량적 리서치 방법이다(김창남, 2000: 82~83). 여론조사는 ①효과적으로 이용될 수 있는 리서치의 주제를 선정하고, ②대표성 있는 표본을 추출하여, ③결과의 해석작업을 수행한다. 이 과정은 신뢰성과 타당성이 핵심이다. 전통적인 여론조사방법은 직접 인터뷰, 전화인터뷰, 설문지 등을 통해 진행되었다. 그러나 e-polling은 시공간의 제약을 뛰어넘어 인터넷을 통해 실시간으로 다양한 여론조사를 실시할 수 있다는 강점이 있다. 특히 네트워크라는 환경이 주는 '신속성'은 빠른 여론 형성과 그것의 전파로 이어진다.

인터넷을 이용한 선거정치에서 e-polling이 중요한 측면은 다음과 같은 네 가지 차원에서이다. ①젊은층의 인터넷 사용증가로 인터넷을 통한 여론조사의 중요성이 증대했다. ②인터넷을 이용한 선거캠페인 증가로 효과적인 홍보수단으로 제안된다. ③선거전술에 응용하기 위해 인터넷 사용자들의 여론을 파악해야 할 당위성이다. ④조사결과의 신속성과 비용이 저렴하다(김용호 외, 2002: 14). 이러한 측면에서 e-polling은 인터넷을 통해 사회적 이슈들에 대한 여론조사, 그리고 선거캠페인의 전략수립을 위한 근거로서 활용되고 있다.[19)]

셋째, e-fundraising이다. e-fundraising의 핵심은 인터넷 기부금이다. 현재 미국의 정치관련 사이트 대부분은 웹사이트의 'contribute'나 'get involved'를 통해 인터넷을 기부금을 받고 있다. 미국 정치에도 이익단체에 의한 로비자금, 이른바 소프트 머니(soft money)의 문제가 적지 않으며, 한국에도 정치자금에 관한 수많은 의혹이 있었던 것에 비추어 볼 때 기술적인 문제가 해결될 경우, e-fundraising은 정치의 정당성 문제를 해결하는데 도움이 될 것으로 예상된다. 국내에서는 맹형규 의원이 최초로 인터넷 사이트를 이용한 정치 기부금 모금을 진행하고 있는데, 인터넷 모금과 ARS 전화모금을 병행하여 실시

---

19) 그러나 e-polling에 대한 비판의 목소리도 적지 않다. 첫째, 응답자는 인터넷을 아는 사람에 한정되며, 둘째, 인터넷 설문이 진행되는 사이트를 반드시 방문해야 하며, 셋째, 투표에 응하고 싶을 때에 응하는 방식이기 때문에 대표성이 부족하다는 것이다. 김용호 외, 2002: 15쪽.

하고 있다. 이후 깨끗한 정치를 실천하고자 하는 일부 정치인들이 e-fundraising을 사용하고 있다. e-fundraising은 단순히 대외선전이 아니라 정치자금 모금의 투명화와 깨끗한 정치 실현에 도움을 줄 수 있는 하나의 방편으로 적극 도입할 필요가 있다.

넷째, e-mailing이다. e-mailing은 제도정치와 참여자간의 네트워크를 통한 가교역할을 수행한다. 대개 이메일 주소와 살고 있는 지역을 정치가, 혹은 정치 사이트에 입력함으로서 e-mailing 서비스는 쉽게 시작된다. e-mailing의 핵심은 투명성이다. 정치가의 모든 활동을 쉽게 메일로 확인할 수 있으며, 개별정책 사안들에 대한 의견까지 쉽게 전달할 수 있는 매개인 것이다. 이러한 e-mailing은 전화나 우편 이상으로 강력한 위력을 가진다. 비용면에서, 시간면에서 즉, 양적으로나 질적으로 정치정보를 제공하거나 자신의 정치적 주장을 호소하기 위한 가장 강력한 도구인 셈이다. 그러나 인터넷이 가지고 있는 쌍방향성과 그것이 창출하는 신뢰를 고려한다면, e-mailing 이후 답변이 오는 메일에 대해 또 다시 응답해서 답변을 해주어야 한다는 부담에 대해서는 아직 해결책을 제시해야 한다. 결국 e-mailing을 통한 정치활동으로 인해 정치적인 신뢰가 형성되는 반면, e-mailing으로 쌓은 신뢰를 e-mailing으로 무너뜨리는 역설이 등장할 수 있다.

2) 선거에서 e-campaign 활용실태

데이비스는 1996년 미국의 선거에서 이용된 100개 웹사이트를 분석한 후, 선거과정에서 인터넷의 유용성을 다음과 같이 제시한다(Davis, 1999: 96~109).

첫째, 후보자의 경력과 정치적 입장에 대한 심도 있는 정보제공 및 홍보가 가능하게 한다.

둘째, 후보자는 인터넷을 통한 쌍방향대화를 통해 지지자를 확보할 수 있으며, 선거자금 및 자원봉사자 모집에 효율적으로 활용할 수 있다.

셋째, 인터넷 선거운동은 TV, 신문 등 기존 매체에 비해 비용이 저렴
하고, 24시간 활용이 가능하다.

넷째, 홈페이지 방문자의 관심사항에 대한 추적을 통해 유권자들의
관심사를 파악하여 선거에 이용할 수 있다.

다섯째, 인터넷 홈페이지를 통한 여론조사는 유권자의 성향을 용이하
게 파악할 수 있게 한다.

여섯째, 정보화시대에 홈페이지 개설은 유권자들에게 후보자의 시대
적응능력 및 미래지향적 태도를 상징하는 홍보 수단으로 활용
될 수 있다.

선거과정에서 e-campaign의 활용은 1996년 미국의 대통령선거에서 시작되
었다. 당시 공화당의 대통령후보인 밥 돌(Bob Dole)은 클린턴 후보와의 첫 토론
에서 대통령선거 역사상 최초로 자신의 웹사이트 http://www.dolekemp96.
org 광고를 시도하였다. 그는 유권자들에게 자신의 홈페이지를 소개하며 인터
넷을 통해 선거를 펼쳐 나갈 것을 밝혔다. 미국 정치사에 있어서 당시 밥 돌 후
보의 인터넷 선거 관련 발언은, 미국 국민들에게 e-politics의 존재와 가능성을
처음으로 보여준 혁명적 출발점으로 평가되고 있다. 미국 국민들은 인터넷을 통
해 후보자의 생각과 비전을 바로 받아들일 수 있다는 사실과, 국민 개개인이 대
통령후보에게 자신의 생각을 전달할 수 있다는 사실을 처음 알았다.[20]

이후 1998년 미네소타 주지사 선거에서 개혁당(Reform Party) 후보인 제시
벤츄라는 기존 언론에 의존하기보다는, 인터넷을 이용한 선거운동을 전개하여
공화당과 민주당의 후보를 물리치고 주지사에 당선되었다. 벤츄라의 선거운동
은 자원봉사자의 동원을 극대화하는 인터넷의 위력을 유감없이 보여준 최초의

---

20) 미국 국민들의 이 같은 의식변화는 대통령후보 토론회(presidential debate) 전후의
밥 돌 후보 웹사이트에 접속된 관심도를 보면 잘 알 수 있다. 토론회가 벌어지기 하
루 전날에는 하루 접속량이 50만건 이었지만, 토론회가 끝난 다음날에는 하루 접속
량이 2백만건으로 급증했다. 비록 선거에는 졌지만, 밥 돌 후보는 인터넷 선거에 있
어서는 자신의 웹사이트 하루 접속량이 70만 건을 상회하는 가장 인기 높은 정치인
이었다. 유민호 외, 2000. 『e-폴리틱스.com』, 서울: 더불어 숲, 22쪽.

사례였다고 할 수 있다. 그는 새로운 미디어를 가장 성공적으로 구사했다는 의미에서 인터넷의 존 에프 케네디(JFK)로 호칭되기도 하였다(Kamarck, 1999). 벤츄라의 웹마스터는 "인터넷 때문에 선거에서 승리했다고 말할 수는 없지만, 인터넷의 도움이 없었더라면 승리하기 어려웠을 것"이라고 회고하였다.[21]

이외에도 2000년 뉴 햄프셔 예비선거에서 보여준 공화당의 존 매케인(John McCain) 돌풍[22], 민주당의 빌 브래들리(Bill Bradley) 돌풍은 인터넷 선거운동의 영향력을 보여준 좋은 사례이다.

한편, 한국에서 인터넷 선거운동은 1995년 전국동시지방선거에서 후보자에 대한 각종 정보를 천리안과 하이텔에서 일정 비용을 받고 게시한 것이 첫 시도라고 볼 수 있다. 이후 각 정당들과 정치인들은 선거과정에서 인터넷 홈페이지를 개설하여 정당과 후보자를 알리는 유용한 수단으로 활용하고 있다.

특히 2000년 16대 총선은 e-campaign이 본격적으로 부상한 선거로 규정할 수 있다. 새천년민주당, 한나라당, 자유민주연합 등 각 선거참여 정당들은 온라인 상에서 인터넷사이트를 대거 운영하였으며, 특히 새천년민주당의 경우 기존 정당사이트와 더불어 총선사이트를 별도로 운영하는 등 온라인 상에서 활발한 정치활동을 펼친 바 있다. 그리고 각 정당들은 사이버대변인을 별도로

---

21) 제시 벤츄라의 인터넷 선거운동 사례는 Pil Madson, 1988. "How the Ventura Campaign Used the Internet to Win in 1988." http://www. jesseventura.org /internet/netnotes.htm; Jesse Ventura, "How I Will Use The Internet." 1988. http://www.Jesseventura.org/internet/howuse.htm; Join The Jesse Net! http:// jesseventura.org/jesseventura.org/jessenet/ joint.htm 참조.

22) 당시 매케인 선거본부가 파악하는 인터넷 캠페인의 장점은 크게 세 가지로 설명된다. 첫째, 투자한 돈에 비해 효과가 높다. 둘째, 지지자와 기부금을 동시에 모을 수 있다. 셋째, 자원봉사자, 특히 젊은이들을 선거본부에 직접 끌어 모으는데 유효하다(유민호 외, 2000: 31~32쪽). 한편, 메케인은 미국 대통령후보들 중 e-politics를 가장 잘 활용하는 사람으로 평가되는데, 그 이유는 인터넷을 통한 엄청난 기부금 모금과 인터넷을 통한 자원봉사자 모집 때문이었다. 메케인이 인터넷으로 모금한 기부금은 2월 2일부터 8일까지 불과 1주일 만에 2백20만 달러를 모금하였는데, 이는 지난 6개월 간의 인터넷 기부금인 1백 50만 달러의 거의 두 배 가까운 규모이며, 특히 경쟁자인 조지 부시 후보에 비해 거의 10배 가까이 높은 수준이었다(유민호, 2000: 28~30쪽).

두는가 하면, 온라인 대담을 시도하였고, 후원금 모금에도 웹사이트를 이용하였다. 또한 16대 총선 지역구 출마자 1,038명 가운데 50.3%인 514명이 인터넷 홈페이지를 개설하였고 선거기간 중 실제로 운영되었던 홈페이지는 506개로 49.5%의 작동율을 보였다(김용철·윤성이, 2001: 192).

16대 총선에서는 선거운동 과정에서 홈페이지 이용뿐만 아니라, 다양한 방식으로 인터넷을 선거운동에 활용했다(정연정, 2001: 110~115).

첫째, 사이버 선거유세를 들 수 있다. 유권자들과 상호작용을 위해 선거유세를 직접 웹상에서 수행하거나 미국의 전자공회와 같은 성격의 모임을 인터넷상에서 화상으로 실행하기도 했다.[23]

둘째, 사이버 토론회를 들 수 있다. 비록 개별 후보자들의 사이트를 통한 토론회는 아니었지만 인터넷 포털 사이트인 라이코스(http:// www.lycos.co.kr)에서 주최한 사이버 정치토론회에 전국 227개 선거구 가운데 92개의 지역구 후보들이 대거 참여하기도 했다.[24]

셋째, 이메일을 활용한 선거운동을 들 수 있다. 이는 최근 이메일을 활용한 웹진 형식으로 발전되었으며, 무선통신기술의 발달로 휴대폰으로도 간단한 선거정보를 제공하기에 이르렀다.

넷째, 선거자금 모금을 들 수 있다. 미국의 경우 인터넷을 활용해 선거자원봉사자를 모집하거나 선거자금을 마련하는 일은 매우 흔하다. 한국에서도 16대 총선에서 몇몇 후보자들이 인터넷을 활용해 선거자금을 모금하고 선거자금 내역을 공개하는 시도를 했다. 인터넷에서 이루어지는 이러한 활동들은 선거과정의 투명성을 확보하고, 깨끗한 정치를 실현할 수 있다는 점에서 긍정적으로 평가된다.

다섯째, 인터넷 홈페이지나 이메일을 보도자료로 활용하기도 하였다. 선거과정에서 후보자를 언론에 효과적으로 홍보하는 것은 매우 중요하다. 개별 후보

---

23) 서울 용산 지역구에 출마한 한나라당의 진영 후보는 한국 선거사상 최초로 자신의 홈페이지(http://www.chin-young.pe.kr)를 통해 12분짜리 동영상을 방영하는 사이버 정당연설회를 개최했다. 이는 고비용 정치구조를 탈피하고 새로운 선거문화를 선도하는 선거혁명의 일환으로 평가받기도 했다. 〈동아일보〉 2000. 3. 31.
24) 〈한국일보〉 2000. 3. 31.

자들은 자신의 보도자료를 홈페이지에 게재하기도 하고, 보다 적극적으로는 메일링리스트를 활용하여 언론에 전달하기도 하였다. 이러한 방식은 과거 직접 방문 혹은 전화, 팩스 보다 저렴하고 효율적이라는 점에서 후보자들에게 이점을 제공한다.

한편, 선거운동 과정뿐만 아니라 16대 국회에서는 평상시의 의정활동에도 인터넷의 활용이 본격화되고 있다. 16대 국회에서 지역구의원의 경우 홈페이지 보유 의원 비율이 68.7%(156명)로 나타났고, 초선의원 일수록(72.1%), 수도권 출신 의원일수록(82.5%) 평균 보다 높게 나타났다(김형준, 2001: 140~141). 하지만 대부분의 정치인 홈페이지는 이용자들의 선거참여를 적극적으로 유도하기 위한 수단이나 쌍방향의 의사소통 창구로 이용되기보다는, 정치인들이 자신의 정치활동을 일방적으로 홍보하는 수준에 머무르고 있는 등 초보적인 단계에 지나지 않는다고 할 수 있다.[25]

그리고 2002년 대통령 선거는 '인터넷 선거'라고 불릴 만큼 위에서 제시한 방식 이외에도 모바일(mobile)을 활용한 선거운동이 등장하는 등 인터넷 선거운동이 그 어느 때보다 활발하게 이루어졌다. 이에 대해서는 제5장에서 보다 자세하게 다룰 것이다.

이상에서 살펴본 e-campaign은 유권자와의 실시간 쌍방향 대화, 시·공간적 제약을 극복한 선거운동의 가능, 그리고 비용감소 등의 장점이 있음에도 불구하고, 다음과 같은 문제점도 제기되고 있다. 첫째는 e-campaign은 선거 전략 전반과 보조를 맞추기보다는 구색 맞추기나 홍보용 형태로만 존재했다는 평가이며, 둘째는 여전히 유권자들은 적극적인 참여자가 아닌 수동적 수용자에 그치고 있다는 평가이다. 이러한 이유는 인터넷의 특성에서 비롯된다. 인터넷은 수동적으로 정보를 받아들이는 라디오나 TV와는 달리 적극적인 참여

---

25) 국회의원 홈페이지에 관한 경험적 연구는, 김용철·윤성이, 2000. 「인터넷의 정치적 활용과 16대 총선」 『한국정치학회보』 34집 3호 129~146쪽; 김춘식, 2000. "국회의원의 웹사이트 현황과 문제점에 관한 연구", 『한국방송학보』 통권 14-1호 (가을), 73~111쪽 참조.

를 요구한다. 따라서 e-campaign이 정치커뮤니케이션의 도구로 자리 잡기 위해서는 다양한 보완 장치들이 필요하며 참여의 문제에 더욱 주의를 기울여야 한다.

제5절 소 결

인터넷은 시공간의 제약성 극복, 상호작용성, 탈 집중화, 개방성, 멀티미디어성 등 기존 매체와는 확실히 구별되는 특징을 가지고 있다. 인터넷의 이러한 특성은 사이버공간에서 공론이 형성되는 공간, 즉 시민들이 공공의 문제에 대해 진지하게 토론할 수 있는 온라인 공론장으로서의 기능을 수행할 수 있다. 이러한 대안적 공론장의 개념은 하버마스에게서 발견할 수 있다. 하버마스에 의하면, 공론장은 시민들이 공공문제(common affairs)에 대해 자유롭고, 비판적이고, 이성적이며, 공개적인 토론을 통해 숙의할 수 있는 공간을 의미한다. 포스트는 "대면적 대화로서의 공공영역의 시대는 확실히 끝났으며, 이제부터 민주주의의 문제는 전자적으로 매개되는 담론의 새로운 형식을 고려해야만 한다"고 주장한다(Poster, 1995: 8).

특히 이러한 온라인 공론장의 기능은 시민의 참여와 대화, 토론, 숙의를 중요시하는 참여민주주의를 가능케 할 수 있다는 점에서 주목된다. 인터넷을 활용한 여러 가지 민주주의 기획들은 시민들간의 커뮤니케이션을 촉진하고 선거과정에 시민의 참여를 높이고자 하는 시도이며, 정보접근성 및 참여기회의 확대로 대의제 민주주의의 문제점인 정치적 무관심에 따른 참여저조, 정책결정과정의 개방성 및 투명성 문제 등을 해결할 수 있는 중요한 대안으로 등장하고 있다.

또한 인터넷은 정치적 의사소통, 여론형성에 매우 효과적인 도구로 사용되고 있으며, 시민사회의 정치참여에도 커다란 기여를 하는 것으로 나타나 '전통적인' 정치과정의 매체를 대신할 새로운 매체로 부각되고 있다. 이는 인터넷이 시민사회의 입장에서는 온라인 공동체로서, 또 의사소통 네트워크로서의 역할을 수행할 수 있기 때문이다.

한편 전자투표와 인터넷 투표, 그리고 인터넷을 활용한 e-campaign은 인터넷의 정치적 적용이라는 측면에서 실현 가능성이 가장 높은 프로젝트라 할 수 있다. 실제로 미국을 비롯한 여러 나라에서 선거과정에 인터넷의 도입이 확산되고 있으며, 한국에서도 이미 부분적으로 도입되고 있다. 전자투표와 인터넷 투표의 도입은 투표율 저하 및 참여위기에 대한 대응책으로서, 또한 투표의 편리성과 투표행위에 따르는 거래비용의 감소로 참여를 조장할 수 있다는 측면에서 적극 검토된다. 그리고 인터넷을 활용한 e-campaign 역시 유권자의 입장에서는 정보 획득의 비용을 줄여주고, 후보자의 입장에서는 보다 많은 유권자들에게 시간적·공간적 제약 없이 자신을 폭넓게 알릴 수 있는 기회를 마련해 주기 때문에 매우 유용하다.

그러나 인터넷의 발달이 반드시 긍정적인 결과만 초래하는 것은 아니다. 과다한 정보의 홍수가 오히려 시민의 의사결정을 혼란스럽게 할 수도 있으며, 범람하는 정보는 신뢰성이 의문시되기도 하고, 사이버공간의 공론장으로서 역할에 대한 의구심도 존재하고 있다. 오락이나 취미목적이 아닌 정치관련 사이트에서 시민들이 적극적으로 의견을 개진할지, 민주적으로 성숙된 자세로 의견을 개진할 지에 대해서 현재까지는 부정적으로 보는 시각도 존재한다.

이외에도 정보격차에 따른 정보 불평등의 문제는 인터넷 접근성과 '대표성'의 문제 등을 가져온다는 점에서 특히 심각한 문제점으로 제기된다. 실제로 1999년 캘리포니아 공공정책연구소(Public Policy Institute: PPI)가 발표한 캘리포니아의 인터넷 현황과 네티즌의 성향에 관한 연구조사는 세대, 소득, 학력별로 인터넷 사용자의 차이를 잘 보여주고 있다.[26] 즉, 젊은층, 고소득, 고학력일수록 인터넷을 자주 사용하는 것으로 나타나, 앞에서 살펴본 애리조나주의 사례와 비슷한 결과를 확인할 수 있다. 이러한 경향은 한국에서도 크

---

26) PPI 조사결과, 캘리포니아 전체 주민중 18세 이하의 인터넷 사용자가 82%인데 반해, 55세 이상은 50% 정도만이 인터넷을 생활화하고 있었고, 소득별로는 1년 수입이 4만 달러 이하가 59%, 4만 달러~7만 달러 사이는 85%, 7만 달러 이상은 95%가 인터넷을 사용하고 있었으며, 학력별로는 고등학교 졸업 이하가 50%, 대학 졸업 이상은 81% 정도가 인터넷을 상용화하고 있는 것으로 나타났다. 유민호 외, 2000: 18쪽.

게 다르지 않다.

그러나 인터넷을 통한 전자민주주의와 참여적 요소의 확대를 통한 참여민주주의의 연계성에 대해서는 그 가능성을 확인할 수 있다고 보여진다. 특히 한국의 경우 2002년 대통령 선거를 거치면서 인터넷을 통한 정치참여가 기존의 정치과정에 상당한 변화를 불러 올 수 있다는 사실을 경험하였다. 즉, 정치과정에서 인터넷이 매우 중요한 수단으로 등장하게 되었다는 점은 부정할 수 없게 된 것이다. 그렇지만 중요한 것은 온라인과 함께 오프라인에서의 정치참여가 동시에 확대되어 양자간의 상호작용을 만들어 내는 것이다. 이런 점에서 다음의 레인골드의 지적을 음미해 볼 필요가 있다(Reingold, 2003: 8).

> 도구를 과제로 착각하지 마십시오. PC, 인터넷, 무선이동통신 장비들을 통해 가능해진 출판과 통신과 조직의 민주화는 풀뿌리 행동주의를 위한 중요한 도구입니다. 그러나 민주주의에 실질적인 힘을 부여하는 것은 투표가 이루어지고 정치적 결정이 이루어지며, 전쟁과 시위가 벌어지는 현실세계 사람들의 지식과 의향과 행동들입니다. 네티즌들은 기술적인 전문지식 이외에 보다 더 많은 점들을 서로 공유해야 합니다. 그래야만 그들은 서로를 비방하기보다는 토론할 수 있고, 종일 키보드 앞에 앉아 자판을 두드려대기 보다는 현실세계에서 집단적으로 행동할 수 있습니다. 장기적인 정치적 단결을 이루기란 어려운 일입니다.

레인골드의 지적은 인터넷이라는 정보통신기술은 민주주의 발전의 목적이 아닌 수단이라는 것이다. 도구의 발전이 민주적 의식과 행태의 공유를 자동적으로 보장하지는 않는다. 즉, 온라인 정보접근성의 양적 확대가 오프라인에서의 민주적 의식변화와 참여증대를 자동적으로 가져오지 않는다는 것이다. 그렇기 때문에 온라인과 오프라인의 상호작용을 통한 참여의 확산이 중요한 것이다.

제4장 인터넷과 한국의 선거
: 제16대 대선을 중심으로

제1절 16대 총선과 온/오프라인 정치참여

16대 총선은 한국의 선거에서 두 가지 측면에서 중요한 의미를 지닌다. 하나는 본격적으로 인터넷이 선거과정에 이용된 최초의 선거라고 할 수 있으며, 다른 하나는 정당의 공천과 선거과정에 시민사회가 본격적으로 참여한 선거라고 할 수 있다.[1] 이후 한국 정당의 후보자 공천과정에서는 당원선거인단이 대폭 확대되고 국민경선제가 전면적으로 시행되었을 뿐만 아니라, 정보통신기술을 활용한 전자투표와 인터넷 투표가 도입되기에 이르렀다. 이는 16대 총선에서 확인된 국민의 정치참여 욕구를 정치사회가 적극 도입한 결과라고 할 수 있다.

---

1) 이전까지 시민단체의 정치개혁운동은 주로 국회의원 의정활동 평가를 위주로 한 의정감시의 형태로 전개되었다. 대표적인 활동이 1999년 9월 8일 40개 시민단체가 모여 '국정감사모니터시민연대'를 발족하고 국감시민모니터 활동을 시작한 것이다. 국감시민연대는 선언문을 통해 "우리가 투표로 선출한 국회의원들의 의회활동에 대해 발언하거나 참여할 기회는 좀처럼 주어지지 않아 왔다"고 지적하고, "국민이 주인 되는 국회, 시민이 참여하는 국정감사"을 선언하였다. 또한 국감시민연대의 활동은 "국회를 유권자의 것으로 되찾기 위한 유권자들의 자구적 행동의 시작"이라고 밝혔다. 국감모니터 결과가 언론에 발표되자 국회의원들은 격렬히 반발하였고, 일부 상임위원회에서는 상임위원회 방청을 금지하기까지 했다. 16대 총선에서 낙천·낙선운동에 대한 구상과 계획은 이러한 국감모니터 과정에서 나타났다고 할 수 있다. http:// www.ngokorea.org 참조(검색일 2003. 9. 20); 조희연, 2000. 「한국정치와 낙천·낙선운동」, 참여사회연구소 제2회 정책포럼 발표문, 2쪽.

1. '정치지체'와 시민사회의 정치참여

16대 총선에서 '2000년 총선시민연대'(이하 총선시민연대)의 낙천·낙선운동은 일반 국민들로 하여금 정치에 대한 혐오와 무관심을 감소시키고 정치에 대한 관심과 기대치를 높였다는 점에서 한국사회가 참여민주주의로 진입하는데 크게 기여하였다고 평가할 수 있다. 이러한 점에서 한국에서 참여민주주의를 연구하는 데 있어서 총선시민연대의 낙천·낙선운동을 분석하는 것은 매우 의미 있는 일이라고 할 수 있다.

한국의 정치사회는 1987년 민주화 이후에도 유권자들이 요구하는 수준의 민주주의의 제도화와 정치개혁을 제대로 추진해내지 못했다. 민주주의의 공고화와 지속적인 경제성장과 사회적 분화에 의해 시민사회는 팽창했고 정치적·사회적 요구는 증가했는데도, 이러한 요구들을 정치영역으로 전달하고 정치영역에서 문제를 해결해 주어야 할 국민의 대표들은 도덕성의 상실과 무기력, 정쟁과 무능력으로 맡은 소임을 다하지 못하고 있었다.[2]

일반적으로 한 사회의 경제적 조건이나 시민사회는 급속하게 변화하는데, 정치나 정당의 운영양식은 이러한 경제나 시민사회와의 불일치 속에서 그것을 반영하지 못하는 채로 존재하는 것을 '정치지체'(遲滯, political lag) 혹은 '정당지체'로 표현할 수 있다.[3] 이처럼 정치와 정당이 지체되어 있기 때문에 한편으로는 국민들로부터 엄청난 불신과 증오를 받게 되고, 다른 한편으로는 개혁과 변화를 요구하는 강렬한 압박과 관심의 대상이 되게 된다. 이러한 정치지체 현상

---

2) 최장집, 2000. "한국의 민주화, 시민사회, 시민운동: '2000년 총선시민연대' 시민운동의 의의", 한국정치학회 기획학술회의, 『한국 시민사회와 민주주의』 발표논문, 171~172쪽. 한편 최장집은 '한국 민주주의의 보수적 기원과 위기'를 분석하고 있는 다른 저서에서 민주화 이후 한국 민주주의를 '위기'로 진단하고, 위기론의 중심에는 한국정당체제의 보수적 동질성의 심화와 이념적 협애성이 있다고 지적하고 있다. 최장집, 2002. 『민주화 이후의 민주주의』, 서울: 후마니타스, 참조.
3) 근대화과정에서 나타나는 사회 각 층위간의 변화속도의 불일치를 표현하기 위하여 W. Ogburn은 '문화지체'(cultural lag)라는 개념을 사용하는데, 이는 경제적·기술적 변화속도에 비해 문화적 변화의 속도가 뒤지는 것을 의미한다. 조희연, 2000. "한국정치개혁과 낙천·낙선운동", 7쪽.

은 권위주의질서에서 민주주의질서로 이행하는 '민주주의 이행'(democratic transition)의 과도기적 국면에서 특히 두드러진다. 따라서 정치개혁을 요구하는 시민사회의 반란은 시민사회의 활성화와 변화에 부응하지 못하는 정치지체 혹은 정당지체에서 비롯된 것이라고 볼 수 있다.4)

즉, 정치사회는 민주화 이후 개방된 제도정치의 공간에서도 시민사회가 요구하는 수준의 민주주의적 제도화와 정치사회적 개혁을 이뤄내지 못했던 것이다. 이에 시민단체들은 주권자인 시민의 권력이 작동하는 선거공간을 이용하여 정치사회의 개혁에 나선 것이다. 그러므로 시민사회의 낙천·낙선운동은 정치사회의 실패에 대해 시민이 정치사회 밖에서, 즉 시민사회에서 그들에 대한 책임을 추궁하겠다는 결의가 국면적으로 폭발한 결과라고 할 수 있다.

총선시민연대는 "낙천·낙선운동을 통해 부패무능 정치인에 대한 심판권을 행사하는 것은 유권자의 기본적 권리이자 의무"라는 전제하에 활동의 기본방향을, 첫째, 부패무능 정치인과 지역주의 정치청산을 지향한 낙천·낙선운동, 둘째, 시민사회단체의 선거운동을 금지한 당시 선거법 제87조를 포함한 선거법 개정과 정치개혁입법운동, 셋째, 유권자의 현명한 선택을 유도하는 국회의원 후보자 정보공개운동, 넷째, 유권자가 중심이 되는 정치개혁 시민실천운동으로 설정했다.

그리고 낙천대상자의 선정기준(이후 낙선명단 선정에서도 동일 기준 적용)으로, ① 부패행위, ② 선거법 위반 행위, ③ 헌정파괴 및 반인권 전력, ④ 지역감정 선동행위, ⑤ 의정활동의 성실성, ⑥ 개혁법안 및 정책에 대한 태도, ⑦ 재산·병역·납세·전과기록 등 선관위에 등록돼 있는 기초사항의 진위여부 등 7개 항목을 선정했다.5) 이러한 기준에 따라 총선시민연대는 2000년 1

---

4) 이러한 맥락에서 조희연은 총선시민연대의 낙천·낙선운동을 '정치지체'의 상황 속에서 나타나는 NGO의 '대의의 대행(代行)'(proxy representation)이라고 표현한다. 정치사회의 '위임'받은 대의기관들 – 국회나 정당 등 – 이 수행해야 할 역할을 오히려 시민단체와 같은 시민사회기구들이 대리 수행하게 된다는 것을 의미한다. 조희연, 2000. "민주주의이행과 제도정치, 민중정치, 시민정치",, 『경제와 사회』 여름호. 참조.
5) 2000년 총선시민연대, "15대 국회의원 공천반대 명단"(2000. 1. 24).

월 24일 66명의 공천부적격자 명단을 발표하고, 2월 2일에는 2차로 공천부적격자 46명의 명단을 발표하였다(〈표 4-1〉).[6]

그리고 총선시민연대의 낙천낙선운동은 시기별로 1) 부패무능한 정치인의 정당공천을 반대하는 공천반대운동, 2) 공천된 부패무능인사들에 대한 공천철회운동, 3) 선거국면에서의 낙선운동의 세 단계로 전개되었다(〈표 4-2〉).

〈표 4-1〉 총선시민연대가 발표한 공천부적격자 내역

구 분	선발 모집단	규모	정당별 구성	비 고
1차 낙천낙선인사 (2000.1.24)	· 15대 국회의원(329명)	66명	· 민주당 16명 · 한나라당 29명 · 자민련 16명 · 무소속 5명	66명중 불출마선언 등으로 명단삭제 6명, 최종명단 60명
2차 낙천낙선인사 (2000.2.2)	· 전직 국회의원 · 원외 출마예상자중 유력자 600여 (전의원, 장차관급 이상 고위공직자, 기타 출마 확실한 유력인사) · 1차 때 누락된 15대 국회의원	46명(15대 의원 6 + 원외인사 40)	· 15대 의원 6명 · (민주당 2, 한나라당 4) · 기타 원외인사	48명중 불출마 등으로 명단삭제 6명, 최종명단 42명

* 출처: 조희연, 「정치개혁과 낙천낙선운동」, 2002 총선시민연대, 『총선연대 백서』, 1423쪽.

〈표 4-2〉 총선시민연대의 낙천·낙선운동 전개과정

1단계(1.12~)	2단계(~3.29)	3단계(~4.12)
낙천운동	공천철회운동	낙선운동

---

6) 낙천운동은 2000년 1월 10일 경실련이 1차로 164명의 총선 부적격자 명단을 발표한 데 이어, 1월 24일 총선시민연대가 66명의 공천부적격자 명단을 발표하는 형태로 구체화되었다. 그 후 1월 27일 「유권자가 알아야 할 15대 국회의원」이라는 이름으로 '정치개혁시민연대'가 89명의 명단을 발표하였고, 2월 2일에는 총선시민연대가 2차 공천부적격자 명단을 발표하였다. 경실련은 총선시민연대에 가입하지 않고 별도의 유권자정보운동을 전개하였는데, 당시의 쟁점은 낙천·낙선운동이 '불법을 무릅쓴' 운동을 지향하고 있었던 데 반하여, 경실련은 합법영역의 한계 내에서 유권자들에게 정보를 제공함으로써 유권자들의 합리적 투표를 지원하는 정보제공운동을 지향한다는 취지였다. 낙천명단 발표 단계에서는 경실련, 정치개혁시민연대와 총선시민연대가 낙천명단 발표를 별개로 발표하였던 반면에, 낙선운동은 총선시민연대를 중심으로 단일하게 추진되었다.

시민사회의 낙천·낙선운동이 기성정당 및 정치인에 대한 근본적인 불신을 담고 있었던 만큼, 이에 대한 정당 및 정치인들의 반발은 거세게 나타났다. 낙천·낙선운동에 대한 정치사회의 집단적 반발은 '음모론'이나 '연계설'(유착설) 같은 정치적 공세로 나타났다.[7] 그러나 일반 시민들은 총선시민연대의 낙천·낙선운동을 '유권자선거혁명', '시민혁명'이라고 부를 만큼 국민적 지지를 받았다.

실제로 다음의 〈표 4-3〉에서 보듯이, 각종 여론조사결과 총선시민연대의 낙선운동에 대해 많은 응답자들이 긍정적인 입장을 취하고 있음을 알 수 있다. 또한 시민사회의 낙천·낙선운동의 영향으로, 정치인과 대표의 투명성 확보가 16대 총선에서 최대 쟁점이 되었다. 그리고 총선시민단체들이 후보자에 대한 모든 정보를 인터넷 홈페이지에 올린 데 이어, 선관위도 후보의 병역, 재산, 납세에 관한 정보를 홈페이지를 통해 공개하기에 이르렀다.

〈표 4-3〉 낙선운동에 대한 여론조사 결과

조사기관 (조사일자)	한국갤럽 (2000.1.12)	국민일보 (2000.1.16)	문화일보 (2000.1.16)	한국일보 (2000.1.31)	한겨레 (2000.2.8)	중앙일보 (2000.1.25)	한국리서치 (2000.3)
바람직하다 (%)	58.9	65.7	79.3	74.1	67.0	89.0	58.8
바람직하지 않다(%)	24.6	10.1	15.1	19.7	18.0	10.0	17.5

이러한 총선시민연대의 활동은 16대 총선에서 성공적인 결과를 가져왔다. 총선시민연대가 지목한 낙선대상 후보의 70%가 낙선한 것으로 나타났다. 한국의 시민사회는 적어도 16대 총선에서 공민으로서의 최소한의 자격과 자질을 갖추지 못한 정치인은 대표의 자리에 오를 수 없다는 것을 확실하게 보여줌으

---

7) 자민련에서는 시민단체의 배후에 청와대 및 민주당 일부 인사가 있다는 '음모론'을 들고 나왔고, 한나라당은 낙천·낙선운동을 주도하는 시민단체의 주요인사가 '제2건국위원회'나 '부정방지대책위원회'에 관계되어 있으며, 총선시민연대에 참여하고 있는 주요 단체들이 정부의 재정지원을 받고 있다고 하는 소위 '연계론'을 들고 나와 공세를 취했다(한나라당 대변인 성명. 2000. 2. 3일). 이에 대한 총선연대의 반박자료는 총선시민연대, 「한나라당의 근거 없는 '유착설'에 대한 총선연대의 반박자료」(2000. 2. 8) 참조.

로써 한국의 대의제 민주주의의 질적 개선에 기초를 쌓았다고 평가된다(임혁백, 2000: 316~317).

이를 좀더 구체적으로 살펴보기로 하자. 다음의 〈표 4-4〉가 보여주는 바와 같이 전체 86명의 낙선대상자 중에서 59명이 낙선하여, 전국적으로 68.6%의 낙선율을 가져왔다. 이것을 지역적으로 살펴보면, 수도권에서 20명의 낙선대 상자 중에서 19명이 낙선하여 가장 성공적인 결과를 기록하였다. 하지만 지방 의 경우는 상대적으로 저조한 낙선율을 보였다. 충청 및 강원권이 78.3%, 호남권이 75%의 낙선율을 보였고, 영남권은 45.7%라는 매우 저조한 실적을 나타냈다. 이것은 영남권에서는 지역감정을 이용한 정당의 선거전략이 낙선운동의 효과를 무의미하게 만들었으며, 총선시민연대의 적극적인 활동이 지역주의의 벽을 넘지 못하였다는 것을 의미한다.

〈표 4-4〉 지역별 16대 총선 낙선운동 결과

지역별	낙선대상자	낙선자	낙선율(%)
수도권	20명	19명	95.5
충청 · 강원	23명	18명	78.3
영남권	35명	16명	45.7
호남권	8명	6명	75.0
계	86명	59명	68.6

* 출처: http://www.ngokorea.org 16대 총선 낙선운동 결과

요컨대, 16대 총선과정에서 진행되었던 총선시민연대의 낙천 · 낙선운동은 정치사회의 개혁과제를 정치사회가 스스로 해결하지 못한 상황에서 즉, '정치 사회의 실패'에 대해 시민사회가 밑으로부터의 참여를 통해 정치개혁을 추동 해낸 것이다. 이러한 낙천 · 낙선운동의 성과와 의의를 참여민주주의의 맥락에 서 정리하면 다음과 같다.

첫째, 시민단체의 낙천 · 낙선운동은 시민참여 민주주의의 한 형태라고 할 수 있다(강정인, 2000: 81). 참여민주주의는 민주주의의 내포적 심화과정의 한 단

계를 구성한다. 민주주의의 내포적 심화란 절차적 민주주의가 실질적 차원에서 민주화되는 것, 즉 (정치적 평등의 전제조건인) 사회경제적 평등을 상당한 수준에서 확보하고, 참여민주주의를 확산시킴으로써 민주주의의 핵심 개념인 평등과 참여의 요소가 강화되는 것을 그 핵심으로 한다(강정인, 1997: 50~51).

둘째, 그러나 낙천·낙선운동은 대의제 민주주의를 넘어서서 대의제 민주주의를 대체하려는 새로운 민주주의의 실험이 아니라 대의제 민주주의의 틀 내에서 대의제 민주주의를 개선하려는 시민참여적 민주화 운동이라고 할 수 있다. 허버와 루쉬마이어, 스테판스는 민주주의를 그 질적인 차이에 따라 '형식적 민주주의'와 '참여민주주의'로 구분한다. 이들은 자유롭고 공정한 선거를 주기적으로 실시하고, 모든 시민에게 투표권이 보장되고, 행정부가 의회에 책임을 지고, 표현과 결사의 자유가 보장되는 정치체제를 형식적 민주주의라고 정의한다. 그리고 참여민주주의는 이러한 네 가지 요소이외에 모든 사회계층이 차별없이 높은 정치적 참여가 이루어지는 체제라고 정의한다(Huber & Rueschemeyer & Stephens, 1993).

한국의 민주주의는 대의제 민주주의이다. 그런데 대의제 민주주의하에서 대표가 실패했을 때 시민들이 책임을 물을 수 있는 장치는 주기적으로 돌아오는 선거뿐이다. 더구나 선거가 실시되어도 공천이 시민의 의사와는 상관없이 밀실에서 이루어지고 '실패한 대표'가 공천을 받고 당선되는 구조가 자리잡고 있다면 민주주의는 작동한다고 볼 수 없다. 시민들이 원하지 않는 후보 가운데 선택을 강요당한다면 그것은 진정한 주권자의 선택이 아니다. 시민단체들의 낙천·낙선운동은 이러한 한국 대의제 민주주의의 근원적 한계를 극복하려는 참여민주주의라고 할 수 있다. 대의제 민주주의 틀 내에서 시민들의 선호와 의사를 대표들에게 투입하고 대표들을 감시·통제하려는 시민참여적 대의제 민주주의인 것이다(임혁백, 2000: 346).

셋째, 시민사회의 낙천·낙선운동은 정당개혁의 가장 큰 이슈인 '공천제도의 개혁'을 촉발시켰다. 한국 정당정치의 개혁은 공천제도의 개혁으로부터 시작된다. 한국정치의 발전을 가로막는 3대 요소, 즉 지역주의 정치, 1인 보스정치, 부패정치를 연결하는 핵심 고리가 바로 당 총재의 공천권 독점에 있기 때문이다.

한국의 정당법은 "정당의 공직선거후보자의 추천은 민주적이어야 하며"(제31조 제1항), "정당의 공직선거후보자 추천에는 후보자를 추천할 공직선거의 선거구를 관할하는 해당당부 대의기관의 의사가 반영되도록 하여야 하며, 그 구체적인 절차는 당헌으로 정한다"(제31조 제2항)고 규정하고 있다. 이는 포괄적이긴 하지만 공직선거후보자의 민주적 추천의 원칙이 '분권화'와 '개방화'임을 선언하고 있다고 보여 진다. 그러나 한국의 정당은 이러한 정당법을 무시하고 당 총재 1인 중심의 하향식 밀실공천을 해온 것이다.[8]

대중민주주의에서 '국민의, 국민에 의한, 국민을 위한' 민주정치는 '대표'로부터 시작된다. 국민의 의사를 적절히 반영할 대표의 선출은 당연히 후보자의 선출에서부터 시작되어야 함에도 불구하고 여태까지 정치개혁은 여기까지 미치지 못하였다. 정당 수뇌부의 전략적 이해에 의해 결정된 후보자를 두고 치르는 선거는 이미 유권자의 선택권을 심각하게 훼손한 것이다. 그래서 국회의원 후보자의 선출제도의 개혁은 국민대표의 기본원리에 맞게 후보자 선출의 권리를 유권자에게 되돌려주는 것이다(마인섭, 2003: 2).

시민사회의 낙천·낙선운동에 의해 촉발된 정당의 공천제도 개혁은 이후, 각 정당의 당헌당규에 반영되었으며[9], 나아가 16대 대통령선거 후보자 선출과정에서는 기존의 당원 및 대의원을 대폭 확대하고, 선거인단의 50%를 일반 국민에게 배정하는 국민참여경선제를 실시하기에 이르렀다. 대통령후보선출을 위한 국민경선제에 대해서는 제2절에서 자세하게 다룰 것이다.

셋째, 총선시민운동은 정보화시대의 흐름에 부응하여 인터넷을 활용함으로써 폭발적인 힘을 얻을 수 있었다.[10] 총선시민연대는 대자보, 인쇄유인물, 가

---

8) 어수영은 이러한 밀실공천을 일컬어 '제도화된 폭력'이라고 규정하기도 한다. 어수영, 2000. "새천년 한국정치와 4.13 총선", 한국정치학회 기획학술회의 자료집 『새천년 한국정치의 과제와 전망』, 10쪽.

9) 새천년민주당은 2002년 1월 당헌당규를 개정하고 공직후보자 선출에 있어 분권화와 개방화의 민주적인 요소를 크게 강화하였으며, 한나라당도 2003년 4월 개정된 당헌에서 국민참여형 지역구 국회의원 후보자 추천제도를 명시하기에 이르렀다. 외국 정당 및 최근 한국 정당의 공직후보자 선출제도에 관한 논의는 마인섭, 2003. "국회의원 선거와 후보선출제도 개혁방안", 한국정당학회, 『바람직한 국회의원선거제도와 정당정치』 발표논문, 참조.

두시위방식에서 24시간 작동하는 인터넷 홈페이지(http: //www.ngokorea. org)를 통해 후보자 정보공개와 사이버 캠페인을 전개했다. 사이버공간은 네티즌들의 활발한 참여로 공론장을 형성하며, 전자민주주의 또는 인터넷 정치(e-politics)를 활성화 할 수 있는 토대를 마련하는 계기를 제공하였다. 사이버 총선연대 활동에 대해서는 다음 항에서 자세히 살펴볼 것이다.

넷째, 낙천·낙선운동은 시민의 일상화된 정치참여가 갖는 중요성을 일깨워준 역할을 했다(최장집, 2000: 180).[11] 유권자는 가장 분명한 정치행위자임에도 이제까지는 철저하게 소외되어 왔다. 그러나 낙천·낙선운동은 유권자를 정치의 주체, 정치개혁의 주체로 일으켜 세우는데 결정적인 역할을 수행했다. 즉 시민 스스로가 민주주의의 가치를 실천하는 것의 중요성을 깨닫게 해주었던 것이다.

---

10) 이를 두고 임혁백은 시민사회가 주도하는 '결사체 민주주의'(associative democracy)와 '인터넷 민주주의'(e-democracy, digital democracy)의 결합가능성을 보여주었다고 평가한다. 임혁백, 2000. 『세계화시대의 민주주의: 현상·이론·성찰』, 서울: 나남출판, 316쪽.

11) 이와 관련하여 한 여론조사 결과는 시민단체의 낙천·낙선운동은 유권자들의 선거 무관심 분위기를 바꾸었다고 지적한다. 즉, 낙천·낙선운동으로 '이전보다 총선에 대한 관심이 증가했다'는 유권자가 55.8%였으며, '반드시 투표하겠다'는 의사를 밝힌 유권자도 낙천·낙선운동 이전(49.4%)에 비해 4.3% 증가한 53.7%로 나타났다. 원성연, "여론조사와 4·13 총선의 전개과정", 한국정당정치연구소·김용호 외, 2000. 『4·13총선: 캠페인 사례연구와 쟁점분석』, 서울: 문형, 229~233쪽. 그러나 이 여론조사 결과에서도 나타나듯이, 시민단체의 낙천·낙선운동은 유권자의 선거관심도를 조금 증가시키는 역할을 했을지라도, 이들을 투표장으로 이끄는 데는 성공하지 못했다. 유권자의 참여를 확대해야 한다는 목적아래 유권자 참여 운동을 적극적으로 전개했음에도 불구하고 16대 총선 투표율이 57.2%로 매우 낮았다는 사실은 낙천·낙선운동의 한계를 보여준다.

2. 인터넷 선거와 온라인 정치참여

한국의 정치과정에서 16대 총선은 인터넷이 선거과정에 본격적으로 활용되기 시작한 사이버 정치의 원년으로 평가된다. 특히 16대 총선과정에서 시민단체를 포함한 유권자의 활발한 정치참여가 가능했던 것이나, 시민단체의 낙천·낙선 운동이 시민적 공감대를 형성하면서 정치사회적 관심사로 부각될 수 있었던 것도 그것이 가져올 정치적 영향 때문이기도 하지만, 이 운동이 인터넷 매체를 통해서 증폭되었기 때문이다. 또한 16대 총선에서는 합동연설회나 정당연설회 등 전통적인 '동원운동' 방식의 선거운동이 퇴조한 반면, 인터넷 등 사이버 매체를 통한 새로운 선거운동이 등장할 수 있는 가능성을 보여주었다.

여기에서는 16대 총선에서의 각 행위주체들, 즉 정당, 후보자, 그리고 총선시민연대를 중심으로 한 시민단체가 인터넷을 어떻게 활용했고, 그것의 효과는 무엇이었으며, 그리고 인터넷의 이용이 시민들의 정치참여에는 어떠한 영향을 미쳤는가를 중심으로 살펴보겠다.

1) 정당 및 후보자의 사이버 캠페인과 특징

먼저, 16대 총선에서 주요 정당의 인터넷 활용실태와 특징을 살펴보기로 하자. 16대 총선에 참여한 8개 정당 모두가 선거 사이트[12]를 구축하여 사이버 캠페인을 전개하였지만, 새천년민주당과 한나라당을 제외하고는 사이트 구성이 미비하였다. 즉 유력 정당들은 정당 차원에서 인터넷 선거에 주력한 반면, 군소 정당들은 상대적으로 그렇지를 못했던 것이다. 여기서는 한나라당은 민주당의 인터넷 선거를 중심으로 살펴보되, 한나라당은 민주당과 달리 총선관련 자료가 없어 양당의 병렬적 비교가 어려웠음을 밝혀둔다.

먼저, 민주당은 중앙선거대책위원회 산하에 '사이버선거대책본부'를 두고, 1

---

12) 한나라당(http://www.hannara.or.kr), 새천년민주당(http://www.minjoo.or.kr), 자유민주연합(http://www.jamin.or.kr), 민주국민당(http://www.change.or.kr), 한국신당(http://www.newstart21.or.kr), 청년진보당(http://www.kypp.or.kr), 민주노동당(http://www.kdlp.org), 공화당(http://www.gongwhadang.or.kr)

천만명의 네티즌과 6백만명의 네티즌 유권자들을 상대로 당의 정책 및 후보 홍보를 통하여, 20~30대층의 투표참여 증대와 지지를 유도하는 활동 목표를 두고, 정당사상 최초로 인터넷방송을 운용하는 등 가장 활발한 사이버 선거를 전개하였다.[13] 민주당의 사이버선거 주요 내용은 〈표 4-5, 6, 7〉과 같다.

---

13) 새천년민주당, 2000. 『제16대 국회의원 선거백서』, 51쪽. 이러한 사이버 선거 캠페인의 성과에 대해 민주당 사이버선거대책본부는, 첫째, 기존 민주당 홈페이지 외에 4.13 캠페인 사이트를 별도로 운영하여 네티즌들의 관심과 방문자수를 높일 수 있었고, 둘째, 기존 홈페이지의 일상성 및 경직성을 개선하여 네티즌이 참여하는 공간 속에 당의 정강정책 및 후보자 정보를 효과적으로 홍보하였으며, 셋째, 급속히 확산되는 사이버 공간에 대한 정당·선거 활동의 새로운 계기를 마련함으로써, 저비용 고효율의 주요 정치매체로 자리 잡을 것으로 전망하고 있다. 새천년민주당, 2000: 53~54쪽.

〈표 4-5〉 새천년민주당 사이버선거대책본부의 주요 활동내용

업무 항목	세부 업무내역	비 고
사이버 홍보업무 총괄	· 사이버홍보 기획및 업무조정 · 당내외 예산 및 업무·인력 조정	
4.13캠페인 사이트 www.413.or.kr	· 당 기본 홍보내용(창당 개요·이념 등)·정강정책, 총선 공약자료 · 전국 지역구 후보정보 및 웹사이트 링크 · 유권자 참여 게시판 12개 운영: 총 7천여건의 글 게시 · 유권자 참여 게임 이벤트 4회 실시 · 2030민주동우회 회원 900명 가입·인터넷 주부모니터 300명 신청	3.15~4.16 한시 운영
인터넷 방송국 www.dibs.or.kr	· 사이버유세장: 지역구별 후보 동영상 사진 등 종합 멀티미디어 정보 제공 · DJ와 함께: 대통령 출연 프로그램 소개 · 넷데스크: Hot & Hot, 데일리 브리핑, 웹자키 브리핑, 정치만화 등을 통해 대변인 브리핑, 선거이슈 보도 · 케티즌 스페이스: N-파워 인터뷰, 돌발 인터뷰, 라이브 폴 등을 통하여 네티즌 여론 수렴 · i-피플: 각계 유명인사 및 인터넷 전문가의 동영상 인터뷰 소개	3.12~4.15 한시 운영
당 기존 홈페이지 www.minjoo.or.kr	· 기존 대변인 브리핑, 핫뉴스 및 정강정책 정보 유지 보강 · 별도의 당지도부 및 후보자 세부정보 DB(일부) 구축 · 스크린세이버, 이메일 카드 등 멀티미디어 서비스 추가개발	
당 사이버 캐릭터	· 사이버 캐릭터 'e-민주'를 외주 제작, 인터넷 홍보에 적극 활용 · 최초의 정당 사이버 캐릭터로서 입당식, 인터엣 방송 개국식, 대통령과의 대화 및 인쇄 홍보물에 다양하게 활용	
전산정보 관리	· 시스템 안정화에 주력 · 인트라넷 시범운영 · 보안컨설팅에 의한 보안 특별관리 · 전산시스템 특별관리 · 전산서비스 즉시 제공 체계 확립 · 웹호스팅 제공 · 역대선거통계 DB서비스 제공 · 세대주 DB 시범 서비스 제공	
모니터팀 운영	· 2.29~4.13 동안 PC통신 및 인터넷 공간 게시판 여론동향 파악 및 논리적 대응 실시 · 45일간의 종합 모니터 보고서 작성	
사이버캐릭터 버튼 제작	· 사이버캐릭터 'e-민주' 버튼 제작 배포 · 전국 지구당 선거유세 활용	

* 출처: 새천년민주당, 2000. 『제16대 국회의원 선거백서』, 51~52쪽.

〈표 4-6〉 새천년민주당 홈페이지와 4.13 캠페인 사이트 접속자 수 비교

구 분	민주당 홈페이지	4.13캠페인 사이트
일 평균 접속자수	400~500여명	3,744명
누계 접속자수	65,600명 (99.11월~2000.4.20 현재)	127,318명 (2000.3.15~4.16)

* 출처: 새천년민주당, 『제16대 국회의원 선거백서』, 53쪽.

〈표 4-7〉 새천년민주당 4.13 총선 웹사이트 로그분석(접속통계)

(기간: 2000. 3. 15~4. 16)

구 분	통 계	비 고
4.13총선 웹페이지 히트수	13,909,097	Hit수: 총 접속건수(누계)
4.13총선 웹페이지 페이지뷰	1,680,401	Page View:홈페이지 내용열람 횟수(1page=1회)
4.13총선 웹페이지사용자 세션	127,318	User Session: 방문자수 (*IP로 측정되는 컴퓨터 수) → 통상 사용자세션 × 1.5배의 접속자수가 발생한 것으로 추정함. → 추정 총 이용자 수: 19만~20만명
일일 평균 히트수	409,091	
일일 평균 페이지뷰	49,423	
일일 평균 사용자 세션	3,744	
일일 평균 사용자 접속시간	00:09:03	

* 출처: 새천년민주당, 『제16대 국회의원 선거백서』, 53쪽.

16대 총선에서 인터넷 사이트를 활용한 정당들의 선거운동은 다음과 같은 특징을 갖는다(정연정, 2001: 100~103).

첫째, 모든 정당들은 공통적으로 유권자를 대상으로 하는 선거캠페인을 수행함에 있어 기본적으로 홍보효과를 얻기 위한 홍보수단으로서 홈페이지를 활용했다. 정당의 홍보는 유권자의 입장에서 보면 중요한 정보소스를 얻는 것과 같다. 인터넷 홈페이지를 통한 정당 후보자나 정책에 대한 홍보는 유권자의 입장에서 보면 대역폭(bandwidth)의 제약을 받지 않기 때문에 24시간 원하는 정보를 검색하는 등 기존의 정보의 제공과 흐름을 통제했던 매체를 거치지 않고 직접적으로 정당 사이트로부터 선거에 대한 정보를 제공받을 수 있다(Dick Morris, 1999: 20).

둘째, 몇몇 정당들은 인터넷의 쌍방향성을 선거캠페인 과정에 적용시키려는

시도를 하기도 하였다. 즉 인터넷의 쌍방향성에 대한 정당의 관심은 유권자들과 의사 교환을 하거나 토론을 통한 여론 형성을 하기 위해 운영된 게시판이나 토론방을 통해서도 잘 나타난다. 새천년민주당의 경우, 실험적인 차원에서 정당의 본 사이트(http://www.minjoo.or.kr)와는 따로 개설한 4.13 총선 사이트 (http://www.4.13.or.kr) 내에서 토론방과 12개 정도의 게시판을 운영하였고, 개별 개시판들은 지역구를 조직하는 역할을 하기도 했다.

셋째, 16대 총선과정에서 몇몇 정당들의 인터넷 활용에 있어 특이할 만한 점은 인터넷 웹사이트에서 여러 가지 흥미로운 이벤트를 실행하여 선거 자체에 대한 관심을 고조시키는 것이었다. 그 중의 하나가 각 당의 '사이버 캐릭터'고안인데, 한나라당과 민주당 그리고 자민련은 각각 '사이버 대변인'과 'e-민주', '자민지기' 등과 같은 캐릭터를 내세워 애니메이션을 통한 웹상에서의 정당 이미치 창출에 주력하여 네티즌들의 선거에 대한 관심을 증대시키려고 노력했다.

그러나 16대 총선과정에서 정당들은 정당 후보자나 정책을 유권자들에게 알리기 위한 수단으로 인터넷을 효과적으로 활용하였지만, 그 내용은 홍보와 이벤트성 프로그램 운영 등 초보적 단계에 머물고 있었다. 즉, 선거과정에서 형성되는 공공 의제(public agenda)와 이슈들을 구체화하여 정당에 유리한 방향으로 이끌어 가려는 정책중심의 선거전을 치루기 위해서 인터넷은 아직까지 제한적인 수준에서 활용되고 있는 것이다. 인터넷은 주로 새로운 정치커뮤니티를 형성하는데 효과적인 기제로서 인식되고 있지만, 현실적으로 장기적인 안목에서라기보다는 단기적인 목적과 필요에 의해 급조된 형식으로 선거운동 과정에 도입되고 있는 것이다.

따라서 한국정당의 인터넷 활용은 주로 정보제공형에 머물러 있는 경우가 많고, 여론 수렴형과 쌍방향성에 근거한 인터넷 활용의 사례는 별로 눈에 띠지 않는다. 또한 정당들은 자신의 정책적 입장을 선전하는 수준에서 여론 주도를 위해 인터넷을 활용하고 있으며, 아직까지는 한국정당이 정보화에 대한 마인드가 부족한 것으로 평가된다(유석진, 2000: 6).

다음은 16대 총선에 출마한 후보자들의 인터넷 이용실태와 특징을 살펴보자. 16대 총선에서는 지역구 출마자 1,038명 중에 52.8%인 548명 이상이 인터넷 홈페이지를 운영하였다. 〈표 4-8〉에서 보는 것처럼 후보들의 홈페이지 개설 비율은 한나라당 후보 73.3%, 민주당 후보 73.8%, 자민련 후보 42.9%, 무소속 후보 37.1%로 나타났다. 홈페이지 보유 후보의 당선 비율은 한나라당 82.1%, 민주당 87.5%, 자민련 83.3%로 비교적 높은 당선비율을 보여주고 있다.

〈표 4-8〉 16대 총선 후보자 홈페이지 개설 현황

정당별 \ 후보별	지역구 후보(A)	후보 홈페이지(B)	당선자 (C)	홈페이지 보유당선자 (D)	B/A(%)	D/C(%)
한나라당	225	165	112	92	73.3	82.1
민주당	225	166	96	84	73.8	87.5
자민련	170	73	12	10	42.9	83.3
민국당	124	43	1	1	34.5	100.0
한국신당	21	5	1	1	23.8	100.0
공화당	4	0	0	0		
민주노동당	21	19	0	0	90.4	
청년진보당	46	2	0	0	4.3	
무소속	202	75	5	5	37.1	100.0
합　계	1,038	548	227	193	52.8	85.0

* 출처: 신기현, 2000. 「16대 총선에 나타난 인터넷의 영향력 분석」. 9쪽.

〈표 4-8〉만을 두고 보자면, 인터넷을 활용한 후보의 당선비율이 높다는 것을 보여주는 것처럼 보인다. 그러나 후보자들의 홈페이지 내용을 살펴보면 많은 후보자가 홈페이지를 개설했다는 자체에 의미를 두는 수준이다(신기현, 2000: 3).

후보자들의 홈페이지 이용실태를 경험적 자료를 통해 좀 더 자세히 살펴보자. 후보자의 경력 및 정책적 입장을 유권자에게 홍보하는 활동은 현실공간에서 줄곧 이용되어온 선거캠페인의 기본이다. 16대 총선의 경우, 이러한 활동은 현실공간 뿐만 아니라 사이버공간인 인터넷 홈페이지에서도 전개되었다. 온라인상에서 후보 홍보를 위해 동원된 전략은 홈페이지 초기화면에 그래픽을 이용한 선거구호, 후보의 거리유세일정에 대한 정보제공, 동영상을 이용한 사이버연설,

선거공약의 제시 등이었다. 〈표 4-9〉에 의하면, 선거구호를 이용한 후보 이미 지구축 전략은 홈페이지의 92.8%가 채택하여 가장 많이 이용되었고, 선거공약 을 올려놓은 홈페이지는 68.9%에 달하였으며, 거리선거유세 일정을 제시한 홈 페이지는 34.0%, 동영상을 통한 사이버 연설을 활용한 홈페이지는 10.7%에 달 하였다(김용철·윤성이, 2001: 201~202).

〈표 4-9〉 정당별 홈페이지에 나타난 사이버캠페인 전략

항목 정당	선거구호 (%)	선거유세 일정(%)	사이버 연설 (%)	선거공약 (%)	선거공약 비교(%)
민주당	91.7	51.4	18.1	76.4	2.1
한나라당	90.7	33.3	9.3	64.7	0.7
자민련	92.5	26.9	1.5	53.7	0
민국당	88.2	20.6	11.8	47.1	0
한국신당	100	25.0	0	100	0
민주노동당	100	70.0	10.0	100	10.0
청년진보당	97.8	0	2.2	93.5	0
무소속	98.3	30.0	13.3	73.3	0
전 체	92.8	34.0	10.7	69.9	1.0

* 출처: 김용철·윤성이, 2001. "인터넷과 선거운동: 제16대 총선 후보자의 인터넷 활용 및 네티즌의 참여실태 분석", 『한국과 국제정치』 제17권 제2호. 201쪽.

다음으로 효과적인 선거 홈페이지가 갖추어야 할 요건 중의 하나는 선거자 원을 효율적으로 획득할 수 있는 기능이다(Resnick, 1998: 63). 즉 선거자원 의 획득 전략으로써 선거자금을 모집하고, 자원봉사자를 동원(volunteermobilizing)할 수 있는 기능을 보유하는 것은 선거 홈페이지의 필수요건 이라 할 수 있다. 16대 총선 후보들의 홈페이지에 등장한 인력자원 모집 형태 는 대체로 현실공간의 선거활동에 직접 참여하는 자원봉사자의 모집과 사이버 공간에서 선거에 대한 충고와 의견을 제시하는 사이버 보좌관의 모집이다. 〈표 4-10〉에 의하면, 25.1%의 홈페이지가 선거운동을 돕는 인력자원의 충원 을 공고하였다(김용철·윤성이, 2001: 202). 또한 선거자금의 모집 방법도 자 동응답전화(ARS), 은행계좌, 인터넷 접수를 통한 후원금 모집 등 다양한 것으

로 나타났다. 〈표 4-10〉에 따르면, 44.8%의 홈페이지가 유권자에게 재정적 지원을 호소하였다.

<표 4-10> 정당별 선거봉사자 및 후원금 모집 형태

모집형태 / 정당	봉사자 모집 형태(%)				후원금 모집 형태(%)					
	자원봉사자(a)	사이버보좌관(b)	a+b	합계	ARS전화(c)	은행구좌(d)	c+d	d+인터넷접수(e)	c+d+e	합계
민주당	13.9	6.3	9.0	29.2	2.1	45.1	4.2	0	0.7	52.1
한나라당	11.3	4.7	12.7	28.7	4.0	50.7	2.7	0	0	57.4
자민련	9.0	3.0	17.9	29.9	0	52.2	0	0	0	52.2
민국당	8.8	5.9	5.9	20.6	0	20.6	2.9	0	0	23.5
민주노동당	30.0	0	10.0	40.0	10.0	50.0	20.0	0	0	80.0
청년진보당	0	0	0	0	0	0	0	0	0	0
한국신당	0	0	0	0	0	25.0	0	0	0	25.0
무소속	11.7	5.0	3.3	20.0	3.3	23.3	1.7	1.7	0	30.0
전체	10.9	4.5	9.7	25.1	2.3	39.4	0.2	0.2	0.2	44.8

* 출처: 김용철·윤성이, 2001. 「인터넷과 선거운동: 제16대 총선 후보자의 인터넷 활용 및 네티즌의 참여실태 분석」, 203쪽.

다음으로 인터넷을 통한 여론조사는 후보자들의 선거전략 작성에 크게 도움이 될 것이다. 그러나 현재 상황에서는 인터넷 이용인구가 전체 인구의 일부에 불과하며, 그 이용인구가 20~30대와 선거권이 없는 10대에 집중되어 있기 때문에 후보자 홈페이지를 통한 여론조사는 객관적 신뢰성이 지극히 의문시된다. 특히 한정된 지역구를 모집단으로, 후보자의 홈페이지를 방문한 사람들을 대상으로 여론조사를 할 경우, 여론조사의 대표성 문제는 더욱 가중된다(신기현, 2000: 7~8). 또한 현행 「공직선거 및 선거부정방지법」 제108조는 공식 선거기간 동안 선거와 관련한 여론조사결과의 공표를 금지하고 있다.

그럼에도 불구하고, 일부 후보들은 홈페이지에 여론조사 메뉴를 설치·운영한 것으로 나타났는데, 〈표 4-11〉에 의하면 이는 전체평균 0.19회로 조사되었다. 그러나 이들의 여론조사는 여론조사 자체가 목적이기보다는 매우 세련된 방법을 통해 후보자신의 입장 및 우위성을 간접적으로 드러내는데 그 목적이 있는 것으로 보여진다(김용철·윤성이, 2001: 204).

<표 4-11> 정당별 홈페이지의 여론조사 횟수 및 항해능력 실태

링크 \ 정당	민주당	한나라당	자민련	민국당	한국신당	민주노동당	청년진보당	무소속	전체
평균 여론조사수	.3194	.1533	.1343	.2353	.0000	.7000	.0000	.0000	.1864
평균 링크수	48.84	41.32	24.65	20.29	24.25	33.10	0.04	28.23	34.36
평균 자당 후보 링크수	1.67	0.97	0.76	0.00	0.00	2.60	0.00	0.00	0.90
평균 타당 후보 링크수	0.38	0.39	0.00	0.00	0.00	0.40	0.00	0.23	0.26
소속중앙당(%)[*]	62.5	56.7	49.3	38.2	25.0	90.0	2.2	–	51.0
타 중앙당(%)	22.2	16.0	13.4	8.8	0	20.0	0	5.0	14.2
시민단체(%)	49.3	34.7	23.9	29.4	0	50.0	0	25.0	32.8
정보제공기관(%)	43.1	35.3	26.5	25.0	25.0	20.0	0	26.7	30.9
청와대(%)	38.2	22.7	8.8	0	0	20.0	0	15.0	22.9
국회(%)	41.0	34.7	14.7	0	0	40.0	0	25.0	30.3
중앙행정부처(%)	41.3	38.0	14.7	25.0	25.0	20.0	0	21.7	29.8
지방행정기관(%)	45.1	41.3	23.5	25.0	25.0	30.0	0	36.7	35.1
지역구 의회(%)	15.3	8.7	5.9	0	0	10.0	0	11.7	9.1

* 무소속을 제외한 숫자임
** 출처: 김용철·윤성이, 2001. 「인터넷과 선거운동」, 205쪽.

한편, 홈페이지의 항해능력을 나타내는 '항해성'[14](navigability) 기능은 일반적으로 하이퍼링크(hyper-link)를 통해 제공되는데, 이는 홈페이지 방문자들에게 여타의 다양한 정보를 제공하는 기능을 수행한다. 따라서 후보의 홈페이지가 네티즌의 관심을 끌고 이들의 반복적인 방문을 유인하기 위해서는 홈페이지의 항해성이 중요한 것으로 인식되고 있다. <표 4-11>에 의하면, 16대 총선 후보들의 홈페이지가 제공하는 평균 링크 수는 34.36으로 비교적 높은 수치를 보이고 있다(김용철·윤성이, 2001: 205).

마지막으로 쌍방향성(interactivity)은 구매체들과 비교할 때 인터넷의 가장

---

14) 홈페이지의 항해성(navigability)이란 하나의 웹사이트에서 다른 웹사이트들로 이동 가능케 하는 항해능력을 의미한다.

큰 장점 중의 하나이다. 일반적으로 쌍방향 대화를 구현하는 방법으로는 실시간 대화를 실현하는 채트룸(chat room), 혹은 타운홀(town hall)의 형태와 이메일(e-mail)과 같이 일정한 시차를 두고 대화를 하는 자유게시판(bulletin board) 형태의 두 가지 유형으로 분류할 수 있다(김용철·윤성이, 2001: 206~207).

16대 총선 후보자 홈페이지중 채트룸의 기능을 제공한 홈페이지는 극소수에 불과했으며, 이 마저도 제대로 작동하지 않아 실제로 채트룸과 같은 실시간 대화가 이루어진 홈페이지는 전무하였다. 실시간 대화기능이 전무한 것은 후보자나 후보자를 대표하는 웹마스터(web master)가 채트룸을 방문한 네티즌과의 실시간 대화를 해야 하는 부담이 있기 때문인 것으로 추정된다. 반면, 자유게시판 형태의 쌍방향 대화는 실시간 대화를 요구하지 않고 일정한 시차를 두고 대화하기 때문에, 채트룸에 비하여 상대적으로 부담이 적다. 이러한 이유 때문에 후보자들은 자유게시판 형태의 쌍방향 대화를 채택할 가능성이 상대적으로 높다(Davis, 1999: 92). 실제로, 16대 총선에서 후보들의 홈페이지 가운데 96.1%가 자유게시판 혹은 이메일 형태의 쌍방향 대화를 운영한 것으로 조사되었다(김용철·윤성이, 2001: 207).

지금까지 살펴본 16대 총선에 출마한 후보자들의 홈페이지나 인터넷 활용사례들은 아직까지는 실험적 단계에 머물러 있다고 평가할 수 있다.[15] 미국의 경험에 비추어 볼 때, 가장 좋은 선거 홈페이지는 시각적으로 세련된 디자인을 통해 유권자의 시선과 지지를 이끌어 내는 것이며, 나아가 선거자원을 효율적으로 획득할 수 있는 기능을 갖춘 홈페이지이다(Resnick, 1998: 63).

선거전문가인 딕 모리스는 후보자의 홈페이지는 다음과 같은 기능을 갖추어

---

15) 지역구 국회의원의 홈페이지를 분석한 김형준은 인터넷이 의원들의 연계기능(linkage function) – 국가와 사회, 정부와 시민을 연결시키는 – 을 수행하는 중요한 수단으로 부상하고 있음에도 불구하고, 정작 당사자인 의원들의 홈페이지는 이러한 시대적 흐름에 부합하지 못하고, 많은 의원들은 선거홍보를 위해 날림으로 홈페이지를 만들고 선거가 끝나면 소홀히 취급하는 경향이 있다고 지적한다. 김형준, 2001. "국회의원 연계기능 연구: 지역구 의원 홈페이지 분석을 중심으로", 『정보사회와 정치: 새로운 정치 패러다임의 모색』, 서울: 오름, 130~131.

146

야 한다고 본다(Dick Morris, 2000: 제 7장).

> ① 다양한 그래픽과 동영상을 활용한 시각적 디자인뿐만 아니라 음성적
>   능력을 요하며,
> ② 유머와 해학을 바탕으로 한 메시지 구성이 필요하고,
> ③ 사이버공간에서 선거공동체의 형성을 위해 방문자와 후보자, 혹은
>   방문자들간의 쌍방향 또는 다방향 대화의 활성화 능력을 갖추어야
>   하며,
> ④ 자원봉사자 및 선거자금을 효과적으로 동원할 수 있는 능력을 보유
>   해야 하며,
> ⑤ 방문자 친화적인 항해성(navigability)을 제공해야 한다.

이러한 기준에 비추어 볼 때, 한국의 선거 후보자들의 인터넷 활용은 선거 정보 전달이나 후보자 자신에 대한 홍보차원에 제한되고 있으며, 특히 사이버 공간에서 선거공동체를 형성하기 위한 유권자들과의 규칙적인 의사교환이나 이를 통한 여론 측정, 그리고 선거자금 동원 능력 등에서는 미흡하다고 평가 할 수 있다.

2) 시민단체의 인터넷 활용실태와 특징: 총선시민연대를 중심으로

다음은 16대 총선에서 시민단체의 인터넷 활용실태와 특징을 총선시민연대 활동을 중심으로 살펴보기로 하자. 16대 총선에서 총선시민연대는 인터넷 홈페이지를 통해 네티즌들에게 후보자 개인 정보 등을 신속하게 알려줌은 물론 이들을 동원하여 여론을 조성하고, 후원금도 모금하는 등 인터넷 홈페이지를 적극 활용하였다.[16] 특히 총선연대는 사이버총선연대(http://www.ngokorea.org) 개설하

---

16) 낙천·낙선운동기간(2000.1.12~4.12) 총선시민연대의 홈페이지 접속건수는 총 856,090건(1일 평균 10,569건), 운영자 이메일수는 8,000여통(1일 평균 88통 수 신), 시민참여게시판의 게시물수는 45,674건으로 집계되었다(총선시민연대, 『총선 연대 백서(상)』, 788쪽). 또한 총선시민연대의 후원금은 4월 12일 현재 350,191,652원이 모금되었다. 『총선연대 백서(상)』, 296쪽.

여 홈페이지 접속자들을 낙천·낙선운동의 지지자로 확보할 수 있었고, 시민들의 적극적인 선거참가운동을 유도하기도 했다.

총선연대의 인터넷 활용 형태는 크게 네 가지로 분류될 수 있다(정연정, 2001: 117~121). 첫째는 공공 여론 형성의 가장 초보적인 단계인 정보전달 활동을 들 수 있다. 총선연대는 낙천·낙선운동을 전개하면서 유권자들에게 후보자의 개인 정보를 자세하게 검색할 수 있는 서비스를 웹상에서 제공하였고, 병역이나 전과 기록들을 상세하게 전달하여 유권자들에게 투표결정의 근거를 제공했다. 인터넷은 기존의 매체(팩스, 전화, 책자 등)에 비해 인적·물적 자원의 열세를 극복하면서 단기간 내에 선거이슈를 공론화 할 수 있는 효과적인 도구인 것이다.

둘째, 총선시민연대의 인터넷은 유권자들의 참여를 유도하는 도구로서 적극 활용되었다. 총선시민연대는 홈페이지를 이용해 낙선운동 지지서명과 네티즌 선거참여 약속을 웹상에서 받기도 했고, '엠티즌(M-tizen: Mobile Netizen) 공동행동'17)을 통해 우호적인 여러 사이트를 엮어서 공동행동을 위한 연대를 형성했다. 이러한 총선연대의 인터넷 활용은 시민들의 자발적인 참여를 유도하기 위해 중요한 도구였으며, 정보전달 뿐만 아니라 운동의 지지자를 확보하고 조직화하는데도 의미있게 활용되었다고 볼 수 있다. 특히 총선시민연대 홈페이지의 게시판이나 토론방은 만족할 만한 수준은 아니지만, 한국사회에서 공공토론을 가능하게 하고 이를 위한 여론수렴 공간으로서 인터넷이 활용되었다는 점에서 중요한 의의를 갖는다.

셋째, 총선시민연대는 인터넷을 활용하여 각 지역 총선연대를 연결하는 일종의 매개활동을 수행하였다. 인터넷 상에서 이해가 비슷한 집단들간에 링크(link) 장치를 통한 연대활동의 활성화는 총선시민연대에 의해 제기된 이슈를 지역적인 기반을 통해 확대 발전시키고자 하는 전략적 활동의 일환으로 보여진다. 따라서 인터넷을 통한 총선시민연대의 운동은 정보통신기술을 활용한

---

17) '엠티즌'은 "행동하는/실천하는/참여하는 네티즌"의 의미로 사용하여 네티즌들의 선거참여를 확대시키고자 만들어낸 조어로, '사이버 총선시민연대'는 '네티즌 선거참여를 위한 엠티즌 공동행동'을 벌이기도 했다. 『총선연대 백서(상)』, 790~797쪽.

전국적인 네트워킹, 유권자의 쌍방향 커뮤니케이션을 통해 정보전달의 신속성과 용이성을 적극 활용한 예로 평가된다(황주성 외, 2001: 48).

넷째, 총선시민연대의 운동이 오프라인 보다 온라인 상에서 훨씬 신속하고 광범위하게 이루어졌지만, 온라인 활동을 오프라인으로 확대하고 결합함으로써, 즉 온/오프라인 활동이 상호작용함으로써 운동의 성과가 더욱 배가되었다고 할 수 있다.[18]

총선시민연대가 전개한 낙천운동은 기본적으로 정당을 대상으로 한 운동인데 반하여, 낙선운동은 일반국민을 대상으로 하는 운동이다. 낙천운동은 정당의 공천심사과정이라고 하는 집중화된 대상이 존재하는데 반하여, 낙선운동은 유권자들이 동참하지 않으면 소기의 성과를 거둘 수 없는 운동으로서의 성격을 지닌다. 낙천운동은 그것이 언론의 주목을 받고 정당에 대한 개혁여론이 조성되는 것만으로도 족한 것이지만, 낙선운동은 대중이 직접 행동화하지 않으면 안되는 운동이라는 점에서 차이가 있다. 그렇기 때문에 운동의 성과가 나타나기 위해서는 온라인 활동 못지 않게 오프라인 활동도 중요한 것이다.

이에 총선시민연대는 오프라인에서도 활발한 유권자 참여운동을 전개하였다. 즉, 후보자 정보공개, 낙천·낙선후보 옐로우카드-레드카드 보내기 사이버 캠페인, 네티즌 선거참여를 위한 '엠티즌 공동행동', 네티즌 투표참여 캠페인 등 인터넷 홈페이지를 통한 온라인상에서의 다양한 활동과 동시에, 오프라인에서는 공천철회를 요구하는 서명운동과 부문별·지역별 대중조직들의 참여를 촉진하기 위한 노력을 전개하였다.[19] 또한 낙선운동에 대한 시민들의 참

---

[18] 온라인과 오프라인 활동을 결합한 정치참여를 통해 소기의 목적을 거둔 시민운동으로는 '동강댐 건설 반대운동'을 들 수 있다. 동강댐 건설 반대운동은 1997년 봄부터 오프라인에서 시작하여 온라인을 통해 1999년에는 전국적으로 확산되었고, 이를 통해 다시 오프라인 운동으로 확산되었다. 동강댐 건설 반대운동은 결국 200년 6월 5일 환경의 날에 대통령이 댐 건설을 백지화한다고 발표하여 소기의 결실을 맺을 수 있었다. 동강댐 건설과 관련된 사이트들은 다음과 같다.
· '동강은 흘러야 한다': http://donggang.chollian.net
· 환경연합 홈페이지 동강댐 자료실: http://kfem.or.kr/kfem/donggang/
· 영월 동강살리기 캠페인사이트: http://www.dongriver.com
· SOS 동강: http://megalam.chollian.net/mag_9903/donggang.htm

여를 촉진하기 위하여, '유권자운동위원회'를 중심으로 서울 및 지역에서 '유권자 약속, 227만표 모으기' 전국버스투어, 토론회 등 다양한 행사를 동시에 진행하였다(〈표 4-12〉). 따라서 총선시민연대의 활동은 온/오프라인 활동의 상호작용을 통해 그 성과가 배가되었다고 볼 수 있으며, 이는 정보화시대 시민사회의 정치참여의 효과적인 모델이라고 평가할 수 있다.

〈표 4-12〉 낙천·낙선운동 기간 총선시민연대의 온/오프라인 활동

시 기	주요 활동내용
2000. 1. 12	총선시민연대 발족
1.24~2.2	1차 및 공천반대 명단 발표
1.30~2.19	1·2차 공천반대 전국 동시 집회
1~2월	선거법 개정운동
2~3월	공천철회운동 및 소송원고인단 모집
3. 1	3·1절 유권자 독립선언의 날
3.2~3.6	정치개혁 국민광장(명동성당)
3.20~3.26	유권자 약속 227만표 모으기 전국 버스투어
3~4월	유권자 약속 227만표 모으기 운동(336,226명)
3. 23	비례대표 공천 가이드 라인 발표
4. 3	낙선명단 발표 및 낙선운동 결의대회
4. 8	레드 2000 페스티벌('가자 놀자 찍자 바꾸자')
4.3~4.12	권역별·지역별 낙선운동
4.12	희망의 퍼포먼스(명동성당 촛불집회)

* 출처: 총선시민연대, 『총선시민연대백서(상)』, 300~307쪽 정리

---

19) 처음에는 참여연대, 환경운동연합, 여성단체연합, 녹색연합 등 주요 시민단체들을 중심으로 시작된 총선시민연대의 낙천·낙선운동은 점차 지역과 부문으로 확대되어, 1차 낙천명단 발표 시 500여개에 이르렀던 총선시민연대 참여단체 수는 총선이 끝날 무렵에는 981개의 단체가 참여하였다. 또한 중앙 총선시민연대 뿐만 아니라 부산, 경기, 대전충남, 대구, 울산, 광주전남, 충북, 전북, 제주, 경남 등 10개의 광역 총선연대가 조직되었으며, 가톨릭, 기독교, 불교 등 종교계와 보건의료계, 민주화를 위한 교수협의회, 학술단체협의회 등 학계의 참여가 있었다. 한편, 지역 총선연대 조직들은 전국 수준의 낙선명단과는 별개로 지역별 낙선명단을 추가로 발표하여 운동을 전개하였다.

정당이나, 후보자, 그리고 시민단체 뿐만 아니라, 중앙선거관리위원회도 홈페이지를 통해 후보자들의 병역·납세·전과에 대한 기록 등 후보자 관련자료를 공개하여 유권자의 선택을 도왔다. 특히 투·개표 상황을 실시간 중계한 중앙선거관리위원회 홈페이지(http://www.nec.go.kr)에는 선거 당일인 4월 13일 하루동안 접속건수가 112만건에 달하고, 접속 후 게재내용 건수도 630만 건으로 평균 접속 후 6회 이상 검색한 것으로 나타났다.[20]

요컨대, 16대 총선에서 정당과 후보자들은 인터넷을 적극적으로 활용한 선거캠페인을 전개하였다. 정당이나 후보자의 경우, 15대 총선에서는 일반 PC통신망을 이용한 게시판 수준의 선거운동이었는데 비해, 16대 총선에서는 인터넷 홈페이지의 급격한 확산으로 인터넷 선거캠페인이 가시화되고 있음을 보여주었다.

인터넷의 쌍방향성과 저렴한 비용, 지리적 포괄성, 빠른 속도 등과 같은 특징은 정치과정 내에서 여론수렴과 의사결정 전반까지도 영향을 미치고 있다. 그렇기 때문에 인터넷을 이용한 선거운동이나 사회참여는 정당이나 정치인뿐만 아니라 시민단체의 역량을 강화할 수 있는 중요한 요소가 되고 있다. 실제로 인터넷은 후보자에게는 많은 비용을 들이지 않고도 유권자에게 손쉽게 다가갈 수 있으며, 여론의 동향을 실시간으로 파악할 수 있게 한다. 또한 시민단체나 유권자들에게는 정보공개의 효과를 향유할 수 있는 환경의 조성을 가능하게 한다(신기현, 2000: 17). 인터넷을 통한 정보공개와 원활한 의사소통, 대규모 사이버 집단행동 등은 시민단체의 선거참여를 더욱 활성화시킬 수 있는 것이다.

---

[20] 미디어리서치의 투표자 조사결과, 유권자의 8.6%(전체 유권자로 환산할 경우 283만명)가 '선거사이트를 방문해봤다'고 응답했다. 새천년민주당, 2000. 『제16대 국회의원 선거백서』, 17쪽.

3. 시민사회의 정치참여 결과: 정당 공천제도의 민주화

16대 총선에서 제기된 시민단체의 낙천·낙선운동은 많은 국민들의 호응을 얻었고, 정당 공직 후보자의 공천과정에서 '아래로부터'의 참여확대는 정치개혁의 주요 이슈가 되었다. 그리고 총선시민연대의 낙천·낙선운동의 영향과 선거에서 확인된 시민들의 정치참여에 대한 요구는 이후 주요 정당들의 공직 후보자 공천과정에서도 부분적으로 반영되었다. 이러한 시민사회의 요구를 가장 먼저 받아들인 곳은 새천년민주당 서울 도봉을 지구당(위원장 국회의원 설훈)이었다.

새천년민주당 도봉을 지구당은 2000년 6월 8일 실시된 서울시의원 도봉구 제4선거구 보궐선거 후보자를 5월 15일 전 당원의 직접투표를 통해 선출했다. 정당사상 초유의 이 실험은 공천권을 당원들에게 돌려줌으로써 당원을 정당의 주인으로 세우고, 정당정치에서부터 먼저 참여민주주의를 정착시키고자 하는 시도였다.[21] 전 당원의 예비선거는 명목상 정당의 주인이었던 당원을 실질적인 주인의 자리로 세우고, 기득권 유지를 위해 현실적 여건을 이유로 유보되거나 정지되었던 당원의 권리를 당원에게 되돌려주기 위한 것이었다.

이에 민주당 도봉을 지구당은 '시의원 후보자 완전경선으로 참여민주주의의 실현'이라는 구호아래 선거권을 해당지역 전 당원에게, 피선거권을 도봉을 선거구에 거주하는 전 주민에게 부여하는 방향으로 선거권과 피선거권의 범위를 확대하였다. 그리고 당원은 투표로써 자신의 권리를 행사하고 소속 정당의 후보자를 결정하며, 입후보자들은 전 당원에게 자신의 정견과 공약으로 지지를 호소하는, 전면적이고 획기적인 상향식 공천의 방법으로 해당지역 전 당원 예비선거의 방식을 도입한 것이다.[22]

---

21) 새천년민주당 도봉을 지구당은 예비선거를 도입하게된 취지와 배경을, ① 정당의 주인인 당원의 권리 보장 ② 정당민주화와 공천개혁 ③ 참여민주주의 실습과 당원의 의무 의식 강화 ④ 예비선거를 당의 축제 및 당의 활성화 계기로 설정 ⑤ 후보자질 검증과 전 당원의 예비선거로 후보자의 대표성 강화 등으로 설명하고 있다. 새천년민주당 도봉을 지구당, 2000. 『5·15 예비선거 보고서: 도봉을 지구당 상향식 공천 평가 및 개선방향』, 6~8쪽.

그리고 2002년 6.13 지방선거를 앞두고는 야당인 한나라당에서도 당내 공직후보자 선출과정에서 상향식 공천을 도입하기에 이르렀다. 한나라당 가평·양평지구당(위원장 국회의원 정병국)은 6.13 지방선거에 출마할 후보자 전체(자치단체장 및 광역의원)를 전 당원이 직접 선출하였으며[23], 이는 한국의 교섭단체 정당사상 최초로 전체 당원이 직접·비밀투표 방식으로 지방자치단체장과 광역의원을 모두 선출하였다는 점에서 의의가 있다.[24]

민주당 도봉을 지구당과 한나라당 가평·양평지구당의 당내 예비경선은 한국 정당 사상 최초로 유력한 정당이 전 당원에 의한 상향식 공천이었으며[25], 참여민주주의의 맥락에서 그 성과를 다음과 같이 정리할 수 있다(새천년민주당 도

---

22) 새천년민주당 도봉을 지구당, 2000: 6~8쪽. 한편 서울시의원 도봉구 제4선거구 보궐선거 후보자를 선출하기 위한 선거결과는, 전체 유권자 12,108명중 15.4%인 1,847명이 투표했으며 11표의 무효표가 나와 총 유효투표수는 1,836표로 집계되었다. 이중 기호 1번 박종진 후보가 591표, 기호 2번 김동욱 후보가 933표, 기호 3번 차상일 후보가 312표를 얻어 기호 2번 김동욱 후보가 당선자로 확정되었다. 같은 자료, 21쪽.

23) 한나라당 가평·양평지구당은 당내 경선을 도입하게 된 이유로, ① 정치개혁을 요구하는 민의 존중, ② 후보의 본선경쟁력 강화, ③ 민주적 방법에 의해 후보를 선출하는 '상향식 공천'을 통해 정당의 민주화 실현, ④ 특히 '풀뿌리 민주주의'로 불리우는 지방선거에서 지방자치를 더욱 공고히 한다고 밝히고 있다(한나라당 가평군·양평군지구당, 2002. 『한나라당 가평·양평지구당 '6.13 공직선거 후보자 선출대회' 백서』, 18쪽). 한편, 당내 경선 결과 양평은 전체 유권자 6만 명의 약 20%에 해당하는 전체 당원 11,708명 전원에게 투표권을 부여했고 이중 4,287명이 투표에 참가해, 서광원 후보가 1,491표(35.08%)로 1위로 당선됐으며, 가평은 총 유권자 11,408명 중 5,014명이 투표에 참가해, 조영욱 후보가 2,022표(40.6%)로 1위로 당선되었다.

24) 특히 공직선거 후보자 선출대회에 참가한 주민들은 "의원이 '내 사람'을 낙점하고 형식적인 절차를 거치던 것과는 달리 수 천명의 당원이 공천에 직접 참여하는 실험이 시작되고 있다"고 자랑스러워했으며, 또 "공천은 항상 위에서 내려오는 것인 줄 알았는데 내 손으로 군수후보를 뽑는다는데 마음이 끌렸다"고 말했다(〈문화일보〉 2002. 2. 27). 물론 한나라당 가평·양평지구당 사례에서도 첫째, 지구당 조직의 갈등과 분열, 둘째, 경선비용의 과다, 셋째, 전당원 참여 상향식 공천제에 대한 인식 부족, 기타 선거인명부 작성 및 선거운동 관리감독의 어려움 등이 문제점으로 지적되었다. 한나라당 가평·양평지구당, 2002: 106~111쪽.

25) 민주노동당에서도 16대 총선에서 상향식 공천을 실시했지만, 의석을 갖지 못한 소수 정당이라는 한계가 있어 현실 정치에 미치는 영향력은 제한적일 수밖에 없었다.

봉을 지구당, 2000: 22~23, 한나라당 가평·양평지구당, 2002: 102~105).

첫째, 전 당원이 참여하는 실질적인 '상향식 공천'으로 정당 민주화의 단초를 제공했다. 한국 정당에서 기존의 공직후보자 추천과정은 지구당 위원장이 낙점하거나, 경선이라는 절차를 거치더라도 소수의 선정위원이나 300명 내외의 대의원으로 선출하는 등 부분적인 상향식 공천에 머물렀다. 반면 민주당 도봉을 지구당과 한나라당 가평·양평지구당의 공직후보자 당내 경선은 지구당의 주인인 당원의 참여를 실질적으로 보장하고, 당원의 손으로 직접 후보자를 선출하는 등 참된 의미의 '상향식 공천'을 성공적으로 실천해냄으로써 '정당 민주화'의 단초를 제공했다.

둘째, 정당의 주인인 당원이 직접 후보자의 자질을 사전에 검증할 수 있고 이를 통해 후보자의 본선 경쟁력을 강화할 수 있었다. 기존에 지구당 위원장이 낙점하거나 부분적인 경선을 통해 후보자를 선출했을 때 후보자 자질에 대한 사전검증은 제한적이고 한계가 있을 수밖에 없었다. 반면 민주당 도봉을 지구당과 한나라당 가평·양평지구당의 실험은 후보자 자질에 대한 사전검증을 전 당원에게 맡김으로써 검증의 실효성을 높였고, 이를 통해 본선에서의 경쟁력 강화를 제고할 수 있었다.

셋째, 당원들의 소속감을 높이고 권리의식을 함양할 수 있었다. 당의 주인이 당원임에도 불구하고 그동안 당원은 당보나 받아보고 행사에 동원되는 등 대상화된 집단에 불과했다. 그러나 이번 경선을 거치면서 당원들 스스로가 당의 주인임을 확인하고 권리의식을 함양하는 계기가 되었으며, 그 결과 당에 대한 소속감이 제고되는 성과를 얻었다.

넷째, 한국정치의 문제점으로 지적되어온 국민들의 정치불신을 해소하고 정당정치에서 참여민주주의의 한 모델을 만들 수 있었다. 저조한 투표율, 심각한 정치 불신 그리고 16대 총선에서 확인되듯이 정치개혁에 대한 드높은 욕구가 분출된 현실에서, 당원들만에 의한 직접투표라는 한계는 있었지만 국민이 직접 참여하는 '참여민주주의'를 실천할 수 있었으며, 앞으로 다른 지구당에서도 시행착오를 최소화 할 수 있는 모델을 만들 수 있었다.[26]

이외에도 예비경선 과정에서 각 정당들이 진성당원을 확보할 수 있었던 점도 커다란 성과로 지적할 수 있다.[27] 지금까지 한국정당의 당원은 이름뿐인 '허수당원'이 대부분이었고, 진성당원은 민주노동당을 제외하고는 1%에도 미치지 못하는 기형적인 정당이었다(〈표 4-13〉). 각 정당은 예비경선을 통해 과거 당원 가입과 비교해 볼 때, 자발적으로 진성당원을 확보할 수 있는 조건을 만들 수 있었다.

---

26) 민주당 도봉을 지구당의 실험이 성과만 있었던 것은 아니다. 다음과 같은 문제점도 지적된다. ① 본선 경쟁력과 훌륭한 자질을 갖춘 외부인사의 영입이 사실상 불가능하고, ② 지구당 조직의 갈등과 분열의 우려가 있으며, ③ 현행 「공직선거및선거부정방지법」에 당내 경선과 관련된 규정이 없어 선거운동의 제약이 발생했으며, ④ 경선관리비용의 과다(도봉을 지구당의 경우 약 4천만원 소요), ⑤ 사전·사후 후보자 자질 검증장치 미흡, ⑥ 투표율 저조 및 투표층의 편향성 문제로, 전체 1만 2천명의 선거인중에서 실제 투표에 참여한 선거인은 1,847명으로 투표율은 15.4%에 불과했다. 또한, 당일 투표한 선거인이 남성보다는 여성이, 젊은층 보다는 노년층이 많았고, 직업별로는 주부 또는 자영업자가 대부분으로, 선관위가 투표시간을 저녁시간대로 하면서까지 투표율 제고를 위해 노력했지만, 직장인들의 투표는 저조해 실제 투표한 선거인이 일부 계층에 편중되는 것으로 나타났다(새천년민주당 도봉을지구당, 2000: 24~28쪽). 이에 민주당 도봉을 지구당은 개선방안으로 ① 예비선거(당내경선) 관련 규정 마련, ② 선거법의 탄력적 적용, ③ 당원관리의 과학화, ④ 당원의 권리와 의무 명확히 설정, ⑤ 경비최소화와 안정적인 소요재원 마련, ⑥ 선거관리업무의 효율성·전문성 제고 및 지역 선관위의 협력체제 강화, ⑦ 지구당 선관위의 중립성 보장을 위한 제도적 장치 마련 등을 제시하고 있다. 새천년민주당 도동을지구당, 2000: 29~32쪽.

27) 한나라당 가평·양평지구당은 양평군의 경우 기존 3,700여명의 당원에서 예비선거를 치루면서 7,500여명이 증가한 11,708명의 당원을 확보했으며, 가평군은 기존 1,700여명의 당원에서 10,000여명이 증가한 11,408명의 당원을 확보할 수 있었다고 밝히고 있다(한나라당 가평·양평지구당, 2002: 104쪽). 그러나 당원배가운동이 돈과 조직을 통한 당원 '모집과 동원'으로 나타나는 것은 큰 문제점으로 지적된다. 한 당원은 "유력한 후보들은 2천명 넘게 당원을 모집했다는 것은 여기선 비밀도 아니다"며, "결국 지역유지들의 돈과 조직싸움으로 전락한 것 아니냐"고 말했다(〈문화일보〉 2002. 2. 27). 당원 모집과 동원의 문제점은 이후 대통령후보 선출을 위한 국민경선제에서도 심각한 문제점으로 나타났다. 따라서 상향식 공천제도가 정당민주주의와 참여민주주의로 발전하기 위해서는 이러한 문제점을 해결할 수 있는 법적·제도적 장치가 마련되어야 할 것이다.

<표 4-13> 2001년 각 정당의 진성당원 현황

	당원 수(명)	진성당원 수(명)	진성당원 비율(%)
한나라당	2,684,307	13,288	0.5
새천년민주당	1,824,248	10,453	0.57
자유민주연합	1,364,735	530	0.04
민주노동당	10,314	6,552	63.53

* 자료: 중앙선거관리위원회, 『정당의 활동개황 및 회계보고, 1999-2002』.

이상에서 한국정당 사상 처음으로 원내교섭단체를 구성하고 있는 정당의 지구당에서 상향식 공천을 통한 공직 후보자 선출과정을 살펴보았다. 무엇보다 이들 지구당의 실험이 주목되는 것은 상향식 공천을 통한 공직 후보자 선출을 결정하기까지 중앙당의 결정이나 개입이 없이 지구당 당원들이 자율적으로 결정하고 실시했다는 점이다. 또한 이들 지구당에서의 '새로운 실험'이 비록 일개 지구당 수준에서 제한적으로 실시되었지만, 이후 새천년민주당은 2000년 8.30 전당대회, 한나라당은 2003년 6.26전당대회 등을 전후로 한국의 주요 정당들이 당헌당규 개정을 통해 상향식 공천과 선거인단 확대 그리고 국민경선제의 도입 등 공천제도를 개혁하고, 정당에서 참여민주주의를 실현하기 위한 중요한 밑거름이 되었다고 평가할 수 있다.

제2절 국민경선제와 정치참여

제2절에서는 16대 대통령 선거를 앞두고 새천년민주당과 한나라당에서 실시한 대통령 후보 선출을 위한 국민경선제를 비교적으로 살펴볼 것이다.[28] 한

---

28) 국민경선제에 대한 분석은 민주당을 중심으로 하되 부분적으로 한나라당의 경선과 비교할 수밖에 없었다. 그 이유는 자료의 측면에서 민주당의 경우 『당 발전과 쇄신을 위한 특별대책위원회 활동백서』(2002. 2), 『제16대 대통령선거 백서』(2003. 3) 등의 발간 자료를 통해 상세히 파악할 수 있었으나, 한나라당은 관련 자료가 없어

국 정당사에서 대통령 후보의 선출을 위해 국민경선을 실시한 것은 정당개혁과 정치개혁의 측면에서 획기적인 변화라 할 수 있다. 특히 당원과 대의원을 중심으로 한 경선이 아니라, 국민들이 정당의 대통령 후보를 선출하는 과정에 참여했다는 점에서 의미가 크다. 또한 국민경선에서 전자투표와 인터넷 투표를 도입하고, '노사모'를 비롯한 자발적인 정치인 팬클럽이 등장해 참여민주주의의 새로운 가능성을 발견했다는 점에서 정치적 의의가 크다고 할 수 있다.

1. 정치사회의 위기와 국민경선제의 도입

공천제도 개혁은 한국 정당개혁의 가장 중요한 과제중의 하나였다. 공직 후보자를 정당의 몇몇 지도자가 아닌 일반당원이나 대의원, 나아가 일반 국민이 참여하는 예비선거 방식으로 선출하자는 주장은 학계는 물론 정치권에서도 오래 전부터 제기되어 왔었다. 가장 최근의 사건은 앞에서 살펴본 바와 같이 2000년 16대 총선에서 시민단체에 의해 제기된 낙천·낙선운동을 들 수 있다. 총선시민연대의 낙천·낙선운동을 통해 우리는 정치개혁과 공천제도의 개혁은 국민적 요구임을 다시 한번 확인 할 수 있었다.

그러나 민주당이 추진한 국민경선을 포함한 정당개혁의 필요성은, 1960년대 예비선거제를 도입했던 미국 민주당의 경우와 마찬가지로[29], 정치사회 내부의 위기로부터 촉발되었다. 집권당인 민주당은 2001년 10.25 국회의원 재·보궐

상세한 내용 파악이 불가능해 상대적으로 충실한 접근이 어려웠다. 그러나 경선의 내용에서는 다음과 같은 점에서 양당을 비교하는데 큰 무리는 없을 것으로 보인다. 첫째, 선거인단 및 국민참여 규모에서 민주당이 한나라당보다 참여의 폭을 확대했고, 민주당은 젊은 세대의 참여를 위해 인터넷 투표를 도입하는 등 제도적인 측면에서 한나라당 보다 돋보였으며, 둘째, 경선을 먼저 시작한 민주당이 경선과정의 역동성이 보다 뚜렷했고 정치발정에 미친 영향력에서도 훨씬 지대했다. 한나라당은 민주당의 경선을 답습한 측면이 강해 국민들의 큰 관심을 얻지 못했다.

29) 미국의 예비선거제 도입과정에 대해서는 이현우, 2002. "정당민주화를 위한 국민 참여 경선제도 검토", 참여사회연구소·의정감시센터 공동주최, 대통령 후보 경선 제에 관한 토론회, 『정당의 공직후보 민주적 선출방안과 정당개혁 방안』 발표논 문, 2~8쪽 참조.

선거를 비롯한 잇따른 선거에서 참패했고, 민주당의 유력한 대통령 후보주자의 지지도는 야당 주자에게 줄곧 뒤지고 있었다. 또한 대통령 주변 인물의 각종 권력형 비리사건이 터지면서 당정 쇄신을 둘러싼 당내 분란이 확산되었고, 급기야는 11월 8일 김대중 대통령이 민주당의 총재직을 사퇴하기에 이르렀다.

　일반적으로 정당의 존립목적이 정권획득에 있다고 할 때, 민주당의 입장에서 보자면 대통령의 당 총재직 포기와 당 쇄신은 집권당의 정치적 위기를 극복하고 재집권에 유리한 상황을 만들겠다는 위기타개의 전략으로 볼 수 있다. 즉, 민주당에서 국민경선제라는 획기적인 개혁의 도입은 일반적인 정당개혁의 과정과 유사하게, 정치·사회적 위기의 인식 → 당내 개혁파의 등장 → 수구파의 저항 → 개혁파와 수구파간의 경쟁에 따른 새로운 개혁기구의 출범 → 새로운 제도의 도입이라는 일련의 과정을 통해서 이루어졌다(〈그림 5-1〉). 그러나 미국 민주당의 개혁의 모태가 된 위기 상황은 매우 근본적이고 심각한 것이었다면, 한국 민주당의 위기는 주로 민주당의 선거경쟁력 약화와 리더십 교체의 불안정에서 기인한 것으로 볼 수 있다.[30]

---

30) 장훈, 2003. "16대 대선과 후보 선출과정: 정당개혁의 경쟁", 서울대 한국정치연구소 주최, 『16대 대선의 선거과정과 의의』 발표논문. 3쪽. 또한 강명세는 한국에서 국민경선제 도입은 정당의 사회적 격리에 따른 국민의 정치불신과 이에 대한 정당의 대응이 상호작용한 결과로 보고 있다. 즉, 지난 10여년 동안 한국의 정치엘리트는 자신의 이익, 즉 정부를 차지하거나 선거에서 당선되기 위해 catch-all 정당을 넘어서 카르텔 정당을 만들어 왔다. 정당체형의 변화는 그러나 시민사회나 유권자로부터 정당이 멀어지는 정당의 사회적 격리를 초래했다. 정당의 사회적 소외나 격리는 극도의 정치불신으로 표출되었다. 정치혐오로 까지 발전한 정치불신에 대해 특히 여당은 카르텔적 경향을 자제하고 국민에게 다시 가까이 가려는 노력을 하지 않으면 야당에게 정부를 빼앗길 상황에 직면하였다. 대선을 앞두고 여당이 이처럼 사회적 복귀를 서두르자 야당인 한나라당 역시 사회적 복귀를 하지 않을 수 없게 되었다. 강명세, 2002. "한국정당의 변화: 카르텔 정당의 사회적 복귀?", 참여연대 국민경선 평가토론회 발표논문. 13~14쪽.

<그림 4-1> 새천년민주당 국민경선제 도입 과정

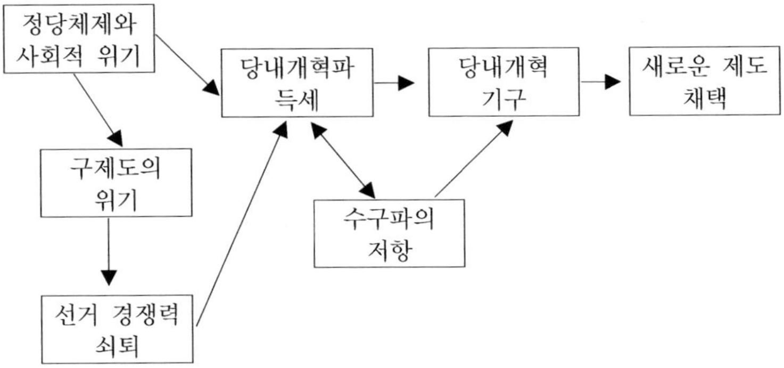

* 출처: 장훈, 2003. "16대 대선과 후보 선출과정: 정당개혁의 경쟁", 3쪽.

 그러나 한국정치에서 절대적 권력을 가졌던 대통령의 집권당 총재직 포기는 정치권 전반에 새로운 게임규칙을 만들고 정치문화의 변혁을 가져오는 계기가 되었다. 민주당은 '당 발전과 쇄신을 위한 특별대책위원회'(이하 특대위)를 구성하고, 특대위 활동 결과 2002년 1월 7일 당무위원회 특별결의를 통해 정당개혁의 기본방향을 확정했다. 민주당이 결정한 정당개혁에는 총재직 폐지와 최고위원회의를 중심으로 한 민주적인 집단지도체제로의 전환, 의원총회의 권한 강화와 원내총무의 위상 제고, 공직후보의 상향식 공천, 당·정 분리, 당의 현대화를 위한 몇 가지 조치들(예산결산위원회 운영, 감사제도 도입, 전자정당 추진 등)이 포함되어 있었다. 그리고 공직후보에 대한 상향식 공천의 일환으로 당원, 대의원과 더불어 국민들이 참여하여 대통령후보를 선출하는 국민경선을 실시하기로 했다(새천년민주당, 2002: 122~137).

 이 결정에 따라 민주당은 3월 9일 제주 경선을 시작으로 4월 27일의 서울 경선까지 50일 동안 16차례의 지역별 경선을 치렀으며, 그 결과 노무현 후보를 민주당의 대통령후보로 선출했다. 이후 한나라당 역시 민주당과 유사한 수준의 정당개혁안을 의결한 다음, 4월 13일 인천 경선을 시작으로 5월 9일 서울 경선까지 12차례의 경선을 진행한 결과, 이회창 후보를 한나라당의 대통령후보로

선출했다.[31]

민주당이 확정한 국민참여경선제란 국민과 일반당원들이 참여하여 직접투표를 통해 후보를 선출하는 제도로서, 민주적 정통성을 확보하고 국민의 의사를 반영하면서 지지를 확보하기 위한 제도라고 할 수 있다. 민주당이 한국정당사상 처음으로 채택한 국민참여경선을 통한 대통령 후보선출방식은 당내 의사결정 과정에서 대다수 당원들의 총의(總意)가 실질적으로 반영될 수 있도록 대의원 수를 늘려 지역별·계층별·성별 대표성을 확립하는 대의기관을 구성하고, 나아가 일반 국민이 전체 선거인단의 절반을 차지하게 함으로써 정당의 민주화와 참여민주주의를 실현하기 위한 것으로 평가된다.

2. 국민경선제의 특징 1: 정치제도적 측면

민주당과 한나라당 모두가 실시한 국민경선제의 제도적 특징은 첫째, 대통령후보 선출에 있어 당원 및 대의원, 그리고 국민의 참여를 제도적으로 보장하고, 둘째, 한국의 정당에서도 전자투표와 인터넷 투표 등 정보통신기술을 본격적으로 도입했다는 점을 들 수 있다. 이하에서는 민주당과 한나라당의 국민경선제의 특징을 비교적 맥락에서 살펴보기로 하겠다.

1) '분권화'와 '개방성'의 강화

공직후보자 선정과정은 정당의 핵심이슈 중의 하나로 당내 권력관계와 정치적 흥정의 산물이라고 볼 수 있다. 그렇기 때문에 나라마다 각기 다른 정당체계와 각기 다른 후보 선출과정을 채택하고 있다. 정당지도자 개인에 의한 지

---

31) 1987년 민주화 이후 한국 정당의 대통령후보 선출을 위한 실질적인 경선이 도입된 것은 1997년 신한국당의 대통령후보 선출을 위한 전당대회라고 볼 수 있다. 그러나 1997년 신한국당 전당대회는 선거인단을 당내 대의원(12,430명)만으로 한정하여, 후보자 선출과정의 '분권화'(decentralization)와 '개방성'(inclusiveness)의 측면에서 제한적이다. 1997년과 2002년 대선후보 선출과정의 비교는 이현출, 2003. "대통령선거와 총선의 후보선출과정", 김용호 외, 한국의회발전연구회 연구보고서, 『정당개혁기조하의 국회의원공천제도 개선에 관한 연구』, 참조.

명에서부터 일반 당원 또는 유권자가 참여하여 선거를 통해 선출되는 방법에 이르기까지 다양하다. 후보자 선정과정은 중앙당과 지방조직과의 관계, 당원의 참여나 개방성의 정도 등에 따라 국가나 정당별로 상이하며, 그 결과 역시 다양하게 나타난다(정진민, 1998; Gallagher and Marsh, 1988; Rahart and Hazan, 2001).

여기서 첫 번째 척도는 '분권화'(decentralization)의 문제이다.[32] 이는 정당의 어떤 수준의 조직이 주도권을 갖고 있느냐와 관계된다. 즉 중앙당, 시·도지부, 지구당 중에서 어느 조직이 후보선출과정에 결정적인 영향력을 행사하느냐의 문제이다. 두 번째 척도는 후보선출과정에의 '개방성'(inclusiveness)의 문제이다. 정당의 최고 지도자에 의한 배타적 지명에서부터 일반당원 나아가 일반 유권자까지 후보선출과정에 참여를 개방하는 다양한 형태가 존재하고 있다. 여기서 보다 분권화 되고 보다 개방적인 후보선출과정을 민주화된 선출과정이라고 평가할 수 있다(이현출, 2003: 24).

이러한 측면에서 먼저 대통령후보 선출과정의 '분권화' 정도를 살펴보자. 지금까지 한국정당의 대통령후보자 선출과정은 정당자체의 사적업무(privative affairs)로 인식되고 있다. 이것은 미국의 예비선거가 주에서 정한 법률에 따라 공적관계로 치르는 것과는 대조적이다. 한국의 정당법은 '정당의 공직선거 후보자의 추천은 민주적이어야 한다.'(정당법 31조 ①항)고 선언적으로 규정하고, '정당의 공지선거후보자 추천에는 후보자를 추천할 공직선거의 선거구를 관할하는 해당당부 대의기관의 의사가 반영되도록 하여야 하며, 그 구체적 절차는 당헌으로 정한다.'(정당법 31조 ②항)고 위임하고 있다. 그 결과 대통령후보자의 경우는 당내에 중앙선거관리위원회를 구성하여 여기에서 경선 전반

---

32) 분권화의 문제는 지역적 분권화와 직능별 분권화로 나눌 수 있다. 지역적 분권화는 중앙당의 영향력 행사, 지구당의 자율성 등에 따라 뚜렷이 구별되는데, 특히 후보자 선정권한이 누구에게 집중되어 있느냐에 초점을 두게 된다. 직능별 분권화는 노조, 여성, 소수집단 등 직능별 대표성을 보장하기 위한 분권화의 문제인데, 이는 국회의원 선거에서 명부식 비례대표제로 의원을 선출하는 국가들에서 중요하게 고려된다. 본 논문에서는 대통령선거 후보자를 선출하는 국민경선제에 초점을 맞추고 있기 때문에 전자를 중심으로 살펴보겠다.

을 관리하는 것이 일반적이다. 따라서 2002년 민주당과 한나라당의 대선후보 선출과정에서도 경선절차의 전반적인 진행이 중앙당선거관리위원회의 책임하에 있었다는 점에서 집권화의 경향을 보여주고 있다.

그런데, 대의원 구성권 및 후보선출권에 있어서는 상당한 수준에서 개방성이 갱화되었다고 볼 수 있다. 2002년 민주당의 경우에 일반 당원, 대의원 구성은 읍·면·동 대의원 대회 혹은 추첨, 또는 지구당 대회에서 선출토록 명문화하고 있다. 한나라당의 경우도 민주당과 비슷한 수준에서 기존에 지구당 위원장의 수중에 있던 대의원 선출권을 당원들에게 넘기고자 하였다. 따라서 당원 및 대의원 선출권에 있어서는 과거에 비해 상당한 수준에서 분권화의 정도가 강화되었다고 할 수 있다. 그러나 문제는 후보선거인단 구성이 여전히 폐쇄적으로 남아있다면 분권화로의 개혁만으로는 후보선출과정이 민주화되었다고는 할 수 없다는 점이다. 그것은 결국 후보선출권이 전국적 과두제로부터 지역단위의 과두제로 넘겨진 것에 불과하기 때문이다. 이 문제는 선거인단의 자율성의 문제와 직결되는 것으로, 지구당의 대의원이 자율성이 없는 경우에는 단순히 지역단위에서 지구당위원장의 의중을 추인해 주는 절차적 의미이상은 없을 것이다(이현출, 2003: 25). 따라서 대통령후보 선출과정에서 진정한 의미에서 분권화가 이루어지려면 각 지구당에서 지구당위원장의 선출에서부터 선거인단의 자율성이 크게 강화되어야 할 것이다.

다음으로 '개방성'의 측면을 살펴보자. 민주당의 국민경선제는 그동안 공직 후보 선출과정의 폐쇄성에서 벗어나, 대통령후보 선출과정을 일반 유권자들에게 '개방'한 것이라고 볼 수 있다. 즉, 정당의 최고 지도자에 의한 배타적 지명에서 일반당원 나아가 일반 유권자에게까지 후보선출과정에 있어서 참여를 크게 확대한 것이다. 민주당의 대통령선거 후보 선출을 위한 선거인단은 전체 7만명으로, 그 중에서 50%인 3만 5천명을 일반유권자 중에서 공모를 통한 공모선거인단으로 구성하였다. 이전까지 후보 선출을 주도해온 전국대의원대회 대의원의 비율은 20%로 제한함으로써 개방성의 측면에서 커다란 진전이 이루어진 것이라고 평가할 수 있다(〈표 4-14〉).

〈표 4-14〉 새천년민주당과 한나라당 국민경선 선거인단 구성 비교

	새천년민주당	한나라당
대의원 일반당원 공모선거인단[*]	14,000(20%) 21,000(30%) 35,000(50%)	15,000(30%) 10,000(20%) 25,000(50%)
총　계	70,000(100%)	50,000(100%)

 * 민주당: 지역별·성별·연령별(40세 기준) 인구비례, 한나라당: 지역별 인구비례
 ** 당원: 지역별 인구비례, 여성 30%, 40세미만 30% 할당

2) '참여'의 확대와 '대표성'의 제고

아울러 민주당은 지역정당의 한계를 극복하고자 일반유권자의 경우, 지역별 인구비례에 의해 대의원을 배분하되 성별·연령별 대표성을 반영하려 노력하였다. 일반 당원대의원의 경우에도 여성 30% 이상, 40세 미만 30% 이상을 의무화함으로써 성별·연령별 대표성을 높이고자 하였다(〈표 4-15〉).

〈표 4-15〉 새천년민주당 국민경선 참여자의 성별·연령별 분포

총투표율	투표 참여자 성별구성	투표참여자 연령별 구성
41,018 / 70,000(명) (58.5%)	남자 80.7%	20대 23.9%
		30대 47.5%
	여자 19.3%	40대 23.2%
		50대이상 5.4%

 * 출처: 새천년민주당 선거관리위원회 선거인단분과 자료. (2002. 2), 재구성

이와 유사하게 한나라당 역시, 선거인단의 규모는 민주당보다 다소 적은 5만명이지만 전체 선거인단의 50%에 해당하는 2만 5천명을 공모선거인단으로 구성하였고, 나머지 50%에 해당하는 2만 5천명 가운데 30%(1만 5천명)는 대의원으로, 10%(1만명)는 당원 가운데 선정하였다. 그리고 지역별 인구에 비례하여 공모선거인단을 선정하였으며, 성별·연령별 대표성도 동시에 고려하였

다(〈표 4-14〉).

특히 참여의 측면에서 가장 고무적인 양상은 민주당의 경우, 일반유권자를 대상으로 공모했던 공모선거인단의 경쟁률에서 확인할 수 있다. 전체 7만명의 선거인단중 50%인 3만 5천명(실제 숫자는 33,250명)을 배정했던 공모선거인 단에 응모한 일반유권자는 184만 명에 달했고, 경쟁률은 무려 48대 1에 달했 다. 이 숫자는 후보진영이 자금과 조직을 동원했다는 지적이 제기되었지만, 이를 감안하더라도 분명 동원 이상의 국민적 참여에 대한 기대가 반영된 것이 었다(〈표 4-16〉). 또한 '노사모' 현상에서 보듯이 상당부분 자발적 참여의 성격을 지녔음을 보여주고 있다.[33]

〈표 4-16〉 새천년민주당의 국민경선 선거인단 공모경쟁률

구 분	선거인단수	경쟁률(%)
전 체	33,250	48.0
40대 이하 남자	8,630	47.0
40대 이상 남자	7,763	63.0
40대 이하 여자	8,232	43.0
40대 이상 여자	8,625	41.0

* 출처: 새천년민주당 선거관리위원회 선거인단분과 자료. (2002. 4), 재구성

반면, 한나라당의 국민경선제는 일반유권자들의 폭발적인 참여를 이끌어내 지 못하였다. 언론보도에 따르면, 처음 치러진 인천 지역의 국민선거인단 선 정에서 1,220명 정원에 4,500여명이 지원함으로써 불과 3.7대의 경쟁률을 보

---

[33] 실제 각 지역의 경선장에는 선거인단으로 선출되지 못한 일반 유권자들도 1천명 씩 모여 끝까지 관람을 하는 등 일반 유권자들도 뜨거운 관심을 보여주었다. 또한 노사모 회원들의 자발적인 참여와 이들이 보여준 조직력과 열기 등은 한국정당 정 치에서 유례를 찾아보기 드문, 밑으로부터의 정치참여운동이었다.

였다.[34] 물론 민주당의 경우에는 경선에 참여한 후보자가 상대적으로 많았고, 또한 이들 가운데 4~5명은 경선 초·중반까지 의미있는 수준의 득표를 하고 있었기 때문에 이들 후보들이 조직적인 동원을 통해서 국민경선 참가자의 숫자가 크게 증가된 측면도 있다. 그러나 이와 같은 점을 감안하더라도 48대 1과 3.7대 1의 경쟁률의 차이가 보여주는 것은, 한나라당이 국민경선을 통해서 유권자들의 관심과 참여욕구를 불러일으키는데 성공하지 못하였음을 보여주는 것이다.[35]

다음으로 참여의 또 다른 측면은 선거인단의 실제 투표율에서도 찾아볼 수 있다. 민주당의 전체 선거인단의 투표율은 58.5%로 7만명중 41,018명이 투표에 참여한 것으로 나타났다. 이러한 참여율은 외형상 상당히 낮은 것으로 보이나, 지역별 순회경선이라는 특성을 고려한다면 좀더 다른 해석이 가능하다.

즉, 〈표 4-17〉을 보면 경선이 시작된 2002년 3월 9일부터 4월 14일까지는 대체로 70% 안밖의 높은 참여율이 유지되었음을 확인할 수 있다. 결국, 노무현 후보의 승리로 굳어진 경선 후반에 투표율이 급격히 떨어졌고, 이인제 후보의 경선 포기 이후인 4월 21일의 경기와 27일의 서울 경선은 각각 20.9%와 34.9%에 급격히 떨어졌다. 따라서 선거 결과가 결정되기 이전까지의 실질적인 경쟁이 이루어지던 시기의 참여율은 70% 내외로 높은 수준을 유지한 것으로 볼 수 있다.

특히 국민경선 과정에서 주목되는 점은 20~30대 젊은 유권자들의 적극적인

---

34) 〈동아일보〉 2002. 4. 9. 한나라당의 경우, 전체적인 경쟁률 자료는 공개되지 않고 있다.

35) 장훈, 2003. "16대 대선과 후보 선출과정: 정당개혁의 경쟁", 11쪽. 또 한나라당 경선이 민주당에 비해 관심을 끌지 못한 이유로는 20~30대 젊은층의 저조한 참여도 지적될 수 있다. 실제, 인천지역 일반유권자 중에서 20대의 비율은 23.7%이지만, 경선에 참여한 20대 선거인단은 2.5%에 그쳤으며, 30대도 일반유권자 30.2%에 훨씬 못 미치는 17%에 불과했다. 그 결과 45세 미만의 일반유권자가 67.6%를 차지하고 있음에도 불구하고 실제 참여율은 38.2%에 그쳤다. 반면 일반유권자의 11.6%에 불과한 50대의 선거인단 구성비율은 24.6%에 이르러 인구 구성상 연령비율이 크게 역전되어 있음을 알 수 있다. 정대화, 2002. 『포스트 3김시대의 한국정치』, 서울: 개마고원, 142쪽.

참여를 통해 낡은 정치문화를 바꾸는 계기가 되었다는 점이다. 그동안 유권자의 50%를 차지하는 젊은층들의 투표불참은 한국정치의 문제점으로 지적되었는데, 국민경선이 시작되면서 오히려 젊은 유권자들이 경선 분위기를 주도해 나갔다. 노사모는 이러한 자신들의 실천을 정치에 대한 자발적인 '시민참여활동'으로 규정짓는다. 노사모의 활동은 대안적 공론장인 인터넷을 통해 조직되었고 활동을 전개해왔으며, 이러한 활동은 인터넷에 머물지 않고 현실공간으로 이어져 노무현 후보의 당선에 결정적 역할을 한 것으로 평가된다. 특히 노사모의 활동에서 볼 수 있듯이 온/오프라인을 통한 정치참여의 상호작용은 참여의 양과 질을 확대하고 높일 수 있다는 점에서 새로운 정치참여 모델로 평가할 수 있다. 노사모에 대한 자세한 분석은 제4절에서 시도할 것이다.

민주당과 한나라당의 국민경선제는 여러 가지 점에서 차이점보다는 공통점이 더 많다. 지금까지 살펴본 대로, 우선 참여의 측면에서 선거인단의 구성에 있어 당원과 대의원뿐만 아니라, 일반유권자에게 50%를 배정하여 개방성을 확대하고 참여를 증대시켰다. 또한 양당이 모두 전자투표제를 도입하고, 경선 횟수와 순서는 상이하지만 양당 모두 지역별 순회경선제를 실시하였다.

<표 4-17> 새천년민주당 국민경선제 전자 투.개표 절차

지역	선거인수	투표자수	후보별 득표수(득표율 %)								투표율 (%)
			김중권	노무현	정동영	김근태	이인제	한화갑	유종근	무효	
제주	792	675	55 (8.2)	125 (18.6)	110 (16.4)	16 (2.4)	172 (25.6)	175 (26.1)	18 (2.7)	4	85.2
울산	1,424	1,017	281 (27.8)	298 (29.4)	65 (6.4)	10 (1.0)	222 (21.9)	116 (11.5)	20 (2.0)	5	71.4
광주	1,941	1,572	148 (9.4)	595 (37.9)	54 (3.4)	사퇴	491 (31.3)	280 (17.9)	사퇴	4	81.0
대전	1,876	1,336	81 (6.1)	219 (16.5)	54 (4.1)		894 (67.5)	77 (5.8)		11	71.2
충남	2,658	1,958	196 (10.1)	277 (14.2)	39 (2.0)		1,432 (73.7)	사퇴		14	73.7
강원	2,220	1,488	159 (10.7)	630 (42.5)	71 (4.8)		623 (42.0)			5	67.0
경남	4,201	2,401	사퇴	1,713 (72.2)	191 (8.1)		468 (19.7)			29	57.1
전북	2,975	2,211		756 (34.3)	738 (33.5)		710 (32.2)			7	74.3
대구	3,396	1,832		1,137 (62.3)	181 (9.9)		506 (27.7)			8	54.0
인천	3,522	1,972		1,022 (51.9)	131 (6.7)		816 (41.4)			3	56.0
경북	3,856	2,111		1,246 (59.4)	183 (8.7)		668 (31.9)			14	55.0
충북	2,048	1,212		387 (32.1)	83 (6.9)		734 (61.0)			8	59.2
전남	3,278	2,098		1,297 (62.0)	340 (16.3)		454 (21.7)			7	64.0
부산	5,086	2,132		1,328 (62.5)	796 (37.5)		사퇴			8	41.9
경기	12,593	2,637		1,191 (45.5)	1,426 (54.5)					20	20.9
서울	17,153	5,979		3,924 (66.5)	1,978 (33.5)					77	34.9
인터넷	1,750	1,750		1,423 (81.3)	327 (18.7)					0	100.0
합계	70,769	34,381	920	17,568	6,767	26	8,190	648	38	224	48.6

* 출처: 새천년민주당 선거관리위원회 디지털분과 자료(2002. 3월. 4월) 재구성

그러나 이러한 제도적 유사성에도 불구하고 다음과 같은 상이성도 확인된다. 민주당이 과반수 득표를 위해 '호주식 선호투표제'[36](alternative voting system)를 도입하여 모든 후보를 대상으로 순위투표를 한 반면, 한나라당은 '단순다수제' 방식을 적용해 유효표의 최다 득표자가 대통령 후보에 선출되도록 하였다. 또한 민주당이 선거인단수의 2.5%에 해당하는 몫의 인터넷 투표를 처음으로 실시한 반면, 한나라당에서는 인터넷 투표를 실시하지 않았다. 이상 민주당과 한나라당의 국민경선제를 비교하면 〈표 4-18〉과 같다.

---

36) '호주식 선호투표제'는 하바드 대학의 웨어(W. R. Ware) 교수가 주창한 제도로, 호주는 1918년 이 투표방식을 채택한 이래 연방하원선거에서 지속적으로 적용하고 있다. 선호투표제의 장점은 첫째, 유권자의 입장에서 보면, 자신이 첫 번째 선호로 지지한 후보가 당선되지 못하더라도 다음으로 선호하는 후보에게 표가 이양되기 때문에 유권자의 의사가 최종까지 반영되므로 유권자는 소신투표를 할 수 있고, 둘째, 모든 후보에게 기표함으로써 사표를 줄일 수 있고, 과반수 득표를 획득하지 않고도 당선될 수 있는 단순다수득표제의 단점을 보완하고 있다. 셋째, 결선투표 없이 한번의 투표로 과반수 득표자를 선정할 수 있어 경제적 비용을 절감할 수 있다. 반면, 투표방식이 종래의 1인 기표방식보다는 어렵고 개표에 많은 시간이 소요된다는 단점도 있다. 호주식 선호투표제에 대해서는 새천년민주당, 『당 발전과 쇄신을 위한 특별대책위원회 활동백서』, 247~258쪽 참조.

<표 4-18> 새천년민주당과 한나라당의 국민경선제 비교

항 목	새천년민주당	한나라당
후보자 선출 시기	· 대통령 임기만료 1년전부터 정당 추천 대통령후보자 등록 개시일 전까지 지정	· 선거일전 180일
선출방식	· 직접투표, 1인 1표의 선호투표 방식, 전자투표를 원칙	· 직접투표, 1인 1표 종다수득표제
선거인단 구성	· 전국대의원대회 대의원 · 전국대의원대회 대의원이 아닌 일반당원선거인 · 국민일반을 대상으로 하는 공모 당원선거인(공모에 응한 기존 당원과 신규당원 중에서 시도별 추첨으로 선정)으로 구성	· 전당대회 대의원 · 일반당원 선거인 · 국민참여 선거인(일반국민을 대상으로 한 신규모집당원 선거인)으로 구성
선거인단 규모	· 최소한 인구 1,000명당 1인 이상 · 2002년의 경우 전체 70,000명 · 전당대회 대의원(20%): 14,000명 · 일반당원(30%): 21,000명 · 나머지 50% 35,000명중 95%인 33,250명 국민참여 선거인 · 5%인 1,750명은 인터넷 투표	· 전당대회 대의원 15,000인 이내 · 일반당원 선거인 10,000인 이내 · 나머지 국민참여 선거인을 포함하여 전체 50,000인 이내
실시 지역	· 16개 선거구 ·	· 11개 선거구
인터넷 투표	· 전체 선거인단의 2.5%에 대해 인터넷 투표 실시	· 비도입

* 출처: 새천년민주당 당헌·당규집(2002), 한나라당 당헌·당규집(2002) 재구성

3. 국민경선제의 특징 2: 정보통신기술의 도입

1) 전자투표

민주당과 한나라당이 실시한 국민경선제의 또 다른 특징은 정보통신기술을 적극 활용하여 전자투표를 실시했고, 특히 민주당은 인터넷 투표를 도입한 점이다. 우선, 민주당은 컴퓨터를 이용한 전자투표라는 첨단투표방식을 도입함으로써 선호투표제의 단점인 개표시간을 대폭 단축시켰다.[37] 민주당이 도입한 전자투표는 '터치 스크린'방식의 투표시스템으로서 시중에서 흔히 볼 수 있는

현금자동인출기 형식과 같이 화면안내에 따라 누구나 쉽게 투표할 수 있는 방식이다. 그리고 기존 투표용지에 해당하는 '전자투표권'도 버스카드와 유사한 종류를 사용함으로써 새로운 투표 방식에 대한 거부감을 줄였고, 신원확인 절차 역시 전산화하여 투표 전과정의 소요시간과 경비를 줄이는 효과를 얻었다. 더욱이 이러한 첨단 투표방식은 투표 종료와 동시에 개표가 가능해 선거에서 개표에 소요되는 시간과 인력을 절감할 수 있었고, 기존 투표방식에서의 유·무효표 논란과 재검표 시비 같은 문제를 동시에 해결할 수 있었다.

한편, 민주당의 전자투표는 시스템상의 투·개표에 대한 공정성과 비밀 보장성 및 시스템 안정성 등에 대하여 국가적 공신력을 갖춘 한국전산원의 감리를 거쳐 인증을 받았으며, 중앙선관위와 개발업체 그리고 한국전산원이 공동으로 자체시험과 모의투표를 실시하여 검증하였다. 민주당이 실행한 터치스크린 방식의 전자투표의 기표방식은 다음과 같으며, 전자투표 절차는 〈그림 4-2〉와 같다.

① 발급된 투표카드를 가지고 기표소에 들어간다.
② 투표카드를 리더기에 터치하면 투표프로그램이 가동된다.
③ 손가락으로 후보자가 있는 화면을 터치한다.
④ 이후 확인버튼을 누르면 투표결과가 개표 서버로 전송된다.
⑤ 출구에서 카드를 반납한 후 퇴장한다.

---

37) 민주당은 2000년 8.30전당대회에서도 4인연기명 투표방식으로 최고위원선거를 실시한 바 있다. 이때 처음 전자투표를 도입해 50대의 단말기를 이용하여 8,710명에 달하는 대의원들의 투표를 불과 2시간 30분만에 완료하고, 개표결과 집계를 단 6분만에 완료하는 효율성을 보였다.

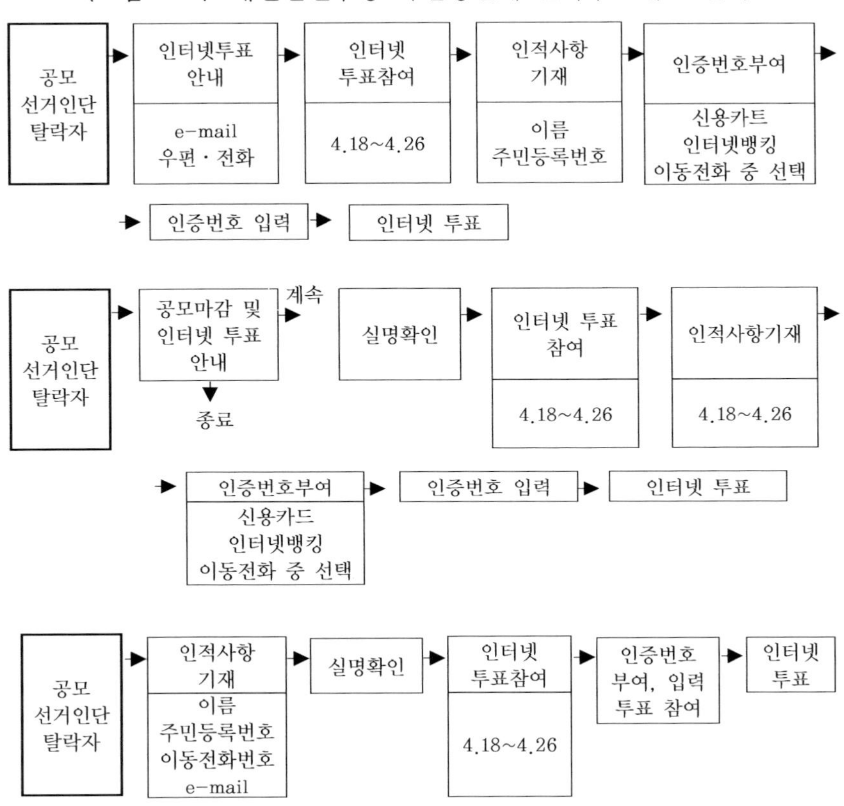

* 출처: 새천년민주당 선거관리위원회 디지털분과 자료(2002. 3월, 4월)

2) 인터넷 투표의 도입

민주당 국민경선제의 두 번째 특징은 한나라당과 달리 한국 선거사상 최초로 인터넷 투표를 도입했다는 점이다. 2002년 국민경선 당시 한국의 전제 유권자 3천 239만명중 네티즌수는 74.5%인 2천 412만명에 달하며, 특히 투표 참가율이 낮은 20~30대의 네티즌 비율이 높다(〈표 4-19〉). 따라서 민주당이 실시한 인터넷 투표는 비록 전체 선거인단의 2.5%(1,750명)에 불과했지만(〈표

4-20〉), 그동안 각종 선거에서 투표율이 낮은 20~30대 네티즌들을 겨냥해 실시했다는 점에서 정보화시대에 참여민주주의의 새로운 장을 열고자 했다는 점에서 적극적으로 평가된다.

〈표 4-19〉 한국의 연령별 유권자수 대비 네티즌 현황(2002년)

연령	유권자수	연령별 비율(%)	네티즌수	네티즌/유권자 비율(%)
20대	880만	27.2	703만	79.9
30대	878만	27.1	544만	61.9
40대	611만	18.9	263만	43.0
50대 이상	870만	26.8	80만	9.2
합계	3,239만	100%	2,412만	74.5%

* 출처: 새천년민주당 사이버홍보지원단(2002. 2)

〈표 4-20〉 새천년민주당 인터넷 투표 현황

총투표자수 = 41,018 (전체 7만명중 2.5%인 1,750표)	성별(%)		연령별(%)			
	남	여	20대	30대	40대	50대 이상
	80.7	19.3	23.9	47.5	23.2	5.4

* 출처: 새천년민주당 선거관리위원회 디지털분과 자료(2002. 4) 재구성

민주당의 인터넷 투표에는 일반 선거인단에 참여하지 않은 만 20세 이상 성인이면 누구나 참여할 수 있었으며, 본인 확인 방법에 있어서도 신용카드, 휴대폰, 은행계좌 등 다양한 방식을 통해 인터넷 투표를 안정하여 편리성을 도모하였다. 이러한 인터넷 투표는 2002년 4월 1일자로 발효된 '전자서명법'과 여론조사결과를 당내 경선에 반영할 수 있다는 중앙선관위의 유권해석(2002. 2. 4일)으로 가능하게 되었으며[38], 기술적 측면에서도 투표시스템에 방화벽과

침입탐지시스템을 완벽하게 갖추었다. 또한 해킹으로부터 보호를 위해 인증과정에서 입력한 개인정보는 시스템에 남기지 않음으로서 안정성과 개인정보 보호를 추구했다. 민주당의 인터넷 투표는 순회경선의 마지막 날인 서울지역 선거인단 개표결과 발표 직전에 공개되었고, 지역순회경선과는 달리 선호투표제를 적용하지 않고 후보 가운데 1명만 선택할 수 있게 했다.

민주당의 인터넷투표는 선거의 4대 원칙(보통·평등·직접·비밀선거)에도 벗어나지 않는다고 할 수 있다. 이 원칙은 온라인 방식으로 진행될 인터넷 투표에서도 준수되어야만 공정성과 신뢰성을 확보할 있는 것이다. 민주당의 인터넷 투표는 직접 현장투표에 참여하는 선거인단을 제외하고는 만 20세 이상 모든 국민에게 차별없이 투표권을 부여함으로써 사회적 신분·교육·재산·인종·신앙·성별 등에 의한 자격요건의 제한없이 일정한 연령에 달한 모든 국민에게 원칙적으로 선거권을 인정하는 보통선거를 충족하였으며, 모든 유권자에게 동등하게 1인 1표의 투표의 투표권을 인정하는 평등선거(one man one vote)를 실현하였다.

그리고 참여하고자 하는 모든 선거인단이 인터넷을 통하여 직접선거를 할 수 있게 하였고, 유권자 정보관련 데이터와 투표결과 데이터를 분리 처리하여 유권자 개인의 투표 내역을 추적할 수 없도록 함으로써 선거인이 어느 후보자를 선택했는지 알 수 없게 하는 무기명 비밀투표를 보장하였다. 또한 보안 및 조작방지를 위하여 구성된 실시간 모니터링위원회와 인증위원회를 24시간 운영하여, 인터넷 투표가 가져올 수 있는 단점들을 최소화하는 방안을 강구하였다. 민주당의 인터넷 투표 절차는 〈그림 4-3〉과 같은 방법으로 시행되었다.

---

38) 인터넷선거가 실현되기 위해 당원가입을 서면으로 받아야 한다는 정당법 제 20조항을 개정하기 위해 민주당의 허운나의원과 송영길의원은 인터넷과 팩시밀리를 이용한 입당신청을 허용하도록 하는 정당법 개정안을 국회에 제출하였다. 또한 허운나의원이 대표발의하고 민주당의 당론으로 발의된 전자서명법의 "다른 법령에서 문서 또는 서면에 서명 또는 기명날인을 요할 경우, 전자문서에 공인전자서명이 있을 때에는 이를 충족한 것으로 본다"는 규정은 중앙선관위가 2002년 4월 1일부터는 "인터넷으로도 입당신청을 받을 수 있다"라는 유권해석을 내리게 된 배경이 되었다.

<그림 4-3> 새천년민주당 국민경선제 인터넷 투표 절차

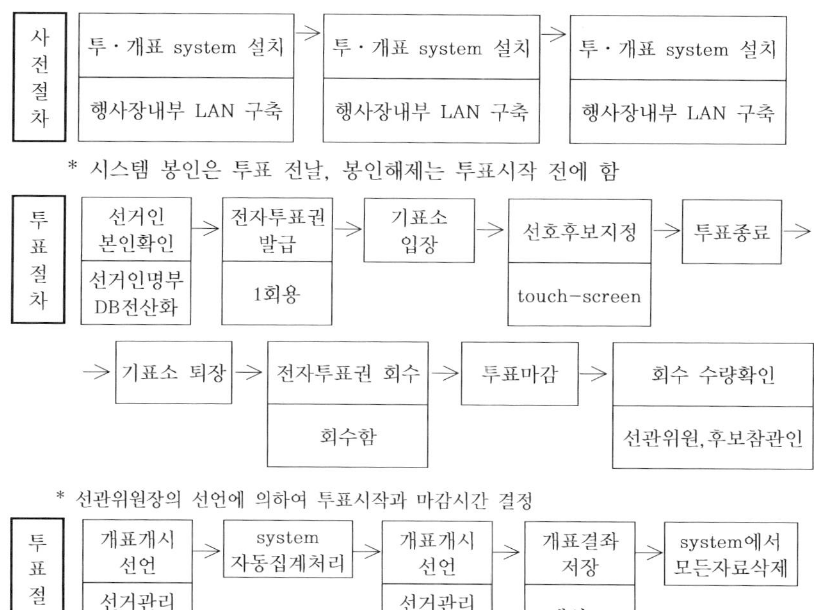

※ CD관리: 선호투표 적용을 위하여 국가중앙선관위와 당선관위가 각각 1장씩 보관
* 출처: 새천년민주당 선거관리위원회 디지털분과 자료(2002.3월, 4월)

4. 국민경선제의 결과: '배타적·폐쇄형' 정당에서 '개방적·참여형' 정당으로

지금까지 국민경선제의 도입배경과 제도적 특징을 정치참여의 확산이라는 맥락속에서 살펴보았다. 한나라당과 민주당의 국민경선이 제도적인 유사성과 동시에 상이성을 가지고 있지만, 기본적으로는 일반국민이 참여할 수 있는 개방형 상향식 공천으로 유형화할 수 있다. 즉, 양당 모두 정당의 '분권화'와 '개방화', 그리고 '참여 확대'와 '대표성 제고'라는 원래의 목표를 부분적으로는 성취하였다고 볼 수 있다.

국민경선의 중요한 성과는 일차적으로 정당의 공직후보자 선출과정이 당원 일부만 참여하는 '배타적이고 폐쇄적'인 방식에서 국민들이 참여하는 '개방적이고 참여적'인 방식으로 바뀌었다는 점이다. 이는 단순한 절차상의 변화가 아니라, 정당의 주요 결정권을 국민과 당원들에게 돌려주었다는 점에서 매우 본질적인 변화라 할 수 있다. 국민경선은 국민주권의 확인 과정이자, 그것의 구체적인 표현인 국민참정권의 실현 과정이기 때문이다.

국민경선은 또한 20~30대 젊은 유권자들의 적극적인 참여를 통해 낡은 정치문화를 바꾸는 계기가 되었다. 특히 노사모의 적극적인 정치참여 활동은 새로운 정치참여 모델로 평가될 만큼 인상적이었다. 자신들의 실천을 정치에 대한 자발적인 '시민참여활동'으로 규정짓는 노사모의 활동은 대안적 공론장으로서 인터넷을 통해 조직되었고 활동을 전개해왔으며, 이러한 조직과 활동은 인터넷에 머물지 않고 현실공간으로 이어져 노무현 후보의 당선에 결정적 역할을 한 것으로 평가된다. 특히 우리는 노사모 활동에서 온/오프라인 정치참여의 상호작용을 통해 참여의 양과 질을 확대할 수 있음을 확인할 수 있었다. 요컨대, 국민경선은 한국정치의 오랜 관행인 위로부터의 '동원정치'에서 아래로부터의 '참여정치'로 전환하는 전기를 마련했고, 참여민주주의 새로운 길을 열었다고 평가할 수 있다.

그렇다고 국민경선제가 문제점이 전혀 없었던 것은 아니다.[39] 먼저, 국민경선은 사실상 선거운동이지만 선거법의 적용을 받지 않는다는 문제가 있다. 국민경선 비용도 엄연히 선거비용임에도 불구하고 법 밖에서 집행되는 문제도 있다. 따라서 국민경선을 선거운동으로 간주하여 선거법의 적용을 받도록 합법화하는 조치가 필요하다.

둘째, 선거인단의 개방성과 대표성의 문제를 들 수 있다. 정당의 공직후보 선출과정에 국민경선단을 참여시키기로 한 것은 분명 정당 민주화에 진일보한

---

[39] 한국의 공직후보자 선출의 문제점과 개선방안에 대해서는 김용호 외, 2003. 『정당개혁기조하의 국회의원공천제도 개선에 관한 연구』, 서울: 한국의회발전연구회; 국민경선제의 문제점과 개선방안에 대한 경험적 자료는 정동영과 함께하는 사람들, 2002. 『정동영과 국민경선』, 각각 참조.

것이다. 그러나 현행 정당법 제31조 제3항은 당원이 아닌 사람이 정당의 공직 후보선출 과정에 참여할 수 없도록 규정하고 있어, 일반 유권자의 참여를 제한하고 있다. 또한 선거인단 구성에 있어서 연령별·성별·지역별 대표성을 좀더 엄밀하게 제고할 필요가 있다고 본다.

셋째, 선거관리의 공정성 문제를 지적할 수 있다. 민주당과 한나라당 모두 중앙당 차원의 중립적인 선거관리위원회를 구성했지만, 당 차원의 조직인 까닭에 비주류 후보가 상대적인 불이익을 받을 수 있는 등 불공정 논란이 제기될 수 있다. 따라서 선거관리의 공정성 확보를 위해 경선관리를 중앙선거관리위원회에 위탁하는 방안을 검토해 볼 수 있다.

넷째, 과도한 선거비용 발생과 선거비용 비공개 문제를 들 수 있는데, 이는 선거공영제를 도입하고 사용내역을 공개하도록 선거법에 규정하는 방안을 도입해 볼 수 있다.

마지막으로 후보자측의 조직과 자금을 이용한 동원선거의 문제도 개선되어야 할 과제로 지적된다.

제3절 16대 대선과 온/오프라인 정치참여

여기에서는 16대 대통령 선거에서 온라인 정치참여를 살펴보기로 하겠다. 특히 새로운 매체로 떠오른 인터넷이 선거과정에 어떻게 활용되고, 정치참여에는 어떠한 영향을 미치는가를 살펴볼 것이다. 본 논문에서는 온라인과 오프라인의 상호작용이 정치참여의 질을 높이고 정치참여의 폭을 확대할 것이라는 입장을 견지할 것이다.

2002년 16대 대선의 전과정은 정치적으로 뿐만 아니라, 사회적으로도 우리 사회의 변화를 느끼게 해주었다. 기존 정치사회에 대한 실망과 새로운 정치에 대한 요구는 이미 2002년 초 국민경선제를 통해 확인된 바 있다. 여기에 월드컵에서의 붉은 악마의 경험과 여중생 사망 촛불시위에서 나타난 냉전적 사고의 극복 등은 새로운 정치를 기대하는 국민적 열망을 담아내고 있었고, 그러한 열망이 16대 대선 결과로 나타난 것이라고 볼 수 있다. 한마디로 16대 대선은 '낡은 정치'를 청산하고자 하는 '국민 참여'의 승리라고 할 수 있다.

1. 16대 대선의 구도와 주요 정당의 선거전략

먼저 16대 대선의 선거구도와 주요 정당의 선거전략을 살펴보기로 하자.[40] 16대 대선은 2002년 초 새천년민주당과 한나라당의 대통령후보 선출 단계에서부터 본격적으로 시작되었다.

한나라당은 16대 총선과 6.13 지방선거, 그리고 잇따른 재·보궐선거에서 승리로, 16대 대선에서도 이른바 '이회창 대세론'을 확산시키면서 승리를 확신하는 분위기였다. 한나라당 입장에서는 새로운 선거전략을 구상하기보다는 당시와 같은 분위기를 지속시켜 나가는 것이 가장 안전하고 확실한 대선 승리의 방안이라고 생각하고 있었다. 한나라당은 이전선거에서도 김대중 정부의 실정에 대한 '부패정권 심판론'을 강조하였고 유권자들로부터 지지를 확보하는데 성공하였기 때문이다.

또한 대통령선거가 정권의 업적에 대한 직접적 평가의 성격이 강하다는 사실을 고려할 때, 2002년 초 김대중 정부에 대한 부정적 평가가 긍정적 평가보다 훨씬 높은 상황에서[41], 한나라당 입장에서는 유권자들에게 현정부의 업적에 대한 보상과 처벌이라는 측면을 강조하는 선거전략을 택한 것이다. 따라서 한나라당과 이회창 후보의 전략은 현정부의 실정을 집중적으로 공격하는 '과거 업무수행 평가적인'(retrospective) 전략이라고 볼 수 있으며, 이러한 선거전략은 기본

---

40) 정당의 선거전략은 가능한 정당 내부자료를 중심으로 살펴보겠다. 그러나 민주당은 선거가 끝난 후 16대 대선과정을 평가한 『16대 대통령선거 백서』를 발간한 반면, 한나라당은 이러한 자료를 발간하지 않았고, 기타 내부자료 수집에도 한계가 있었다. 따라서 한나라당의 경우 부득이 언론보도나 주요 당직자들의 언론 인터뷰 등을 참조할 수밖에 없었다.

41) 당시 김대중 대통령에 대한 업적평가를 보면 〈한겨레〉 조사결과, 긍정적 평가가 19.1%, 부정적 평가가 36%로 조사되었으며(한겨레, 2002. 1. 1), 갤럽조사에서도 '잘하고 있다'가 30.5%, '잘못하고 있다'는 응답이 49.1%를 나타내고 있었다(조선일보, 2002. 1. 1).

적으로 네가티브 캠페인(negative campaign)을 주조로 선택하게 된다. '부패정권 심판론'이나 '정권교체' 같은 구호는 이러한 관점에서 나왔고, 선거 초반부터 민주당의 노무현 후보가 김대중 대통령의 계승자임을 집중적으로 부각시켰던 것이다.[42]

반면, 민주당의 입장에서는 김대중 정부에서 계속된 선거 패배를 만회할 수 있는 모든 방안을 모색하여야 하는 상황이었다. 당시 민주당의 선거목표는 이회창의 당선저지로 집약될 수 있고, 단지 이회창의 당선을 저지할 수 있다면 누구라도 상관없다는 절박한 상황이었다. 이러한 정치상황은 오히려 민주당으로 하여금 모든 대안들을 검토할 수 있는 자유로운 상황을 만들었고, 따라서 상향식 후보선출이라는 국민경선제의 도입이 가능했던 것이다.

민주당이 실시한 국민경선제의 결과는 대성공이었다. 국민경선을 통해 민주당의 대통령 후보로 선출된 노무현은 '낡은 정치'를 청산할 수 있는 '새로운 정치'의 상징으로 부상했고, 노 후보의 급격한 지지도 상승은 민주당으로서는 매우 고무적인 것이었다.[43] 따라서 민주당의 기본적인 선거전략은 '새로운 정치'에 대한 국민적 열망을 보여준 국민경선제의 성과를 이어나가는 것이었다. 대표적인 것이 민주당 선거대책본부 산하 조직인 '국민참여운동본부'(이하 '국참')를 들 수 있다. '국참'의 목표는 '개혁과 통합', '미래가치'에 동의하는 100만 국민참여를 조직화하는 것이며, 조직 방향으로는 "자발성에 기초한 동호회간의 수평적인 네트워크를 구축"하는데 있었다. 이러한 '국참'의 선거운동 방식은 기존의 방식과는 전혀 달랐으며, 그 성격은 자원봉사자 중심으로 구성되어 "국민참여경선제의 성격을 잇는 국민참여형 선거대책기구"라고 할 수 있다.[44]

---

42) 더욱이 한나라당의 이회창은 민주당의 가장 강력한 대선 후보였던 이인제의 지지도와 비교하여 10%가 훨씬 넘는 차이를 계속 보여왔으며, 당내에서도 이회창 이외에는 다른 대선 후보를 거론할 수 있는 분위기가 아니었다. 2001년 10.25 재·보선 직후인 10월 30일 〈한겨레〉 여론조사에서는 이회창 46.2%, 이인제 34.6%로 이회창이 11.6% 포인트 우위를 보였고, 이회창(50.1%)과 노무현과(29.7%)의 대결에서도 이회창은 20.4% 포인트 우위를 보였다.

43) 민주당의 국민경선이 끝난 후 2002년 5월 1일 동아일보-KRC(코리아리서치센터)가 실시한 여론조사결과, 민주당 노무현후보(43.0%)가 한나라당 이회창(32.9%) 전총재를 10.1% 포인트 앞서는 것으로 나타났다.

이러한 민주당의 선거전략은 과거 정권에 대한 심판보다는 '새 정치'와 '21세기' 등 '미래 가능성을 평가하는'(prospective) 전략이라고 볼 수 있으며, 기본적으로 포지티브 캠페인(positive campaign)을 지향하게 된다는 점에서 한나라당의 선거전략과 비교된다.

요컨대, 16대 대선의 기본구도는 한나라당 이회창 후보의 '부패정권 심판론'과 민주당 노무현 후보의 '낡은 정치 청산론'[45]이 대립되는 선거였다고 볼 수 있다(〈표 4-21〉). 그러나 선거의 대립구도를 좀 더 자세히 살펴보면, 개혁-보수의 대립, 지역주의적 대립, 세대간 대립 등 세 가지 대립구도가 중첩되어

---

44) '국참'의 주요 사업계획을 보면, 1)정책·기금·자원봉사 등 자신의 이해와 처지에 따라 서포터즈 활동을 하는 동호회들의 네트워크로 '100만 서포터즈 사업단 네트워크'(예, 건강사회를 위한 00시민 1인 1구좌 갖기 모임, 장애우 투표장 함께 가기 00시민회 등), 2)20~30대 투표참여 약속 동호회들의 네트워크로 '투표참여 20303 네트워크'(예, 00대 노문학과 투표참여 모임, 00지역 20대의 힘 모임 등), 3)나라·이웃·지역, 환경 세금 등 무관심했던 생활 속의 작은 것들에 관심을 갖는 동호회들의 네트워크로 '관심갖기 네트워크'(예, 세금의 올바른 사용 감시를 위한 시민 모임, 불공정보도 감시 모임 등) 등 3대 네트워크 구축을 추진하였고, 이외에도 ① 깨끗한 정치, 깨끗한 대통령을 염원하는 국민들의 희망을 담은 '희망돼지·희망티켓 분양사업', ② '돼지꿈 유세단' 운영, ③ 젊은층 투표율 제고를 위한 '투표참여 캠페인' 전개 등 특별사업을 추진하였다(새천년민주당, 『제16대 대통령선거 백서』, 126~139쪽). 한편 민주당은 이러한 '국참' 활동에 대해 첫째, 소액 다수의 후원자에 의한 깨끗한 선거자금의 모금과 자발적인 자원봉사자에 의한 신나는 선거운동을 추구하고, 둘째, 대선용의 일회성 운동이 아니라, 당 개혁의 프로그램으로 진성 당원화와 당원 배가운동의 기초를 마련할 수 있었으며, 셋째, 이들 자원봉사자들은 수동적 동원세력에서 우리 정치의 당당한 주체로 참여하는 새로운 정치 동력으로 부상할 수 있었다고 평가하고 있다. 새천년민주당, 2003: 129쪽.

45) 민주당은 16대 대선 홍보 컨셉으로 '낡은 정치' 대 '새로운 정치'를 기본 대립구도로 설정했다. 민주당은 대표적인 '낡은 정치' 사례로 ① 흑색선전 ② 경선 불복과 철새정치 ③ 지역감정 선동 ④ 색깔론 ⑤ 사조직과 직능단체를 이용한 불법 선거운동 ⑥ 지방자치단체장의 관권 개입 ⑦ 유세장 대규모 청중동원 및 향응제공 등을 제시하고 있다. 반면, '새 정치' 사례로는 ① 국민참여경선제 ② 국민참여운동본부 ③ 깨끗한 정치자금 마련을 위한 국민후원금 모금과 희망돼지, 희망티켓 ④ 저비용·고효율 정치 ⑤ 멀티미디어적인 접근을 통한 대안언론 기능 ⑥ PMI선거를 통한 포지티브 캠페인 ⑦ 젊은층의 정치관심 유도 ⑧ 지역대결구도 완화 ⑨ 세대별구도 완환 등을 들고 있다. 새천년민주당, 2002. 『제16대 대통령선거 백서』, 76~83쪽.

형성되었고, 개혁-보수의 대립구도가 나머지 대립구도를 압도하는 형국이었다. 그리고 세대간 대립구도는 개혁-보수의 대립구도와 동일축에서 형성되었으며, 지역대결구도의 약화가 개혁-보수의 대립구도와 세대간 대결구도를 촉진하면서 전개되었다고 볼 수 있다(정대화, 2002: 3~4). 이에 대해서는 다음 항에서 자세히 살펴보기로 하겠다.

〈표 4-21〉 노무현 후보와 이회창 후보의 대립구도 및 주요 선거전략 비교

	노무현 후보	이회창 후보
기본 대립구도	낡은 정치 청산론	부패정권 심판론
홍보 메인 컨셉	새로운 대한민국	나라다운 나라
대표적 TV광고	눈물, 유쾌한 정치개혁	위험 대 안전
대표적 신문광고	새로운 대한민국	DJ정권 계승
인터넷 홈페이지 활용	온라인 네트워크, 개방성	후보의 젊은 이미지 강화 전술에 만족
선거운동 방식	미래지향적(prospective)	회고적(retrospective)

2. 국민참여의 확산과 PMI 선거캠페인

16대 대선의 기본구도가 '부패정권 심판론' 대 '낡은 정치 청산론'의 대립구도로 형성되고, 민주당의 국민경선때부터 새로운 정치에 대한 요구와 밑으로부터의 국민참여에 대한 열망이 확인되었다. 따라서 선거 캠페인에서도 과거와는 다른 새로운 전략이 요구되었는데, 이러한 변화를 적극적으로 수용하고 새로운 선거 캠페인을 시도한 쪽은 한나라당보다는 민주당과 노무현후보 진영이었다.

16대 대선에서 민주당은 막대한 선거자금과 조직을 동원한 과거의 선거와는 달리, PMI(Policy, Media, Internet)를 바탕으로 한 포지티브 선거 캠페인을

180

전개하였다. 당시 민주당은 노무현 후보의 지지도가 하락하자, 당 소속 일부 정치인들이 유력한 후보를 찾아 탈당을 하는 등 조직력이 취약하고, 선거를 위한 후원회가 불가능할 정도로 중앙당의 재정이 악화된 상태였다. 이러한 악조건 속에서 선거를 치루어야 했던 민주당의 선거대책본부는 조직과 자금을 동원한 선거대신 정책·미디어·인터넷 선거 캠페인에 역점을 두었다. 정책(policy)에 있어서 쟁점을 선점하고, 이를 바탕으로 적절한 미디어(media) 선거전을 이끌었으며, 또한 인터넷(internet)의 특성을 살린 쌍방향 선거운동과 선거 캠페인, 그리고 자발적 참여의 방식을 선거운동의 핵심으로 이용함으로써 이전과는 전혀 다른 선거전을 이끌었다.

이러한 민주당의 PMI 선거 캠페인 방식을 좀 더 구체적으로 살펴보자.

첫째, 정책선거 캠페인이다.

16대 대선과정에서 양 진영간 큰 쟁점으로 부상한 정책은 '햇볕정책'을 둘러싼 대북정책과 '신행정수도건설' 공약이었다. 김대중정부의 햇볕정책을 계승하고 북한과의 대화를 통해 한반도 평화체제를 구축해야 한다는 노무현 후보의 주장과 미국 부시 대통령의 '악의 축' 발언을 지지하며 햇볕정책에 의한 대북 인도적 지원을 '퍼 주기식'이라는 이회창 후보의 주장은 극명하게 대비되었다. 그러나 여론조사결과를 보면, 유권자들은 이들 양자의 주장에 대해 노무현 후보의 주장을 지지한 것으로 나타났다.[46] 실제, 강원도 양구, 인제, 경기도 연천 등 군사분계선과 접경지역에서의 투표결과도 햇볕정책에 대한 국민적 지지를 반영한 것으로 해석된다(〈표 4-22〉). 이전 선거에서 민주당의 열세지역이었던 이들 지역에서 노무현 후보가 승리한 것도 햇볕정책에 대한 유권자들

---

46) 2002년 2월 6~7일 내일신문-한길리서치의 여론조사에 따르면, 부시 미대통령이 연두교서에서 북한을 '악의 축'으로 규정한 것에 대해 '적절치 못했다'는 평가가 70.9%인 반면, '적절했다'는 응답은 28.2%에 지나지 않았다. 또한 '김대중정부의 대북 햇볕정책에 대해 어떻게 생각하느냐'는 질문에 57.2%가 '지지한다'고 응답했고, '지지하지 않는다'는 응답은 39.3%로 나타났다. 그리고 '김대중 대통령의 대북정책과 이회창 총재의 대북정책 중 어느 쪽을 지지하느냐'는 질문에는 44.0%가 '김 대통령의 대북정책을 지지한다'고 대답한 반면, '이회창 총재의 대북정책 지지'는 32.9%로 나타났다. 〈내일신문〉 2002. 2. 16.

의 평가의 하나로 볼 수 있는 것이다.

<표 4-22> 강원도 및 경기도 접경지역 16대 대선 투표결과

지 역	노무현 후보(%)	이회창 후보(%)
강원 양구	48.9	44.2
철원	47.9	45.1
인제	48.2	45.6
홍천	47.2	46.1
경기 연천	46.9	41.7
포천	47.4	38.8

* 출처: 중앙선거관리위원회, 2003. 『제16대 대통령선거 총람』.

또한 선거막판 가장 큰 쟁점으로 부상한 신행정수도건설 공약도 유권자들은 민주당의 손을 들어 주었다. 한나라당이 마지막 쟁점으로 삼으며, '서울 공동화', '집값 폭락' 등으로 대응했지만, 결과는 수도권 일부지역의 동요에도 불구하고 오히려 충청권에서는 신행정수도건설에 대한 기대심리 등으로 전국 평균보다 높은 10% 이상의 큰 표 차이로 노무현 후보를 지지하는 결과를 가져왔다.[47]

결국, 16대 대선에서 쟁점이 되었던 두 가지의 대표적인 정책대결에서는 민주당이 주도했고, 결과도 유리한 방향으로 이끌어내 선거 승리의 요인이 되었

---

[47] <문화일보>가 대선 이틀 전에 실시한 이슈별 지지도 조사에서 신행정수도 이전에 대한 평가는, 전체적으로는 '긍정적 효과'(45.9%)가 '부정적 효과'(38.0%) 보다 높게 나타났으며, 특히 대전·충청권에서는 '긍정적 효과가 크다'(52.1%)는 견해가 '부정적 효과가 크다'(33.2%)는 응답을 압도했다(<문화일보> 2002. 12. 18). 실제 충청지역의 투표 결과도 노무현 후보(52.5%)가 이회창 후보(41.3%)보다 10% 포인트 이상 승리했다.

다고 볼 수 있다. 또한 한나라당의 잇따른 폭로정치와 네가티브 선거 캠페인은 실제로 지지율에 큰 영향을 미치지 못한 것으로 확인되었다. 따라서 한나라당이 네가티브 선거전에 치중한 나머지 정책과 비전 제시에 실패한 점은, 역설적으로 16대 대선을 계기로 한국 선거에서도 정책선거가 정착되는 계기가 될 수 있다는 점에서 긍정적으로 평가할 수 있다.

16대 대선의 두 번째 특징으로는 미디어를 이용한 선거 캠페인을 들 수 있다.

선거기간 화제가 되었던 노무현 후보의 '눈물'편 TV광고나, '자갈치 아지매' 찬조연설의 효과는 민주당이 선거 초반의 승기를 잡는데 많은 기여를 하였다.[48] 민주당의 미디어 캠페인은 정책을 중심 이슈로 한 포지티브 캠페인과 잘 맞추어 기획되었고, TV광고와 찬조연설은 상대적으로 진부하고 차별성 없는 한나라당의 광고와 대비되면서, 노무현 후보의 정책을 더욱 돋보이게 하였다.[49] 또한 미디어 선거는 연령층으로 보아 20~40대 유권자들에게 가장 많은

---

48) TV광고나 방송찬조연설이 선거결과에 어떤 영향을 미쳤는지 확인할 수 있는 자료는 없지만, 방송찬조연설의 경우 여론조사기관의 TV 시청율 조사로 간접 확인할 수 있다.

〈표 4-23〉 16대 대선 방송찬조연설 시청율 조사결과

	민주당 '자갈치 아지매' (2002. 12. 4 방영)	한나라당 김문수의원 (2002. 12. 4 방영)
닐슨 시청율조사	11.2%	6.7%
TNS 시청율조사	12.4%	5.7%

* 출처: 새천년민주당, 『제16대 대통령선거백서』, 195쪽.

49) 언론에서는 16대 대선을 미디어 선거전이 선거 초·중반의 판세를 주도했다고 평가했다. "노무현 민주당 후보는 '눈물' 광고편과 '자갈치 아지매'의 찬조연설로 후보단일화의 상승세를 이어갔고, 권영길 민주노동당 후보는 방송토론을 거치며 대중적 인지도를 급상승시켰다. 이회창 한나라당 후보가 선거기간 내내 고전했던 것도 미디어 영역에서 '화젯거리'를 만들지 못했기 때문이라는 평가가 많다". 또한 "한나라당의 기본적인 광고전략은 '안정희구 세력에 대한 호소'와 '부패정권 교체론 확산'이다. 그러나 난폭한 버스운전사를 등장시켜 안전한 선택을 강조했던 첫 번째 방송광고가 '노무현의 눈물'을 앞세운 민주당 광고에 묻혀버린 데 이어, 여성과 교육정책을 주제로 한 두 번째 방송광고도 "평범하다"는 평가를 받고 있다. 신문광고에서도 '부패정

영향을 미친다고 할 수 있다. 실제로 '눈물'편 TV광고가 방영된 직후, 노무현 후보의 홈페이지에 올라 있는 '눈물'편의 광고는 수십 차례 서버가 다운될 정도로 인기있는 광고였다. 인터넷 이용자가 20~30대 젊은층이라는 사실을 감안할 때, 젊은 세대를 타깃으로 한 민주당의 미디어 선거전략은 적중하였다고 평가할 수 있다(새천년민주당, 2003: 45).

세번째 특징으로는 인터넷을 이용한 선거 캠페인을 들 수 있다.

한국은 지난 5년간 세계 최고 수준의 인터넷 정보통신망을 구축하였고, 인터넷 상용인구가 3천만명에 이르는 인터넷 강국이다. 이러한 조건에서 민주당이 기획한 PMI선거는 철저히 인터넷 세대인 '네티즌'에 초점을 맞춘 선거운동 방식이었다. 후보의 정책과 TV광고, 찬조연설 등은 일회적으로 끝나지 않고 인터넷 공간을 통해 확대되었으며, 네티즌들에게 계속 회자되었다. 16대 대선에서 노무현 후보의 주요 지지기반인 20~40대 연령층에 집중된 네티즌들의 자발적인 선거참여는 노무현 후보 홈페이지(http:// www.knowhow.or.kr), 노사모 홈페이지(http:// www.nosamo.or.kr), 그리고 새로운 매체로 떠오른 대안언론 홈페이지(http://www.ohmynews.co.kr, http://www.seoprise. com, http://www.pressian.com) 등과 그 게시판을 통해 활발히 이루어졌다. 특히 노무현 후보 홈페이지와 노사모 홈페이지에는 일방적인 선전뿐만 아니라, 인터넷의 특징인 쌍방향의 특성을 살린 게시판이 활성화되었다.

나아가 일부 민주당 정치인의 노무현 후보 흔들기와 탈당 직후, 인터넷에서는 곧바로 자발적 선거비용모금운동이 펼쳐져 70여억원의 국민후원금이 모금되는 일이 일어나기도 하였다.[50] 특히 투표직전 '국민통합 21' 정몽준 대표와

권의 계승자' 등을 앞세워 상대를 공격하고 있지만, '우리는 21세기와 상대하겠다'는 민주당의 신문광고에 '되치기'를 당했다는 평가가 나왔다". http://www.hani. co.kr 2002. 12. 18(검색일 2003. 10. 20)

[50] 국민후원금은 온라인 모금이 시작된 2002년 10월 1일부터 16일까지는 1,132명이 960만원을 내는 데 그쳤으나, 김민석 전의원이 탈당한 10월 17일부터 갑자기 후원자가 쇄도해 18일 저녁 8시 현재까지 8,274명이 2억4,301만원 가량을 냈다. 민주당 선대위 인터넷선거특별본부장인 허운나 의원은 "몇몇 의원들의 탈당이 이어지자 노 후보의 지지자들이 급속히 결속한 것으로 보인다"며 "특히 김 전의원의 탈당 소식이 전해지면서 후원금이 폭주했다"고 말했다 (http://www. hani.co.kr 2002. 10. 18). 이를

의 후보단일화 무산이 알려지자, 인터넷을 이용한 '투표참여 및 노무현 후보에 대한 지지호소' 운동이 순식간에 펼쳐지기도 하였다.[51] 또한 새로운 대안언론으로 부각된 인터넷 언론도 16대 대선기간에 확실히 자리 매김 하였다. '오마이뉴스'의 속보성, '프레시안'의 분석기사, '서프라이즈'의 지지논리 설파 등은 20~40대 유권자들에게 기존의 일간지보다 더 큰 영향력을 발휘하였다. 오히려 기존 언론의 논조와 보도태도는 이들 인터넷 매체들과 네티즌들로부터 비판을 받게 되고, 불공정한 언론보도로 인식되는 결과를 초래하기까지 했다. 그리하여 16대 대선에서는 보수적인 주요 신문의 보도와 사설이 과거와 달리 거의 여론을 주도하지 못했다.

한편, 선거초반 정몽준 후보와의 후보단일화로 노무현 후보의 인기가 치솟자, 한나라당은 지지율 열세를 만회하기 위해 2002년 11월 28일 이른바 '국가정보원 전화도청자료'라는 문건을 공개하였다. 한나라당은 김대중 정부의 도덕성에 문제를 제기하여 이를 노무현 후보에 대한 부정적 이미지로 연결시키려는 네가티브 캠페인을 시도했던 것이다. 그러나 이러한 한나라당의 의도는 성공하지 못했다. 오히려 네가티브 캠페인에서 나타나는 자기손해(backfire effect)를 가져왔다고 평가된다.[52]

두고 한 네티즌은 노사모 게시판에 "김민석은 제2노풍의 1등 공신"이라고 적고 있다 (http://www.knowhow.or.kr ID '박현순', 검색일 2003. 9. 20).

51) 투표 전날인 12월 18일 밤 국민통합21 정몽준 대표가 투표를 채 8시간도 남겨두지 않고 '노무현후보 지지철회'를 선언한 후 포털사이트 다음(http://www.daum.net)과 인터넷신문〈오마이뉴스〉에는 밤 10시 20분께부터 관련 뉴스를 확인하고 자신의 의견을 올리려는 네티즌들이 몰리기 시작했다. 처음에는 노후보 지지자들과 정대표 지지자들간에 논란이 있었으나, 19일 새벽 1시께부터 비난과 책임공방보다는 '투표참여'와 주변 사람들을 상대로 노무현 후보에게 투표하도록 설득했다는 글들이 이어졌다. 민노당 지지자들에게 '전략적 지지'를 요청하는 글들이 많았다. 결국 이날 밤 노 후보의 우세가 나타났다. 노 후보가 위험하다는 생각이 더 강한 결집력으로 나타난 것이다 (http://www.hani.co.kr 2002. 12. 19, 검색일 2003. 9. 18). 한편 투표후 〈한겨레〉가 권영길 후보 지지자 120명을 조사한 결과 '정몽준 파문'으로 11.7%가 노 당선자에게 투표한 것으로 나타났다. 이를 권 후보의 95만여표 득표에 대입해 보면, 10여만표가 노 당선자에게 이동한 것으로 풀이된다(http://www.hani.co.kr 2002. 12. 20, 검색일 2003. 9. 18).

52) 실제로 한나라당이 제기한 국정원 도청파문 직후 실시된 여론조사에서도 노무현후

요컨대, 16대 대선에서 한나라당은 유권자들이 가장 관심을 기울이고 있는 것에 대해 제대로 인식하지 못했던 것이다. 국민들은 한나라당의 폭로전에 대해 그 내용에 관심을 가지기보다는 과거정치에서 보여졌던 부정적 이미지를 받았던 것이다. 오히려 유권자들은 이러한 폭로를 통하여 한나라당은 아직도 낡은 정치에서 벗어나고 있지 못하다는 생각을 갖게 되었다. 더욱이 민주당의 대응이 같은 수준에서 폭로내용을 부정하거나 변명하는데 주력하지 않고, 비난선거운동을 자제하겠다는 세련된 전략을 택함으로써 더 이상 이 사안은 주목을 받지 못했다. 특히 이 과정에서 과거와 같이 유리한 언론여건을 활용한 흑색선전이나 사리에 맞지 않는 폭로전이 더 이상 유권자들로부터 수용되지 않게 된 것도, 바로 인터넷의 위력이었다고 할 수 있다.[53]

또한 네티즌들의 활동은 온라인의 활동에만 머물지 않고, 민주당의 취약지역에서는 공식적인 당의 선거조직과 결합하거나 또는 당의 선거조직을 대신하여 자발적 선거운동을 펼쳤다. 이에 대해서는 다음에서 좀더 자세히 언급하기로 하겠다.

3. 한국사회의 균열구조와 정치참여

한국사회의 균열구조는 지역균열, 이념균열, 계급균열, 세대균열로 설명될 수 있다. 이는 한국정당의 사회적 지지기반이나 선거에서의 투표결정요인으로

보와 이회창후보의 지지율 차이는 전혀 좁혀지지 않은 것으로 나타났다. 즉, 국정원 도청파문 직전인 11월 26일 〈중앙일보〉 여론조사에서 노무현후보 42.7%, 이회창 후보 35.2%의 지지도가 국정원 도청파문 직후인 11월 29일 미디어리서치 여론조사 결과에서도 노무현후보 43.0%, 이회창후보 35.8%로 노후보의 상승세가 이어졌다. 또한 부적절한 한나라당의 대응은 언론의 보도태도에서도 확인되는데, 당시 언론은 도청사건에 대한 기사를 중요기사로 다루고 있지 않고, 12월 1일 이후 발생한 여중생 사망사고로 인한 '촛불시위'와 이를 계기로 등장한 'SOFA 개정'이라는 이슈에 묻혀버렸다.

53) 당시 인터넷상에서의 여론은 "국정원 도청과 노무현이 무슨 관련이 있는가?" 하는 것이었다. 즉, 과거와 같이 유리한 언론여건을 활용한 흑색선전이나 사리에 맞지 않는 폭로전이 더 이상 유권자들로부터 수용되지 않게 된 데에는 인터넷의 위력이 크게 작용하였다고 평가할 수 있다.

작용해왔다. 그러나 1987년 민주화 이후에는 지역균열이 거의 배타적인 균열 구조로 고착화되었으며, 1960년대 이후 고도산업화에 따른 계급구조의 양적변화로 계급균열의 외형적인 조건은 형성되었지만, 한국사회에서 계급균열이 실질적인 사회균열로 발전한 징후를 발견하기는 어렵다. 특히 80년대말 이후 한국사회도 전례없는 안정과 풍요를 누려왔고, 환경운동과 소비자보호운동, 여권운동, 반핵운동, 인권운동, 공정선거운동 등 탈물질주의 가치의 핵심적인 이슈들이 등장하면서, 서구 후기산업사회에서 발견되는 탈물질주의 세대의 등장을 가능케 하는 정치경제적 환경을 제공하고 있는 것으로 보인다.[54]

여기에서는 16대 대선에서 한국사회의 주요한 균열구조와 정치참여와의 관계를 살펴볼 것이다. 그러나 균열구조와 정치참여와의 관계는 앞에서 지적한 균열구조중 지역균열이나 계급균열 보다는 세대균열이나 이념균열이 보다 밀접한 관계가 있다고 보여지기 때문에 이 두 가지 균열구조를 중심으로 살펴볼 것이다.

1) 세대요인 및 이념요인과 정치참여

16대 대선은 여러 가지 측면에서 이전의 선거와는 구분되는 흥미로운 현상들이 많이 나타났다. 그중 가장 주목되는 것은 '2030 세대' 또는 '386세대'[55]로 불리우는 젊은 세대의 정치적 참여 증대와 세대간 정치적 태도의 차이가 크게 부각된 점이라고 할 수 있다. 16대 대선에서는 세대별 지지 후보의 차이

---

54) 한국사회의 균열구조에 관한 연구로는 마인섭, 2003. "한국 사회균열구조의 변화와 민주주의의 정착:, 『한국정당학회보』 제2권 1호; 서구에서의 탈물질주의의 새로운 사회균열과 정당지지에 관해서는 Ronald Inglehart, 1977. *The Silent Revolution: Changing Values and Political Styles Among* Western Publics, Princeton: Princeton University Press, 각각 참조.

55) 과거에도 전전세대(戰前世代)나 전후세대(戰後世代), 특히 '4.19세대'나 '6.3세대'와 같이 세대와 정치현상을 연결시킨 경우가 있었다. 그러나 이러한 연결은 한 세대가 공유한 새로운 가치보다는, 그 세대가 겪었던 특정한 사건과 연관지어 구분해왔다. 반면, '386세대'라는 표현은 특정한 정치적 사건을 나타내지 않는다는 점에서 예외적이다. 386은 경제개발이 시작된 1960년대에 태어나 대학이 민주화 투쟁과 이념 열풍으로 정치화된 1980년대에 대학을 다니고, 현재 30대인 세대의 공통점을 부각시키는 표현이기 때문이다.

가 비교적 분명하게 나타났고, 이러한 현상은 과거 선거에서 나타났던 지역변인에 따른 투표행태와는 분명히 달랐기 때문이다.

우리 사회에서 세대간의 차이는 어느 정도 있어 왔으며, 과거 선거에서도 세대간 차이는 존재해왔다.[56] 그러나 세대별 정치적 성향에 대해 이론적으로나 실천적으로 본격적인 논의가 시작된 것은 16대 대선과정이라고 할 수 있다. 특히 젊은 세대의 정치참여와 관련해서는 2002년 초 민주당에서 실시한 국민경선제에서 노무현 후보의 '팬클럽'인 '노사모'의 활동이 주목을 받으면서부터라고 할 수 있다.

그러면 먼저 세대요인과 16대 대선에서 나타난 정치참여와의 관계를 좀더 자세히 살펴보자. 16대 대선에서 나타난 분명한 특징은 선거 초반부터 세대별로 지지 후보가 비교적 확연하게 구분되었다는 점이다. 세대별 후보 지지의 패턴은 선거운동 과정 내내 대체로 일관된 형태로 유지되어 왔다. 즉, 이회창 후보에 대한 지지율은 50대 이상 연령층에서 높게 나타난 반면, 노무현 후보에 대한 지지율은 20~30대 유권자층에서 높게 나타났고, 이러한 현상은 선거 기간 내내 지속되었다. 그리고 연령별 지지 패턴의 차이는 상호 쉽게 전이되지 못하는 일종의 '균열'과 같은 형태로 유지되었다. 즉 민주당의 국민경선으로 '노풍'이 절정에 달하던 시점에도 노무현 후보에 대한 50대 이상 유권자들의 지지는 상대적으로 낮은 수준에 머물러 있었으며, '노풍'이 꺼지고 노무현 후부에 대한 지지가 추락하는 와중에도 젊은 유권자들은 이회창 후보로 지지를 이전하기 보다는 오히려 정몽준에 대한 지지로 옮겨가는 추세를 보여 왔기 때문이다.

---

56) 기존 한국의 세대연구에 따르면, 신세대는 친야반여(親野反與)의 지지성향을 지니고 있지만, 반여의 성향에 비해 제1야당에 대한 지지가 크게 높은 편은 아니어서 야당도 신세대의 지지를 충분히 흡수하지 못하고 있다는 지적이다. 정진민, 1994. "정치세대와 14대 국회의원 선거", 『한국정치학회보』 28집 1호. 이외에도 선거와 세대요인에 관한 연구는 어수영, 1994. "한국인의 가치변화와 민주화", 『민주주의와 한국정치』, 서울: 법문사; 정진민, 1992. "한국선거에서의 세대요인", 『한국정치학회보』 26집 1호; 이남영, 1992. "투표참여와 기권: 14대 국회의원 선거분석", 한국정치학회 국내하계학술대회논문집 『선거와 한국정치』 등을 참조할 것.

예컨대, 〈표 4-24〉는 이회창 후보의 지지가 다른 후보들을 압도하고 있고 노무현 후보와 정몽준 후보의 지지율이 비슷한 수준으로 근접해 가는, 후보단일화 직전 시점의 여론조사 결과이다. 전체적으로 이회창 후보의 지지가 다른 후보에 비해 크게 앞서 있지만, 20~30대 유권자층에서 이회창 후보에 대한 지지는 전체 지지율 36.8%에 크게 미치지 못할 뿐만 아니라 노무현, 정몽준 후보보다 뒤쳐져 있다. 이는 이회창 후보가 젊은 유권자들에게 상당한 정도로 외면당했다는 점을 보여주는 것이다.

〈표 4-24〉 노-정 후보 단일화 직전 후보 지지도

	이회창	노무현	정몽준	기타	모름/무응답
20대	23.4	28.2	30.0	3.2	15.1
30대	29.4	25.3	27.3	3.4	14.6
40대	41.4	18.0	17.3	3.9	19.4
50대 이상	52.9	12.8	12.1	3.4	18.8
전 체	36.8%	21.1%	21.8%	3.4%	16.9%

* 자료: 〈중앙일보〉 2002. 11. 9~10일 조사.

노무현 후보의 지지도가 하락하면 정몽준 후보가 젊은층의 표를 흡수했었고 이후 젊은 유권자들 표의 대다수는 노무현-정몽준으로 사실상 양분되어 있었다. 이런 점에서 본다면 민주당 경선과 함께 시작된 소위 '노풍'은 노무현의 개인적 속성보다 지역주의의 약화와 함께 우리 사회에 내재되어 있던 정치적 변화에 대한 욕구가 반영되어 생겨난 결과임을 강하게 시사해 주는 것이라고 볼 수 있을 것이다(강원택, 2002: 100~101).

이러한 세대별 지지 성향은 실제 선거 결과에서도 그대로 나타났다. 〈표 4-25〉에서 보듯이, 선거 직후 실시된 KBS, MBC 두 방송사와 미디어리서치

(MRC)의 출구조사 결과에 따르면, 20~30대 유권자의 약 60%가 노무현 후보를 지지한 것으로 조사되었고, 반대로 이회창 후보는 50대 이상 유권자층에서 60%에 가까운 지지를 얻은 것으로 나타났다. 40대 유권자층에서는 두 후보에 대한 지지의 비율이 유사하게 나타났다. 따라서 40대를 가운데로 두고 20~30대의 노무현 지지와 50대 이상의 이회창 지지가 뚜렷이 양분되었다는 것을 알 수 있다.

〈표 4-25〉 16대 대선 세대별 투표 결과

조사기관	노무현(%)			이회창(%)		
	MBC-KRC	KBS-Gallup	MRC	MBC-KRC	KBS-Gallup	MRC
20대	59.0	62	62.1	34.9	31	31.7
30대	59.3	59	59.3	34.2	34	33.9
40대	48.1	47	47.4	47.9	49	48.7
50대	40.1	40	39.8	57.9	58	58.3
60대 이상	34.9			63.5		

* 자료: KBS, MBC 방송사 출구조사, 미디어리서치(MRC) 출구조사(2002. 12. 19)

그렇다면 세대와 정치적 성향과는 어떤 관계가 있을까? 만하임(Karl Mannheim)은 『이데올로기와 유토피아』(*Ideology and Utopia*, 1936)에서 개인은 통상적으로 특정한 코호트(cohort) 또는 세대의 성원으로서 자신들의 정치적 태도와 가치를 학습한다고 주장하고 이를 '정치적 세대(political generation)'라는 개념으로 표현했다. 한 세대가 성년에 이르는 기간의 지배적인 정치적 분위기가 그 세대의 정치적 견해 및 정향에 영향을 미친다는 것이다.[57]

---

57) '정치적 세대'와 유사한 개념으로는 생애주기(life-cycle)와 세대정치(generational

또한 일반적으로 젊은 세대들은 변화를 선호하는 반면, 나이 든 세대들은 기존 질서를 유지하고 급격한 변화에 저항하는 성향을 갖게 되기 쉽다. 이와 같이 나이가 들어가면서 보수적인 성향으로 변화하고 연령에 따라 각기 상이한 정치적 성향을 보이는 것을 연령효과(ageing effect)라고 한다. 반면 세대효과(generational effect 또는 cohort effect)는 각 세대가 겪은 독특한 사회적·문화적·정치적 경험으로 인해 생성된 그 세대만이 갖는 특유한 정치적 성향을 일컫는다(강원택, 2003: 4). 그런데 이러한 연령효과나 세대효과가 과거에도 정도의 차이는 있었지만 계속해서 존재해 왔던 것인데, 왜 16대 대선에서 유독 강력하게 표출된 것일까?

16대 대선에서 세대 변인이 큰 주목을 받게 된 것은 무엇보다 3김씨의 정치적 퇴장과 함께 선거운동 과정에서 적어도 표면적으로는 지역주의가 과거와 같이 강력한 영향력을 발휘하지 못했던 것과 긴밀한 관계를 갖는 것으로 보인다. 지역주의의 강도나 열정이 약해지는 만큼 과거에 잠재되어 있던 세대와 같은 다른 사회적 균열이 드러나게 된 것이다.

그러나 또 다른 측면에서 본다면 이번 선거에서 세대가 중요한 변인이었던 것은 연령효과가 세대효과와 함께 결합하여 분출했기 때문이라고 생각된다. 20~30대의 젊은 유권자들이 50대 이상의 유권자들과 정치 성향에서 차이가 나는 것은 연령효과의 측면에서 볼 때 자연스러운 일이라고 하더라도, 특히 30대 – 소위 '386 세대'라 불리는 세대의 활발한 정치참여는 이번 선거에서 나타난 매우 특이한 현상이라고 할 수 있기 때문이다. 실제로 여러 조사에서 30대 유권자의 상대적 진보성이 확인된다. 다음의 〈표 4-26〉에 따르면, 30대가 20대보다도 더욱 진보적인 것으로 나타났다.

---

politics) 라는 개념이 있다. George A. Kourvetaris, *Political Sociology: Structure and Process*, 박형신·정헌주 옮김, 2003. 『정치사회학』, 서울: 일신사, 241쪽 참조.

〈표 4-26〉 세대간 정치 이념(2002년 5월 조사)

세대	20대	30대	40대	50대 이상
정치이념 평균	14.7	13.1	16.9	18.7

* -50이 가장 진보이고, +50이 가장 보수임.
** 출처: 조선일보-한국조사연구학회-한국갤럽 조사(2002. 5), 강원택, 「G 이펙트가 지역성 누른다」, 『신동아』 2002년 8월호. 178쪽에서 재인용.

이러한 30대의 진보성은 선거후 실시된 조사에서도 유사하게 확인되고 있다. 〈표 4-27〉에서 볼 수 있듯이, 각 연령층마다 이념적 차이가 비교적 분명하게 나타나고 있는데, 젊은 세대들의 진보성이 높은 반면 나이가 들수록 보수성이 강화되는 경향을 확인할 수 있다. 이는 앞서 지적한 연령효과를 나타내 주는 것으로 이해할 수 있다. 그러나 여기서도 흥미로운 것은 이념 성향에 대한 자기 평가(self-placement)에서 30대가 가장 진보적으로 나타났다는 점이다. 30대의 평균은 2.55로, 오히려 20대의 2.62보다 진보성이 더욱 높게 나타났다.

〈표 4-27〉 세대간 이념 성향(2002. 12월 선거후 조사)

세대	20대	30대	40대	50대 이상	전체 평균
이념 성향	2.62	2.55	2.93	3.13	2.82

* 1-매우 진보적 ; 2-진보적 ; 3-중도 ; 4-보수적 ; 5-매우 보수적
** 출처: 한국사회과학데이터센터, 「2002년 대통령 선거후 조사 데이터」, 강원택, 「16대 대선과 세대」, 5쪽에서 재구성.

〈표 4-26〉과 〈표 4-27〉에서 본 30대의 진보성은 결국 연령효과를 넘는 30대 세대 집단만의 독특한 정치적 성향이 존재한다는 사실, 곧 세대효과가 존재한다는 사실을 보여주는 것이다. 이는 선거기간 중 노무현의 선거운동에서 중요한 역할을 했던 노사모의 구성원 가운데서도 드러난다. 즉 국민참여경선

직후인 2002년 5월 기준으로 볼 때, 20~30대 연령층이 전체 노사모 회원수의 80% 정도를 차지하였고, 그 중에서도 특히 30대 회원이 가장 많은 수를 차지하고 있다는 사실 역시, 이번 선거에서 30대의 독특한 정치성향을 보여주는 또 다른 예가 될 수 있을 것이다.

　30대의 진보성은 특히 대북, 대미 관계에서 가장 두드러지게 나타났다. 앞서 언급한 〈조선일보-한국조사연구학회-한국갤럽〉의 2002년 5월 조사에서, 국가보안법 존폐에 대한 질문에 대해서 50대 이상의 67.8%가 국가보안법 폐기에 반대한다고 응답하였고, 40대에서는 55.3%, 그리고 20대에서도 60.2%가 반대한다고 했지만, 30대에서는 49.6%만이 반대 의사를 나타냈다. 흥미롭게도 20대가 상당한 정도의 보수성을 보인 반면, 30대가 가장 진보적인 것으로 나타났다. 또한 2002년 6월에 실시한 〈한국일보-미디어리서치〉 조사에서도 국가보안법 폐지, 대미 관계에서 30대의 진보성이 가장 두드러지게 나타났다(〈그림 4-4〉).

<〈그림 4-4〉 정치·사회의식 여론조사

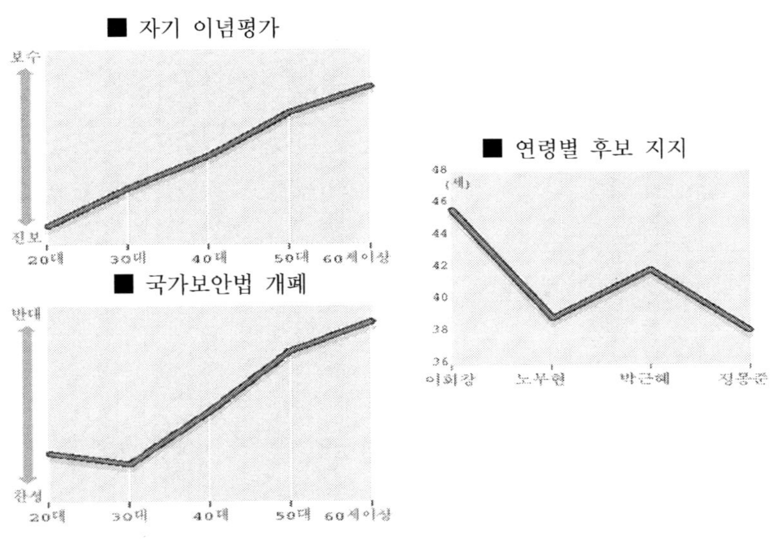

＊ 자료: 〈한국일보〉 2002. 6. 8.

정진민은 1960년대 이후 출생한 유권자들이 고교 평준화 이후 중등교육을 받았으며, 대학교육이 급격하게 증가하고, 물질적으로 풍요로운 탈냉전시기에 성장하였고, 최근 들어 빠르게 발전하고 정보통신기술의 사용에 익숙하다는 점에서 그 이전 세대와 구분된다는 점을 지적하고 있다(정진민, 2002: 117~119). 그러나 30대 유권자층을 20대 유권자층과 구분 짓게 하는 중요한 점은, 무엇보다도 이들이 군부권위주의 정권에 저항하며 민주화운동에 적극 참여했던 1980년대에 청년기를 보냈고, 특히 그 시기가 마르크시즘을 비롯한 이념적 논의가 가장 활발하게 진행된 시기였다는 점에서 진보적 이념에 대한 거부감이 상대적으로 적을 수 있다는 사실과 관련이 있을 것으로 보인다.

그런데 이와 관련해서 한 가지 흥미로운 것은, 16대 대선과정을 거치면서 '386 세대'를 중심으로 한 진보성이 20대 연령층으로 확산되는 경향을 보이는 '진보성의 확산' 효과를 들 수 있다. 즉, 2002년 초 민주당의 국민경선과 대선 기간 중에 발생한 미군 장갑차 여중생 사망 사건, 뒤이은 촛불집회와 반미 감정의 고조, 대북 지원을 둘러싼 정치적 논쟁 등을 거치면서, 소위 '386 세대'에서 특별하게 나타나던 진보적 성향이 20대로 확산되고, 연령효과만큼 보다 강한 진보성을 20대 유권자들이 갖게 되었다는 것이다(강원택, 2003: 8). 결국 30대에서 20대로 이어진 진보성의 확산효과는, 20, 30대 연령층의 동반 정치참여가 가능하게 되었고 이들은 노무현 후보의 강력한 지지층을 형성하였다고 볼 수 있다.

실제, 2002년 초 실시된 국민경선에서 노무현에 대한 지지는 제일 먼저 30대층에서 불기 시작했고, 그 이후 20대로 확산되는 양상을 보였다. 〈표 4-28〉은 민주당의 국민경선이 실시되기 직전인 2002년 3월 1일 부터 소위 '노풍'이 사라진 6월까지 노무현에 대한 세대별 지지도를 분석한 것이다. 민주당의 국민경선이 시작되기 직전인 3월 1일 조사에서는 30대에서 노무현의 지지도가 57.3%로 가장 높은 지지도를 보였지만, 20대는 그 보다 15% 이상 낮은 41.7%에 머물렀다. 그러나 '노풍'이 불기 시작한 4월 조사결과를 보면 20대와 30대간의 지지율이 매우 근소해져 감을 알 수 있다. 그리고 5월 조사에서는 20대와 30대간의 노무현 지지율이 역전되어 20대에서는 63.1%, 30대에서는 57.3%로 오히려 20대에서 보다 높은 지지가 나타났다.

<표 4-28> 노무현에 대한 세대별 지지도 변화(%)

	3월 1일(문화)	4월 26일(조선)	5월 26일(중앙)	6월 16일(중앙)
20대	41.7	55.6	63.1	50.5
30대	57.3	56.9	57.3	42.8
40대	37.5	50.0	41.2	30.9
50대 이상	29.9	37.0	28.7	21.1

* 이 기간 동안 노후보의 지지율에 영향을 미친 사건을 보면, 노풍이 점화된 3월 16일 민주당 광주경선 → 4월 27일 노후보 민주당 대선후보 선출 → 5월 18일 대통령 아들 김홍걸, 6월 21일 김홍업 구속 → 6.13 지방선거 민주당 참패 등으로 이어진다.

이 기간 동안 30대에서의 지지율은 대체로 일정한 수준을 유지했지만, 20대의 경우에는 큰 폭으로 지지도가 높아져 가는 경향을 보이고 있다. 이러한 패턴은 이후에도 계속되어 '노풍'이 소멸한 6월이 되어서도 20대층에서 노무현에 대한 지지도가 각 세대 중 가장 높게 유지되었다. 따라서 세대별로 본다면 '노풍'의 진원지는 30대 연령층이었지만, 그 이후 20대 연령층으로 이러한 지지가 확산되었고 오히려 30대보다 높은 지지를 보이게 되었다.

여기서 16대 대선과정에서 '386 세대'의 진보성이 20대 연령층으로 확산되는 경향을 보이는 '진보성의 확산' 효과는 '정치사회화'(political socialization)라는 개념으로 설명할 수 있다. 일반적으로 정치분석, 구체적으로는 정치참여 분석의 준거틀로서 사용되는 정치사회화의 개념은 집단의 가치, 태도, 행동의 학습을 뜻하는 사회화라는 보다 포괄적인 개념의 한 측면이다(Gould & Kolb, 1964: 672). 그러기에 정치사회화는 개인들이 학교, 가족, 동료집단, 매스미디어, 정당, 정치문화 일반과 같은 다양한 기구와 제도를 통하여, 그 개인이 소속되어 있는 정치체계와 관련한 태도, 신념, 가치, 행동을 학습하는 과정이다.

윌리엄 미첼은 정치사회화란 "누가 어떠한 상황에서 누구로부터 어떠한 효과를 갖는 무엇을 배우는 것"이라고 정의했다(William C. Mitchell, 1970). 생애경로 정치(life-course politics)와 세대정치(genera- tional politics)도 정치사회화와 관련된 것이다(Braungart & Braungart, 1983: 205~231). 연령, 세대, 역사적 사건, 개인의 정치적 선호간에는 역동적인 관계가 있다. 예컨대 미국에서는 대공황기에 성장한 사람들은 빈민과 노인의 사회적 보호의 중요성과 노동계급의 권리를 강조하는 뉴딜(New Deal)정책의 민주적 이데올로기를 고취 받았다(Domhoff, 1990). 1960년대는 젊은이들이 좌파를 선호하는 정치사회화에서 보면 위기의 시기였으며, 공화당이 정치권력을 장악한 1980년대에는 젊은이들이 보다 보수적인 정치문화를 사회화했다(Kourvetaris, 2003: 256~257).

즉, 소위 386 세대의 진보성과 '노풍'에 대한 높은 지지가 80년대를 거치면서 생성된 다른 세대와 구분되는 세대효과의 결과로 간주한다면, 20대의 경우에는 선거과정을 통해 이들의 정치적 성향의 변화가 생겨난 것으로 이해해 볼 수 있다. 다시 말해 국민경선을 통해 20대 유권자들이 노무현이라는 상대적으로 진보적인 후보에 대해 호감을 갖게 되었듯이, 여중생 사망 사건과 미군의 무죄 판결과 같은 선거 과정에서 일어난 사건이나 북핵 문제를 둘러싼 정치적 토론 과정을 거치면서 정치적 사회화의 과정을 거쳤고, 이에 따라 전반적으로 진보적인 성향으로 변화하는 일종의 '의식화' 효과를 가져다준 것으로 볼 수 있다.

다음으로 세대요인과 선거이슈가 후보 지지와는 어떤 관계가 있는지를 살펴보자. 20대 유권자의 의식이 선거 운동을 거치면서 진보적인 입장으로 선회하였다고 하지만, 선거운동 기간 중에 생겨나는 국내외적 사건이나 정치적 논쟁은 20대 유권자들뿐만 아니라 모든 유권자들에게 영향을 미칠 수 있다. 따라서 각 사건이 세대별로 미친 효과에 대해서도 살펴볼 필요가 있다. 〈표 4-29〉는 세대별 지지 후보를 결정하는데 영향을 미친 사건을 정리한 것이다.

<표 4-29> 세대별 후보 지지에 영향을 미친 사건

	20대	30대	40대	50대 이상	전체
북한 핵시설 재가동 (+미사일수출)	8.4	10.2	17.7	16.4	13.2
미군 장갑차 여중생 추모 사건	13.2	7.1	5.4	6.5	8.0
행정수도 충청 이전	24.1	21.2	13.5	16.1	18.7
노무현-정몽준 선거 공조	20.4	21.5	24.3	14.5	19.9
국정원 도청	2.5	2.9	3.3	2.3	2.7
철새 정치인 영입	4.2	6.3	5.7	3.3	4.8
기타(무응답 포함)	27.1	30.9	30.0	40.9	32.6
합계 (N)	100.0 (357)	100.0 (382)	100.0 (333)	100.0 (428)	100.0 (1500)

* 자료: 강원택, 「16대 대선과 세대」, 10쪽.

전체적인 응답 비율로 보면, 노무현-정몽준 후보 단일화가 19.9%로 가장 높은 응답율을 나타냈고, 그 다음으로 행정수도 충청권 이전이 18.7%, 그리고 북한 핵시설 재가동과 북한의 미사일 수출 문제가 13.2%, 미군 장갑차 여중생 사망 사건이 8%로 네 번째로 높은 응답율을 보였다. 그런데 흥미로운 점은 세대별로 볼 때에는 영향을 받은 사건이나 계기가 각기 다르다는 것을 알 수 있다. 북한과 관련된 이슈는 역시 40~50대 이상의 연령층에서 높은 응답율을 보였지만, 20대 유권자는 40~50대 이상 유권자층의 절반 정도에 머물렀다.

그러나 미군 장갑차 여중생 사망 사건에 대한 응답은 이와는 정반대의 패턴이 발견된다. 이 사건에 가장 큰 영향을 받았다는 응답은 다른 세대와 비교할 때 20대 유권자층에서 압도적으로 높은 비율이 발견된다. 반대로 40~50대 이상 유권자층에서 이에 대한 응답의 비율은 20대 유권자층에서 나타난 응답율의 절반에도 미치지 못한다.

노무현–정몽준의 후보 단일화는 역시 후보 선택에 있어서 가장 중요한 영향을 미친 이슈였다. 그러나 세대별로 그 효과는 각기 다르게 나타난다. 여기서는 특히 50대 이상 유권자들의 경우에 상대적으로 후보 단일화에 영향을 받았다고 응답한 비율이 낮게 나타나고 있다. 이는 선거운동 기간 내내 확인된 대로 젊은 유권자들의 지지가 노무현–정몽준으로 나뉘어져 있었기 때문에 이들의 후보 단일화는 상대적으로 젊은 유권자층의 후보 선택에 적지 않은 영향을 미친 것으로 볼 수 있다. 여기서 흥미로운 점은 40대에서 단일화 효과가 가장 크게 나타났다는 점이다.

또 한가지 흥미로운 사실은 행정수도 충청권 이전 공약의 효과인데 이 공약에 대한 응답율이 전반적으로 높게 나타날 뿐만 아니라, 세대별로는 30~40대 젊은 유권자층에서 이에 대한 응답이 높게 나타나고 있다는 사실이다. 이는 행정수도 이전의 문제가 기본적으로 서울의 과밀을 해소하고 지역 균형발전을 위한 명분에서 제기된 것이라는 점에서, 이를 탈권위주의의 상징으로 받아들였거나 서울·경기의 지역적 기득권에 대한 변혁의 시도로 이해한 것이 아닌가 하는 추론이 가능하다(강원택, 2003: 10).

〈표 4-29〉의 결과를 종합해서 보면, 북한과 관련된 안보 문제가 40대 이상 연령층, 특히 한국전쟁을 경험한 50대 이상 유권자층에 적지 않은 영향을 미치면서 이들의 보수적 시각을 더욱 강화시켜 주는 효과를 가져다 준 것으로 보인다. 이는 과거 종종 발생했던 소위 '북풍'의 효과와 같은 것으로 이해된다.

결국, 젊은 유권자층에 큰 영향을 미친 것은 노무현–정몽준의 후보 단일화, 그리고 미군 장갑차 여중생 사건과 추모 촛불 집회였다. 다른 세대군에 비해서 20대 유권자층에서 이 이슈가 후보 지지에 미친 영향이 대단히 크다는 것을 알 수 있다. 앞에서 언급한 대로 선거운동 기간 중 20대 유권자층이 진보적 성향으로 변화하였다는 것과 관련하여 볼 때, 무엇보다 미군 장갑차 여중생 사건이 이들의 정치적 성향 변화에 적지 않은 영향을 미쳤음을 알 수 있다.

이상에서 논의한 대로, 16대 대통령 선거에서 세대 변인은 적지 않은 영향을 미쳤다는 사실을 알 수 있다. 각 세대간 정치적 이념의 차이는 매우 일관되고 분명한 차이를 보였고, 대북정책에 대한 태도나 국가보안법 폐지 등 이념과 관련된 예민한 정치적 사안에 대한 태도도 세대별로 매우 큰 차이를 나타냈다. 그리고 무엇보다 이러한 정치적 시각의 차이는 선거결과에 그대로 반영되어 젊은층 유권자는 노무현에 대한 지지로, 나이 든 유권자층은 이회창에 대한 지지로 후보 선택의 패턴이 세대별로 매우 분명한 차이를 나타냈다.

그리고 16대 대선 과정에서 인터넷이라는 새로운 매체의 영향력이 확인되었고 이는 젊은층의 정치토론과 정치참여 활성화에 매우 큰 기여를 한 것으로 보인다. 또한 선거운동 과정에서 나타난 인터넷을 통한 정치적 토론과 논쟁이 세대별로 본다면 대체로 젊은 유권자층 중심이었고, 특히 50대 이상의 연령층은 이러한 토론과정에서 사실상 배제되었다는 점에서, 인터넷은 '세대간' 정치적 의사소통의 도구로 활용되기보다는 '세대내' 정치적 토론의 도구로 기능했다고 볼 수 있다. 이에 대해서는 다음 항에서 자세히 살펴 볼 것이다.

2) 지역주의와 정치참여

1987년 민주화 이후 한국의 선거와 정당정치에 가장 큰 영향력을 미친 요인은 지역주의였다. 선거에서 지역주의는 각 지역 출신 특정 정치지도자에 대한 정치적 일체감을 통해 지역 유권자들이 선거에서 결속하는 형태로 영향을 미쳐왔다.[58] 그리고 그러한 정치적 일체감 혹은 충성심은 1987년 민주화 이래 치러진 모든 선거에서 유사한 형태로 계속해서 확인될 만큼 지속성·안정성을 지니고 있었다.

이런 점에서 볼 때 2002년 16대 대선은 '3김' 모두가 정치적으로 퇴장한 가운데 3김과 같이 지역구도를 계승할 지역출신 맹주가 없는 상황에서 치러진 첫 선거라는 점에서 지역주의적 투표 성향에 적지 않은 변화가 있을 것으로 기대되었다. 즉, 16대 대선에서는 1987년 13대 선거 이후 최초로 지역과 후보 개인간의 연고가 일치하지 않았다. 노무현 후보는 민주당의 지역기반인 호남출신이 아니었고, 이회창 후보도 한나라당의 지역적 기반인 영남출신이 아니

---

58) 손호철은 이러한 특성에 유의하여 지역주의 등장이 정치 엘리트의 동원전략과 긴밀한 관련이 있다는 점을 지적하고 있다. 손호철, 1993. 『전환기의 한국정치』, 서울: 창작과 비평사, 248~264쪽.

었다. 따라서 한국의 정치구도에서 지역주의가 3김과 함께 퇴진할 것인가가 커다란 관심중의 하나였다. 실제로 16대 대선 과정에서는 세대와 이념과 같은 요인이 커다란 주목을 받은 반면, 지역주의는 별로 부각되지 않았다. 그렇다면 1987년 이해 한국정치의 고질적인 병폐가 되었던 지역주의 정치, 지역주의 선거는 세대변수나 이념요인에 묻혀 퇴장하였는가?

그러나 16대 대선 결과를 보면 지역별 표의 집중 현상이 과거와 매우 유사한 형태로 나타났고, 여전히 아주 뚜렷한 지역균열 양상이 나타났다. 영남 출신 민주당 노무현 후보에 대해 호남지역에서는 93% 내외의 지지를 보내, 과거 김대중 후보에게 보낸 이상의 압도적 지지를 보냈다. 따라서 민주당의 노무현 후보에 대한 이러한 호남의 '몰표'를 두고 지역주의적 투표행태가 바뀌었다고 말하기는 어렵다. 즉, 선거에서 후보 요인이 결정적인 변수가 되어 왔다는 점을 고려할 때, 호남지역을 주요 지지기반으로 하는 민주당의 대선 주자가 영남 출신의 노무현이었음에도 불구하고 높은 지지가 확인된 것은 결국 영호남의 지역균열이 여전하다는 것을 보여주는 것으로 볼 수도 있다(김만흠, 2003: 4). 또한 영남지역 유권자들도 이회창 후보에 대해 지난 대선과 다름없는 일방적인 지지를 보냈다. 노무현 후보는 대구·경북에서는 20% 정도의 득표에 그쳤고, 출신지역인 부산·경남지역에서도 겨우 30%가 못되는 지지를 받았을 뿐이다(〈표 4-30〉).

그러나 16대 대선에서는 비록 현상적으로는 지역주의가 지난 선거와 같은 정도로 나타났으나, 내용상으로는 이미 상당히 약화되고 있는 것으로 분석하는 연구결과도 있다(정영태, 2003; 강원택, 2003). "지역주의가 여전히 외형적으로 견고함으로 유지되고 있는 것으로 보여도 그 내부에서는 상당한 변화의 과정이 이미 진행되었음을 의미하는 것이라고 볼 수 있다. 호남, 영남, 충청 각 지역에서 나타난 지역적 표 쏠림의 현상 뒤에는 각기, 과거와는 달리 지역주의 이외의 상이한 요인이 적지 않은 영향을 끼쳤다"(강원택, 2003: 20)는 것이다.

〈표 4-30〉 16대 대선 후보 및 정당의 득표율

	16대 대통령 선거			15대 대통령 선거		
	총 투표수 (투표율)	노무현 (민주당)	이회창 (한나라당)	권영길 (민노당)	김대중 (국민회의)	이회창 (한나라당)	이인제 (국민신당)
합계	24,784,963 (70.8)	48.9	46.6	3.9	40.3	38.7	19.2
서울	5,475,715 (71.4)	51.3	45.0	3.3	44.9	40.9	12.8
부산	1,983,492 (71.2)	29.9	66.7	3.1	15.3	53.3	29.8
대구	1,299,968 (71.1)	18.7	77.8	3.3	12.5	72.7	13.1
인천	1,236,447 (67.7)	49.8	44.6	5.0	38.5	36.4	23.0
광주	755,398 (77.7)	95.2	3.6	1.1	97.3	1.7	0.7
대전	675,029 (67.6)	55.1	39.8	4.4	45.0	29.2	24.1
울산	510,496 (70.0)	35.3	52.9	11.4	15.4	51.4	26.7
경기	4,831,412 (69.5)	50.7	44.2	4.4	39.3	35.5	23.6
강원	773,560 (68.3)	41.5	52.5	5.1	23.8	43.2	30.9
충북	734,385 (67.9)	50.4	42.9	5.8	37.4	30.8	29.4
충남	922,882 (65.2)	52.2	41.2	5.4	48.3	23.5	26.1
전북	1,064,744 (74.6)	91.6	6.2	1.4	92.3	4.5	2.1
전남	1,161,511 (76.2)	93.4	4.6	1.1	94.6	3.2	1.4
경북	1,463,664 (71.5)	21.7	73.5	4.3	13.7	61.9	21.8
경남	1,628,033 (72.4)	27.1	67.5	5.0	11.0	55.1	31.3
제주	268,227 (70.0)	56.1	39.9	3.3	40.5	36.6	20.5

* 자료: 중앙선거관리위원회, 『제15대, 16대 대통령선거총람』

즉, 호남의 몰표는 과거와 같은 호남 지도자에 대한 정치적 충성에 의한 것이라기 보다는 지나친 영남선호정당인 한나라당과 이회창 후보에 의한 정권교체시의 불안감에 의한 것이라고 볼 수 있다. 다시 말해 노무현 후보에 대한 호남 유권자들의 지지는 상대적 선호의 우위, 즉 서열적 선호(ordinal prefernces)의 표현이며, 전략적인 선택의 결과라고 할 수 있다(강원택, 2003: 9)[59]. 또한 영남의 일방적 표 쏠림 현상은 영남출신 민주당 후보라는 상황과 세대간의 격차에 의해 과거보다 오히려 약화되었다고 발 수 있다.

특히 16대 대선에서 충청과 강원지역의 선거결과는 지역구도에 거의 영향을 받지 않았던 것으로 나타났다. 그것은 지역맹주나 그가 이끄는 정당이 대선 후보를 내지 못할 정도로 약화되어 버린 것이 가장 중요한 요인이겠지만, 다른 한편으로는 그동안 지역균열의 핵심이 영·호남의 균열을 축으로 한 호남·비호남의 균열을 중심으로 전개되었다는 사실과도 관계가 있다. 또한 충청권의 경우, 쟁점이 되었던 '행정수도 충청권 이전'이라는 노후보의 거대 공약이 지지 확보에 기여했다고 생각된다. 또한 강원지역의 경우 이회창 후보가 52.5%의 지지를 얻어 41.5%의 지지를 얻은 노무현 후보를 11.0% 앞섰으나, 과거 안보와 색깔론에 민감하고 전통적으로 보수정당에 대한 지지가 강했던 철원, 양구, 인제 등 접경지역에서는 오히려 노무현 후보가 1위를 차지했다.[60]

결국, 16대 대선에서는 한국의 전통적 지역주의 구도에 변화도 있었고, 여전히 지속된 현상도 나타났다. 본 논문에서는 지역주의의 변화된 부분에 초점을 맞추고, 정치참여와의 관계를 살펴보고자 한다. 여기서 주목되는 점은 그동안 지역주의 대결의 한 축을 형성해 온 영남지역에서 흥미로운 결과가 나타났다는 것이다.

---

59) 손호철은 이를 "우리가 남이가"류의 과거의 '정서적 지역주의'에서 누가 상대지역 후보를 떨어뜨릴 경쟁력이 있는가 하는 전략적 계산에 기초한 '전략적 지역주의'로 발전한 것으로 본다. 손호철, 2003. "16대 대선과 한국사회의 발전진로", 9쪽.
60) 〈표 4-22〉 강원도 및 경기도 접경지역 16대 대선 투표결과 참조. 휴전선 접경지역에서 노무현 후보가 이회창 후보를 앞선데는 햇볕정책에 따른 부동산 가격상승 등에 따라 이들 지역주민들이 탈냉전의 지지세력화되고 있다는 분석도 제기된다. 정영태, 2003. "변화를 감지한 세력만이 성공했다", 『이론과 실천』, 1월호. 18~20쪽.

〈표 4-31〉은 영남지역에서 소위 '386세대'를 기준으로 한 젊은 세대를 한편으로 하고, 그보다 나이가 많은 세대를 다른 쪽으로 하여 두 세대간의 지지 후보의 비율을 정리한 것이다. 여기에서는 경북권이나 경남권과 무관하게 영남지역 모두에서 매우 일관된 특성이 발견되는데, 44세 이하 연령층에서 노무현에 대한 지지가 상대적으로 매우 높게 나타난 반면, 이회창에 대한 지지도는 45세 이상 연령층에서 매우 높게 나타나고 있음을 알 수 있다. 즉, 영남지역 전체에서 44세 이하 유권자와 45세 이상 유권자들 간에 이회창 후보에 대한 지지도가 25% 이상 차이가 나고 있음을 확인할 수 있다. 이는 16대 대선에서 영남지역에서 이회창에 대한 높은 지지가 변함없이 확인되었지만 세대간 지지 후보의 차이가 상당하다는 점을 보여주는 것이며, 세대별 후보 선택의 기준이 지역을 넘어서는 다른 요인에 의해 영향을 받았다는 것을 시사해 준다는 점에서 매우 흥미로운 결과이다.

〈표 4-31〉 영남지역의 후보지지율(45세를 기준으로)

	44세 이하		45세 이상	
	이회창(%)	노무현(%)	이회창(%)	노무현(%)
대구·경북	50.1	32.8	75.1	11.6
부산·울산·경남	42.9	36.6	69.5	15.6

* 자료: 〈미디어리서치〉 전화여론조사 자료(2002. 12. 17~18일) 재구성

이러한 결과는 앞에서 살펴본 16대 대선의 가장 두드러진 특징 중의 하나인 세대별 지지후보의 분명한 차이, 즉 노무현 후보는 20대, 30대에서 높은 지지를 받은 반면, 이회창 후보는 50대 이상 연령층에서 상대적으로 높은 지지를 받은 지지 패턴이 지역주의 대결의 한 축을 형성해 온 영남지역에서도 나타났다는 것을 말해 주는 것이다.[61]

---

61) 또한 영남지역에서 세대별 지지 후보의 차이는 이념적 성향의 차이와 긴밀한 관

즉, 민주화 이후 한국의 선거결과를 결정짓는 가장 지배적인 요인이 지역주의였던데 비해, 16대 대선에서는 세대 및 이념요인이 부각된 반면 지역주의는 변화되거나 약화되는 조짐을 보이고 있다고 할 수 있다. 이러한 현상은 특히 젊은 세대를 중심으로 지역주의에 대한 사회적 거부감이 확산되면서, 정치참여에 긍정적인 영향을 미칠 것으로 기대된다.

4. 인터넷과 네티즌의 자발적 정치참여

16대 대선에서 노무현 후보 승리의 일등공신이 인터넷이라는 평가에 많은 사람들이 동의하고 있다. 즉, 유권자의 절반에 가까운 20, 30대 젊은층은 인터넷에 익숙한 세대임에도 불구하고, 한나라당은 전형적인 아날로그 선거운동으로 이들의 지지를 끌어내는데 실패한 반면, 민주당은 참신하고 감성적인 아이디어로 네티즌들의 자발적 참여를 이끌어내 사이버 선거에서 한나라당을 압도했다는 평가이다.[62] 다시 말해, 16대 대선에서는 인터넷을 통한 쌍방향 선거운동이 후보의 당락을 결정짓는데 중요한 역할을 했으며 'e-politics'로 상징되는 시대의 흐름에 신속하게 대응한 노무현 후보와 민주당은 승리했고, 그렇지 못한 이회창 후보와 한나라당은 패배했다는 것이다.

분명한 것은 16대 대선을 치르면서 미디어와 인터넷을 통한 선거운동이 확고하게 자리를 잡아가고 있다는 것이다. 이전 대선에서 수백만명을 동원한 대규모 군중집회를 통해 세를 과시하는 동원형 선거방식에서는 막대한 자금과 조직 동원력을 필요로 했다. 그러나 2002년 대선에서 후보들은 불과 수백, 수천명을

계를 갖고 있는 것으로 확인되었다. 이에 대해서는 강원택, 「2002년 대통령 선거와 지역주의」, 11~17쪽 참조.

62) 이러한 평가는 전문가나 언론에서 뿐만 아니라, 한나라당 내부에서도 지적되고 있다. 한나라당의 김형오의원은 대선이 끝난 직후, 오마이뉴스 기고문에서 "한나라당 패인은 인터넷과 네티즌에 대한 적극적인 대책을 세우지 못한 것"이라며, "16대 대선의 주인공은 인터넷이었고, 승자는 네티즌"이라고 평가하고 있다. 김형오, "한나라 패인은 인터넷 대책 부재", http://www.ohmynews.co. kr. 2002. 12. 29일(검색일 2003. 9. 18).

대상으로 거리유세에 나섰을 뿐, 대규모 집회는 완전히 사라졌다. 이제 조직과 자금을 통한 동원형 선거가 사라지고, 그 자리를 인터넷 선거가 대체한 것이다. 인터넷 선거는 선거에 무관심했던 젊은 층을 정치의 장으로 끌어내는데 기여했으며, 이들의 자발적인 정치참여는 새로운 선거문화를 만드는데 기여했다고 평가받는다.[63] 여기에서는 16대 대선에서 각 정당과 후보자들이 인터넷 선거 캠페인을 살펴보고, 인터넷이 선거와 정치참여에는 어떠한 영향을 미쳤는가를 살펴보기로 하자.

선거에서 인터넷이라는 새로운 변수의 등장이 기존 선거환경에 커다란 변화를 가져올 것이라는 주장은 CMC의 특성인 정보유통의 속도와 쌍방향성, 그리고 협송전달에서 비롯된다(윤성이, 2001: 158). CMC로 인해 시간과 공간의 제약을 초월할 수 있고 정보 생산자와 수요자는 물리적 위치에 구애받지 않고 방대한 양의 정보를 빠른 시간내에 전달할 수 있다. 기존 선거운동에서 자주 사용되었던 전화, 팩스, 편지 등은 정보에 접근하거나 전달하는 데 많은 시간과 비용을 필요로 했으며, 따라서 제한된 사람들만이 정보를 공유할 수 있었다. 그러나 인터넷 네트워크를 통한 정보전달은 비용과 속도에 별다른 제약을 받지 않으며 무한한 정보공유가 가능하다.

정보흐름의 쌍방향성도 선거운동에 커다란 변화를 초래한다. 과거 선거운동에서는 정보가 주로 후보자에서 유권자로, 정당이나 언론 등의 매개 집단에서 개별 유권자로 전달되었으며 반대 방향의 정보흐름은 매우 적었다. 그러나 인터넷의 발달은 정보의 흐름을 쌍방향으로 전환시키면서 일반 시민이나 유권자에서 후보자나 정당으로 투입되는 정보의 양이 급격하게 증대된다. 또한, 후

---

63) 영국의 파이낸셜타임즈는 2002. 12. 18일자 인터넷판에서 '네티즌들을 구애(求愛)하는 한국의 대선(Netizens' wooed in S Korea poll)'이라는 제목을 통해, "각 정당 대선후보들은 2,500만에 달하는 네티즌들을 구애하기 위한 치열한 사이버 정치 캠페인을 전개하고 있다"고 보도하소, 특히 "인터넷의 자유는 유권자들에게 정치적으로 신문에 치우쳤던 영향력을 감소시켜 왔으며, 정보의 자유스러운 유통으로 민주주의를 강화시키고, 국민들의 선거 참여의식을 고취시켰다"고 소식을 전하였다. http://www.ohmynews.com/articleView/article_view.asp?menu= c10400 &no=91776&relno=1(2002. 12. 18일, 검색일 2003. 12. 15).

보자나 정당들도 더 이상 언론에 대한 의존 없이 유권자들과 직접 의사소통을 할 수 있는 수단을 갖추게 되었다.

정보흐름의 쌍방향성과 더불어 CMC의 협송전달 능력의 향상도 선거운동 분야에 새로운 기회를 제공한다. 기존의 이질적인 불특정 다수를 상대로 하였던 브로드캐스팅(broad casting)이 소수의 동질적이며 특성화된 계층을 상대로 하는 협송으로 전환됨으로써 필요한 정보를 필요한 수요자에게만 전달할 수 있게 되었다. 또한 정보 수요자도 자신이 필요한 정보를 선별적으로 습득할 수 있게 되었다. 이러한 협송기술의 발달로 비슷한 관심을 가진 개인들이 필요한 정보를 서로 교환하고 관련 주제에 관해 활발하게 토론할 수 있게 되었다. 선거운동의 관점에서 보면 협송기술의 발달은 후보자, 정당, 시민단체 등과 같은 선거 참여 주체들로 하여금 '적극적인 선거운동원(activist) 체제'를 구축하는데 도움을 줄 수 있다(Bonchek: 1997).

미국 민간 연구기관인 퓨 리서치 센터의 후원을 받아 인터넷이 미국인의 생활에 끼친 영향을 집중 연구한 리 레이니(Rainie)는 "정치적으로 무관심한 젊은 세대들이 인터넷을 통해 정치에 관심을 갖기 시작했다"고 주장한다. 즉, "인터넷은 정치에 관심이 많은 사람들 사이에서 추가 정보를 검색하고 정치적 입장이 같은 사람들을 서로 연결시켜 동원하는 막강한 정치수단으로 등장했다"고 설명하고 있다.[64]

한편, 인터넷이 젊은 세대의 정치적 관심을 고조시키는 이유에 대해서는 "20대는 인터넷이 '우리 세대의 것'이라는 자부심을 갖고 있으며, 선거운동 이외의 '인터넷 정치활동'을 하면서 인터넷을 통해 영향력을 행사할 수 있음을 체험해왔기 때문"이라고 설명한다. 한국의 인터넷 세대도 비슷한 경험을 하고 있다. 예컨대, 16대 대선기간에는 미군 장갑차에 희생된 여중생을 추모하기 위한 광화문 촛불시위를 주관하며 불평등한 한미관계의 상징인 SOFA개정운동을 인터넷을 통해 확산시키는데 성공했다. 중요한 것은 인터넷을 통한 정치참여의 확산은 궁극적으로 참여자의 정치적 효능감을 증진시키면서 선거에 대한

---

64) 〈조선일보〉 2003. 1. 10.

관심과 특정 쟁점에 대한 태도를 형성하는데 커다란 영향을 준다는 것이다.

2000년 미국 대선 자료를 통해 인터넷의 정치참여에 대한 영향력을 분석한 이현우의 연구에서도 인터넷의 선거 정보 활용 여부가 선거에 더욱 관심을 갖게되는 요인으로 작용한다는 것을 보여주고 있다(이현우, 2002: 318~322). 즉, 인터넷을 통해 더 많은 정보를 얻은 사람들이 선거에 관심이 높아진다는 것을 확인할 수 있는 것이다.

국내에서는 김형준이 16대 대선에서 인터넷이 투표참여와 지지후보 결정에 어떠한 영향을 미쳤는가를 경로분석을 통해 검증한 바 있다. 그는 사회배경별 속성에 따라 유권자들은 후보 또는 선거쟁점에 대한 정보획득 매체 수단은 유권자의 행태에 영향을 준다고 설정한다. 투표참여 및 지지후보 결정에 영향을 주는 심리적 변수로는 선거 공정성(fairness), 효능감(efficiency), 선거 관심, 선거 쟁점에 대한 태도(북한 지원, SOFA 개정 등)를 제시한다. 이와 같은 경로분석 모형을 통해 매스미디어 및 인터넷이 유권자들의 사회경제적 속성과 어떠한 관계를 맺으며, 투표 참여 및 지지후보에 어떠한 직접적이고 간접적인 인과효과를 유발하는지를 검증해 볼 수 있다.

이러한 연구결과 김형준은, 16대 대선에서 미디어와 인터넷은 투표참여 및 특정후보 지지 가능성을 높이는데 직접적으로 영향을 미쳤다기 보다는 투표참여 및 후보지지 결정 방식의 질을 높이는데 기여했다고 본다. 즉, 미디어와 인터넷은 유권자의 선거관심, 효능감, 선거 공정성, 대북지원과 같은 선거 쟁점에 대한 태도에 영향을 미치면서 투표참여 및 지지후보 결정에 영향을 미쳤다는 것이다. 특히 젊은 세대일수록 인터넷을 통해 후보를 인지하는 경향이 강했다(김형준, 2003: 14).

5. 인터넷 선거 캠페인: 정당과 후보 홈페이지를 중심으로

그러면, 실제로 16대 대선에서 각 정당과 후보진영은 인터넷 선거를 어떻게 치루었고, 인터넷이 선거에 미친 영향은 무엇인지를 각 정당 및 후보의 홈페이지 분석을 통해 살펴보기로 하자.[65]

1) 한나라당과 이회창 후보

한국인터넷정보센타에 따르면, 한국의 인터넷 이용자수는 2001년 2천만명을 넘어선 이후, 2002년 6월 현재 2,565만명으로 빠르게 증가하고 있다. 또한 20~30대 유권자(1,302만명)의 70.8%, 40대 유권자(392만명)의 39.1%가 인터넷을 이용하고 있고, 30~40대의 인터넷 이용율이 점차 증가하고 있다. 이러한 상황에서 각 정당과 대선후보 진영은 20, 30대 네티즌을 겨냥한 인터넷 선거캠페인을 적극적으로 전개하였다.

먼저, 한나라당은 선거 초반 이회창 후보가 가장 높은 지지율에도 불구하고 20~30대 유권자 층에서 열세를 보이고 있어 인터넷을 적극적으로 활용하고자 하였다. 한나라당의 인터넷 선거전략은 '20대 우군화를 통한 30대 견인'이라고 할 수 있으며, 이러한 전략에 따라 인터넷 방송 'e-회창 TV' 등을 통해 네티즌들에게 이회창 후보의 부드러운 면을 부각시키는데 역점을 두었다.66)

   ① 디지털 한나라(http://www.hannara.or.kr)
    ·한나라당의 공식 홈페이지로 한나라 소개, 한나라 일꾼, 한나라 소식, 정책나라, 참여나라, 서포테인먼트, 자료실을 주요 메인 메뉴로 구성
    ·이외에 청년나라, 여성나라, 모바일 한나라를 구성하고 있음
    ·또한 이메일링 서비스, 모바일 서비스를 통해 한나라 관련 정보 제공

   ② 이회창 후보 공식 홈페이지(http://www.leehc.com)
    ·메뉴는 크게 '이회창입니다', '이회창의 약속', '이회창 소식', '아내 한인옥', '이회창TV', '네티즌참여마당'으로 구성

---

65) 이미 서론에서도 지적했듯이 한나라당의 경우 대선관련 자료를 발간하지 않았고, 또한 16대 대선이 끝난 후 당의 공식 홈페이지를 개편하여 새천년민주당과 달리 대선 당시 홈페이지를 활용할 방법이 없어 민주당과의 병렬적 비교가 불가능해 연구자의 입장에서는 아쉬움으로 남는다.

66) 한나라당 사이버위원회 정태윤 본부장은 "네티즌의 참여를 긍정적인 쪽으로 유도하는데 주력할 것"이라며, "네티즌들에게는 생소한 이회창 후보의 이면을 적극적으로 보여준다는 인터넷 선거전략을 구사하고 있다"고 밝혔다. http://www.hankooki.com/special/2002/hk/dssite/value06.htm(검색일 2003. 9. 20)

- '이회창입니다'에서는 이 후보의 인사말, 약력 등이 소개돼 있으며 애니메이션을 이용해 그간의 활동 내용 소개
- '이회창의 약속'은 이 후보의 정책을 소개하고 있으며 '이회창 소식'에서는 말 그대로 뉴스를 담고 있다.
- '아내 한인옥' 메뉴에서는 한인옥 여사의 인사말과 프로필, 인터뷰를 실었고, '이회창 TV'에서는 이 후보의 연설, 방송프로그램 등을 동영상으로 볼 수 있음
- 이 후보와 네티즌간의 의견을 교환할 수 있는 '네티즌참여마당'은 자유게시판과 '따끈따끈 토론방', '틈에게 바란다', '네티즌시사만평', '대화방' 등의 코너로 구성

③ 창사랑(http://www.changsarang.com)
- 회원수: 약 2만여명
- 2000년 11월, 이 후보의 인터넷 홈페이지 개편 때 '창사랑'이라는 메뉴에 접속한 네티즌 회원을 중심으로 조직. 산하에 103개의 동호회와 전국 16개 시·도 및 해외모임 등 18개 지역모임 결성
- 홈페이지 구성은 정치관련 정보를 획득할 수 있는 메뉴로 Focus Today, 보도자료 등이 있으며, 클럽마당, 게시판은 참여공간이라고 할 수 있음
- 게시판은 자유게시판, 틈에게 바란다, 갑론을박, 가쉽게시판 등으로 구성. 선거가 임박한 시점에서는 사이트 폐쇄의 이유로 게시된 글이 거의 없었고, 11월 중반까지는 이회창 후보 선거운동의 전반적 활동과 타 후보들의 선거공약 및 정책에 대한 의견이 많이 올라왔음
- 게시판의 주요 쟁점은 현 정치의 주요사건들에 대한 논의이고, 대선 이후에는 재검표, 재투표, 선거무효화에 대한 논의가 주를 이룸. 이회창 후보의 '정계은퇴선언' 이후 창사랑 방문객수가 폭주했으며, 게시판에도 그에 대한 격려글 쇄도
- 클럽마당은 클럽행사공지, 오프모임, 창사랑 지역모임 정보 제공

2) 새천년민주당과 노무현 후보

다음은 새천년민주당의 인터넷 선거캠페인을 살펴보기로 하자. 민주당은 16대 대선을 앞두고 중앙선거대책위원회 산하에 '인터넷선거특별본부'(이하 인터넷 선거본부)를 설치하고, 네티즌을 대상으로 하는 적극적인 인터넷 선거전략을 마련하게 된다.

민주당 인터넷 선거본부의 고민은, 첫째, 민주당 국민경선에서 보여준 '노풍'의 핵심적인 동력인 20대부터 40대까지의 정치적 에너지를 어떻게 끌어들이느냐, 둘째, 인터넷을 통해 네티즌의 정치참여 공간을 확대하고 이들의 자발성을 최대의 자원으로 삼아 노무현 후보에 대한 지지도를 높이고 궁극적으로 투표에 참여하게 하느냐, 셋째, 인터넷을 단순한 홍보공간이 아니라 역동적인 쌍방향공간으로 만들어 나아가고 노무현 후보에게 불리한 기존 매체의 대안적인 공간으로 활용하느냐가 그것이었다(새천년민주당, 2003: 200).

이러한 고민속에서 민주당 인터넷 선거본부는 사업목표를 첫째, 인터넷을 통해 20대부터 40대까지의 정치적 에너지를 결집하여 이를 투표에 연결시키는 e-campaign을 수행하며, 이를 위해 자발적인 열린 공간으로서 통합선거사이트를 구축하고, 둘째, 기존 언론매체에 대안적 기능을 담당하기 위해 인터넷방송(TV, 라디오)과 모바일(mobile) 커뮤니케이션을 강화하며, 셋째, 중앙선거대책본부 그룹웨어 도입을 통해 당직자간 정보교류 및 소속감, 일체감을 주어 업무의 효율성을 증가시키기로 하였다.[67] 이러한 목표에 따라 16대 대선에서 민주당이 실행한 인터넷 선거는 〈표 4-32〉와 같다.

---

[67] 새천년민주당, 『제16대 대통령선거 백서』, 200쪽. 민주당 인터넷선거본부의 초기 계획은 온라인 조직 구성을 통해 인터넷 캠페인을 전개하고자 했으나, 상황이 바뀌면서 온라인 지구당(e-party) 조직 형성이 어렵게 되어, 결국 조직팀을 없애는 대신 자발적 캠페인 참여를 독려하고, 인터넷을 우리만의 독립 미디어로 강화하고자 TV방송국과 라디오방송국으로 구분하여 대안언론기능을 담당하는 것으로 수정되었다. 같은 자료, 205쪽.

<표 4-32> 새천년민주당의 16대 대선 인터넷 선거 실행 현황

구 분	주 요 사 업	비 고
1기 (10월 초)	·사업계획 확정　　　　　·인터넷선거 기초 조직 구성 ·통합선거 사이트 오픈, 인터넷 TV방송국 개국	준비기
2기 (10월 말)	·통합선거 사이트 안정화 ·온라인 후원금 시스템 강화 및 확산 ·인터넷 TV방송국 개국 이벤트 실시 ·인터넷 TV방송국 자체 설비 구축 ·인터넷 Radio방송국 개국 준비 ·뉴스레터 「노무현 매거진」 정례화	제2의 노풍 폭발 점화
3기 (11월~후보단일화)	1)콘텐츠 생산 능력 강화 ·Radio 방송국 개국　　　　　·TV방송 컨텐츠 업그레이드 ·뉴스레터 「노무현 매거지」 편집 강화 ·사이트 '네티즌 칼럼' 작성자들과 관계 강화 2)컨텐츠 확산 및 이슈관리 ·e-mail 모으기 운동 전개　·노하우 베스트뷰 모음집 발행 ·160만 당원 대상 모바일 커뮤니케이션 강화 ·인터넷 홍보단 '노무현 메신저' 활성화 ·메시지 협의회의 활성화(국참, 리딩코리아, 노사모, 개혁당) ·홈페이지 배너광고 실시 ·뉴스레터 「노무현 매거진」 발행횟수 증가	공세적 활동기
4기 (공식선거 운동기간)	·모든 사이트 신규 방문자 중심 운영 ·주 단위 인터넷 캠페인 전개 ·위기관리 및 대응 시스템 운영(인터넷 상황실) ·투표참여 실편 프로그램 전개	24시간 운영 시스템

* 자료: 새천년민주당, 『제16대 대통령선거 백서』, 204쪽.

그리고 민주당 인터넷 선거본부에서 운영한 인터넷 사이트는 다음과 같다.

① 통합선거 사이트(www.knowhow.or.kr = www.minjoo.or.kr)
　·9월 30일 선대위 출범과 동시에 민주당 사이트와 노무현 후보 사이트
　를 통합, 새롭게 '민주당 대통령후보 노무현 공식 사이트'로 오픈
　·공식 선거 사이트의 공보성과 후보의 진솔한 모습 그리고 네티즌의
　자발적 참여를 고루 배치하여 운영

- 정보성, 상호작용성, 기능성, 정책표현도 등이 타 사이트에 비해 우수
- 2002년 11월 12일 '한국i닷컴' 대선 후보 홈페이지 평가 1위
- 최대 방문자수는 3차 TV합동토론이 있었던 2002년 12월 16일에 83만명을 기록하였으며, 정몽준 대표의 지지철회 및 투표 당일인 2002년 12월 19일에는 86만명이 참여하여 자발적 투표참여 캠페인 전개

② 인터넷TV(www.TVRoh.com)
- 2002년 10월 15일 개국
- 후보소개 동영상, 유세동영상, 정책동영상 등을 취재 여과없이 보여주는 서비스
- 플래시 애니메이션, 만평, 게임 등 멀티미어 요소 운영
- 10월 20일 문성근씨의 개혁당 창당 연설 동영상을 2002년 12월 30일 현재 162만명 이상 시청
- 인터넷 순위분석 사이트 '랭키닷컴(www.Rankey.com)'이 제공하는 인터넷TV 방송국 분양에서 상업 사이트를 제치고 1위 차지
- 재미와 감동이 있는 우리만의 독립 미디어로서의 역할

③ 인터넷 Radio(www.RadioRoh.com)
- 2002년 11월 4일부터 매일 정오 2시간 생방송 프로그램으로 시작하여, 12월 5일부터 하루 10시간으로 확대 재방송
- 2명의 전문 DJ와 가수 신해철, 이정열, 손병휘, 개그맨 노정열씨 진행
- 해외교포, 유학생 등의 실시간 참여로 지지자들이 결속을 다지는 공간
- 인터넷 순위분석 사이트 '랭키닷컴(www.Rankey.com)'이 제공하는 인터넷 라디오 방송국 분양에서 상업 사이트를 제치고 1위 차지
- 독립 미디어로서의 기능 및 비상상황 발생시 지지자들에게 행동지침을 전달하는 등 상황실 기능까지 담당

④ 만화로닷컴(www.manaroh.com)
- 2002년 12월 6일 개설
- 20여명의 만화작가들이 자원봉사로 참여하여 만들어진 사이트
- 다양한 형식의 만화로 노무현 스토리, 정책, 만화로 보는 베스트뷰 등을 선보임
- 인터넷 서비스 및 출력용으로도 작업하여 오프라인 만화 홍보물로도 활용하도록 기획

⑤ 무선인터넷 사이트
- 2002년 9월 초 오픈, 모든 이동통신사를 대상으로 서비스하고자 하였으나, 이동통신사들의 소극적 태도로 016, 018만 서비스
- 노하우 홈페이지 서비스 내용 중 후보 소개 및 뉴스 등을 텍스트와 음성으로 서비스
- 선거운동기간에는 로고송을 이용한 통화연결음(컬러링) 서비스 실시

다음으로 인터넷을 이용한 선거활용으로 인터넷을 통한 후원금 모금을 들수 있다. 노하우 홈페이지의 인터넷 후원시스템(신용카드, 휴대폰 결제, 온라인 결제 등)을 이용한 인터넷 후원금 모금액은 초기에는 하루 100~300만원정도에 불과했다. 그러나 노무현 후보의 지지율이 20%를 넘어서지 못하고, 민주당내 '후보단일화협의회'(후단협)가 노후보를 흔들던 상황에서, 김민석 전의원이 10월 16일 탈당하고 '국민통합 21'에 입당하자 후원금이 폭주하기 시작했다. 당시 직장인들의 월급날인 10월 25일 집중 후원하자는 한 네티즌의 '노풍대폭발' 제안으로 10월 25일 하루 동안 인터넷을 통해서만 4억원에 가까운 돈이 모금되었다. 그 후 네티즌들이 1~3만원씩을 보내면서 이에 얽힌 솔직한 사연을 게시판에 올리고, 이에 감동하는 다른 네티즌들의 참여가 확산되어, 2002년 12월 22일 24시로 마감한 인터넷 후원금은 72억 7천여만원을 기록했다(〈표 4-33〉).[68]

---

68) 대선기간 민주당이 모금한 자발적 후원금 액수와 관련해서는 "순수 돼지저금통 모

〈표 4-33〉 노무현후보 후원금 통계(2002. 12. 22일 24:00 현재)

구 분	건수(명)	금액(원)	비 고
신용카드	31,899	1,329,876,426	
휴대폰	20,165	347,045,283	·10월 25일 샐러리맨 월급날 맞아 8,656건 3억여원 기록, 총 누적액 10억원 돌파
ARS	21,188	211,880,000	
계좌후원	101,635	4,320,699,711	·11월 27일 후보등록일에는 7천여건 11억5천여만원 기록, 총 누적액 40억원 돌파
희망돼지	22,042	759,633,678	
희망티켓	6,835	309,000,000	·12월 22일 24시로 마감, 전체 집계 203,764건, 72억7천여만원 기록
합 계	203,764	7,278,135,098	

* 자료: 새천년민주당, 『16대 대통령선거 백서』, 208쪽.

또한 인터넷 선거운동과 관련해 이메일과 모바일 커뮤니케이션도 빼놓을 수 없다. 이는 민주당이 2002년 초 국민경선 당시에 선거인단으로 신청한 명단을 활용해 이들에게 직접 이메일을 통한 뉴스레터와 휴대폰을 이용한 음성 및 문자메세지를 보냄으로써 선거운동에 적극 활용할 수 있었다(〈표 4-34〉, 〈표 4-35 참조).

⑥ 뉴스레터 「노무현 매거진」 발행
  ·2002년 10월 중에는 주1회 10만여명을 대상으로 홈페이지 주요 내용
    및 핫이슈를 중심으로 편집하여 발송
  ·공식 선거기간 중에는 e-mail 모으기로 수집된 이메일 및 친구에게
    보내기를 포함 20만명 정도 발송

금액도 국참본부가 발표한 80억원이 아닌 4억5천만원으로 드러나 혼선을 부추키는 등 논란이 있지만"(〈한국일보〉 2003. 10. 9), 여기서는 선거에서 인터넷의 활용실태를 살펴본다는 점에서, 대선후 민주당이 공식적으로 밝힌 액수를 따르기로 한다.

· 공식 선거기간 동안 일일시스템으로 전환하여 운영하기도 했으나 오
  픈율 및 메시지 집중력 저하로 주 2회 발송으로 전환

⑦ 모바일 커뮤니케이션(mobile communication)
  · 상황에 따라 국민경선 신청자 160만명 및 홈페이지 회원들을 대상으
    로 음성 및 문자메시지 발송을 통해 신속한 정보제공 및 여론형성
  · 주요 메시지 발송은 후보단일화 시기 및 지역별 거리유세 안내를 위
    해 활용

〈표 4-34〉 새천년민주당 국민경선 신청자중 연락처 확보 현황

구 분	인원수(명)	분포율(%)
무선전화	635,441	39.5
유선전화	646,832	40.2
e-mail	50,618	3.2

* 자료: 새천년민주당, 『16대 대통령선거 백서』, 209쪽.

〈표 4-35〉 새천년민주당 국민경선 신청자 통계현황(연령별)

구 분	인원수(명)	분포율(%)
30세 이하	275,356	17.1
30~40세	454,631	28.3
40~50세	455,310	28.3
50세 이상	423,726	26.3
합 계	1,609,023	100.0

* 자료: 새천년민주당, 『16대 대통령선거 백서』, 209쪽.

이상으로 16대 대선에서 한나라당과 이회창 후보, 민주당과 노무현 후보진영의 인터넷 선거캠페인을 정당 및 후보 홈페이지를 통해 살펴보았다. 16대 대선은 TV토론, TV광고 등 미디어와 인터넷과 모바일(휴대전화) 등 정보통신 기술을 활용한 선거운동이 급증했다. 특히 각 후보측은 20~30대 젊은 층을 겨냥해 이메일 발송, 대화방 채팅, 게시판 글쓰기 등 다양하게 인터넷을 활용했으며, 이러한 사이버 선거운동은 정치에 무관심한 젊은 층을 선거 참여로 유도하는데 긍정적인 기능을 한 것으로 평가된다.

그러나 한나라당은 '20대 우군화를 통한 30대 견인'이라는 인터넷 전략을 설정했으나, 결과는 이러한 목표를 달성하지 못한 것으로 평가된다. 결국 20, 30대 유권자를 향한 한나라당의 인터넷 선거운동의 실패는 현실공간에서도 이들의 지지와 참여를 이끌어내는데 실패한 것과 관련이 있다. 반면, 노무현 후보 진영은 인터넷 선거운동에서 이회창 후보 진영 보다 앞섰기 때문에, 20, 30대 젊은 층을 온/오프라인을 통해서 지지와 참여로 이끌어낼 수 있었다. 노사모를 비롯한 젊은 민주당 지지자들의 자발적 헌신은 과거와 같은 조직선거에서는 거의 불가능한 일이었으며, 인터넷이라는 유력한 수단이 있었기에 가능한 것이었다.

한나라당과 민주당의 인터넷 선거 평가는, 〈한국i닷컴〉이 실시한 16대 대선에 출마한 주요 후보자들의 홈페이지 대한 비교 평가 결과에서도 확인할 수 있다. 이 평가자료에서는 노무현 후보의 홈페이지가 정보성, 상호작용성, 기능성, 정책표현 등에서 1위를 기록, 최우수 홈페이지로 평가되었다(〈표 4-36〉). 이는 각 후보진영의 인터넷 선거운동을 간접적으로 비교해 볼 수 있는 자료로서 의미를 가진다.

<표 4-36> 16대 주요 대선후보 홈페이지 비교 평가

	이회창	노무현	정몽준	권영길
정보성	3위	1위	2위	4위
상호작용성	2위	1위	3위	4위
기능성	2위	1위	3위	4위
디자인	1위	3위	2위	4위
정책표현도	2위	1위	4위	3위
총평가	2위	1위	3위	4위

 * 〈한국i닷컴〉과 〈주간한국〉이 연세대영상대학원 윤태진 교수팀에 의뢰해 평가
** 출처: http://www.hankooki.com 2002. 11. 12일(검색일 2003. 9. 20)

　　그동안 많은 정치인들이 e-politics를 거론하며 홈페이지를 구축해왔으나 대개의 경우 홈페이지의 구성과 운영방식은 천편일률적이고, 쌍방향성이 결여된 일방향성에 불과했으며, 이러한 한계는 네티즌들의 재방문율 하락으로 나타났다. 그러나 대선후보들의 홈페이지 평가에서 노무현 후보의 홈페이지가 단연 좋은 평가를 받을 수 있었던 이유는 단순히 참신한 구성과 시각적 효과 등 기술적 요인 때문만이 아니라, 정치인들이 빠지기 쉬운 일방적 홍보를 피하고 인터넷을 통해서 유권자들의 정치참여 욕구를 증대시키고 그들과 유기적인 관계를 맺고자 했던 노력이 돋보였기 때문이다.

제4절 '노사모': 인터넷시대 새로운 정치참여 실험

　　16대 대선이 끝난 후 많은 전문가들은 노무현 당선의 '일등공신'으로 '노사모'를 꼽는데 주저하지 않았다. 나아가 노사모를 '아래로부터의 정치혁명의 주

역'으로, '인터넷 시대 온라인과 오프라인을 결합시킨 새로운 참여모형'으로(손호철, 2003: 3), 그리고 '한국에서 전자민주주의의 시민적 모델'(한상진, 2002: 40)로 평가하기도 한다.[69] 여기에서는 노사모가 인터넷 시대 새로운 정치참여 모델로 볼 수 있는가? 노사모를 새로운 정치참여 모델로 볼 수 있다면 그 이유는 어디에서 찾을 수 있을까? 이러한 의문들을 노사모의 성격과 특징을 중심으로 살펴보고자 한다.

1. 노사모의 탄생과 '386세대'의 정치참여

'노사모'는 그 명칭에서 알 수 있듯이 정치인 노무현의 온라인 팬클럽이다. 노사모는 2000년 16대 총선에서 지역통합과 동서화합을 앞세워 부산에서 출마한 노무현 후보가 낙선하자 이를 안타깝게 여긴 여러 네티즌들이 뜻을 모아 자발적으로 만들어졌다.[70] 그런데 흥미로운 것은 노사모의 결성이 기존 정치조직이나 시민사회단체와는 달리 오프라인이 아닌 온라인상에서, 그리고 위로부터가 아닌 밑으로부터 자발적으로 이루어졌다는 점이다.

16대 총선에서 노무현 후보가 낙선하자, 그의 인터넷 홈페이지(http://www.knowhow.org)에 전국의 네티즌들이 의견을 개진하던 중, 4월 15일 '늙은 여우'(ID) 라는 네티즌이 '노무현 팬클럽' 결성을 제안하였다. 이에 호응한 네티즌들의 동의로 '노무현 팬클럽 임시 개시판'을 개설한 것이 출발점이 되었고, 2000년 5월 17일 노사모 공식 홈페이지(http://www.nomuhyun.org 이후 http://www.nosamo.org로 바뀜)가 오픈되었다.[71] 이러한 과정을 통해 노사모 회원들은 지역

---

69) 그러나 노사모에 대해 긍정적인 평가만 있는 것은 아니다. 한나라당 박원홍의원은 노사모를 '정치룸펜', '사이비 종교집단', '홍위병 집단'으로 폄하하기도 해 온라인상에서 격렬한 토론이 열린 적도 있다. http://www. ohmynews.co.kr 2002. 5. 8(검색일 2003. 9. 12).

70) 노사모의 결성과정에 대해서는 http://www.nosamo.org; 신원, 2002. "'정치 혐오'의 진흙탕에서 피운 '정치사랑'의 연꽃", 노혜경 외, 『유쾌한 정치반란, 노사모』, 서울: 개마고원, 6~44쪽 참조.

71) 공식 홈페이지가 만들어지면서 노사모는 의사결정 과정의 중요한 규칙을 마련하게 된다. 이른바 전자투표 방식이다. 전자투표는 노사모 운영의 중요한 사안에 대

별로 소모임을 만들고, 오프라인에서 모임을 갖자는데 의견을 모았으며, 2000년 6월 대전에서 노사모 창립총회를 개최하였다.

노사모는 2002년 10월 현재 53,850명의 회원이 참여하고 있으며, 51개의 동호회와 68개의 지역모임으로 구성되어 있다.[72] 노사모의 조직과 활동은 기본적으로 인터넷을 통한 사이버공간에서 이루어지고 있기 때문에 일반적인 정당조직이나 사회단체와는 조직이나 활동 방식에서 차이를 보일 수밖에 없다. 그럼에도 불구하고 매월 회비를 납부하는 회원수는 2002년 4월 957명, 5월 1,126명, 7월 1,148명, 그리고 2003년 8월에는 2,860명으로 꾸준히 증가하고 있으며, 어떤 정치조직보다도 열성적인 활동을 보이고 있다.

웨어(A. Ware)는 서구 정당의 정당 지지자들을 지지의 강도에 따라 지지자(supporters), 일반 당원(members), 열렬 당원(activists)으로 나누고 있다(Alan Ware, 1996: 63~84). 오프라인상의 활동이나 최고의사결정기구인 전자투표에의 참여도, 회비납부 등 노사모 활동을 종합적으로 고려해 보면, 노사모는 단순 지지자의 수준을 넘는 상당한 수의 열렬 당원의 수준을 포함하고 있는 것으로 보아야 할 것이다(강원택, 2002: 91).

그렇다면 단순 지지자 모임을 넘어 '열렬 당.0원' 수준을 보이고 있는 노사모 회원들은 왜 정치인 노무현에 대해 열성적이며, 그러한 노사모의 인적 구성의 특징은 무엇인가, 그리고 창사랑(이회창을 사랑하는 모임, http://www.changsarang.com), 인사랑(이인제 사랑모임, http:// www.iloveij.net), 몽사

한 의사결정 방법으로 최고의 의결기관 역할을 한다. 노사모 회원은 자신의 ID와 비밀번호를 통해 1인 1표로 전자투표에 참여할 수 있다. 전자투표에 상정되는 안건은 집행위원회에서 조정과정을 거친다. 결정방식은 단일안일 경우 과반수 이상, 복수안건일 경우 과반 구분없이 가장 많이 득표한 안건이 채택된다(신원, 2003: 20). 노사모는 2000년 7월에는 전 회원이 참여하는 전자투표를 실시하여 노사모 대표를 선출하였고, 그 뒤에도 전자투표를 통해 최고의사결정기구를 구성하였으며, 2000년 9월 27일~11월 19일 기간에는 노사모 홈페이지 확장을 위한 온라인상의 기금 모금을 실시해, 총 595만원을 모으는 성과를 거두기도 했다. 노사모의 전자투표는 2003년 10월 현재 17차례 실시되었다.

72) 이후 노사모 회원은 계속 증가해 2003년 10월 20일 현재 90,638명이 가입돼 있으며, 동호회는 62개, 지역모임은 77개가 활동하고 있다. 또한 CMS 신청자는 2,860명이라고 한다. http://www.nosamo.org 참조(검색일 2003. 10. 8).

모(정몽준을 사랑하는 사람들의 모임, http:// www.mongsamo.com) 등 유사한 정치인 팬클럽중에서도 왜 유독 노사모만이 대중의 자발적 참여와 사회적 관심을 얻는데 성공할 수 있었을까? 이러한 물음에 답하기 위해 우선, 노사모 회원의 인적 구성을 살펴보자.

다음의 〈표 4-37〉에서 보듯이 전체 노사모 회원 가운데 약 80%가 20~30대의 연령층으로 구성되어 있다. 온라인 모임에서 출발한 노사모의 활동이 주로 인터넷을 통해 이루어진다는 점을 감안하면 20~30대, 그것도 대학(원)생과 직장인들의 참여가 높다는 사실은 그리 놀라운 일이 아니다. 또한 〈표 4-38〉은 노사모의 부상이 20대에서 40대에 이르는 청년세대의 노무현 지지 현상을 그 성장의 자양분으로 하고 있음을 간접적으로 보여주고 있다. 〈표 4-38〉에서 나타나듯 50대 이상의 두드러진 여권지지 경향은 김대중 정부 이전까지 반복되어온 투표 행태이다. 그렇지만 한국의 역대 선거를 통 틀어 볼 때 그 누구도 노무현 후보만큼 20~30대의 압도적 지지를 받아보지는 못했다.

〈표 4-37〉 노사모의 연령별 구성

구 분	인원수	구성비(%)
20세 미만	1,196	2.67
21~24세	3,882	8.53
25~29세	9,109	19.94
30~34세	12,689	27.95
35~39세	9,380	20.40
40~49세	8,157	17.58
50세 이상	1,319	2.93
계	45,486명	100.00%

* 노사모 구성에 대한 자료는 2002. 5. 20일 기준.
** 강원택, "세대, 이념과 노무현 현상", 92쪽 재인용.

이와 같은 특정 세대의 특정 후보 지지경향은 새로운 정치현상이다. 왜냐하면 그동안 한국의 사회균열(social cleavage)은 주로 이념·계급·지역으로 구성되어 왔으며, 1970년대 이후 유권자들의 투표행위를 결정지은 가장 강력한 정치균열(political cleavage)은 항상 지역주의였기 때문이다.

<표 4-38> 13~16대 대선에서 세대별 지지율 추이(단위: %)

	후보	20대	30대	40대	50대 이상
13대 대선 (1987년)	노태우	27.6	34.3	38.8	53.3
	김영삼	28.6	26.3	23.2	18.0
	김대중	27.6	23.9	26.3	21.0
14대 대선 (1992년)	김영삼	35.1	43.4	51.9	63.9
	김대중	32.8	32.3	33.0	23.9
15대 대선 (1997년)	김대중	34.8	29.0	24.1	32.7
	이회창	20.0	23.4	23.6	43.7
16대 대선 (2002년)	노무현	59.0	59.3	48.1	37.5
	이회창	34.9	34.2	47.9	60.7

* 출처: 13~14대 자료는 이갑윤·문용직, "투표행태의 변화와 정당제 변동, 1987~1996",
http://www.assembly.re.kr/html/94-95leek.htm
15대 자료는 R&R "15대 정치현안에 대한 유권자 성향분석", 1997. 12. 13.
16대 자료는 "MBC-KRC 출구조사 결과", 2002. 12. 19.

그런데 <표 4-37>에서 주목되는 점은 노사모의 구성원중 30대가 20대 연령층 보다 훨씬 높다는 점이다. 즉 노사모 회원중 30대가 전체의 절반(48.4%)을 차지하고 있으며, 이는 노사모의 주도 세대가 30대라는 점을 말해 주는 것이다. 그렇다면, 왜 인터넷 이용자수에서도 20대가 30대보다 많고, 또 인터넷을 이용하는 시간에서 보다 자유롭고 사이버공간내의 활동에서도 보다 적극적이라 할 수 있는 20대보다 30대 연령층에서 보다 많은 수의 회원이 노사모에서 활동하고 있는 것일까. 이러한 물음에 답하기 위해서는 한국사회에서 30대 연령층, 이른바 '386세대'가 지니는 정치사회적 특성을 살펴보아야 할 것이다.

'386세대'는 '30대이며, 80년대에 대학생활을 경험했고, 60년대에 출생한 세대'를 지칭하고 있다. 즉, "청년시절에 80년 광주항쟁과 87년 6월항쟁에 참여했거나 이를 경험했던 민주화 세대"인 것이다. '386세대'는 군사독재정권 시기를 통해 반독재 민주화운동이 하나의 주류문화로 자리 잡았던 대학생활을 경험했기 때문에 다른 세대에 비해 강한 사회 비판의식과 현실참여 의지를 갖고 있다. 또 그런 시대상황에서 추구했던 민주주의와 민족주의적 신념은 이들로 하여금 도덕의식과 공동체정신을 갖도록 만들었다.

그러나 1987년 이후 한국의 민주화는 지배 블록에 의해 주도된 '위로부터의 개혁' 혹은 그들끼리의 '협약(pact)에 의한 민주화'의 양상으로 전개되었으며, 속도면에서 매우 더디고, 폭과 깊이에 있어 매우 불완전한 양상으로 전개되었다. 민간정부의 출범 이후에도 정치체제는 젊은 세대들의 기대를 충족시키지 못했고, 기존 정당은 그들의 요구를 수용하는데 한계와 무능력을 보여 왔다.

일반적으로 서구의 정치사는 정당이 사회적 균열을 반영하고 때로는 확대재생산하면서 발전했음을 보여주고 있다. 그러나 한국은 서구와는 달리 386세대의 개혁적 요구와 이해를 실현해줄 수 있는 신뢰할만한 정당이 부재했다. 10여년 간의 거듭된 실험에도 불구하고 진보정당은 아직 자리를 잡지 못하고 있으며, 기존 정당들은 지역을 초월하여 386세대를 포용하기에는 그 운영원리와 지향점이 지나치게 전근대적이며 비민주적이다.

사회개혁에의 요구와 바람, 참여의지는 있지만 이를 정치적으로 대변하고 실현할 수 있는 제도화된 통로나 매개체가 부재하다는 것이 386세대 앞에 놓여 있는 2002년 한국정치의 현실이었다. 여기서 주목되는 점은 최초의 자생적 정치인 팬클럽인 노사모가 한국에서 '인물 정치'의 중요성을 간파하였다는데 있다. '리더십의 구체적 표현으로서의 인물'은 대중과 정서적으로 교감할 수 있는 가장 직접적인 방법이다. 더욱이 정책과 이념에 기반한 정당체제가 구축되지 못했고, 시민사회와 정당과의 관계가 단절적인 한국적 현실에서 인물이 갖는 정치적 중요성은 서구 선진정치와는 다를 수밖에 없다. 노사모는 포스트 3김 시대의 새로운 인물과 리더십에 대한 대중들의 욕구를 정확히 파악했고,

명칭에서 드러나듯 노골적으로 인물 중심의 활동방식에 역점을 두었다.

노사모의 이러한 인물 중심의 활동은 선거법의 제약으로 주로 네거티브 캠페인에 치중했던 총선시민연대의 낙선운동의 한계를 극복했다는 점에서 과거방식보다 진일보한 것이다. 노사모는 인물과 대안제시라는 보다 적극적 의지와 의사를 표명함으로써 대중적 참여를 확대하고, 정치개혁이라는 동일한 과제를 보다 구체적으로 추진할 수 있었다(정상호, 2002: 105~106).

16대 대선과정에서 '386세대'를 결집시킨 구조적 배경은 80년대의 집단적 경험에 기반한 개혁적 태도와 참여욕구라고 볼 수 있다. 특히 2002년 대통령 선거라는 권력의 거시적 변화를 앞두고 발생한 민족문제와 개혁정체성 논쟁은 386세대의 기대가 '참여'로 옮겨지고, 정서와 감정이 '태도'로 표출되는 구체적 계기로 작용했다. 이러한 상황에서 노사모를 중심으로 한 '386세대'는 그들의 사회개혁적 요구를 정치적으로 대변하고 실현할 인물로 정치인 노무현과 결합하게 된 것이며, 그 활동방식은 인터넷을 활용한 온/오프라인을 동시에 추구했다는 점에서 기존의 정치조직과 차별성을 갖는다고 할 수 있다.

2. 시대정신의 지향: 지역주의 극복과 참여민주주의

우리가 노사모에 주목하는 중요한 이유 중의 하나는 노사모가 시대정신을 지향하고 있다는 점이다. 노사모는 출범 초기부터 한국정치의 가장 큰 문제점으로 지적되어온 지역주의에 명백히 반대하면서, 회원들의 자발적인 참여와 참여민주주의를 지향하고 있다. 일반 국민 누구나가 공감하는 시대정신을 노사모의 목표로 설정한 것은 노사모 스스로의 자긍심은 물론, 조직의 확대와 일반 국민들의 폭넓은 지지를 받을 수 있는 중요한 조건이 된다고 볼 수 있다.

1987년 민주화 이후 민간정부가 들어서고, 15대 대선에서는 헌정사상 처음으로 평화적 정권교체가 이루어졌음에도 불구하고, 정치사회는 개방된 제도정치의 공간에서 민주주의적 제도화와 정치사회적 개혁을 이뤄내지 못하고 있었다. 이에 16대 총선에서 시민사회가 나서서 낙천·낙선운동을 전개하는 등 정치개혁을 압박하고 나섰지만 지역주의의 벽을 넘지는 못했다. 따라서 한국정치의 중요한 개혁과제는 여전히 정치개혁과 지역주의의 극복이라고 할 수 있다.

특히 16대 총선에서 노무현은 지역주의 극복을 위해 당선이 보장된 서울 종로구를 버리고 부산에서 출마했지만, 지역주의의 벽에 부딪혀 네 번째 고배를 모시고 말았다. 4월 13일 개표가 시작되고 그의 낙선이 확실시되던 저녁 11시 전후부터 노무현의 게시판은 현실 정치에 대한 분노와 노무현의 '바보'[73] 같은 도전에 대한 슬픔, 그리고 낙선에 대한 수많은 격려의 글들이 올라왔다.[74]

> 오늘만큼은 내가 부산 사람이라는 게 부끄러울 수가 없다. 내 주위의 사람들의 그 고리타분한 지역감정이 이렇게나 답답할 수가 없다. 노무현 의원님... 전 다신 부산에서 나오지 말라고는 말씀들이기 싫어요... 한 번만 더 나와 주세요... 한 번만 더 부산 사람들에게 기회를 주세요 (ID 부산사람)(신원, 2002: 9).

지역주의에 의해 번번이 좌절할 수밖에 없는 현실정치의 한계 속에서도 정치인은 국민들에게 희망을 심어주어야 한다는 소신을 가지고 행동하는 노무현은 '원칙'과 '상식' 바로 그것이었다. 그리고 노무현이 초기 노사모 회원들에게 가장 명백한 의미는 "왜곡된 지역감정의 극복과 참된 민주주의의 발전"이었다. 이러한 점은 노사모의 회칙에서도 확인할 수 있다. 노사모 초기에 전자투표를 통해 확정한 노사모 회칙(노사모 약속)은 다음과 같다(신원, 2002: 21, 강조한 부분은 필자).

---

73) 한 네티즌이 노무현 홈페이지에 올린 글 "...떨어질 걸 알면서 도전하는 노무현 당신은 바보..."라는 말을 사용하면서 노무현을 '바보 노무현'이라 불렀다. www.ohmynews.com 2000. 5. 17일 기사(검색일 2003. 10. 18).

74) 이날 하루 동안 노무현 홈페이지는 1천여건의 글이 올라와 홈페이지가 서너 차례 다운될 정도였다고 한다. 오마이뉴스에서는 이 같은 상황을 "울분이 소낙비처럼 쏟아지고 있다"고 표현하고 있다. www.ohmynews. com 2000. 5. 15일 기사(검색일 2003. 10. 18).

노사모의 약속

1. 나는 노무현과 함께 우리나라의 왜곡된 **지역감정의 극복**에 동참한다.
2. 참된 민주주의의 발전을 위하여 우리 노사모 회원들과 함께 결정한
   활동에 **자발적으로 동참**한다.
3. 노사모의 약속과 노사모의 활동이 기록된 관례가 회칙을 대신하며, 이
   약속과 관계는 노사모의 **전자투표**만으로 바꿀 수 있다.

특히 노사모가 기존의 정치인 사조직과는 뚜렷이 구별되는 점은 노무현 개
인을 위한 사조직이 아니라, 한국정치에서 우선적으로 극복되어야 할 지역주
의에 분명히 반대하고 있으며, 그들 스스로가 나서서 국민통합과 참여민주주
의 구현 등 한국정치의 우선적 과제를 실현고자 하는 점이다. 이러한 점은 개
정된 노사모 회칙에서 보다 구체화되고 강조되었다.[75]

노사모 약속

2000년 4월 13일 총선에서 우리는 상식과 양심을 지켜가는 한 정치
인이 지역주의에 희생되는 것을 목격하였다. 이에 우리는 이런 일이 다
시는 일어나서는 안 된다는 당위성과 절박감을 가지고, **사이버 공간을**
통해 대다수 국민의 올바른 정치적 관심을 이끌어내고 **참여민주주의를**
확산시켜 참된 정치를 구현하고자 아래와 같이 약속한다.

하나(목적), 노사모는 노무현과 함께 **국민통합과 민주실현**을 위하여
노력한다.
둘(정신), 노사모는 **참여민주주의 정신과 회원의 자발성**을 기초로 활
동하며, 인터넷 모임으로서 **전자민주주의** 발전을 위해 노력한다.
셋(운영원리), 노사모는 **회원의 인터넷 투표**로 결정된 규약과 규약에
서 위임한 운영세칙에 따라 운영된다.

---

75) http://www.nosamo.org(검색일 2003. 10. 18), 강조한 부분은 필자.

개정된 회칙 역시 초기 회칙처럼 간단한 전문과 세 개 조항으로 아주 단순하게 구성되었다. 그러나 개정 회칙에서 눈에 띄는 점은 참여민주주의에 대한 강조이다. 즉 노사모 활동이 단순히 정치인 노무현에 대한 지지를 넘어, 국민의 올바른 정치적 관심을 이끌어 내고 참여민주주의를 확산시키는 일이 주요 과제로 제시된 것이다. 이는 노사모가 '월계수회'나 '민주산악회' 등 기존 정치인 사조직과는 구별되는 것으로 정치인 노무현에 대한 지지를 넘어, 한국정치의 개혁과제를 노사모 스스로가 자발적인 참여를 통해 실천해 나가겠다는 뚜렷한 목적의식을 가지고 활동하고 있음을 보여주는 것이다.

또한 노사모가 다른 조직과 구별되는 또 다른 점은, 노사모의 활동방식을 회원들의 자율성과 자발적인 참여에 두고 있으며, 인터넷 시대에 적극 부응하여 모든 회원에게 개방된 전자투표 방식으로 주요 결정을 한다는 점이다.[76] 노사모가 처음 실시한 전자투표는 창립일자를 결정하기 위한 것으로 2000년 5월 29일~30일 사이에 실시하였고, 총 189명의 회원 가운데 120명이 실제 투표에 참가하였다. 그리고 2002년 7월 26일~28일 실시된 '대표 일꾼' 선거에서는 3,512명이 투표에 참가하였다.

3. 수평적 네트워크를 통한 자발적 공동체

우리가 노사모에 주목하는 또 다른 이유는 후원회나 사조직 등 기존의 정치인 조직과는 뚜렷이 구별되는 다음과 같은 특징을 보이기 때문이다.

첫째, 노사모의 운영과 구조가 명망가 중심의 캠프가 아니라, '자발적 참여정신'과 '십시일반 자력갱생'의 원칙[77]에 기초한 조직이라는 점이다. 이는 노사모

---

76) '회칙'이 아니라 간단한 메모 수준의 3개항의 '약속'으로 되어 있는 노사모의 초기 회칙은, 자발적인 인터넷 모임 문화의 단면을 여실히 반영하고 있다. 당시 이 회칙을 제안한 필명 '꽃다림'은 투표 유세글에서 "복잡한 회칙을 통해 조직의 방향을 정하고 운영하는 것은 아날로그 사고방식으로 결코 디지털 세상을 이끌어 갈 수 없다"고 말하고, "노사모는 구시대 정치의 새로운 대안을 제시하는 인터넷의 모범적인 활동모임이기에 우리에게 맞는 우리의 운영방식을 찾아야 한다"고 주장하면서, "자발적인 참여가 노사모의 생명"이라고 덧붙이고 있다(신원, 2002: 21쪽).

가 과거의 동원된 대중선거조직인 '나사본'이나 '민주산악회' 등과는 분명한 차별성을 갖게 해준다. 하향적 외곽조직이 아닌 상향적 시민조직으로서, 그리고 온라인 방식을 통해 저렴한 비용이지만 대단히 효율적으로 자신의 지지기반을 확대한 노사모의 실험은 새로운 정치참여의 모델로 평가될 수 있는 것이다.

둘째, 노사모는 이익을 매개로 한 집단이 아니라는 점이다. 정치인에 대한 열광적인 지지자들임에도 불구하고 비정치적 요소가 훨씬 강한 집단이며, 이념적 집단이 아닌 점도 독특한 특성이다. 조직 자체의 비조직성과 개방성 또한 특기할 만한 사실이다. 노사모 자신들은 노사모를 '자유로운 개인들의 느슨한 연대', '노무현? 없어도 된다. 시스템의 정치!'라는 두 개의 슬로건으로 나타낸다(노혜경, 2002: 46). 이 두 슬로건은 노사모의 정신이 기존의 정치적 결사체와는 다른 가치관 위에 있음을 알려준다. 우선은 노사모를 구성하는 사람들이 기존의 정치적 모임의 구성원들과 다르다는 점이다. 노사모 회원들은 정치인 노무현에 종속된 사람들이 아니라, '시민정치가'로서 '직업정치가'에게 자신들의 권리를 위탁한 사람들이라는 자각을 분명히 하고 있다.

셋째, 노사모 조직을 움직이는 시스템 자체가 여타 정치적 결사체와는 근본적으로 다르다는 점을 들 수 있다.[78] 순수한 자기의지에 따라 결집된 조직이나 단체는 이익단체의 가장 일반적 참여 동기인 목전의 물질적 보상(material incentives)을 추구하지 않는다. 노사모는 자발적 결사체로서 연대의식의 확장(solidary incentives)을 추구했으며, 지역주의 타파와 언론개혁이라는 대의명분과 보편적 가치(purposive incentives)를 지향했다는 점에서 다른 팬클럽과 차

---

77) 네티즌들의 자발적 참여로 탄생한 노사모는 모든 활동에 있어서 자발성에 기초하고 있다. 십시일반 회비는 이름 그대로 회원들 한 사람의 자발적인 참여를 통해 독립된 재정기반을 마련하기 위한 노사모 운영회비의 공식모금 창구라고 한다. http://www.nosamo.org/home/etc/money_1.asp#(검색일 2003. 10. 18)

78) 노사모 회원은 이러한 시스템을 다음과 같이 설명한다. "비유적으로 말하자면, 대개의 정치결사가 원스프링 방식의 침대처럼 한 인자의 움직임이 조직 전체에 영향을 미치게 되므로 활동이 엄격히 통제되는 것과는 달리, 노사모는 포켓스프링 방식의 침대처럼 개별 회원들의 활동은 노사모 전체에 영향을 미치지 않으면서 다함께 하나의 침대를 구성하는 대등한 자격의 존재들이다." 노혜경, "노무현? 없어도 된다, 시스템의 정치", 46~47쪽.

별성을 지니며 특정 팬클럽을 넘어선 공익적 성격을 갖고 있다고 볼 수 있다(정상호, 2002: 106).

그러면서도 노사모는 조직의 운영원리는 느슨하고 자율적인 연대의 정신에 기초하고 있다는 점이 특징이다. 이는 기존의 정치적 결사체의 특징인 확고한 신념과 이념의 공유, 또는 보스에 대한 충성도 같은 기준과는 확연히 구별되는 노사모만의 특징이라고 할 수 있다.[79] 한국정치사상 처음으로 인터넷상의 정치인 팬클럽으로 출발한 노사모가 단기간에 급성장할 수 있었던 데는 바로 이런 네티즌들의 자발적인 참여와 민주적인 토론과 절차를 통한 의사결정 방식이 중요한 역할을 했다고 볼 수 있다.

4. 온라인 공론장: http://www.nosamo.org

우리가 노사모를 인터넷시대의 정치참여의 모델이라고 부를 수 있는 가장 큰 이유는 노사모 홈페이지(http://www.nosamo.org)에서 온라인 공론장의 기능을 발견할 수 있기 때문이다.

---

79) 노사모의 이러한 성격은 노사모가 신입회원을 환영하며 제시해 놓은 노사모 회원의 자격기준에서도 잘 나타나고 있다. 노사모 회원의 자격기준을 보면, "노사모란? 노무현을 사랑하는 사람들의 모임이란 뜻이죠... 그러나 단지 노무현님만을 좋아하는 건 아니랍니다.
　-노무현과 새로운 세상을 꿈꾸는 사람!
　-노무현이 좋은 사람!
　-노무현을 좋아하는 사람들이 좋은 사람!
　-노무현이 누군지 궁금한 사람!
　-노무현은 모르나 동서화합과 국민화합을 원하는 사람!
　-노무현도 모르고 동서화합과 국민화합은 모르나 좋은 사람 만나는 걸 좋아하는 사람!
위의 분들 모두가 똑같은 노사모 가족이십니다.
지금 어느 곳의 어떤 모습의 님이시라도 함께 하나가 될 수 있습니다.
회원가입과 탈퇴는 자유이며, 노사모 활동 또한 님의 자유랍니다.
님도 존중받으시고, 남도 존중해주는 새로운 공동체가 되었음 합니다.^^"
http://old.nosamo.org/board/board_free/bbs/read.asp?page=1&id=11&table=bbs_20(검색일 2003. 10. 18)

참여민주주의 주창자들은 진정한 민주주의의 요소로서 대화와 토론, 그리고 숙의의 과정을 중요시한다. 특히 바버(Barber)는 참여민주주의를 위해서는 시민들에 의한 숙의, 대중토론, 대중참여가 반드시 실현되어야 한다고 주장한다. 현실공간에서는 시·공간적 제약으로 대화와 토론 그리고 참여에 한계를 가질 수밖에 없었지만, 인터넷은 이러한 제약과 한계를 극복하게 해준다.

인터넷은 그 특성상 다대일(多對一), 혹은 다대다(多對多) 그리고 일대일(一對一)의 메세지 전달이 가능한 매체이며, 정보전달비용에 있어서도 다른 매체에 비해 월등히 저렴하다는 특성을 가지고 있다. 또한 인터넷은 정보전달에 있어 동시성과 비동시성을 동시에 가지고 있으며, 동시성과 메시지 전달의 다양한 가능성이 맞물려 일대다 혹은 다자간의 상호작용성이 뛰어난 매체이다. 이러한 인터넷의 특성은 사이버공간에서의 권위부재 현상을 야기시킨다. 다시 말해 인터넷상에서는 어떠한 위계질서도, 어떠한 사회적 지위 혹은 권위도 존재하지 않고, 수평적 상태에서의 치열한 토론이 가능하다(Bonchek, 1997: 22~ 26). 이러한 측면은 조직에서는 위계질서와 거기에 따른 지도자가 필요하지만, 인터넷상에서는 어떠한 지도자도 존재할 수 없는 상황이라는 것을 의미한다.

노사모는 이러한 인터넷의 특성을 조직 운영에 고스란히 반영하고 있다. 노사모의 주요 활동은 주로 회원이 아이디어 형태로 인터넷 홈페이지에 제안한 것에서부터 시작하여 인터넷 투표로 최종 결정되는 구조를 보이고 있다. 회원의 참신하고 중요한 제안은 인터넷 게시판을 통해 회원들간에 공론화되고, 이후 충분한 토론과 의견수렴과정을 거쳐 노사모의 주요 활동 사업으로 최종 결정함으로써 온/오프라인 활동에서 전개된다. 대표일꾼이 있더라도 의사결정은 인터넷 투표에 의해 이루어지며, 집단지도체제적인 성격이 강조되고 있는 것도 이러한 경향을 반영한다. 이는 조직의 상층부에 의해 설정된 의제를 전달받아 실행하는 기존의 정치조직과는 뚜렷한 대조를 이룬다.

노사모 결성 자체부터 광주의 한 네티즌(ID 늙은 여우, 이정기)에 의해 제안되었고, 출범 준비 단계에서의 지역별 준비 모임 구성 및 창립총회 준비 모임의 구성도 회원의 제안에 의해 실행되었다. 민주당 국민경선에서 선거인단에게 보낸 '사랑의 편지쓰기' 운동도 한 회원이 게시판을 통해 제안하고, 이에 동의하는 회원들이 자발적으로 참여함으로써 실행되었다. 또한 소액 다수에 의한 깨끗한 정치자금의 모금을 추진한 '희망돼지 분양사업'도 노사모 서울 북부의 한 회원(ID 무착)이 노무현을 부정한 정치자금에서 해방시키자는 의미로 '희망돼지 저금통 사업'을 제안함으로써 시작된 것이다. 이 제안은 게시판을 통해 여러 회원들에게 폭발적인 지지를 받게 되었고, 결국 노사모의 주요 사업으로 정식 채택되었으며, 민주당 선거대책본부가 구성된 뒤에는 선대본 내 국민참여운동본부를 통해 선거가 끝나는 시점까지 계속되었다.

특히 민주당이 국민경선제를 도입하자 2001년 12월 22일 소집된 긴급 집행위원회 오프라인 회의에서는 노사모가 국민경선의 주체가 될 것을 결의하였지만, 노사모 내에서는 민주당 경선에 조직적으로 참여할 것인지 여부를 둘러싸고 회원들간에 치열한 논쟁이 전개되기도 하였다. 참여를 주저하는 측의 주장은 당시 '이인제 대세론'이 주류를 이루고 있던 상황에서, 노사모의 조직적인 참여는 순수한 의미의 노사모 결성 취지가 경선이라는 현실정치 공간에서 훼손될 가능성이 있다는 것이었다. 높은 현실의 벽을 넘지 못함으로써 얻게 될 좌절감이 너무 클 것이라는 우려에서 비롯된 의견이었다. 반면 찬성하는 측은 우리가 사랑하는 사람이 힘이 필요한 상황에서 뒷짐만 지고 앉아 있을 수는 없다는 주장이었다. 이렇듯 집행위원회의 결정에도 불구하고 노사모 회원들간에는 홈페이지 게시판을 통해 논쟁이 계속되었다.

결론은 '노사모 국민경선 대책위원회'를 구성하고, 참여를 원하는 회원들은 이 위원회를 통해 참여하자는 것으로 매듭지어졌다. 이렇듯 노사모 홈페이지 게시판은 회원들간의 활발한 토론을 통해 회원 스스로가 합리적인 결론을 도출하고 이를 바탕으로 각자 선택할 수 있게 함으로써 자발성을 극대화시킬 수 있었다. 인터넷이 자발적 참여의 기제로 작동할 있는 것은 시민들이 인터넷을 통해 자신의 처지에 맞는 정치적 실천과 참여의 수준 및 방식을 상대적으로 자유롭게 스스로 결정할 수 있기 때문이다. 이러한 방식은 기존에는 볼 수 없었던 정치적 자발성의 발현양식이라고 할 수 있다.

그러나 속도를 중시하는 인터넷은 참여민주주의의 핵심요소인 숙의 과정의

230

중요성을 간과할 수도 있다. 특히 인터넷 정치참여가 참여의 양적 확대에만 매몰될 경우 무분별한 여론정치의 혼란에 빠질 가능성이 있으며, 숙의의 결여로 인한 참여의 질(quality) 저하를 초래할 수 있다. 그러나 노사모는 정치참여를 결정함에 있어 회원들간 충분한 대화와 토론 그리고 숙의의 과정을 거침으로써 인터넷 정치참여의 부정적 영향을 최소화 할 수 있었다고 보여진다.

한편, 인터넷이 많은 사람들에게 이용되고 그 영향력이 갈수록 커지는 이유는 일방향 홍보매체가 아닌 쌍방향 토론매체이기 때문이다. 텔레비전은 수동적인 시청자를 만들어내지만, 인터넷은 능동적인 이용자를 만들어낸다. 텔레비전은 문제를 보여주지만 직접 참여해서 고칠 수 있도록 하지는 않는다. 반면 인터넷은 사람들을 적극적으로 행동하게 만든다. 인터넷은 본질적으로 참여의 매체이다. 노사모는 이러한 인터넷의 특징을 활용해 적극적인 활발한 활동을 할 수 있었다.

노사모와 같은 인터넷을 통한 조직활동은 특히 80년대 이후 반독재 민주화 운동을 경험하고, 정치·사회적 문제에 관심이 높은 이들의 자발성을 발현시킬 가능성이 높다고 할 수 있다. 앞에서 살펴본 것처럼 노사모의 주도 세대가 동시대적 경험을 가지면서 일련의 공통 정서에 바탕하고 있는 '386세대'라는 점은 이러한 사실을 반영하고 있다. 이들에 의해 인터넷 담론장이 전유될 때, 그 담론의 논리적 설득력과 숙의성의 정도가 높아지고, 이로부터 현실적 파급력 역시 높아진다고 하겠다.

나아가 인터넷에서 형성·유포되는 담론들은 시민들의 삶에서는 물론, 주요 언론방송 매체들에 의해 일상적이고 유동적인 여론을 추적할 수 있는 유력한 지표가 됨으로써, 인터넷이라는 사이버 공간을 넘어 오프라인 영역으로 진입하게 된다. 특히 그것이 대통령 선거와 같이 현실공간에서 쟁점이 되고 있는 사안인 경우 더욱 그러하다. 그렇기 때문에 노사모는 인터넷이 단순한 의사표현이나 의사소통의 기능을 넘어서 온라인과 오프라인을 통한 유기적 결합을 통해 정치적 의견의 조직과 지지의 동원까지 가능하게 한 실증적 사례라고 할 수 있다. 즉, 우리는 노사모의 홈페이지에서 토론과 숙의를 강조하는 온라인 공론장의 형태를 발견할 수 있는 것이다.[80]

특히 투표일을 불과 1시간 30분 앞두고 일어난 국민통합 21 정몽준 대표의 '공조파기' 선언 이후, 노무현 후보 홈페이지와 인터넷 언론에서 진행된 네티즌들의 대화와 토론은 온라인 공론장의 기능을 보여준 대표적인 사례라고 볼 수 있다.[81] TV를 통해 노-정 공조파기를 전해들은 노사모 회원들은 즉시 인터넷과 전화로 몰려들었고, 누구도 지시하지 않았지만 이들은 자발적으로 선거운동에 돌입한 것이다. 그러면 당시 노무현 홈페이지 게시판에 올라온 노사모 회원들의 의견과 토론내용을 살펴보자.

글 제목: 놀람-〉슬픔-〉분노-〉믿음
필명: wiiw(wiiw) 날짜: 2002-12-19 오전 1:14:00
IP Address: 211.56.129.158 조회/추천: 214/8

첨엔 속보를 보고...정말 황당하기만 했습니다.
해도 해도 너무한 거 아닌가....
이제 투표 시작 시간 몇 시간 남았다고 이러는 건지...
정몽준 대표가 한없이 원망스러웠지만...

---

80) 대선 당시 노무현 후보 홈페이지와 노사모 홈페이지에는 노사모를 중심으로 한 네티즌들이 노무현 후보에 대한 지지에서부터 선거전략, 그리고 한국의 정치개혁 과제에 이르기까지 다양한 글을 올렸고, 이를 본 다른 네티즌들이 댓글(리플)을 달고, 토론이 이루어지는 등 노무현 후보 홈페이지나 노사모 홈페이지는 온라인 공론장으로서의 기능을 충분히 했다고 평가된다. 당시 노무현 후보 홈페이지에 실린 글 중 네티즌들에게 많이 읽힌 내용은 책으로도 출판되었다. 문성근 외, 2002. 『노하우에 리플달기: 노무현 공식홈페이지 베스트뷰 모음집』, 서울: 열음사.

81) 노사모 회원들은 2002년 11월 20일 중앙선관위의 홈페이지 폐쇄 조치 이후, 선거기간에는 노무현 후보 공식 홈페이지와 오마이 뉴스 등 인터넷 언론을 중심으로 활동했다. 노사모 홈페이지는 12월 19일 오후 6시 투표가 끝나자 마자 바로 사이트를 다시 열었다. 한편, 16대 대선에서 대안언론 매체로 떠오른 인터넷 언론 역시 온라인 공론장으로서의 기능을 찾아볼 수 있는데, 오마이뉴스(http://www.ohmynews.com)외에도 관점이 있는 뉴스로 온라인 고급 정론지를 표방하는 프레시안(http://www.pressian.com), 진보와 정론의 인터넷신문을 표방하는 대자보(http://www.jabo.com, 인터넷 패러디 신문으로 잘 알려진 딴지일보(http://www.ddanzi.com), 인터넷신문은 아니지만 진짜칼럼주의를 표방하는 서프라이즈(http://www.seoprise.com) 등을 들 수 있다.

큰 산을 넘기 위한 마지막 고비란 생각이 들었습니다.

노후보님 곁엔 노후보님이 쓰러지지 않도록 받쳐주는 국민이 있습니다...

오늘 밤 꼴딱 새고, 낼 아침에 세수만 하고 투표소로 달려가렵니다.[82]

글 제목: 지금 우리가 꼭 할 일 2가지

필명: 논산(FACKEL01)　날짜: 2002-12-19 오전 1:15:00

IP Address: 211.211.85.204　조회/추천: 115/5

1. 내일 새벽에 투표하기......

- 내일 아침 뉴스부터 분명히 투표율이 뉴스로 나올 겁니다....

젊은층 투표율이 나올지 모르겠지만 높은 투표율로 관심을 놓게 하지 맙시다

2. 포기하지 맙시다....

- 분명 노무현 후보 찍을 사람이었다면 정몽준 지지철회 했다고 이회창 찍지는 않을 겁니다. 더 큰 적은 우리 내부에 있습니다.

"실망하고 포기하는 것" 그것이 가장 큰 적입니다.

절대 포기하지 마시고 내일 아침 일찍 투표에 참여합시다...

여기 있는 분들... 전화하시고, 부탁하고...

이웃집과 같이 내일 아침 일찍 투표합시다....

우린 분명 할 수 있습니다...[83]

글 제목: (펌)한 번 읽어보세요. 꼭 읽을 만한 글입니다.

필명: 신호섭(happyi37)　날짜: 2002-12-19 오후 12:03:00

---

82) http://before.knowhow.or.kr/webzine/board/view.asp?bid=2&pid=393317&cp=8497&num=296101(검색일 2003. 12. 15)

83) http://before.knowhow.or.kr/webzine/board/view.asp?bid=2&pid=393325&cp=8497&num=296104(검색일 2003. 12. 15)

IP Address: 211.38.128.238   조회/추천: 44650/2013

오마이뉴스 덧글..
제목: 아빠의 호소 추천수: 19
필명: 들불바람, 날짜: 2002/12/19 오전 11:51:18
한밤중에 벌인 정몽준씨의 반란을 보며 한 아빠는 눈물이 났습니다.

전남 고흥에 사는 이 아빠는 서울에서 대학 다니는 두 딸이 생각났습니다.
두 딸은 부재자 신고도 않은 상태였고 투표장이 너무 먼 고흥이어서 기
권을 할 예정이었습니다.
아빠는 밤 11시에 떨리는 손으로 두 딸에게 전화했습니다.
심야버스 타고 당장 내려오라고 했습니다.
잠자던 두 딸이... 시험 때문에 안 된다고 하였습니다...
너희 둘이 투표하지 않으면 역사가 후퇴한다고, 정몽준 같은 사람이 한
국 정치판을 좌지우지하는 모습을 방치해서는 안 된다고, 이 순간 두
딸이 투표를 하지 않음으로써 역사에 죄를 짓고 싶지 않다고 아빠는 울
먹이며 말했습니다.
두 딸이 서울에서 심야버스를 타고 바로 출발했습니다.
새벽 4시 10분, 광주에 도착한 두 딸을 아빠가 마중 나갔습니다.
그리고 고흥까지 데려와 투표를 마쳤습니다.
지금 막 아빠는 시험 준비에 바쁜 두 딸을 여수 공항에서 비행기를 태
워 서울로 보냈습니다.
아빠는 이륙하는 비행기를 보며 자랑스런 딸, 자랑스런 아빠를 확인할
수 있었던 오늘을 영원히 기억하리라 다짐했습니다.[84]

  홈페이지 게시판에 올라온 한 네티즌의 글처럼 이들은 처음엔 놀람과 분노
에서 시간이 갈수록 믿음과 행동으로 옮겨졌다. 스스로를 다짐하면서 동료들

---

84) http://before.knowhow.or.kr/webzine/bestview/view.asp?bid=19&pid=13586&
   cp=5&num=2590(검색일 2003. 12. 15)

을 격려하고, 호소력있는 글을 다른 사이트로 퍼나르고, 주위 사람들에게 투표참여를 독려하고, 전화와 문자 메세지로 노무현 지지를 호소하였다.

또한 18일밤 10시 35분경 '정몽준 지지철회' 제1신을 보도한 오마이뉴스의 관련기사에는 3시간여만인 19일 새벽 2시 20분 현재 독자의견이 800여개, 조회수 24만 4천여건을 기록하였다. 다른 언론사 사이트 역시 독자들의 관련 글로 넘쳐났으며, 같은 시간대 전화 사용량도 30% 이상 늘었다고 한다.[85] 당시 오마이뉴스에 올라온 네티즌들의 의견과 토론내용을 살펴보자.

"설마했던 '정몽준 지뢰'가 드디어 터지고 말았습니다. 결론부터 말합니다. 시점이 너무 늦어 대응할 여유가 적다는 것이 문제일 뿐 두려움이나 좌절감을 느낄 필요는 전혀 없습니다. … 승패는 노무현을 좋아하는 사람들 손에 달렸습니다. 결집력을 높이고, 한 사람도 빠짐없이 투표장에 나가고, 다른 사람의 투표 참가를 독려하고, 정몽준의 지지철회 때문에 흔들리는 주변 사람들을 붙들어 세우고, 그렇게 해서 투표율을 80% 이상으로 올리면, 노후보는 질래야 질 수가 없습니다. 12월 19일, 운명의 날이 이미 왔습니다. 아침 일찍 일어나 전화기를 잡읍시다. 노력하는 그만큼 표는 모입니다. … 지금 노무현에게는 우리들이 보내는 한없는 신뢰와 사랑이 필요합니다"(2002/12/19 오전 0:50분, 개혁당 대표 유시민).[86]

"정말 어이가 없고 억장이 무너지고 억울합니다… 국민여러분의 마지막 힘으로 이런 어처구니없는 작태가 더 이상 통할 수 없다는 것을 보여주어야 합니다… 민노당 지지자 여러분께 간곡히 호소합니다. 민노당의 정신을 존중합니다… 이 민족과 민중의 미래를 위하여 잠시나마 우리들의 차이를 접어 두어야 합니다. 여러분 표를 모아 주십시요. 역사의식도, 기본적인 윤리나 도의도 없는 기득권층의 이 엄청난 음모와 배

---

85) 〈주간 동아〉 2003. 1. 30.
86) http://www.ohmynews.com/articleView/article_view.asp?menu=c10300&no=91829&rel_no=1(검색일 2003. 12. 15)

신을 온몸으로 막아야 합니다. 그것이 진보입니다"(2002/12/19 오전 2:47분 문성근/명계남).[87]

　"인터넷 언론의 주역이요 미래의 주인공인 젊은 벗들에게 신 새벽에 예정에 없던 글을 띄웁니다…. 정몽준 대표의 느닷없는 지지철회 선언으로 어수선한 아침입니다…. 중요한 것은 관심입니다. 국민들이 정치에 냉소를 보내며 관심을 접을 때 3류 정치는 계속될 수밖에 없습니다…. 이번 일에 대해 거짓 언론이 떠들어대는 것에는 눈을 돌리지 말고, 인터넷을 통해 충분히 토론하고 여론을 형성해나갔으면 좋겠습니다. 그 사이에 다들 마음을 결정하고 투표장으로 갑시다. 내 한 표가 위기의 정치를 구해내는 골든 골의 어시스트가 된다는 점을 명심하면서 말입니다. 2~30대의 투표율이 80.8%를 넘는 것이 바로 골든 골입니다. 그렇게만 되면 누가 되든 한국정치에 희망은 있습니다"(김동민, 2002/12/19 오전 8:18분).[88]

　또한 투표당일인 12월 19일 오후에는 "투표율 저조로 노무현의 당선 가능성이 낮아지고 있다"는 분석이 나오자, 노무현후보 지지 네티즌들이 다시 움직였고, 이들은 주위 사람들에게 전화와 문자 메세지로 투표를 독려했다. 출구조사 결과, 오후 2~3시까지 이회창 후보에게 뒤지던 노무현 후보는 이후 역전에 성공한 것으로 나타났다(〈그림 4-5〉 참조). 노무현 후보 홈페이지에 올라온 네티즌들의 투표참여 독려의 글을 살펴보자.

글 제목: 〈〈최후의 일인까지 최후의 일각까지〉〉
필명: 몽니(cha6969)　날짜: 2002-12-19 오후 12:13:00

87) http://www.ohmynews.com/articleView/article_view.asp?menu=c10300&no=91829 &rel_no=1(검색일 2003. 12. 15)
88) http://www.ohmynews.com/articleView/article_view.asp?menu=s10300& no=9817 &rel_no=148(검색일 2003. 12. 15)

엉덩이에서 즉시 일어나 전화통을 붙듭시다.
전 아홉시부터 지금까지 내가 갖고있는 〈주소록〉을 내놓고 모든 알고있
는 사람에게 전활 했습니다.
부모 형제 모든 지인들..
깨복쟁이 친구 초딩친구 중딩친구 고졸검정고시 친구 통신대학 친구..
직장친구..친한 친구 덜 친한 친구.. 각시친구..친구의 친구까지..
광주 목포 전남 안양 시흥 서울 대구 경주 울산 부산 대전........
아직까지 투표하지 않고 있는 사람 꽤 많이 있습니다...
〈주소록〉 꺼내 〈전화통〉 잡으세요.. 두어 시간만 하세요..
우리의 이 사랑하는 마음을 살리려면.. 이 소중한 서로 사랑하고 아끼고
희망을 갖고 사는 생활을 바라시면.. 잃고 싶지 않다면..
〈최후의 일인까지 최후의 일각까지〉 최선을..최선을.. 다 해봅시다...
2002년 12월 19일 역사의 오늘 무등골 몽니 엎드려 절 합니다.[89]

글 제목: 전화하십시오. 아직 50%가 남았습니다.
필명: 김동민(viacyrix) 날짜: 2002-12-19 오후 3:08:00

여기 있는 분들 다 투표하시거나 다 투표하실 분들입니다...
아직 55%의 표가 남아있습니다. 부탁드립니다.
나 하나라도 하는 심정으로 전화하십시오.
한표가 아쉬운 순간입니다.
안되면 메신저나 타 게시판에서도 투표 권유하십시오...
그리고 19일 늦은 밤 노무현 후보님의 승리를 감동의 순간을 지켜봅시다.[90]

---

89) http://before.knowhow.or.kr/webzine/board/view.asp?bid=2&pid=40863&cp
=7795&num=310192(검색일 2003. 12. 5)

〈그림 4-5〉 12월 19일 투표일 시간대별 대선후보 지지율 추이

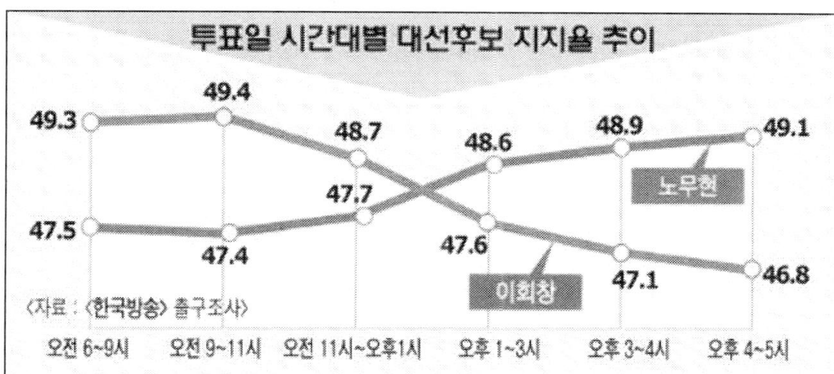

* 출처: http://www.hani.co.kr 2002. 12. 22일(검색일 2003. 10. 18)

5. 온라인과 오프라인의 결합

많은 전문가들은 노사모 등장의 가장 큰 원동력으로 인터넷을 꼽는데 주저하지 않는다. 실제로 노사모는 새로운 대중매체이자 동시에 일상적 삶의 장으로 자리잡고 있는 인터넷을 통해 조직되었고 활동을 전개해왔다. 노사모의 정관과 규약을 보면, 인터넷 투표는 노사모의 최고의사결정기구이며[91], 인터넷이라는 매체가 단순히 자신들의 사업내용을 홍보하고, 또 참여의 기회를 마련하는 수준에 그치는 것이 아니라, 인적 동원과 모임의 유지를 위한 투표에 이

---

90) http://www.nosamo.org/boardbox_free/index.asp?idNum=41821&page=2723&search=&finder=&bdrflag=1(검색일 2003. 12. 15)

91) 노사모의 '인터넷 투표에 관한 규약'을 보면, "인터넷 투표는 노사모 최고의사결정 기구이며 운영의 문제와 현안에 대하여 의결한다"고 규정되어 있다. 또한 노사모를 대표하는 전국대표일꾼의 선출, 주요 현안에 관한 토론과 결정은 물론이고, 조직에 있어서도 "노사모의 웹상에 별도의 방을 설치하고 운영하는 단위의 노사모를 기초단위 지역 노사모"라 칭할 정도로 인터넷은 노사모 활동의 근간을 이루고 있다. 인터넷 투표에 관한 노사모의 규약은 http://www.nosamo.org 참조(검색일 2003. 10. 12).

238

르기까지 노사모 조직 운영의 근간을 이루고 있다. 이는 노사모가 조직에의 의존도가 낮은 대신 네트워크 의존도가 상당히 높다는 것을 말해준다.[92]

그런데 우리가 노사모에 보다 주목하는 이유는 노사모의 조직과 활동이 인터넷에만 머물지 않고, 사이버공간과 현실공간에서의 유기적 결합을 통해 시민들이 보유하고 있는 자발성을 이끌어냈다는 점이다. 특히 초기 온라인공동체에 머물던 노사모가 민주당의 국민경선이 시작되면서 오프라인의 활동을 강화하게 되고 점차 온/오프라인의 결합을 중요시하게 된다. 다시 말해 노사모가 오프라인의 활동을 강화하게 된 데에는 정치참여의 명분, 정치참여 극대화를 위한 제도적 변화, 즉 국민참여경선제가 있었기에 가능한 것이었고, 이것과 인터넷이라는 저비용·고효율의 활동공간과의 효과적인 활용이 서로 긍정적인 상호작용을 함으로써 '노사모 현상'이 확대 재생산되었다고 할 수 있다.[93]

노사모가 정치인 팬클럽으로 가장 두드러진 활약상을 보인 것은 민주당의 대통령 후보 선출을 위한 국민경선제였다. 노사모는 민주당이 위기를 극복하기 위해서는 국민경선제를 선택할 수밖에 없을 것이라고 판단했다. 또한 조직과 자금이 부족한 노무현이 대선 후보로 선출될 수 있는 길은 국민경선제뿐이었다. 노사모는 2001년 12월 12일 대표일꾼 명의의 긴급 집행위원회 오프라인 회의에서 노사모가 국민경선제의 주체가 될 것을 결의하고, '노사모 예비경선 특별대책위원회'(나중에 '국민경선대책위원회'로 개칭)를 설치하였다.

---

92) 시민운동의 입장에서 노사모를 분석한 신율은, 시민운동으로 대표되는 신사회운동은 조직에 대한 의존도가 낮을 수밖에 없는데, 그 이유는 이슈의 빠른 변화에 따른 조직의 이합집산이 신속하게 이루어져야 하고, 이러한 빠른 이슈의 변화와 다양한 관심사 등이 사회운동의 관료화된 조직으로 대응하고, 수렴하기 어렵기 때문이라고 본다. 이러한 이유에서 시민운동 그리고 신사회운동은 "산업사회의 발전론적인 패러다임의 붕괴"에 대한 대답이라고 정의되어질 수 있다. 신율, 2003. 「시민단체와 이익집단의 역할에 대한 평가」, 한국정치학회 2003년도 춘계학술대회 발표논문. 18쪽.

93) 대선전 '창사랑'과 '노사모'의 홈페이지 게시판을 탈집중성, 주제연계성, 관용성, 익명성, 합의지향성, 쌍방향성 등 6가지 지표를 통해 분석한 연구결과는, 노사모 게시판이 창사랑 게시판보다 높은 숙의성을 보인 것은 아니라고 진단한다(조정관 2004). 이러한 연구결과는 노사모의 성공이 온라인에서의 숙의성 못지 않게 오프라인에서의 활동성에서 찾아야 할 것임을 시사한다.

노사모는 노무현을 지지하는 국민경선 선거인단 확보와 선정된 선거인단을 대상으로 편지쓰기, 국민경선을 축제의 장으로 만들어가는 경선장 활동 등 세 가지에 주안점을 두었다. 우선 전체 선거인단 7만명 가운데 절반인 국민선거인단 모집에 노사모 회원들은 물론 주위 사람들에게 노무현 지지를 다짐하며 응모하게 했다. 선거인단이 확정되자 주소를 파악한 뒤 회원들은 선거인단들에게 편지를 썼다. '1인 10통 쓰기 운동'을 전개했다. 한 회원은 노사모 홈페이지에 "팔목과 손가락이 으스러질 때까지 쓰고 또 쓰자"고 다그쳤다(신원, 2002: 38~39).

노사모의 활약상은 제주 경선장에서부터 타후보 진영을 압도하였다. 선거인단들에게 노무현 지지를 부탁하고 축제 분위기를 만들었다. 모두가 자발적인 참여로 이루어졌다. 그리고 마침내 4월 27일 민주당 전당대회를 겸한 서울경선에서 노무현이 대통령 후보로 선출되었다. 그러나 이미 노무현의 경선 승리의 확실한 조짐은 광주경선에서부터 나타나기 시작했다. 광주경선에 참여했던 부산출신의 노사모 회원은 노무현 1위의 결과를 확인한 뒤 그 감격을 다음과 같이 노사모 홈페이지에 올렸다.

> 내 나이 40 중반이 될 때까지 선거 유세장이라곤 가본 적이 없다. 그러한 내가 꿈에도 생각해본 적이 없는 선거운동원이 될 줄이야... 어르신! 꼭 노무현이 찍으이소! 광주에서 영남후보 뽑으면 경상도 사람들 미안해서라도 노무현이 찍심더 그래야 앞으로 전라도당이니, 경상도당이니 ... 하는 소리들 안 나옵니더!... 오전에는 보이던, 타후보들의 운동원들은 거의 보이지 않는다. 노사모들만 몇 시간째 구호를 외치며, 인사하며, 춤추며 노래 부른다. ... 그때 내 자리 주위를 왔다갔다하는 한 사람, 이름은 모른다. 서울 노사모며 시립대학원생이란다. 혼자 벌써 3층 체육관의 절반을 청소하고 있었다. 위원장이 발표를 시작한다. "2번 노무현 후보 총득표수 5백..." ... 나도 모르는 사이 내 얼굴은 이미 눈물로 범벅이 되어 있었다. 내가 지난 20년 동안 울어본 적이 있었던가?(ID 철가방) (신원, 2002: 40~41).

240

경선 초기 노사모의 정체성은 명확하지 않았고, 단지 국민통합과 새정치 구현이라는 노무현을 상징으로 받아들였을 뿐이었다. 그러나 이런 느슨한 개념의 정체성은 일반 국민들에게 쉽게 동의 받을 수 있었으며, 그 때문에 다른 후보와는 달리 노무현 지지자들은 시간이 지날수록 경선에 참가하는 수가 늘어났다.

국민경선제의 중요한 기능은 노무현이 민주당의 대통령 후보로 될 가능성을 제공함과 동시에, 노사모가 오프라인으로 뛰쳐나올 장을 마련해 주었다는 것이다. 경선이 주말마다 지역을 순환하면서 이뤄졌기 때문에 자기 지역에서 가까운 경선의 경우 그 지역 노사모가 주도적으로 준비하면서, 지역 오프라인 활동이 활발하게 이뤄지게 되었다. 노무현이 구현해온 원칙과 상식의 정치를 실현하기 위해 경선 현장에 나오라는 회원들의 호소는 노사모가 단지 온라인 안에서의 팬클럽만이 아닌 하나의 중요한 정치적 행위자로서 발돋움 할 수 있는 초석이 되어 준 것이다. 그리고 비록 노사모 전체 회원중 적극적으로 활동하는 사람들 수가 얼나 되지 않더라도, 국민경선은 이들 모두를 한자리에 모을 수 있게 했으며, 이때 모였던 회원들이 지역에서 적극적으로 활동함으로써 지역 모임이 활성화되었다. 또한 온라인에서 이루어지는 활동과 친목모임의 오프활동에 만족하던 초기의 노사모 회원과는 달리 적극적인 정치적 행위를 준비하고 있던 다수의 30~40대 국민들이 국민경선 기간에 대규모로 가입하게 되어 각 지역마다 경선현장에 참가하는 회원의 수는 증가하게 되었다(고영만, 2003: 28).

노사모는 자신들의 실천을 정치에 대한 자발적인 '시민참여활동'으로 규정짓고 있다. 주체라고 할만한 실체도 없고, 조직이나 일사분란함과도 거리가 멀었다. 그저 자기가 하고 싶은데로, 하고 싶은 만큼 참여하는 느슨하고 자율적인 연대의 정신에 기초하고 있을 뿐이다. 이런 노사모의 선거운동은 모든 계서제적 관료조직을 거부하는 신사회운동의 형태와 비슷하다. 노사모는 유동적이고 분권화된 조직구조와 개방적인 회원 기준과 직접적인 행동으로 사회변화를 성취하려고 했다.[94]

6. 정치와 문화의 결합: 퇴행적 정치문화의 개혁

노사모는 정치참여를 목적으로 결성된 그룹이지만 그들의 주요 활동 방식이 문화영역에서 벌어지고 있다는 점에서 흥미롭다. 즉, 정치와 문화의 결합을 통한 정치축제를 만들어 낸 것이다. 그동안의 정당행사가 위로부터 '동원된 장'이거나 정치인과 그 지지자 사이의 거래가 이루어지던 '시장'이었다면, 노사모는 스스로의 정치적 견해를 자유롭게 집단적으로 표출하고 환호하는 '축제의 장'으로 만들었다.95)

특히 노사모 회원들은 민주당의 국민경선에서 '감동과 참여', '자율과 재미'를 추구하였다. 민주당 경선 당일 날 노사모의 활동은 경선장을 축제의 장으로 만드는 것이었다. "정치야 놀자~"라는 말로 대표될 수 있는 노사모 회원들의 정치에 대한 생각을 경선 현장에 담아 보려고 하였다. 정치불신과 혐오에 빠진 국민들을 축제의 장으로 한번 끌어들이자는 것이다.96)

이러한 노사모의 새로운 정치활동 방식은 국민참여를 확대하고 경선을 활성화시키는데도 커다란 역할을 했다. 노사모가 적극적으로 참여하면서 민주당 경선장에 젊은 자원봉사자들이 몰려들었고, 정치에 무관심하던 20~30대 젊은

---

94) 전통적 이익집단의 조직행태가 계서적이고, 관료적이며, 잘 조직된 구조를 가진 공식 조직인데 비해, 신사회운동은 이런 공식적이고, 계서적인 모든 관료제 조직을 거부하고, 성원들의 자발적 참여를 원칙으로 한다. Pippa Norris, 2002. *Democratic Phoenix: Reinventing Political Activism*, New York: Cambridge University Press, pp. 188~194; 최종욱 외, 1994. 『현대의 위기와 새로운 사회운동』, 서울: 문원, 36~38쪽.

95) 한 시인은 노사모의 발전과정을 '카니발'적 개념으로 표현한 바 있다. 이전의 정치모임에서 찾아볼 수 없는 역동성이 노사모에 넘쳐흐른다는 것이다. 노사모는 정치적 목적을 가지고 모였으되 경직되지 않았고, 경선을 머리로 싸우는 정치적 행사로 대하는 것이 아니라 몸이 즐거운 축제로 바꿔놓았다. 조흡, "카니발적 가치를 추구하는 노사모", 노혜경 외, 2002: 212쪽.

96) 노사모의 가장 큰 장점에 대해 노사모 3기 회장(차상호, ID 누리)은 "자발성이다. 덕분에 '혼이 담긴 선거운동'이 펼쳐진다. 인사를 하다 보면 허리도 아픈데 자기 일처럼, 자신이 출마한 것처럼 고개를 숙여 '혼이 담긴 선거운동'이 펼쳐진다. 살아있다"라고 말한다. "차상호 노사모회장 인터뷰" 기사. http://www.digitalmal.com/news/news_read.php?no=5371(검색일 2003. 12. 12)

층이 정치인 자원봉사활동에 적극 나서면서 새로운 정치문화가 형성되었다.[97] 따라서 노사모의 자발적인 정치참여, 기존의 경직된 정치적 요소에 '카니발적 문화'의 요소의 결합, 온라인과 오프라인의 결합 등은 한국의 퇴행적 정치문화를 개혁하는데 적극적인 역할을 했다고 평가할 수 있다.

이러한 노사모의 정치참여 활동은 16대 대선과정에서도 이어져 노사모는 정치를 축제로 만들어 낸 주인공이 되었다. "그들은 누가 시키지 않아도 자기 돈으로 '1만 원짜리 노란 목도리를 사고, 노란 풍선을 불고, 음악에 몸을 흔드는' 열정을 불사르며 선거를 축제로 치러냈다. 유세과정에서는 한겨울 냉기를 춤과 열정으로 녹이는 '거리의 춤꾼'들이었다. 정치를 축제의 도가니로 바꿔 놓고 '정치의 장'을 즐겼다".[98] 이 같은 현상은 영·호남을 가리지 않고 전국 공통이었다. 지역에 민주당 지구당 조직이 있었지만 실제 선거운동은 노사모가 가장 큰 동력이 되었던 것이다.

그렇다면 이렇게 노사모가 가능할 수 있었던 원인을 어떻게 설명할 수 있을까? 노사모가 가능했던 배경에는 무엇보다 2002년의 역사체험, 즉 정치와 문화적 요소의 결합이 있었다고 보여진다. 다시 말해 2002년에 경험했던 일련의 사건들, 즉 6월의 월드컵 기간에 붉은 악마의 거리응원과 12월의 촛불시위 등

---

97) 노사모는 단지 정치인 노무현을 지지하는 것을 넘어, 과거와는 전혀 다른 새로운 정치문화를 만드는데 기여했다. 노사모로부터 시작된 새로운 정치문화는 이후, 한나라당 경선과 16대 대선으로 이어지면서 점차 확산되었다. 또한 노사모는 다른 경선 후보들이 젊은 세대를 참여시키도록 하는 촉매제 역할을 했다. 노무현과 경쟁을 벌였던 이인제의 '인사랑'(이인제 사랑모임), 한나라당 경선에서 '창사랑'(이회창 팬클럽)과 '이지모'(이부영을 지지하는 모임) 그리고 서울시장 후보로 나선 김민석 의원(김사모) 등 다른 선거진영으로까지 확산되었다.

98) 이들은 "유세과정에서는 한겨울 냉기를 춤과 열정으로 녹이는 '거리의 춤꾼'들이었다. 2002년 12월 7일 눈과 비가 오던 날 청주와 대전 유세장에서, 선거 막바지인 13일 신촌 거리에서 노사모는 춤꾼이 되었다. 정치를 축제의 도가니로 바꿔 놓고 '정치의 장'을 즐겼다." 이를 두고 한 외신 사진기자는 "그림이 다르다. 민주당 유세에 오면 (노사모의 열정 때문에) 동화되고, 그림도 되는데 한나라당에 가면 후보 얼굴을 빼면 지역감정이나 조장하는 네거티브 현수막만 찍게 된다"고 민주당과 한나라당 유세장의 분위기를 설명했다. 선거운동의 패러다임이 다르다는 이야기이다." http://www.digitalmal.com/news/news_read.php?no=5371(검색일 2003. 12. 12)

에서 정보화세대와 민주화 2세대의 연대가 가능했던 것은 다음과 같이 정치와 문화를 결합시킬 수 있었기 때문이다.[99]

첫째, 거리응원에서는 원자화된 세대로 해석되어 온 정보화 세대가 거대한 규모의 자발적 소통과 연대를 이루어내면서 매우 역동적인 공동체의식을 보여주었다. 정보화 세대는 기성세대가 우려했던 것처럼 자신만 아는 세대, 국가의식이 없는 세대, 컴퓨터 앞에 앉아 키보드나 두드리며 세계와 단절된 채 지내는 세대가 아니라, 자신의 방식으로 애국가를 노래하며 공동체를 즐길 줄 아는 세대라는 것을 확인해준 것이다.

둘째, 미선이·효순이의 미군 장갑차 압살사건에 항의하여 진행된 촛불시위도 정보화 세대의 적극적인 참여를 통해 가능했다는 점에서 신선한 충격으로 다가왔다. 정보화 세대가 자신의 문제가 아닌 사회의 문제, 그리고 이웃의 문제에 팔을 걷고 나섰기 때문이다. 물론 이것을 반미운동으로까지 확대해석하는 것은 비약일수 있어도, 최소한 정보화 세대는 흔히 우려했던 것처럼 개인주의의 노예는 아니라는 사실을 보여주었다. 또한 촛불시위는 사회적 이슈나 국가적 현안에 대해 자신의 방식으로 참여하고 표현하는 정보화세대의 진면목을 보여준 사건이다.

셋째, 노사모 같은 새로운 정치실험에서도 정치와 문화가 절묘하게 결합되어 세대연합을 가능하게 했다는 사실이다. 노사모 활동은 정치개혁에 대한 열망과 새로운 운동방식을 결합해낸 실험이었다. 낡은 정치 청산이라는 정치개혁에 대한 열망은 민주화 2세대의 에너지를 담아냈고, 인터넷을 통한 소통과 축제적 요소 및 팬클럽 문화 같은 새로운 운동방식이 정보화세대를 열광했던 것이다.[100]

---

99) 한상진은 자발적 참여를 통한 축제, 온라인과 오프라인의 결합이라는 측면에서 노사모는 월드컵 당시의 '붉은 악마'와 많은 점에서 유사점을 보인다고 지적한다(한상진, 2002. "네티즌과 시민", 대통령자문정책기획위원회, 『정책포럼』 가을호. 34~63쪽). 한편, 홍덕률은 386세대를 '민주화 2세대'로, 그리고 1970년 이후 출생자들로 2003년 현재 33세 이하 연령층을 '정보화 세대'로 부르고, 정보화세대의 사회적 성격을 인터넷 세대, 탈정치·탈이념의 첫 세대, 경제적 풍요 속에서 문화를 소비하는 세대로 본다(홍덕률, 2003. "한국사회의 세대 연구", 『역사비평』, 가을호. 182쪽).

100) 월드컵과 촛불시위, 2002년 대선과정을 통해 한국사회의 젊은 세대를 심층분석

7. 온/오프라인 정치참여의 활성화 조건

노사모는 많은 점에서 기존의 정치조직과는 차별성을 보이는 새로운 정치실험이며, 또한 인터넷시대 대안적 정치참여 모델로 볼 수 있느냐는 점에서 관심이 되어왔다. 비록 노사모는 선거법상의 강력한 규제를 받고 있었지만[101], 노사모의 정치참여 실험은 성공적이었다고 평가된다. 또한 노사모는 한국사회도 본격적인 e-politics가 가능함을 보여주었다는 점에서, 앞으로 '노사모 모델'로 불릴 수 있는 정치적 실험들이 다양하게 시도될 것이라 예측된다.

그렇다면 노사모는 어떤 조건과 환경에서 가능할 수 있었는가? 레인골드는 미국의 온라인 활동의 경험을 바탕으로 다음과 같이 제안한다(Reingold, 2003: 8~9).

> 첫째, 인터넷이라는 도구를 과제로 착각하지 마십시오. PC, 인터넷 무선이동통신 장비들을 통해 가능해진 출판과 통신과 조직의 민주화는 풀뿌리 행동주의를 위한 중요한 도구이지만, 그러나 민주주의에 실질적인 힘을 부여하는 것은 투표가 이루어지고, 정치적 결정이 내려지며, 전쟁과 시위가 벌어지는 현실세계 사람들의 지식과 행동들이다.

한 한 보고서는 이들을 'P세대'로 표현한다. P세대는 월드컵, 대선, 촛불시위 등을 거치며 나타난 세대로, 사회 전반에 걸친 적극적인 참여속에서(Participation), 열정(Passion)과 힘(Potential Power)을 바탕으로 사회 패러다임의 변화를 일으키는 세대(Paradigm-shifter)라는 것이다. 제일기획, 2003. 『대한민국 변화의 태풍 - '젊은 그들'을 말한다』,

101) 중앙선관위는 2002년 11월 20일 '노사모가 사조직'이라며 사이트와 사무실 폐쇄를 명령했다. 선관위 해산명령이 내려지자 노사모의 회원 가입은 폭주했고, 사이트는 느려지기 시작했다. 많은 사람들이 기를 쓰고 접속하려고 했다. 해산명령이 알려진 11월 20일 7백 7명, 다음 날은 1천 3백 99명의 신규회원이 가입했다. 하루 평균 3백 명 정도의 가입자에 비하면 2배에서 4배에 육박하는 수치이다. 이러한 선거법을 두고 한 언론에서는 "천만 인터넷 시대'를 쫓아가지 못하는 선거법은 바보였다"고 평가한다. http://www.digitalmal.com/news/news_read.php?no=5371(검색일 2003. 12. 12). 한편, 대선 이후 선관위는 인터넷 선거운동을 "선거기간 중에만 가능"하다는 기존의 입장에서, "시기에 관계없이 가능"한 쪽으로 선거법 개정의견을 제시하고 있다.

둘째, 모든 영리한 군중이 반드시 현명한 군중은 아니다. 폭동과 담론을 구별 짓는 것은 현재 당면하고 있는 여러 가지 정치적, 사회적, 경제적 문제들에 대해 얼마나 잘 파악하고 있는지 여부에 달려 있다. 충분한 수의 사람들이 당일의 중요한 사안들을 이해하지 못하고, 이 사안들과 그들에 의해 영향 받는 정부 정책들에 관해 토론하지 못한다면, 모든 지도자들이 공정한 선거를 통해 선출되었다 하더라도 민주주의는 공허한 것, 쉽게 조작될 수 있는 것이 될 것이다. 신중함은... 국민들 모두의 덕목이다.

셋째, 공론영역(민주주의의 기초를 제공하는 시민들 간의 자유롭고 공개된 담론의 장)을 종종 생산적인 정치적 토론을 잠식하는 감정적이고, 무지하고, 구호가 난무하는 온라인상의 전투와 구분하는 것은 예의와 이성과 증거이다. 웹(web)은 훌륭한 자원이며 검색엔진은 강력한 도구이다.... 그러나 증거에 의문을 제기하는 것은 과학과 법률 지식의 토대 위에서이다. 중요한 것은 그 사안과 증거에 관한 논쟁이지 인신공격이 아니다.

넷째, 인터넷의 자율성을 보호하고, 혁신의 공유지를 사유화하려는 시도에 대해 저항하라. 인터넷의 종단 간(end to end) 구축은 인터넷의 사용방법에 대한 중앙집권적인 통제가 없다는 것을 의미한다.... 그러나 부와 권력이 통신산업과 연계하고 매체산업들이 점점 더 소수의 기업들에 집중됨에 따라, 혁신의 자유를 제한하기 위한 다양한 정치적, 법률적, 경제적 장치들이 등장하고 있다. 기득권자들의 힘을 결코 과소평가해서는 안 된다.

특히 레인골드는 위치감지 무선조정기, 무선네트워크, 그리고 집단적인 슈퍼컴퓨터 공동체는 새로운 방식으로 이전에는 집단행동이 불가능했던 상황에서 사람들이 집단행동을 할 수 있도록 만들어 준다고 말하면서, 서로 경쟁하는 개인들이 어떻게 협력해서 일할 수 있는지에 대해 다음과 같이 주장한다.

"영리한 군중이 언제나 유익한 것은 아니라고 강조하면서, 임의로 다른 사람들을 처벌하는 군중(lynch mob)이나 폭민은 끊임없이 잔학성을 양산한다.

협력의 새로운 전망을 열어주는 결합은 동시에 전 세계적인 감시경제를 가능하게 하고, 이타주의자들 뿐만 아니라 피에 굶주린 사람들에게도 힘을 실어준다. 무선 컴퓨터 기술과 사회적 의사소통의 새로운 결합으로 인해 사람들은 삶과 자유를 어떤 방식으로는 개선시키고, 또 다른 방식으로는 타락시킬 수도 있게 되었다. 똑같은 기술이 사회적 통제의 무기로도, 저항의 무기로도 사용될 수 있는 잠재력을 갖는다"(Reingold, 2003: 23).

우리는 fp인골드의 제안과 노사모의 경험에 비추어 볼 때, 온/오프라인 정치 참여가 가능한 조건과 환경을 다음과 같이 정리해 볼 수 있다.

첫째, '참여'(participation)와 '숙의'(deliberation)가 동시에 이루어져야 한다. 노사모는 회원들의 자발적 참여와 자율성에 기초하여 운영되는 자발적 정치공동체이며, 정치참여 형태로서 노사모 모델의 생명력은 개방성과 쌍방향 의사소통에 있다. 특히 노사모 홈페이지와 대선 기간 노무현 후보 홈페이지에서 노사모 회원들간에 진지한 토론과 숙의를 통한 온라인 공론장의 형태를 발견할 수 있었다.

실제, 노사모 게시판을 보면 '갈등과 논쟁이 곧 노사모의 역사'라는 사실을 확인 할 수 있다. 노사모의 논쟁과 토론은 대선이 끝난 후에도 이어졌다. 특히 '노사모 해체'를 둘러싸고는 "해체하자"는 의견과 "노무현 대통령을 만드는 것이 최종목표가 아닌데 굳이 해체할 이유가 없고, 사업목적을 바꿔서 유지하자"는 두 방향으로 논쟁과 토론이 진행되었다. 노사모 게시판에 올라온 논쟁을 살펴보자.[102]

먼저 노사모의 해체를 주장하는 의견이다.
올린이: ID '봉추'(경기중부 100단 부단장) 일시: 2002. 12. 15

"노사모의 진로에 대해 논의되는 것으로 알고 있다. 그 방향이 어떻게 결정되든지 일단 12월 19일 선거당일 0시를 기점으로 더 이상의 회원가 입은 중단해야 한다... 개인적 생각으로는 당선될 경우 해체가 당연하

다. 일부에서는 존속을 주장하지만 당선 후 존속은 권력지향적인 자들
의 표적이 되기 쉬울 뿐이며, 노사모의 변질도 뻔하다.”

다음은 노사모의 존속을 주장하는 의견이다.
올린이: ID ‘미루’(노사모 중앙집행일꾼 온라인 담당자)

“당선되었기 때문에 해체해야 한다는 주장에 반대한다. 노사모는 노무
현이라는 이름을 걸고 있지만, 노짱(노무현)만의 모임은 아니다. 다른
모임으로 전환하든지 발전적 해체 후 ‘다시 모여’를 하든지 다양한 의견
과 논의가 있어야 한다. 그리고 이 사안은 상임위에서 결정할 문제가
아니고, 반드시 인터넷 투표를 거쳐서 전체 회원의 뜻을 물어야 한다.”

이러한 논쟁을 거쳐, 노사모는 대통령 노무현을 감시하는 역할을 하기로 하
고 존속을 결정하였다.

둘째, 온라인 정치참여가 오프라인과 결합함으로써 정치적 영향력이 증대되
기 위해서는 시대적 요구를 담아내는 정치참여의 분명한 명분이 제공되어야
한다. 이러한 정치참여의 명분은 ‘비대가성 자발적 참여’를 제고시킨다. 노사
모의 경우 단순히 특정 정치인에 대한 지지를 넘어 ‘지역주의 극복과 참여민주
주의 실현’이라는 시대정신을 추구했기 때문에 일반국민들의 관심과 지지를
받을 수 있었다. 특히 노사모의 활동이 온라인에만 머물지 않고 오프라인으로
의 확장된 점은, 인터넷이 정치참여를 확산할 수 있는 수단은 되지만, 오프라
인에서의 활동과 결합할 때 정치참여가 제고된다는 점에서 인터넷시대 온/오
프라인 정치참여의 모델로서 매우 중요하다.

셋째, 정치참여를 현실정치공간에서 제도적으로 보장하는 체계가 지속되어
야 한다. 노사모의 경우 제도 정치권내에 국민경선제라는 참여공간이 마련됨
으로써 가능했다. 특히 노사모는 민주당의 국민경선제에서 정치와 카니발적
문화의 결합을 통해 퇴행적 정치문화를 개혁하고, 기존의 위로부터의 ‘동원정
치’를 아래로부터의 ‘참여정치’로 바꾸어 나가는 계기를 만들었다.

넷째, 참여에 따르는 비용의 절감과 다양한 정치참여 방식이 제공되어야 한

다. 참여비용의 절감과 참여방식의 다양성은 정치참여로의 접근성과 지속성을 유도할 수 있다. 노사모는 자력갱생의 원칙과 십시일반의 원칙으로 회원들의 참여비용에 대한 부담을 줄여 주었다. 또한 노사모는 온/오프라인 활동을 함께 추구했으며, 노사모내에는 지역별로, 또 취미와 관심별로 다양한 동호회가 구성되어 있다. 그리고 민주당의 지역별 순회 국민경선제에서는 각 지역 노사모가 중심이 되어 행사참여를 준비하는 등 자발성의 원칙에 따라 회원 각자의 처지와 수준에 맞는 참여방식을 택하였다.

다섯째, 인터넷 정치참여가 참여자에게 정치적 효능감을 제고시켜야 한다. 일반적으로 이익단체의 참여와 결집의 동기는 목전의 물질적 보상을 추구하지만, 노사모는 순수한 자기의지에 따라 결집된 자발적 정치결사체이다. 그렇지만, 이들은 지역주의 타파와 참여민주주의 실현 그리고 정치개혁과 언론개혁이라는 대의명분과 보편적 가치를 지향하고, 이러한 대의명분을 통해 정치적 효능감을 가질 수 있었다.

마지막으로 정치관련 정보가 양적으로나 질적으로 개선되어야만 네티즌들의 인터넷 정치참여를 유도할 수 있다. 정치 정보의 양적·질적 개선은 기존 언론이 담고 있지 못하는 대안적 공론을 제공함으로써 정치 참여자에게 참여를 통한 교육적 가치를 제공한다. 국민경선과 대선기간에 노사모 홈페이지와 노무현 후보 홈페이지는 다양한 정치정보를 생산해냈고, 정치적 의제에 대해 회원들간 또는 네티즌들간에 진지한 토론과 숙의가 진행되어 대안적 공론장의 역할을 할 수 있었다. 노사모와 노무현 후보 홈페이지를 보면 경선과정에서는 색깔론이나 시대착오적 이념공세에 대해, 대선기간에는 선거전략과 한국의 정치개혁 과제에 대해, 그리고 노무현 정부 출범 이후에는 이라크 파병을 둘러싸고 진지한 비판과 치열한 토론이 전개되는 모습을 확인할 수 있다.

제5절 소   결

현대 대의제 민주주의에서 공통적으로 나타나고 있는 '참여의 위기'와 '대표성의 위기'는 한국의 민주주의에서도 예외가 아니다. 특히 갈수록 더해 가는 투표 참여율의 저하는 유권자 대다수가 민주주의가 부여한 시민권의 행사를 거부한다는 점에서 그 자체로 '참여의 위기'를 반증하는 것이다. 1987년 민주화 이후 최초의 정초선거[103](founding election)라 할 수 있는 13대 대통령선거와 국회의원선거에서의 투표율은 각각 89.2%와 75.8%였다. 그러던 것이 2000년 16대 총선과 2002년 대통령선거의 투표율은 각각 57.2%와 70.8%로 역대 최저 투표율을 기록했다.[104] 특히 젊은 세대들의 투표 불참은 한국 민주주의의 미래를 어둡게 만들고 있다는 비관적인 전망에까지 이르고 있다.

그러나 16대 총선과 16대 대선과정에서 시민사회의 자발적 정치참여와 인터넷을 활용한 온/오프라인 정치참여는 한국에서 참여민주주의에 관한 논의를 새롭게 하고 있다.

먼저, 16대 총선에서 총선시민연대가 주도한 낙천·낙선운동은 민주화 이후에도 민주적 제도화와 개혁과제를 이루어 내지 못한 정치사회의 '정치지체'에 대해 시민사회가 밑으로부터의 참여의 확산을 통해 정치개혁을 추동해 낸 것이며, 그 성과는 전체 낙선대상자중 약 70%의 낙선율을 기록할 만큼 성공적이었다. 총선시민연대의 활동은 온라인상에서의 활동과 함께, 공천철회 서명운동,

---

103) 오도넬과 슈미터에 의해 개념화된 '정초선거'는 새로운 정치체제로의 이행을 종결 짓는 선거를 의미하며, 높은 투표율과 강한 경쟁성을 특징으로 한다. 이 선거를 통해 이행의 불확실성이 제거됨으로써, 이때 나타난 정당간 경쟁과 연합의 패턴이 이후 선거에서도 반복되는 지속성의 효과를 갖는 경우가 많다. Guillermo A. O'Donnell and Philippe C. Schmitter, 1986. *Transitions from Authoritarian Rule: Tentative Conclusions about Uncertain Democracies*, Baltimore: Johns Hopkins University, 참조.
104) 지방선거와 재·보궐선거에서의 낮은 투표율은 말할 것도 없다. 2002년 지방선거 투표율은 48.0%로 나타났고, 가장 최근 재·보궐선거를 치뤘던 2003년 4.24 재·보궐선거 투표율은 29.5%, 2003년 10.30 재·보궐선거 투표율은 34.2.%로 나타났다.

부문별·지역별 대중조직들의 참여를 촉진하기 위한 노력의 전개, 낙선운동에 대한 시민들의 참여를 촉진하기 위한 '유권자 약속, 227만표 모으기' 전국버스투어 등 오프라인에서도 다양한 활동을 동시에 진행하였다. 즉, 총선시민연대의 활동은 온/오프라인 활동의 상호작용을 통해 그 성과가 배가되었다고 볼 수 있으며, 이는 정보화시대 시민사회의 정치참여의 효과적인 모델이라고 평가할 수 있다. 그러나 시민사회의 낙천·낙선운동은 대의제 민주주의를 넘어서는 새로운 민주주의의 실험이 아니라, 대의제 민주주의의 틀 내에서 대의제 민주주의를 개선하려는 시민참여적 민주화 운동이라고 할 수 있다.

다음으로 16대 총선에서 총선시민연대의 낙천·낙선운동과 정치참여의 결과는 정당의 공천제도의 민주화를 촉발시켰다. 즉 기존에 정당의 총재나 총재의 의지가 반영되는 공천심사위원회에서 하향식으로 공천하던 것이 당원의 참여가 확대되고 일반국민의 참여까지 보장되는 상향식 공천으로 바뀌는 계기가 되었다. 그리고 정당의 공천제도 개혁은 이후 각 정당의 당헌당규에 반영되었고, 특히 16대 대선후보 선출과정에서는 기존의 당원 및 대의원을 대폭 확대하고, 선거인단의 50%를 일반 국민에게 배정하는 국민참여형 경선제를 실시하기에 이르렀다.

한편, 16대 총선에서는 정당이나 후보자들도 선거과정에서 인터넷을 활용한 선거캠페인을 전개해, 전통적인 '동원선거' 방식이 퇴조하고 새로운 선거운동이 등장할 수 있는 가능성을 보여주었다. 인터넷의 쌍방향성과 저렴한 비용, 지리적 포괄성, 빠른 속도 등과 같은 특징은 정치과정 내에서 여론수렴과 의사결정 전반까지도 영향을 미치고 있다. 그렇기 때문에 인터넷을 이용한 선거운동이나 사회참여는 정당이나 정치인뿐만 아니라 시민단체의 역량을 강화할 수 있는 중요한 요소가 되고 있는 것이다.

그러나 16대 총선에서 후보자들의 인터넷 활용은 선거정보 전달이나 후보자 자신에 대한 홍보차원에 제한되어 이용되었으며, 특히 사이버공간에서 선거공동체를 형성하기 위한 유권자들과의 규칙적인 의사교환이나 이를 통한 여론측정 등에서는 미흡하였다. 반면, 시민사회는 인터넷을 통해 유권자들의 참여를 유도하는 도구로서 적극 활용하였고, 오프라인에서도 다양한 활동을 전개하여 온/오프라인을 통한 정치참여의 상호작용으로 운동의 성과가 긍정적으로 나타났다고 할 수 있다.

그러나 총선시민연대와 정당 및 정치인의 인터넷 활용을 비교함에 있어 또 다른 측면도 동시에 고려해서 평가되어야 한다. 그것은 총선시민연대의 낙천·낙선운동이 '시선의 집중화' 현상이 강하게 나타나는 전국적 이슈인데 반해, 국회의원 선거는 정당이 주도하는 전국적인 이슈와 후보자가 주도하는 지역적인 이슈가 혼재됨으로 인해, 인터넷이 개입할 수 있는 기반을 형성하기가 어렵다는 사실이다.

정치사회의 위기, 특히 새천년민주당이 위기에 직면해서 도입한 국민경선제는 목표 이상의 효과를 거두었다. 한나라당과 민주당이 실시한 국민경선제는 제도적인 유사성과 동시에 상이성을 가지고 있지만, 기본적으로 일반국민이 참여하는 개방형 상향식 공천으로 유형화할 수 있다. 즉, 양당 모두 정당의 '분권화와 개방화', 그리고 '참여의 확대와 대표성의 제고'라는 원래의 목표를 부분적으로 달성했다고 볼 수 평가된다. 이러한 변화는 정당의 주요 결정권을 당원과 국민에게 돌려주었다는 점에서 매우 본질적인 변화이다. 이러한 변화에 따라 국민경선과정에서 '노사모'를 비롯한 국민의 자발적인 정치참여가 가능할 수 있었다.

국민경선에서 확인된 국민참여의 열망과 인터넷의 정치적 활용은 16대 대선과정에서 선거정치의 패러다임을 변화시켰다. 이러한 변화는 주요 정당의 선거캠페인에서도 나타났다. 즉, 16대 대선은 과거의 조직과 자금을 동원한 선거와는 달리, PMI(Policy, Media, Internet)를 바탕으로 한 포지티브 선거캠페인으로 바뀌었으며, 새로운 선거캠페인은 한나라당보다는 민주당이 주도했다고 평가된다. 즉, 2000년 초 국민경선 과정에서부터 16대 대선과정은 '위로부터의 동원'정치에서 '아래로부터의 참여'정치로의 변화로 설명할 수 있다 (〈표 4-39〉).

〈표 4-39〉 국민참여의 확산과 인터넷의 발달에 따른 선거정치의 변화

	과거의 선거	15대 대선	16대 대선	미래의 선거
선거운동 방식	대규모 군중집회	군중집회+ 미디어 선거	미디어 선거 +인터넷 선거	미디어 선거 +인터넷 선거 +모바일 선거
성격과 특징	(위로부터의) 동원정치	동원정치 +일방향 정치	(아래로부터의) 참여정치+ 쌍방향 정치	?
핵심 미디어	광장의 확성기 +신문	신문+TV	TV+인터넷	?

* 모바일(mobile) 선거란 이동통신의 발달에 따라 이동전화를 이용한 선거운동(문자메세지 전송, 선
거자금 모금 등)을 말하며, 16대 대선에서도 일부 시도되기도 했다.

16대 대선에서 흥미로운 점은 젊은 세대의 정치적 참여 증대와 세대간 정치
적 태도의 차이가 크게 부각된 선거였다는 점이다. 이는 1987년 민주화 이후
지역균열이 거의 배타적인 균열구조로 고착화되었던 이전의 선거와는 달리,
세대요인이나 이념요인이 선거결과에 크게 작용한 것으로 경험적 자료를 통해
확인 할 수 있었다. 이 과정에서 '노사모'는 단연 주목을 받았는데, 그 이유는
온/오프라인을 통한 자발적 정치참여와 지역주의 극복과 참여민주주의 라는
시대정신의 지향, 개방성과 쌍방향 의사소통을 지향하는 수평적 네트워크, 정
치에 '카니발적' 문화를 결합한 퇴행적 정치문화의 개혁 등으로 정보화시대 새
로운 정치참여 모델로 평가할 수 있기 때문이다.

요컨대, 2002년 민주당의 국민참여형 국민경선제와 16대 대선에서 '노사모'
가 보여준 정치참여 활동, 그리고 대선기간 중에 일어난 여중생추모 촛불시위
는 젊은 세대들의 자발적 정치참여라는 점에서 그 의미가 크다. 특히 노사모는
인터넷 시대에 온라인과 오프라인을 결합한 새로운 정치참여형 모델로서 주목
된다. 즉, 인터넷으로 상징되는 정보통신기술의 발전은 종전의 시·공간적인
참여의 제약을 극복하게 함으로써 시민들로 하여금 손쉽게 정치과정에 접근할
수 있게 되었다. 이러한 접근의 용이성은 현대 민주주의의 위기 요인으로 거론

되고 있는 신뢰성 위기, 정당의 쇠퇴, 정치참여의 부족 및 무관심을 극복할 수 있으리라는 기대와 시민들의 정치참여가 확장되어 대의제 민주주의의 한계를 극복하고 참여민주주의 실현에 대한 기대를 높여가고 있다.

제5장 인터넷과 참여민주주의의 모색

제1절 인터넷과 정치참여, 그리고 민주주의

본 연구는 정보통신기술의 발달, 특히 인터넷의 발달은 정치영역에서도 패러다임의 변화를 초래할 것이라는 전제에서 출발하고 있다. 릴리(Riley)가 지적했듯이, 정보화의 진전에 따라 특히 주목되는 것은 민주주의의 새로운 모색으로서 참여민주주의에 대한 관심이다. 본 연구는 한국의 16대 총선과 16대 대선과정에서 온/오프라인 정치참여의 상호작용을 통해 참여민주주의의 가능성을 탐색해 보았다.

근대 이후 대의제 민주주의는 민주주의의 유형중 가장 핵심적인 모델로 자리 잡고 있다. 이러한 이유는 지리적 범위의 광범위성, 유권자의 엄청난 증대 등 '규모의 정치'에서 기인한다. 민주주의의 이상은 시민의 참여를 요구하고, 현대 민주주의는 시민의 '참여'(participation)와 정당에 의한 '대표'(representation)를 그 핵심으로 한다. 그러나 현대 대의제 민주주의에서 공통적으로 나타나는 현상은 낮은 정치참여로 인한 '참여의 위기'와 '대표성의 위기'이다. 특히 갈수록 더해 가는 투표참여율의 저하는 유권자 대다수가 민주주의가 부여한 시민권의 행사를 거부한다는 점에서 그 자체로 '참여의 위기'를 반증하는 것이다.

참여민주주의는 이러한 대의제 민주주의의 한계를 극복하고자 하는 민주주의의 한 유형이다. 초기 참여민주주의가 자기개발(self-development)의 측면에 역점을 두었다면, 1970년대 페이트만(Pateman) 등을 중심으로 하는 참여민주주의는 공동체의 정치적 변화에 목적을 두고 있다. 한편 다알(Dahl)로 대표되는 다원민주주의자들은 다원민주주의 체제의 안정성 유지의 측면에서 참여민주주의를 강조하고 있다. 또한 풀란차스(Poulantzas)를 비롯한 1970년대 신좌파 이론가들은 민주주의와 참여의 관계, 근대 대의제 민주주의와 다원민주주의, 자유민주주의에 대한 다면적 비판과 한계에 대한 고찰을 통해 대안적 민주주의 모델을 주장하였다.

특히 본 연구에서는 정보사회에서의 민주주의와 관련하여 바버(Barber)의 참여민주주의 기획에 주목하였다. 바버는 자유민주주의 혹은 대의제적 민주주의를 '약한 민주주의'(thin democracy)로 규정하면서 그것의 무정부주의적 경향, 현실주의적 경향, 최소주의적 경향 등을 비판한다. 그리고 참여민주주의를 '강한 민주주의'(strong democracy)로 규정하면서 그것을 위한 시민정신, 특히 '정치적 담화'(political talk)의 문제를 강조하고, 정보통신기술을 활용할 것을 제안하였다. 아터튼 역시 시민들의 정치적 활동을 고무시키기 위해 텔레데모크라시 프로젝트들을 제안한다.

이러한 참여민주주의론에 대해 시간과 규모의 문제, 인간능력의 한계문제, 다수횡포의 문제 등의 이유로 실천 불가능하거나 비효율성의 정치라는 비판도 제기되고 있다. 그러나 인터넷으로 상징되는 정보화혁명과 뉴미디어의 출현으로 시민들의 정치참여를 통한 직접민주주의의 가능성 또는 참여민주주의의 확대 가능성을 높여주고 있다. 바버의 '강한 민주주의' 기획이나 아터튼의 텔레데모크라시 프로젝트 등이 그것이다. 이렇게 정보통신기술, 특히 인터넷이 정치에 이용될 수 있는 것은 쌍방향성, 비동시성, 상호작용성, 수평적 커뮤니케이션의 형성, 접근의 용이성과 신속성 등 인터넷의 기술적 특성을 바탕으로 한다.

그러나 본 연구는 인터넷이라는 새로운 도구의 등장이 자동적으로 민주주의의 확산을 가져온다든가, 혹은 권력의 강화를 초래한다는 기술적인 측면을 강조하는 이분법적인 관점을 거부한다. 본 논문에서는 기술의 정치사회적 맥락에 주목한다. 즉, 인터넷을 도구적으로 활용하여 현실정치의 문제점을 치유하고 새로운 정치적 대안을 찾을 수 있는 방법을 적극 모색하고자 하는 입장을 견지한다. 인터넷의 기술적인 특성은 모든 시민의 참여를 일관되게 증가시키지도 않고, 감소시키지도 않는다. 다만, 능동적인 시민일수록 능동적인 참여를 할 개연성을 지닐 뿐이다. 결국 변화와 참여의 주체는 시민 자신인 것이다. 이러한 정치사회적 맥락을 강조하는 입장은 사이버공간에서의 공론화와 정치참여가 현실공간에서의 정치참여와 상호작용함으로써 정보화사회에서의 참여민주주의에 대한 발전적 전망을 모색할 수 있다고 본다. 즉, 온/오프라인의 상호작용을 통한 정치참여가 확산될 때, 참여민주주의의 핵심인 시민들에 의한 숙의, 대중토론, 대중참여가 가능하다고 본다.

다음으로 본 연구는 인터넷이 정치과정에 도입됨으로 해서 시민 없는 대의민주주의의 문제를 해결하고, 참여민주주의를 확대할 수 있을 것인가에 초점을 맞추어, 특히 선거과정에서 시민의 정치참여와 참여민주주의의 확대 가능성을 지닌 프로젝트들을 검토하였다. 인터넷은 시민들 간의 커뮤니케이션을 촉진하고 선거과정에서 시민의 참여를 확대할 수 있으며, 정보접근성의 확대, 공론의 형성, 정치과정에 드는 비용의 감소 등에서 중요한 대안적 수단으로 등장하고 있다. 특히 인터넷은 정치적 의사소통, 여론형성, 숙의 등에 매우 효과적인 도구로 사용되고 있으며 시민사회의 정치참여에도 커다란 기여를 하는 것으로 나타나, 전통적인 정치과정의 매체를 대신할 새로운 매체로 부각되고 있음을 확인할 수 있었다.

그러나 인터넷이라는 정보통신기술은 민주주의 발전의 목적이 아닌 수단이라는 레인골드(Rheingold)의 지적은 중요하다. 도구의 발전이 민주적 의식과 행태의 공유를 자동적으로 보장하지는 않는다. 즉, 온라인 정보접근성의 양적 확대가 오프라인에서의 민주적 의식변화와 참여증대를 자동적으로 가져오지 않는다는 것이다. 그렇기 때문에 온/오프라인의 상호작용을 통한 참여의 확산이 중요한 것이다.

한편, 16대 총선에서 총선시민연대가 주도한 낙천·낙선운동은 민주화 이후에도 민주적 제도화와 개혁과제를 이루어 내지 못한 정치사회의 '정치지체'에 대해 시민사회가 밑으로부터의 참여의 확산을 통해 정치개혁을 추동해 낸 것이었다. 그리고 그 성과는 전체 낙선대상자중 약 70%의 낙선율을 기록할 만큼 성공적이었고, 이는 온/오프라인을 통한 활발한 정치참여의 상호작용의 결과라고 할 수 있다. 그러나 시민사회의 낙천·낙선운동은 대의제 민주주의를 넘어서는 것이 아니라, 대의제 민주주의의 틀 내에서 대의제 민주주의를 개선하려는 시민참여적 민주화 운동이라고 평가된다. 시민사회의 낙천·낙선운동에 의해 촉발된 정당의 공천제도 개혁은 한나라당과 민주당 공히 지구당에서부터 시작되어, 나중에는 국민참여형 경선제로 이어졌다.

16대 대선을 앞두고 한나라당과 민주당이 실시한 국민경선제는 제도적인 유사성과 동시에 상이성을 가지고 있지만, 기본적으로 일반국민이 참여하는 개방형 상향식 공천으로 유형화할 수 있다. 즉, 양당 모두 정당의 '분권화'와 '개방화', 그리고 '참여의 확대'와 '대표성의 제고'라는 원래의 목표를 부분적으로 달성했다고 평가된다. 이러한 변화는 정당의 주요 결정권을 당원과 국민에게 돌려주었다는 점에서 매우 본질적인 변화이다. 이러한 변화에 따라 국민경선 과정에서 '노사모'를 비롯한 국민의 자발적인 정치참여가 가능할 수 있었다.

국민경선에서 확인된 국민참여의 열망과 인터넷의 정치적 활용은 16대 대선에서 선거정치의 패러다임을 변화시켰다. 16대 대선은 과거의 조직과 자금을 동원한 선거와는 달리, PMI를 바탕으로 한 포지티브 선거캠페인으로 바뀌었으며, 새로운 선거캠페인은 한나라당보다는 민주당이 주도했다고 평가된다. 2000년 초 국민경선제와 16대 대선과정은 '위로부터의 동원'정치에서 '아래로부터의 참여'정치로 전화하는 과정으로 설명할 수 있다.

한편, 16대 총선과 16대 대선에서 정당 및 후보자들의 인터넷 활용실태를 비교해본 결과, 16대 총선에서는 정당 및 후보자들의 선거정보 전달이나 후보자 자신에 대한 홍보차원에 제한적으로 이용되어 인터넷 활용이 초보단계에 머물렀다. 반면, 16대 대선에서는 정당 및 후보자, 그리고 '노사모'를 중심으로 시민사회의 인터넷 이용이 16대 총선과는 비교가 안 될 정도로 활발하였다. 이는 대통령 선거가 '시선의 집중화' 현상이 강하게 나타나는 전국적 이슈인데 반해, 국회의원 선거는 정당이 주도하는 전국적인 이슈와 후보자가 주도하는 지역적인 이슈가 혼재됨으로 인해, 인터넷이 개입할 수 있는 기반을 형성하기가 어렵기 때문이라고 볼 수 있다. 또한 16대 대선에서는 노사모 활동에서 볼 수 있듯이 온/오프라인을 통한 자발적인 정치참여의 상호작용으로 그 효과가 극대화되었음을 확인할 수 있었다.

16대 대선에서 흥미로운 점은 젊은 세대의 정치참여 증대와 세대간 정치적 태도의 차이가 크게 부각된 선거였다는 점이다. 이는 1987년 민주화 이후 지역균열이 거의 배타적인 균열구조로 고착화되었던 이전의 선거와는 달리, 세대요인이나 이념요인이 선거결과에 크게 작용하였다는 것을 경험적 자료를 통해 확인할 수 있었다. 이 과정에서 '노사모'는 단연 주목을 받았는데, 그 이유는 온/오프라인을 통한 자발적 정치참여와 지역주의 극복과 참여민주주의를 추구하여 시대정신을 지향했으며, 개방성과 쌍방향 의사소통을 지향하는 수평적 네트워크, 정치에 '카니발적' 문화를 결합한 퇴행적 정치문화의 개혁 등으로 인터넷시대 새로운 정치참여 모델로 평가할 수 있기 때문이다. 즉, 노사모의 경험은 한국에서도 시민이 주체가 되어 온/오프라인의 정치참여를 통한 참여민주주의의 모델을 보여준 사례라고 평가할 수 있는 것이다.

제2절 한국에서 참여민주주의의 모색

본 연구는 정보통신기술의 발달, 특히 인터넷의 발달이 대의제 민주주의의 한계를 극복하고 참여민주주의의 확대를 가져올 수 있는가에 대한 이론적·경험적 연구이다. 본 연구의 핵심 주장과 결론은 다음과 같다.

첫째, 본 연구는 정보사회의 정치적 변화를 설명함에 있어 기술결정론적 관점에 반대한다. 본 논문은 정보화 그 자체의 영향력보다는 정보화가 이루어지는 정치사회적 맥락을 중시하는 사회구성론적 관점에 서 있다. 사회구성론적 관점은 온/오프라인 정치참여의 상호작용을 강조하는 본 연구의 입장과도 맥락을 같이 한다. 즉, 온/오프라인을 통한 정치참여와 결집 그리고 공론이 상호작용함으로써 인터넷 시대에 참여민주주의의 가능성을 모색할 수 있다고 본다.

둘째, 인터넷의 발달은 다양한 측면에서 민주적 잠재성을 고양시킬 수 있는 가능성을 제시하고 있다. 특히 인터넷은 온라인 공론장의 형성과 대화와 토론 그리고 숙의를 통한 숙의 민주주의의 가능성, 시민사회의 정치참여, 전자투표, 인터넷 선거캠페인 등 다양하게 활용될 수 있으며, 고비용 저효율 구조의 정치과정을 타파할 수 있는 기제(mechanism)로서의 가능성을 지니고 있다. 그러나 이의 실현을 위해서는 정보 불평등의 문제, 감시의 가능성 등 정보화로 인한 부작용을 극복해야만 한다. 본 연구는 정치과정에서 인터넷이 중요한 수단이 되고 있다는 점에서는 동의하지만, 인터넷이라는 도구의 발전이 시민의 민주적 의식변화와 참여증대를 자동적으로 보장하지는 않는다고 본다. 인터넷과 정보통신기술은 민주주의를 위한 필요조건은 될 수 있지만, 충분조건은 아니다. 본 연구에서는 시민의 정치참여 확대와 시민의 정치참여를 활성화하기 위한 민주주의의 기획과 제도화, 정치과정에서 대화와 토론 그리고 숙의의 형성이 중요하다고 본다.

셋째, 본 연구에서는 대의제 민주주의의 문제점과 한계를 극복할 수 있는 대안으로 참여민주주의를 제시하였다. 현대 민주주의는 시민의 참여와 정당에 의한 대표를 그 핵심으로 한다. 그러나 현대 대의제 민주주의에서 공통적으로 나타나고 있는 현상은 낮은 정치참여로 인한 '참여의 위기'와 '대표성의 위기'이다. 본 연구에서는 이러한 대의제 민주주의의 한계를 극복하기 위해, 인터넷을 활용한 참여민주주의의 기획을 주장한다. 즉, 직접민주주의적 요소를 강화하고, 시민들의 참여를 통한 대화와 토론, 그리고 숙의의 형성, 시민들간의 수평적 유대의 강화와 시민교육, 시민사회의 활성화 등 좀 더 깊은 민주주의적 측면이 전제될 때 비로소 민주주의와 정치참여의 활성화가 가능할 수 있을 것이라고 본다.

넷째, 그러나 정상적인 민주주의의 길을 걸어온 서구의 참여민주주의와 서구와는 다른 민주주의를 발전시켜 온 한국에서의 참여민주주의는 다를 수밖에 없을 것이다. 즉, 서구 선진 민주국가에서 참여민주주의는 기존의 정착된 대의민주주의의 결함을 보완하고, 대의민주주의를 대체하고자 하는 방향에서 주로 제기되었다면, 한국에서의 참여민주주의는 대의민주주의를 부정하고 대체하기보다는 강화하고 보완하는 방향에서 추진되어야 할 것이다. 왜냐하면 한국에서 대의민주주의는 그 합리성을 부정하기에는 역사도 짧고 경험이 일천하며, 1987년 민주화 이후에 세 번의 민간정부가 들어섰음에도 선진 민주주의의 공고화(democratic consolidation)는 여전히 지연되고 있기 때문이다. 그렇기 때문에 본 연구에서 주장하는 한국의 참여민주주의는 대의제 민주주의를 대체하자는 것이 아니라, 정보통신기술을 활용하여 국민참여를 확대하고, 이를 통해 대화와 토론, 그리고 숙의를 통해 대의제 민주주의를 보완하고 참여민주주의를 확대해 나가자는 것이다.

다섯째, 따라서 본 연구에서는 한국에서 인터넷과 정보통신기술의 급속한 발전과 시민의 자발적인 정치참여가 확대되면서 e-politics와 참여민주주의에 대한 발전적 전망이 커지고 있다고 본다. 먼저, 16대 총선에서 시민사회의 정치참여 결과는 정당내 공천제도의 민주화를 촉발시켰으며, 16대 대선을 앞두고는 일반당원과 국민의 참여를 제도화하는 국민참여형 경선제를 실시하기에 이르렀다. 정당의 공천제도에서 '분권화'와 '개방성'이 강화되고, '참여'의 확대와 '대표성'이 제고된 것이다. 그리고 16대 대선은 '위로부터의 동원'정치에서 '아래로부터의 참여'정치로 전환하는 과정이었다. 이 과정에서 인터넷은 시민의 정치참여 확대, 특히 그동안 정치에 무관심했던 젊은 세대의 정치에 대한 관심과 참여를 높이는데 긍정적인 기능을 수행한 것으로 평가된다. 또한 인터넷은 16대 대선이 '인터넷 선거'라고 불릴 만큼 선거에 미친 영향력도 컸다. 노무현 후보와 새천년민주당의 승리 요인에는 인터넷 선거 캠페인에서 이회창 후보와 한나라당에 앞섰기 때문으로 분석된다. 인터넷을 통한 젊은 세대의 활발한 정치참여는 한국의 선거에서 균열구조의 변화를 가져오기도 하였다. 즉, 1987년 민주화 이후 한국의 선거결과를 결정짓는 가장 지배적인 요인이 지역주의였던데 비해, 16대 대선에서는 세대와 이념요인이 부각된 반면, 지역주의는 변화되거나 약화되는 조짐을 보였다.

여섯째, 본 연구에서는 16대 대선과정에서 활약한 '노사모'를 인터넷시대 온/오프라인을 결합한 새로운 정치참여 모델로 평가한다. 그것은 노사모가 지역주의 극복과 참여민주주의라는 시대정신을 지향하고 있으며, 기존의 수직적·위계적 조직과는 달리 수평적 네트워크를 통한 자발적 공동체, 온/오프라인의 결합을 통해 인터넷 시대에 적절한 조직형태를 갖추고 있고, 또한 정치와 '카니발적 문화'의 결합을 통해 퇴행적 정치문화를 개혁하고자 노력하고, 무엇보다 노사모 홈페이지는 온라인 공론장을 형성하여 대화와 토론, 그리고 숙의를 통해 숙의민주주의의 가능성을 엿볼 수 있다는 점 때문이다. 즉, 노사모는 온/오프라인의 '참여'와 '숙의'를 통해 참여민주주의를 실천하고 있다고 볼 수 있는 것이다.

일곱째, 노무현 정부는 '국민참여의 힘'으로 탄생한 정부라고 할 수 있다.

‘참여정부’를 표방하고 있는 노무현 정부는 ‘참여민주주의’를 기본 이념으로 내세운다. 1987년 이후 민주주의 이행과정의 맥락에서 보자면, 한국사회는 제1기 민주화의 수준을 넘어 제2기 민주화의 새로운 과제에 직면하고 있다. 따라서 ‘참여정부’의 과제는 제1기 민주화 단계에서 ‘정치지체’로 지연된 민주주의의 공고화와 참여민주주의의 제도화로 요약할 수 있다. 참여정부는 새정치 구현을 위해 국민참여, 국민통합, 민주적 책임성, 투명성 등 정치개혁의 기본방향과 국민참여정치, 국민통합정치, 투명한 청정정치, 수평적 협력정치, 디지털정치를 정치개혁 5대 목표로 확정하였다. 국민참여 정치는 참여(participation), 자율(autonomy), 분권(decentralization)을 기본방향으로 한다. 그러나 적어도 지금까지는 노무현 정부가 표방하는 국민참여 정치가 제대로 실현되고 있다고 보기는 힘들다.

또한 ‘참여정부’는 3대 국정목표를 ‘국민과 함께 하는 민주주의’, ‘더불어 사는 균형발전 사회’, ‘평화와 번영의 동북아시대’로 제시하고, ‘원칙과 신뢰’, ‘공정과 투명’, ‘대화와 타협’, ‘분권과 자율’을 4대 국정원리로 삼고 있다. 여기서 참여민주주의와 관련하여 중요한 것은 ‘참여와 분권’의 정책기조이다. 특히 ‘국민참여수석실’은 참여정부의 특징을 가장 잘 보여주는 것이다. 참여정부는 국민참여의 폭과 깊이를 확대하기 위해, 온라인을 통한 국민참여를 활성화하기 위해 대통령인수위원회에 ‘국민참여센터’를 설치, 운영해왔다. 국민참여센터는 정보사회의 도래에 따른 온라인 공론장을 활성화하고, 사이버공간을 통해 대화와 토론을 강조하는 숙의 민주주의를 활성화한다는 점에서 참여민주주의의 한 요소이다. 또한 청와대는 국민참여를 확대하기 위해 청와대 홈페이지에 ‘국민참여마당’을 운영하고 있다.

참여정부의 이러한 시도는 그동안 국가와 시민사회를 매개하는 공론장이 주로 매스미디어에 제한되어 왔다는 점에서, 국민참여센터와 국민참여마당은 국가 스스로 정부와 국민들간 쌍방향 의사소통이 이루어지는 자율적인 공론장을 창출하겠다는 것으로 볼 수 있다. 특히 국민참여센터는 온/오프라인을 통한 인사추천제와 국민제안제를 실시하여 사이버공간을 활용해 국민참여를 제도화하고, 온/오프라인을 통한 참여의 활성화를 꾀했다는 점에서 정보사회에서의 바람직한 정책참여 모델이 될 수 있다. 그러나 지금까지는 이러한 기능들이 정부와 국민들간의 활발한 쌍방향 의사소통을 가능케 하고, 국민참여를 위한 온라인 공론장으로서 만족할만한 역할을 하고 있다고 보기는 힘들다. 또한 정치참여와 참여민주주의 제도화 수준에서도 만족스럽지 못하다.

그렇지만, 분명한 것은 정보화가 진전될수록 온라인 공론장의 역할은 더욱 증대될 것이다. 따라서 중요한 것은 정보사회에 걸맞은 참여민주주의의 기획과 제도화가 적극 필요하다는 점이다. 정보화는 민주주의의 필요조건은 될 수 있지만 충분조건은 아니다. 무엇보다 참여민주주의는 정치과정에서 시민의 참여와 대화와 토론, 그리고 숙의를 강조한다. 따라서 한국에서 참여민주주의의 실현을 위해서는 기술적·제도적·시민적인 수준의 제고가 함께 이루어져야 한다. 즉, 정보통신기술의 도입과 적용 그리고 참여민주주의적 제도화와 함께 시민들의 참여와 민주적 자질 역시 고양되어야 한다. 다시 말해, 시민들의 비판적 성찰과 의사소통적 합리성 및 시민적 관여도(civic engagement)가 제고되고, 인터넷의 정치적 이용이 활성화되고, 참여민주주의의 기획과 제도화가 이루어질 때 참여민주주의는 실현 가능한 것이다.

끝으로 본 연구는 다음과 같은 한계를 가진다.

첫째, 참여민주주의 이론에서 살펴보았듯이 참여민주주의의 영역은 정치, 경제, 사회 분야까지 포괄적이다. 특히 참여민주주의는 산업장에서의 산업민주주의나 생활정치로서의 지방자치와 밀접하게 관련되어 있다. 그러나 본 연구에서는 정치과정, 그것도 선거과정에 초점을 맞춤으로써 참여민주주의를 종합적으로 조망하는 데는 한계를 갖는다.

둘째, 자료의 문제로 15대 총선과 16대 대선과정을 분석함에 있어 한나라당의 내부자료 수집이 불가능해, 선거과정 분석에서 한나라당과 민주당의 병렬적인 검토가 어려웠다. 이는 한나라당이 민주당과는 달리 선거관련 자료를 발간하지 않았다는 현실적인 문제에서 비롯된 것이기는 하지만, 연구의 객관적인 비교분석이 필요하다는 점에서는 커다란 아쉬움으로 남는다.

인터넷과 선거참여

: 제17대 총선을 중심으로

Ⅰ. 서 론

최근 한국의 선거에서 나타나는 가장 주목되는 현상중의 하나는 유권자의 투표율이 지속적으로 하락하는 속에서도, 한편에서는 인터넷을 활용한 시민의 정치참여가 증대되고 있다는 사실이다. 16대 총선에서 시민단체의 낙천·낙선 운동과 정치참여를 시작으로, 정당의 공직후보자 선출에서 상향식 공천의 도입과 대선후보 선출을 위한 예비경선에서 인터넷 투표와 전자투표가 도입되면서 일반당원과 일반국민이 정치에 참여할 수 있는 길이 확대되었다. 그리고 2002년에는 '노사모' 현상과 온/오프라인 정치참여가 그 어느 때보다도 활발하게 전개되어 인터넷 정치참여(internet-based political participation)의 신기원을 이룩한 해였다고 해도 과언이 아닐 정도가 되었다. 이는 시민사회와 정치사회 양쪽에서 온/오프라인을 통한 시민의 정치참여가 증대되는 과정이라고 할 수 있으며, 이러한 현상을 설명하는 가장 중요한 '키워드'로 인터넷을 빼놓을 수 없게 되었다. 즉 인터넷이 지닌 신속성, 쌍방향성(interactivity), 수평적 커뮤니케이션 등의 특성이 시민들에게 새로운 정치참여의 기회를 증대시켜 주고 있는 것이다.

그렇다면 17대 총선에서도 이러한 인터넷을 통한 시민의 정치참여 활성화가 지속될 것인가? 본 연구는 이러한 물음에 답해보고자 한다. 최근 인터넷 선거운동에 대한 시민들의 긍정적인 태도와 활발한 인터넷 선거운동을 가능케 하는 선거법 개정, 시민단체의 낙천·낙선운동과 지지당선운동 등은 인터넷 정치참여가 활발하게 전개될 것임을 나타내 주는 것이다. 특히 총선을 한 달여 앞두고 대통령 탄핵안이 가결되면서 이번 총선은 '또 하나의 대선'으로 간주될 만큼 '중대 선거'(critical election)로 부각되고 있고, 온/오프라인을 통한 정치참여는 더욱 증대되고 있다. 따라서 본 연구에서는 인터넷 정치참여가 어떻게 가능한지 그것의 이론과 실제를 검토해보고, 둘째, 17대 총선에서 인터넷 정치참여의 특징을 살펴보고, 이를 16대 대선 및 총선과의 비교를 통해 인터넷 정치참여의 지속성과 변화를 알아보고자 한다.

Ⅱ. 인터넷 정치참여: 이론적 논의

1. 기존연구 검토와 분석틀

인터넷 정치참여는 인터넷 투표, 온라인 대화와 토론, 그리고 정당·정치인 및 정부관리와의 접촉, 온라인 시위 및 서명운동 참여 등 인터넷을 이용하여 행하여지는 정치참여 행위를 말한다. 이러한 인터넷 정치참여는 사회경제적 변수와 새로운 정보통신기술의 발달, 즉 기술의 내재적 특성과 기술외적인 정치사회적 여건 양자가 모두 정치참여에 영향을 미치는 요인으로 작용한다. 특히 본 논문에서는 인터넷과 정치참여의 연관성을 설명함에 있어 정보화 그 자체의 영향력보다는 정보화가 이루어지는 정치사회적 맥락에 주목한다 (Arterton 1994; Barber 2000/01; 유석진 1997; 박동진 2000; 윤성이 2001(b)).

인터넷은 고립되어 존재하는 것이 아니라 '오프라인' 세계와 조응하여 발전한다. "인터넷 이용자는 사이버공간의 일부분인 것만큼이나 물리적 공간의 일부분이다. 따라서 인터넷 연구에서 온라인 경험이 항상 어떤 방식으로든 오프라인 경험과 얽혀 있다는 것을 인식하는 것이 중요하다."(Steve Jones eds. 2000, 13). 바버(Barber 1998/99, 588)는 "만약 민주주의가 기술로부터 무엇인가 얻고자 한다면, 논의는 기술로부터 시작되어야 하는 것이 아니라 정치로부터 시작되어야 한다."고 강조한다. 노리스(Norris 2000, 228)도 기왕에 정치에 관심이 있고 참여의 자세가 갖추어진 네티즌들만이 사이버공간을 이용하여 더 많은 정치적 정보를 찾게 될 것이며, 결국 인터넷은 기존 정치참여자들의 참여의 질을 더 높이는 참여의 선 순환(virtuous circle of participation) 역할만 할 수 있을 것으로 보고 있다.

이러한 논의는 경험적 연구결과에서도 확인된다. 2000년 미국의 대선에서 인터넷과 정치참여 관계를 경험적으로 분석한 이현우(2002, 327-329)는 "정치참여에 있어 오프라인에서의 차이가 온라인을 통해서 극복되는 것이 아니라, 오히려 그 불평등이 강화될 수 있는 가능성을 발견"했다. 또한 그는 "인터넷 선거정보의 사용여부는 선거운동 참여에서는 의미있는 효과를 나타내지만, 투표참여 정도에서는 다른 네티즌들과 차이를 보이지 않고 있다며, 인터넷이 정치참여에 긍정적 영향을 미친다고 확신할 수 없다"고 주장한다.

또한 한국의 16대 대선에서 인터넷이 투표참여와 지지후보 결정에 미치는 영향력을 경로분석을 통해 검증한 김형준(2002, 14)은 "인터넷은 투표참여 및 특정후보지지 가능성을 높이는데 직접적으로 영향을 미쳤다기 보다는 투표참여 및 후보지지 결정 방식의 질을 높이는데 기여했다"고 본다. 그리고 윤성이(2003, 83)는 "노무현 후보의 성공적인 온라인 선거운동이 실제 투표행위로 연결되는 새로운 정치참여를 만들어 내는 데는 실패했으나, 투표에 참여한 20-30대 네티즌들의 지지를 결집시키는데는 상당한 기여를 하였다"고 본다. 즉, "젊은 네티즌들을 사이버공간 뿐만 아니라 현실공간에서도 조직화하는데 성공하였다"는 것이다.

이러한 정치사회적 맥락을 중시하는 연구결과들은 인터넷이 정치참여에 미치는 영향력을 분석하기 위해서는 인터넷 기술이 지닌 민주적 가능성(democratic potential)과 함께 오프라인 세계의 정치사회적 구조를 함께 고려해야 한다는 것을 말해준다. 즉, 인터넷 연구에 있어 온라인과 오프라인의 상호작용이 중요하다는 것이다. 따라서 본 논문에서는 온/오프라인 양쪽에서 공론의 형성과 참여와 결집이 활발하게 이루어지고 상호작용할 때, 민주주의의 핵심인 시민들에 의한 참여와 토론, 숙의가 가능하고 정치참여의 증대와 정치참여의 질을 높일 수 있다고 본다(〈그림 2-1〉 참조).

2. 인터넷 정치참여, 어떻게 가능한가?

인터넷이 정치참여에 미치는 영향에 대해서는 많은 논란이 있지만, 분명한 것은 인터넷의 보급률과 이용률이 높아지면서 그 영향력도 급증하고 있다는 사실이다. 인터넷은 정당과 정치인들에게는 유용한 선거운동 수단으로, 또 유권자의 입장에서는 정치참여의 중요한 도구로 이용되고 있는 것이다. 이렇게 인터넷이 활발한 정치참여를 가져올 것이라는 기대는 다음과 같은 이유에서이다. 첫째, 인터넷은 집단행위자의 비용을 들어주고, 둘째, 참여를 위한 개인의 비용을 들어준다. 셋째, 인터넷은 조직 내부의 수직적 구조를 완화시키고 행위자의 참여의식을 강력하게 만든다. 넷째, 인터넷은 집단의식의 형성을 쉽게 만든다(Schmidkte 1998, 69-73).

그리고 인터넷의 이러한 특성은 시민들의 정치참여와 관련해서는 다음과 같은 것들을 가능케 해준다. 첫째, 인터넷은 사이버공간에서 공론이 형성되는 공간, 즉 시민들이 공공의 문제(common affairs)에 대해 진지하게 토론할 수 있는 온라인 공론장(on-line public sphere)의 역할을 제공해준다. 과거에는 정치에서 소외되어 왔던 일반시민이 인터넷을 통해 자신들의 의사를 표시하고, 그것이 공론화 되어 정치에 반영될 수 있도록 함으로써 정치과정에 직접 참여할 수 있게 된 것이다. 따라서 현실공간에서는 어려웠던 숙의(deliberation)의 공간이 사이버공간에로 옮겨짐으로써 숙의가 활성화될 수 있으며, 참여를 통한 쌍방향 커뮤니케이션이 가능하게 된 것이다.

둘째, 인터넷은 시민사회의 정치참여를 강화시킨다. 인터넷은 저렴한 비용으로 많은 정보를 빠르고 손쉽게 대중에게 전달할 수 있고, 일반시민을 효과적으로 조직하고 동원할 수 있게 한다. 그리고 인터넷은 온라인 공동체로, 또 의사소통 네트워크로서 기능할 수 있는 특성 때문에 공공선을 추구하는 시민단체로서는 매우 중요한 도구가 될 수 있다. 또한 인터넷 기술의 활용은 시민운동 분야에 있어서 조직기반의 확대, 조직 응집성(density) 강화, 운동조직 간의 연합 및 조정(coalitions and coordination) 강화 등의 효과를 가져올 것으로 기대된다(윤성이 2001(a), 161).

셋째, 인터넷은 선거과정에서 적극적으로 활용되어 유권자의 정치참여를 촉진할 수 있으며, 정당과 정치인에게는 유력하고 효율적인 정치홍보 수단이 될 수 있다. 인터넷 선거캠페인은 유권자의 입장에서는 정보 획득의 비용을 줄여주고, 후보자의 입장에서는 보다 많은 유권자들에게 시·공간적 제약 없이 자신을 폭넓게 알릴 수 있는 기회를 제공해 줄 수 있다.(Davis 1999, 96-109).

넷째, 인터넷 투표는 투표율 저하 및 참여위기에 대한 대응책으로서, 그리고 투표의 관리성과 투표행위에 따르는 거래비용의 감소로 참여를 조장할 수 있다는 점에서 긍정적으로 검토되고 있다. 인터넷 투표는 한국에서는 2002년 민주당의 예비경선제에서 처음으로 도입된 이래, 17대 총선에서는 일부 정당에서 인터넷 투표를 통해 비례대표후보를 선출하기에 이르렀다.

Ⅲ. 제17대 총선과 온/오프라인 정치참여 : 지속성과 변화?[1]

　17대 총선에서는 인터넷 선거운동에 대한 시민들의 긍정적인 태도가 증가하고 있고[2], 선거법 개정에 따라 전통적인 선거운동 방식보다는 인터넷 선거운동이 활발히 전개될 제도적 공간이 마련되었다.[3] 따라서 17대 총선에서도 인터넷은 정당과 후보자에게는 선거운동의 유용한 도구로서, 시민의 입장에서는 정치참여의 중요한 도구로서 적극 활용될 것임을 예고하고 있다. 또한 시민단체는 16대 총선에 이어 온/오프라인을 통해 부패정치인 퇴출을 위한 낙천·낙선운동과 지지당선 운동을 목적으로 하는 보다 적극적인 정치참여운동을 전개하고 있다.

　특히 총선을 한 달여 앞두고 대통령 탄핵안이 가결되자 탄핵 지지와 반대 또는 '친노와 반노'가 이번 선거의 가장 주요한 이슈로 부각되면서, 17대 총선

---

1) 17대 총선을 앞둔 현재 각 정당의 인터넷 선거전략은 중간보고 형태의 준비단계에 있는 것으로 파악되고 있어 준비상황 정도만을 다룰 수밖에 없었다. 그리고 정당의 인터넷 선거전략은 가능한 정당의 내부자료를 통해 살펴보고자 했으나, 열린우리당은 자료협조를 받지 못해 병렬적 비교에 어려움이 있었음을 밝혀둔다.

2) 전자신문과 온라인 리서치 전문업체인 엠브레인(http://embrain.com)이 지난 2월 17일부터 25일까지 전국의 네티즌 2천명을 대상으로 조사한 '인터넷 선거운동에 대한 인식 조사' 결과에 따르면 인터넷 선거운동 찬성 응답자는 57.2%로 절반을 넘고 있고, 인터넷을 통해 '자격없는 후보자에 대한 탈락 운동'을 벌이는데 찬성하는 비율은 전체의 74.2%로 나타났다. 또한 이번 총선에서 선거 소식을 접할 매체로 TV(44.7%)와 인터넷(43.5%)이 비슷한 응답률을 보였는데, 이는 지난 16대 대선 당시 주로 접촉했던 매체로 TV가 74.0%로 절대 다수를 차지하고, 신문(12.2%), 인터넷(10.5%) 순으로 나타났던 것과 비교할 때 놀랄만한 변화이다. http://www.etnews.co.kr/news/ detail.html?id=200401270181(검색일 2004. 3. 6)

3) 지난 3월 9일 국회에서 의결된 「공직선거및선거부정방지법」 개정안에는, 후보자는 인터넷 홈페이지를 이용하여 상시로 선거운동을 할 수 있는(제59조제3호 신설) 반면, 합동연설회 및 정당·후보자 등에 의한 연설회는 폐지되었다(제75조 내지 제78조 삭제).

은 '또 하나의 대선'으로 간주되고 있다. 이미 정치관련 인터넷 사이트는 탄핵 찬반에 대한 논쟁으로 들끓고 있고, 이는 온/오프라인 정치참여로 확대되고 있으며, 이를 선거와 연관시키겠다는 것이다. 여기서는 17대 총선에서 각 정당이 유권자의 지지와 참여를 이끌어내기 위한 인터넷 선거를 어떻게 준비하고 있으며, 또한 시민단체는 온/오프라인을 통해 정치참여를 어떻게 전개하고 있는지를 살펴보기로 하겠다. 그리고 17대 총선에서 나타나는 인터넷 선거참여의 특징을 16대 대선 및 총선과 비교해 봄으로써 인터넷 선거참여의 지속성과 변화를 추출해보고자 한다.

1. 정당의 온라인 선거전략

1) 한나라당

먼저, 한나라당은 16대 대선에서 실패한 네티즌들의 관심과 참여를 유도하기 위한 전략에 집중하고 있다. 한나라당의 인터넷 선거 컨셉은 "'신나는 선거, 재밌는 정치'다. 여기에는 '17대 총선은 네티즌 마음대로 해 보라'라는 의미도 있다. 딱딱한 보수, 꽉막힌 보수가 아니라 친근한 보수, 이심전심 생각이 통하는 보수로의 변신을 위한 몸부림을 의미한다."(한나라당 사이버팀 2004). 패러디 사이트 'OK조은나라'(http://www.okjoeunnara.com)는 폴리엔터테인먼트(politics+entertainment) 형식으로 네티즌들에게 다가가고 있으며, 젊은 보수'를 지향하는 '푸른나라를 꿈꾸는 젊은 해밀'(http://www. cjcd.or.kr)은 한나라당을 지지하는 네티즌 모임으로 활동하고 있다. 그리고 당의 홈페이지(http://www.hannara.or.kr)를 "보여주는 통로와 듣는 통로로서의 역할을 효율적으로 구현"하는데 목표를 두고 있다(한나라당 사이버팀 2004).

'보여주는 통로'로서는 각종 이미지와 텍스트, 동영상, 포토뉴스 등을 통해 성명이나 논평 등 각종 이슈에 대한 당의 입장을 전달하고 있어 기존의 홈페이지 기능과 유사하다. 한나라당 홈페이지가 과거와 다른 점은 '듣는 통로'로서의 기능에 있다. 이는 국민 속에서 해답을 찾아야 한다는 16대 대선의 경험에서 나온 것이라고 보여진다. 'e론 여론', '국민의 소리', '한나라 CJ(Cyber

Jocky) 운영 등을 통해 네티즌 의견을 상시적으로 모니터하고 이를 주요 의사 결정에 반영하겠다는 것이다.

특히 '국회의원 이 사람이 딱이야' 코너에서는 한나라당 국회의원 후보에 대한 인터넷 추천을 받고 있는데, 3월 9일 현재 6,061회의 추천횟수를 기록하고 있다. '17대 총선 내맘대로' 코너에서는 한나라당의 총선 전략 및 캐치프레이즈, 홍보방안, 국민 맞춤형 정책, 로고송 가수 공모 등 선거의 모든 것을 네티즌 맘대로 해보라고 맡겨둘 정도로 네티즌의 활발한 참여를 유도하고 있다. 그렇지만 한나라당은 'e-게시판'에는 '인터넷 실명제'를 도입하고 있어, 네티즌의 자유로운 의견 개진이 얼마만큼 가능할지 의문이 제기된다.

2) 새천년민주당

민주당은 인터넷 선거운동이라는 일회성 대안보다 근본적인 전자정당 구축 프로그램인 'eMinjoo Plan'을 기획하여 3단계 구축론을 실천하는데 초점을 맞추고 있다. 총선기간에 진행될 1단계에서는 전자정당의 기본이 "인터넷 정치혁신을 통한 자발적 참여"에 있다고 보고, 여섯 가지 정치개혁 프로그램을 마련하고 있다(새천년민주당 전자정당특별위원회 2004).

첫째, 인터넷 공천혁명을 위해 네티즌들이 직접 국회의원을 선출하는 네티즌 비례대표 선출이다. 3월 9일 현재 네티즌 비례대표 입후보자는 38명이 등록했고 전체 선거인단은 10,007명이 참여하고 있으며, 'e캠페인'이 사이버상에서 진행되고 있다. 민주당은 3월 중순경 인터넷 투표에서 1위로 당선되는 후보에게 비례대표 10번을 부여할 계획이다.

둘째, 코리아 마니 풀리테(Korea Mani pulite) 운동의 일환으로 실시간으로 당의 후원금이 공개되고 있다. 후원금은 누가, 언제, 얼마를 냈는지 실시간으로 검색되고 있다. 향후 민주당은 당 재정의 외부회계감사를 포함, 총선 후보자들의 '정치자금 인터넷 공개 서약서'와 외부회계감사 결과를 지속적으로 인터넷을 통해 국민에게 공개할 예정이다. 이와 함께 의정감시운동(Congress Watch) 캠페인으로 디카, 폰카를 활용, 부정선거 적발이나 의원들의 의정활동을 실시간으로 업로드 할 수 있는 공간도 배치할 계획을 가지고 있다. 이외에도 인터넷 정치개혁 프로그램으로 정당민주화 캠페인, 인터넷 국민소환제(리콜제), 신인정치인등용 캠페인 등을 전개할 예정이다.

3) 열린우리당

열린우리당은 전자정당의 핵심을 참여, 투명성, 효율성으로 정하고 전자정당위원회를 통해 'e파티' 전략을 전개하고 있다. 지난 3월 10일 총선용으로 개편한 홈페이지(http://www.eparty.or.kr)에서 가장 눈에 띄는 점은 인터넷 방송국인 '우리TV'(http://uritv.eparty.or.kr)를 들 수 있다. 여기에는 'Today 우리당', 'Promise 우리당' 등의 코너를 통해 당의 의정활동 및 정책 간담회 동영상을 제공하고 있다. 그리고 네티즌의 직접적인 참여를 유도하기 위해 뮤직비디오, 플래시 앤 만평, 디카 & 폰카 코너 등에 게시될 다양한 콘텐츠 공모전도 개시했다. 또한 열린우리당은 홈페이지에 다양한 커뮤니티 공간을 마련하여 당원과 네티즌들의 활발한 참여를 기대하고 있다. 그러나 3월 14일 현재 252개 커뮤니티가 개설되어 있지만, 아직까지 활동은 미미한 것으로 나타났다. 이외에도 열린우리당은 홈페이지를 통해 '미아찾아주기 캠페인'을 펼치고 있어, 생활속의 인터넷 정당으로 자리잡기 위해 노력하고 있는 모습도 발견할 수 있다.

4) 민주노동당

민주노동당(http://www.kdlp.org)의 'e총선' 전략은 세 가지로 요약된다(민주노동당 김해근 e총선지원단장 인터뷰). 첫째, 네티즌의 프라이버시 보호를 우선시 하는 선거운동이다. 무차별적인 이메일, SMS 살포 등을 배제하고, 네티즌의 개인정보보호정책 수립 및 이행에 중점을 둔다는 계획이다.

둘째, 전자정당 기반을 바탕으로 한 'e총선' 전략이다. 민노당은 현재 5만 당원 데이터베이스를 중심으로 전자정당화 기반을 구축한 상태이다. 또한 당내 민주주의 실천을 위하여 모바일 인증을 기반으로 한 전자투표시스템, 이메일 인증을 통한 당원 정책설문조사 시스템을 갖추고 활용중이다. 특히 유권자 데이터베이스는 데이터를 무차별적으로 축적하는 데서 나아가 자발적 데이터화

(홈페이지 회원가입, 메일링 리스트 가입, 민주노동당이 추진한 서명운동 참여자 등)와 대중적 네트워크 - 민주노총, 전농 등 대중조직과 당원, 지지자들의 지인(知人)을 중심으로 데이터베이스화 - 를 지향할 계획이다.

셋째, 감동이 있는 정책 표현과 발랄한 진보 이미지 구축이다. 민노당은 정책정당으로서의 이미지를 강화해 네티즌들에게 다가가고, 특히 엄숙하고 딱딱한 이미지로 각인돼 있는 당의 이미지를 탈피해 인간적인 좌파, 발랄한 진보를 표현하는데 주력한다는 계획이다. 이를 위해 플래쉬, 만평, 패러디포스터 등 다양한 컨텐츠를 공유할 수 있는 사이트를 열어 지지자들의 자발적 참여를 유도하고, 정책 표현에 있어서도 네티즌들의 기호에 맞는 맞춤형 정책 제시나 게임형 접근을 준비중이다.

후보자나 당의 홈페이지 등 인터넷의 실제 득표영향력은 2~7% 정도로 당락에 직접적인 영향을 미친다는 분석도 있다(새천년민주당 전자정당특별위원회 2004). 그런데 좋은 선거 홈페이지는 시각적으로 세련된 디자인을 통해 유권자의 시선과 지지를 이끌어 내고, 선거자원을 효율적으로 획득할 수 있는 기능을 갖추고(Resnick 1998, 63), 방문자와 후보자, 혹은 방문자들간의 쌍방향 또는 다방향 대화를 활성화 할 수 있는 능력을 갖추어야 하며, 방문자 친화적인 항해성(navigability)을 제공해야 한다(Morris 1999/2000). 이런 기준에 비추어 볼 때 16대 총선에서 각 정당의 인터넷 홈페이지는 사이버 공간에서 선거공동체를 형성하기 위한 유권자와의 규칙적인 의사교환이나 이를 통한 여론형성의 기능은 미흡했다(정연정 2001, 114).

16대 총선과 비교해 볼 때, 17대 총선에서 각 정당의 인터넷 선거는 다음과 같은 특징을 보인다. 첫째, 전체적으로 16대 총선에서 미비했던 쌍방형성과 여론수렴형이 강화되고, 유권자의 의견과 참여를 확대하기 위한 기능을 대폭 강화하고 있다. 둘째, 일부 정당에서는 선거용 일회성 이벤트를 넘어 보다 체계적이고 장기적인 전자정당 구축 및 운영 전략 수립과 연계시키고 있다. 셋째, 각 정당이 인터넷을 통해 네티즌 비례대표를 선출한다거나, 혹은 인터넷을 통해 국회의원을 추천 받고 있다는 점이다. 이는 네티즌 인구 증가를 반영하고 젊은 층의 관심과 참여를 유도할 수 있다는 긍정적인 측면이 있지만, 대표성

(representative)이 얼마만큼 제고될 수 있을 지는 의문이다. 실제로 한 정당의 홈페이지에서 추진하고 있는 인터넷 국회의원 추천에서 특정 후보를 위한 조직적인 추천이 발견되기 때문이다. 넷째, 홈페이지를 통해 당원가입 뿐만 아니라, 정치자금을 모금하고 이를 투명하게 공개하고 있다. 인터넷 홈페이지에 당원과 네티즌들의 커뮤니티 공간을 마련하거나, 정당차원의 서포터즈 혹은 네티즌 지지모임을 결성하고 있다. 한나라당의 'OK좋은나라'와 '푸른나라를 꿈꾸는 젊은 해밀', 민주당의 '민주서포터즈', 열린우리당의 '국민과 함께P' 등은 특히 젊은 층을 대상으로 온/오프라인 조직을 확대하기 위해 경쟁하고 있다.

2. 시민단체의 온/오프라인 정치참여

17대 총선에서 시민단체의 온/오프라인 선거참여운동은 총선시민연대의 낙천·낙선운동, 총선물갈이 국민연대의 지지·당선운동, 경실련의 후보자 정보공개운동 등 다양하게 전개되고 있는 것이 특징적이다.

먼저, '2004 총선시민연대'는 부패 행위, 선거법 위반행위, 도덕성 및 자질 등을 기준으로 1, 2차에 걸쳐 총 109명의 공천반대 인사 명단을 발표하고, 홈페이지(http://www.redcard2004.net)를 통해 낙천대상자의 명단과 사유를 공개하고, 16대 국회의원정보 DB 코너를 마련하여 국회의원 개개인에 대한 평가 및 의정활동 성적표 등 후보자를 제대로 알리기에 노력하고 있다. 또한 네티즌들의 정치개혁 열망을 모으기 위해 진행중인 네티즌 천만 'ClickNClick운동'은 3월 10일 현재 458,258회의 클릭횟수를 기록하고 있다. 2004 총선시민연대는 지역별, 부문별 전국의 354개 시민사회단체가 가입한 최대 규모의 조직을 갖추고 있고, 온/오프라인의 활동성을 갖추고 있다는 점에서 이번에도 그 영향력에 관심이 집중되고 되고 있다.

다음으로, '2004 총선 물갈이 국민연대'는 낙선·낙천운동을 넘어 국민의 참여로 국민후보를 선정하고 지지·당선운동을 목적으로 하는 보다 적극적인 선거참여 운동을 전개하고 있다는 점에서 총선시민연대 활동과 구별된다. 물갈이연대 홈페이지(http://www.mulgari.com)에는 '후보자 열람' 코너를 통해 후보자에 대한 정보를 제공하고, '아줌마연대'와 '대학생연대'를 조직하는 등 온/오프라인을 통한 조직 확대를 꾀하고 있다. 물갈이연대는 '당선운동'을 목표로 하고 있는 운동의 특성상 공식선거운동 기간에, 그리고 온/오프라인을 결합한 운동방식이 보다 큰 영향력을 미칠 수 있을 것으로 보여진다.

이외에도 17대 총선에서는 당파성이 엿보이는 온라인 단체들도 적극적인 선거참여를 선언하고 나서, 이들 단체들이 선거결과에 미치는 영향력도 관심의 대상이다. '국민참여0415'(http://www2.seoprise.com/ 0415)는 스스로 중립성을 표방하고 있지만, 구성원의 중심이 과거 '노사모'라는 점 때문에 일부에서는 중립성에 의문을 제기하고 있다. 또한 당파성을 달리하는 인터넷 사이트도 있다. '네티즌들의 시사/정치 놀이터'를 표방하고 있는 '라이브이즈닷컴'(http://liveis.com)이 열린우리당 성향에 가깝다면, '대통령 노무현을 거부하는 사람들의 모임'인 짱노(http://www.zzangno.com)도 존재한다. 17대 총선에서는 선거법 개정으로 오프라인 후보 합동연설회가 폐지되어 온라인 선거의 중요성이 더욱 부각된다. 따라서 신랄한 풍자로 네티즌들에게 인기가 있는 이들 사이트는 인터넷상에서 여론을 형성을 할 수 있다는 점에서 그 영향력이 주목된다.

16대 총선의 경험에 비추어 볼 때, 시민단체의 낙천·낙선운동은 '낙천·낙선'을 중요한 선거이슈로 부각시키는데 성공했으며, 이는 중앙선관위에서 실시한 후보자 정보공개와 함께 선거구도 자체를 '낙선선거'와 '검증선거'로 바꾸는데 크게 기여하였다. 특히 중요한 것은 16대 총선에서 총선연대의 온라인 운동이 오프라인으로 확대되고 온/오프라인 활동이 결합되면서 운동의 성과가 더욱 배가될 수 있었다는 점이다. 총선연대가 전개한 낙천운동은 기본적으로 정당을 대상으로 한 운동인데 반하여, 낙선운동은 일반국민을 대상으로 하는 운동이다. 낙천운동은 정당의 공천심사과정이라고 하는 집중화된 대상이 존재하는데 반하여, 낙선운동은 유권자들이 동참하지 않으면 소기의 성과를 거둘 수 없는 운동으로서의 성격을 지닌다. 그렇기 때문에 운동의 성과가 나타나기 위해서는 온라인 활동 못지 않게 오프라인 활동이 중요하며, 온/오프라인 활동은 시민사회의 효과적인 정치참여 모델이라고 할 수 있다.

3. 17대 총선과 인터넷 선거참여: 특징과 전망

무엇보다 17대 총선에서 가장 중요한 관심사항은 '대통령 탄핵'이 인터넷 선거참여에 어떠한 영향을 미칠 것인가 하는 점이다. 우선 탄핵문제로 선거관심 수준이 높아지고 총선이 '또 하나의 대선'으로 간주되면서, 인터넷을 통한 시민의 정치참여는 증폭될 것이다. 일반적으로 대통령선거에서는 '전국적 이슈'가 형성되고 '시선의 집중화' 현상이 강하게 나타나는 반면, 총선은 '시선의 분산'효과가 나타난다. 즉, 정당이 주도하는 전국적 이슈와 후보자가 주도하는 지역적 이슈가 혼재되어 나타나, 인터넷이 개입할 수 있는 강력한 기반을 형성하기는 어렵다. 그런데 이번 총선은 탄핵으로 선거경쟁이 치열해지면서 시선의 집중화 현상이 강하게 나타나고, 이는 시민들의 정치참여를 증대시키는 강력한 요인으로 작용할 것이다.4)

둘째, 그러나 정치참여 증대 현상이 곧바로 투표율의 증가로 이어질지는 의문이다. 지난 16대 대선에서 정치참여는 높았어도 투표율은 70.8%로 역대 최저를 기록했으며, 특히 네티즌의 비율이 거의 90%에 달하는 20대의 투표율은 전체 투표율보다 14.3% 뒤지는 56.5%에 불과했다.

셋째, 탄핵 가결이후 네티즌들이 인터넷으로 몰려 인터넷 상에서 치열한 찬반논쟁이 전개되고 있고, 탄핵관련 커뮤니티가 개설되어 짧은 시일내에 회원수가 급증하고 있다. 또한 이들은 온라인 활동을 촛불시위 등 오프라인 활동으로 확산시키는 등 네티즌들의 온/오프라인 참여가 증대되고 있다. 포털 사이트 다음(www.daum.net)에 3월 6일 개설된 '국민을 협박하지말라'(cafe.daum.net/

---

4) 이와 유사하게 선거와 정치참여와 관련해서는 선거경쟁이 어느 정도 심한가 그리고 선거이슈가 얼마나 치열하게 대립되는가 하는 선거관심수준도 중요한 영향을 미친다. 즉, 선거에 따른 자극의 양이 높은 자극의 선거인지(high-stimulus elections) 혹은 낮은 자극의 선거인지(low-stimulus elections)에 따라 유권자의 참여율이 달라진다는 것이다. 미국의 경우, 역사적으로 중간 의원선거(off-year elections)에서는 쟁점이슈의 부족 등으로 관심이 적고 투표율도 대통령선거 때보다 15% 가량 낮게 나타난다. 반면, 대선에서는 선거운동이 활발하고 후보와 선거쟁점에 관한 많은 정보가 전달되므로 대통령선거 해에 같이 실시되는 의원 선거에서는 투표율이 높다는 것이다(Campbell 1987).

antitanhaek)는 12일까지 1만 명에 불과했지만 15일 현재 8만명을 넘어 섰고, 이외에도 '탄핵반대 릴레이 투표'(cafe.daum.net/tanbandae. 3월 11일 개설), '탄핵반대시민행동'(cafe.daum.net/yesnotong. 3월 5일 개설) 등의 카페들이 탄핵 반대에 공감하는 네티즌들을 끌어 모으고 있다. 이들은 탄핵안 가결에 참가한 국회의원 명단과 이메일 주소, 사무실 팩스 번호를 공개하고 '이메일이나 팩스를 보내 항의하자'는 의견을 내놓고 있다. 반면, '노무현탄핵 적극찬성'(cafe.daum.net/impeachroh. 3월 12일 개설) 등탄핵에 찬성하는 카페들도 활동하고 있다.

넷째, 선거구도 자체가 '탄핵 찬성/반대' 혹은 '친노/반노' 구도로 양분되면서, 이를 지지 동원으로 연결시키기 위한 정당의 인터넷 선거전략의 변화와, 16대 대선에서 나타났던 지역균열의 약화, 그리고 이념 및 세대요인이 부각되는 현상이 재연될지 여부도 중요한 관심사항이다.

Ⅳ. 결 론

　인터넷의 특성인 접근의 용이성, 신속성, 쌍방향성, 수평적 커뮤니케이션 등은 시민의 정치참여 기회를 증대시키는 요인으로 작용한다. 특히 인터넷은 온라인 공론장의 형성, 대화와 토론 그리고 숙의, 시민사회의 정치참여 증대, 인터넷 투표와 인터넷 선거캠페인 등 시민의 정치참여 증대를 위해 다양하게 활용될 수 있으며, 고비용 저효율 구조의 정치과정을 타파할 수 있는 기제(mechanism)로서의 가능성을 지니고 있다.

　17대 총선에서는 시민들의 인터넷 정보획득이 갈수록 커지고, 합동연설회 및 정당연설회가 폐지되고 인터넷 선거운동이 허용되는 등 선거제도의 변화로 인터넷 선거와 정치참여는 더욱 확산될 것으로 보인다. 특히 '대통령 탄핵' 문제가 가장 중요한 선거이슈로 부각되면서, 총선자체가 '제2의 대선'으로 간주되고 있다. 일반적으로 대선과 총선은 '시선의 집중화'와 '분산효과'에서 차이를 보이지만, 이번 총선에서는 시선의 집중화 효과가 강하게 나타날 것으로 기대된다. 이미 인터넷 상에서는 탄핵 찬반을 둘러싼 네티즌들의 토론이 치열해지고 있고, 이는 오프라인으로 확대되고 있다. 아울러 유권자들의 지지 확보를 위한 정당의 인터넷 선거경쟁도 더욱 강화될 것으로 보인다. 이는 선거경쟁이 치열해지고 유권자의 선거관심 수준이 높아질 수 있다는 점에서는 긍정적이지만, 이것이 곧바로 투표참여율의 증대로 이어질지는 의문이다.

　그렇지만, 앞에서 살펴본 것처럼 인터넷이라는 도구의 발전이 시민의 민주적 의식변화와 참여증대를 자동적으로 보장하지는 않는다. 인터넷과 정보통신기술은 민주주의를 위한 필요조건은 될 수 있지만, 충분조건은 아니다. 즉, "정보통신기술이 풀뿌리 행동주의를 위한 중요한 도구이지만, 민주주의에 실질적인 힘을 부여하는 것은 투표가 이루어지고 정치적 결정이 이루어지는 현실세계 사람들의 지식과 의향과 행동들이다."(Reingold 2002/ 2003, 8). 그렇기 때문에 온라인 상에서의 정치참여 못지 않게 오프라인에서의 정치참여가 중요하며, 온/오프라인 정치참여의 상호작용이 강조되는 것이다. 즉, 온라인을 통한 공론장과 참여를 통한 쌍방향 커뮤니케이션의 실현, 그리고 오프라인을 통한 참여와 결집, 이 두 가지가 상호작용하고 결합될 때 정치참여의 양적 증대와 질적 제고를 기대할 수 있을 것이다.

이러한 사실은 '노사모' 사례에서도 확인되었다. 따라서 인터넷 정치참여의 활성화 조건으로는 온/오프라인 정치참여가 동시에 이루어져야 하며, 자발적 참여와 숙의가 동시에 이루어져야 한다. 또한 정치참여의 목적이 분명해야 하고 시대적 과제를 지향해야 한다. 마지막으로 실질적인 정치참여를 보장하는 제도적 공간이 효율적으로 기능하여야 하며, 시민의 입장에서는 참여 방식이 다양해야 하고 참여에 따르는 비용이 최소화되어야 한다.

참 고 문 헌

1. 자 료

새천년민주당, 2000. 『제16대 국회의원 선거백서』.

__________, 2002. 『당 발전과 쇄신을 위한 특별대책위원회 활동백서』.

__________, 2003. 『제16대 대통령선거 백서』.

새천년민주당 도봉을구 지구당, 2000. 『5.15 당내경선보고서』.

새천년민주당 쇄신연대, 2001. 『사이버 예비선거, 어떻게 할 것인가?』.

새천년민주당 전대준비위원회 당무발전분과위원회, 2002. 『정당 현대화·디지털화를 위한 국민 대토론회 자료집』.

새천년민주당 전자정당특별위원회, 2004. 『새천년민주당 eMinjoo Plan 2004 중간보고』.

정동영과 함께하는 사람들, 2002. 『정동영과 국민경선: 제16대 대통령선거 민주당 후보 경선 백서』2002.

정보통신부, 2002. 『정보통신백서』.

__________, 2003. 『21세기 지식정보강국을 향하여』.

__________, 2003. 『한국의 정보화 전략』.

정보통신정책연구원, 2002. 『정보통신 통계지표집』.

제16대 대통령직인수위원회, 2003. 『인수위원회백서: 대화』.

제일기획, 2003. 「대한민국 변화의 태풍 – 젊은 그들을 말한다」.

중앙선거관리위원회, 2000. 『제16대 국회의원선거 총람』.

__________, 2000. 『제16대 국회의원선거 투표율 분석』.

__________, 2003. 『제16대 대통령선거 총람』.

__________, 2003. 『제16대 대통령선거 투표율 분석』.

총선시민연대, 2002. 『낙천낙선운동 활동백서 상, 하』.

한국전산원, 2002. 『국가 정보화 백서』.

__________, 2002. 『정보화 통계집』.

__________, 2003. 『한국 인터넷 백서』.

한나라당, 2003. 『제16대 대통령선거 부정백서』.

한나라당 가평군·양평군지구당, 2002. 『한나라당 가평·양평지구당 '6.13 공직선
　　　거 후보자 선출대회' 백서』.

한나라당 사이버팀. 2004. "한나라당 인터넷 선거관련 인터뷰 자료." 2월.

2. 국내 문헌

1) 국문 단행본

강정인, 1997. 『민주주의의 이해』, 서울: 문학과지성사.

_____, 1998. 『세계화, 정보화 그리고 민주주의』, 서울: 문학과지성사.

강원택 외, 2003. 『2002년 대선 과정 및 결과에 대한 종합적인 분석 및 평가』,
　　　서울: 한국의회발전연구회.

권태환·조형제 편, 2000. 『정보사회의 이해』, 서울: 미래M&B.

고영삼, 1998. 『전자감시사회와 프라이버시』, 서울: 한울.

김승현 편, 1993. 『정보사회 정치경제학』, 서울: 나남출판.

김만흠, 1996. 『한국정치의 재인식』, 서울: 풀빛.

김영삼 편역, 1991. 『정보체계론』, 서울: 형설출판사.

김용호, 2001. 『한국정당정치의 이해』, 서울: 나남출판.

김용호 외, 2002. 『사이버정치과정에 대한 신인도 조사』, 서울: 정보통신부.

김의영 외, 2003. 『대의제 민주주의 공고화를 위한 시민사회의 바람직한 정치
　　　참여 방안』, 서울: 한국의회발전연구회.

김창남, 2000. 『현대 선거정치캠페인론』, 서울: 나남.

김호기, 2001. 『현대 비판사회이론의 흐름』, 서울: 한울.

노혜경 외, 2002. 『유쾌한 정치반란, 노사모』, 서울: 개마고원.

동아시아연구원(EAI)편, 2003. 『2002 대선 평가와 노무현 정부의 과제』, 서울: 이슈투데이.

박동진, 2000. 『전자민주주의가 오고 있다』, 서울: 책세상.

박재창 편저, 1993. 『정보사회와 정치과정』, 서울: 비봉출판사.

백선기, 2001. 『사이버 선거와 인터넷』, 서울: 커뮤니케이션북스.

______, 2003. 『정치담론과 인터넷』, 서울: 커뮤니케이션북스.

서이종, 2001. 『지식정보사회의 이론과 실제』, 서울: 서울대출판부.

______, 2002. 『인터넷 커뮤니티와 한국사회』, 서울: 한울.

서이종 외, 2002. 『인터넷과 이동통신의 발달이 시민사회에 미치는 영향』, 서울: 정보통신부.

시민사회포럼·중앙일보시민사회연구소 엮음, 2002. 『참여민주주의 실현을 위한 시민사회와 시민운동』, 서울: 아르케.

안승국·이태홍·홍원표 편역, 1995. 『민주주의론 강의 1, 2』, 서울: 인간사랑.

유석진 외, 2003. 『정보화의 도전과 한국』, 서울: 한울.

유민호 외, 2000. 『e-폴리틱스.com』, 서울: 중앙M&B.

윤성이, 2002. 『전자민주주의의 현황과 과제』, 서울: 정보통신부.

윤영민, 2002. 『사이버공간의 정치』, 서울: 한양대학교 출판부.

은혜정, 2002. 『전자민주주의 시대의 인터넷 활용』, 서울: 한국방송진흥원.

임혁백, 1994. 『시장, 국가, 민주주의』, 서울: 나남.

______, 2000. 『세계화시대의 민주주의: 현상·이론·성찰』, 서울: 나남.

임혁백 외, 2002. 『사이버정치과정에 대한 신인도 조사』, 서울: 정보통신부.

정대화, 2002. 『포스트 양김시대의 한국정치』, 서울: 개마고원.

정보사회학회 편, 1998. 『정보사회의 이해』, 서울: 나남.

정진민, 1998. 『후기 산업사회에서 정당정치와 한국의 정당발전』, 서울: 한울.

차기벽 편, 1990. 『정치와 정치사상』, 서울: 한길사.

참여사회연구소 편, 1997. 『참여민주주의와 한국사회』, 서울: 창작과비평사.

최장집, 2002. 『민주화 이후의 민주주의』, 서울: 후마니타스.

최종욱 외, 1994. 『현대의 위기와 새로운 사회운동』, 서울: 문원.

크리스챤아카데미 시민사회정보포럼 편, 1999. 『시민이 열어가는 지식정보사회』, 서울: 대화출판사.

하원규 외, 1997. 『전자공간시대의 정보통신정책학』, 서울: 한국전자통신연구원.

한국정치연구회 사상분과 편저, 1992. 『현대민주주의론 Ⅱ』, 서울: 창작과 비평사.

한국정치학회, 2001. 『한국 정치경제의 위기와 대응』, 서울: 오름.

한국정치학회·김영래 엮음, 2001. 『정보사회와 정치』, 서울: 오름.

한배호 편, 1996. 『세계화와 민주주의』, 성남: 세종연구소..

홍성욱, 2002. 『파놉티콘: 정보사회 정보감옥』, 서울: 책세상.

홍익표, 2000. 『유럽의 민주주의: 발전 과정과 현실』, 서울: 동방미디어.

2) 국문 논문

강명구, 1995. "정보사회와 원격민주주의", 『계간 사상』, 가을호.

강명세, 2002. "한국정당의 변화: 카르텔 정당의 사회적 복귀?", 참여연대 국민경선 평가토론회 발표문.

강상현, 1999. "전자 민주주의와 시민참여", 크리스챤아카데미 시민사회정보포럼 편, 『시민이 열어가는 지식정보사회』, 서울: 대화출판사.

강원택, 2002(a). "세대, 이념과 노무현 현상", 『계간 사상』. 가을호.

______, 2002(b). "정당의 민주적 제도화를 위한 개선방안에 관한 연구", 한국의회발전연구회 연구보고서. 11월.

______, 2003(a). "16대 대선과 세대", 서울대학교 한국정치연구소 『16대 대선의 선거과정과 의의』 발표논문.

______, 2003(b). "2002년 대통령 선거와 지역주의" 국회연구보고서 『2002년 대선 과정 및 결과에 대한 종합적인 분석 및 평가』.

강정인, 1997. "대안민주주의: 참여민주주의를 중심으로", 참여사회연구소 편, 『참여민주주의와 한국사회』, 서울: 창작과비평사.

______, 1998. "정보 사회의 정치적 함의", 『세계화, 정보화 그리고 민주주의』, 서울: 문학과 지성사.

강정인·하상복, 1993. "정보기술과 원격민주주의: 비판적 전망", 정보통신정책연구소, 『정보사회연구』 제5권 2호.

고영만, 2003. 「노사모 연구」, 서강대학교 대학원 정치외교학과 석사학위논문.

공성진, 1994. "정보화사회의 삶과 민주주의", 크리스토퍼 아터튼 지음, 한백연구재단 편역, 『텔레데모크라시』, 서울: 거름.

김경동, 1998. "정보사회: 이론적 전망", 정보사회학회 편, 『정보사회의 이해』, 서울: 나남출판사.

김대환, 1997. "참여의 철학과 참여민주주의", 참여사회연구소(편), 『참여민주주의와 한국사회』, 서울: 창작과비평사.

김미영, 1998. "현대공동체주의에 관한 일 연구: MacIntyre, Walzer, Barber를 중심으로", 고려대 사회학과 박사학위논문.

김영래, 2000. "시민단체의 정치참여 발전 방향", 한국정치학회 기획학술회의, 「한국 시민사회와 민주주의」 발표논문.

김영태, 2003. "16대 대선 후보 선정 및 후보 단일화 과정에 대한 분석", 국회 연구보고서 『2002년 대선 과정 및 결과에 대한 종합적인 분석 및 평가』.

김용철, 2002. "전자민주주의: 인터넷 투표의 활용 가능성과 문제점", 전남대 5.18 연구소, 『민주주의와 인권』, 제2권 2호.

김용철·윤성이, 2000. "인터넷의 정치적 활용과 16대 총선", 『한국정치학회보』 제34집 3호.

김용철·윤성이, 2001. "인터넷과 선거운동: 제16대 총선 후보자의 인터넷 활용 및 네티즌의 참여실태 분석", 『한국과 국제정치』 제17권 제2호.

김용호, 2003. "한국 정당의 국회의원 공천제도: 지속과 변화", 한국의회발전연구회 연구보고서.

김유경, 2001. "가상공간에서의 정치적 숙의", 서울대 대학원 언론정보학과 박사학위논문.

김현희·윤영민, 1999. "정보사회의 정치양식: 대화민주주의의 가능성", 서울대학교 사회과학연구원, 『한국사회과학』 제21권 2·3호.

김형오, 1998. 「정보화 사회의 도전과 한국전자민주주의의 가능성에 관한 연구」, 경남대학교 대학원 정치외교학과 박사학위논문.

김형준, 2001. "국회의원 연계기능 연구: 지역구 의원 홈페이지 분석을 중심으로", 한국정치학회·김영래 엮음, 『정보사회와 정치』, 서울: 오름.

______, 2003. "인터넷 및 매스미디어가 20-30대 유권자의 정치참여에 미치는 영향력 고찰", 한국여성정치문화연구소 창립14주년 기념토론회 발표문.

김호기, 1997. "한국의 시민사회와 참여민주주의의 과제", 참여사회연구소 편, 『참여민주주의와 한국사회』, 서울: 창작과비평사.

남채봉, 2002. 「온라인 및 오프라인 정치참여와 정치의식 변화」, 서울대학교 대학원 석사학위논문.

노혜경, 2002. "노무현? 없어도 된다. 시스템의 정치!", 『유쾌한 정치반란, 노사모』, 서울: 개마고원.

라도삼, 2000. "16대 총선에 나타난 네트워크 활용 및 운영에 관한 연구", 한국언론정보학회 2000년도 봄철 정기학술대회 발표문.

마인섭, 2003(a). "국회의원 선거와 후보선출제도 개혁방안", 한국정당학회 『바람직한 국회의원선거제도와 정당정치』 발표논문.

______, 2003(b). "한국 사회균열구조의 변화와 민주주의의 정착", 『한국정당학회보』 제2권 1호.

박동진, 2000. 「정보양식과 공론의 민주주의에 관한 연구: 비판적 정보양식론의 관점을 중심으로」, 인하대학교 대학원 정치학 박사학위논문.

박선희, 1998. 「시민적 관여(civic engagement)가 컴퓨터 매개 정치커뮤니케이션에 미치는 영향」, 서울대학교 대학원 언론정보학과 박사학위논문.

박형준, 1992. "민주주의론의 몇가지 쟁점들", 『동향과 전망』, 가을호.

______, 1998. "새로운 사회운동과 경실련 운동", 임희섭·양종희 공편, 『한국의

시민사회와 신사회운동』, 서울: 나남출판.

백승현, 2000. "참여민주주의와 의회정치", 한국의회발전연구회, 『의정연구』 9호.

백승현·임성호, 1997. "대의개념에 대한 사상사적 및 경험론적 논쟁", 한국의회발전연구회 연구논문.

손호철, 2003. "16대 대선과 한국사회의 발전진로", 서울대 한국정치연구소 주최, 『16대 대선의 선거과정과 의의』 발표논문.

신기현, 2000. "16대 총선에 나타난 인터넷의 영향력 분석", 한국정치학회 16대 총선 평가 학술회의 발표논문.

신 원, 2002. "'정치 혐오'의 진흙탕에서 피운 '정치 사랑'의 연꽃", 노혜경 외, 『유쾌한 정치반란, 노사모』, 서울: 개마고원.

신 율, 2003. "시민단체와 이익집단의 역할에 대한 평가", 한국정치학회, 『2002년 대선 평가와 차기 행정부의 과제』 발표문.

어수영, 2000. "새천년 한국정치와 4.13 총선", 한국정치학회 기획학술회의 자료집 『새천년 한국정치의 과제와 전망』.

오관석, 2002. 「전자정부의 민주성과 효율성에 관한 연구」, 전북대학교 대학원 정치학과 박사학위논문.

원성연, 2000. "여론조사와 4·13 총선의 전개과정", 한국정당정치연구소·김용호 외, 『4·13총선: 캠페인 사례연구와 쟁점분석』, 서울: 문형.

원우현, 2002. "사이버 공간과 커뮤니케이션", 『인터넷 커뮤니케이션』, 서울: 박영사.

유석진, 1997. "정보화와 민주주의", 전자민주주의연구원 주최 『정보화시대 한국의 정치과정』 세미나 발표논문.

______, 2000. "정보화와 21세기 한국정치", 『국가전략』 제6권 2호.

______, 2003. "정보화사회의 정치과정과 우리의 과제", 윤영관·유석진 엮음, 『정보화의 도전과 한국』, 서울: 한울.

유재일, 2001. "한국민주주의의 대안과 정치개혁", 대전대학교 『사회과학논집』 제20권 제2호.

유홍림, 1997. "하버마스의 재구성적 정치이론", 서울대『한국정치연구』제7호.

윤성이, 1999. "정보통신기술의 발달과 정치과정의 변화", 1999년도 한국정치학회 추계학술회의 "정보화와 한국의 정치과정" 발표논문.

______, 2001(a), "인터넷 혁명과 시민운동의 새로운 전개", 한국정치학회·김영래 엮음, 『정보사회와 정치』, 서울: 오름.

______, 2001(b), "인터넷의 정치적 영향력: 이상과 현실", 한국사회이론학회, 『사회이론』(봄·여름).

______, 2002. "전자민주주의 연구의 동향과 과제", 『정보화정책』제9권 제4호(겨울)

______. 2003(a). "16대 대통령선거와 인터넷의 영향력", 『한국정치학회보』37집 3호.

______, 2003(b). "한국과 미국의 온라인 정치공동체 활동", 한국정치학회 2003년 하계학술대회 발표논문.

______, 2003(c). "한국의 사이버 민주주의", 『계간 사상』(여름호).

윤영민, 2002. "사이버 선거 운동의 잠재성과 한계: 2002년 대통령 선거를 중심으로", 대통령자문정책기획위원회, 『정책포럼』제32호(가을).

윤영철, 2000. "온라인 게시판과 숙의 민주주의", 한국언론정보학회 봄철 정기학술대회 발표논문.

이남영, 2002. "세대와 투표참여", 『계간 사상』, 제14권 제3호(가을호).

이내영, 2002. "세대와 정치이념", 『계간 사상』제14권 제3호(가을호).

이상신, 1998. 「전자정보공간의 정치적 함의에 관한 연구: 하버마스의 공론장 개념과 연관하여」, 서울대학교 정치학과 석사학위논문.

이순영, 2002. 「인터넷이 정치참여에 미치는 영향」, 전남대학교 대학원 정치학과 박사학위논문.

이유진, 1997. "PC통신, 인터네트와 한국의 전자민주주의 가능성에 대한 고찰", 『한국정치학회보』제31집 1호.

이향순, 2002. "한국 시민사회의 형성과 참여민주주의", 한국사회역사학회, 『

담론 201』Vol. 4. No. 2.(가을·겨울).

이현우, 2001. "인터넷투표와 대표성의 문제: 2000년 미국 애리조나 민주당 예비선거", 『한국정치학회보』 제35집 3호(가을).

______, 2002. "인터넷과 사회자본의 강화를 통한 선거참여: 미국 2000년 대선의 경우", 『한국정치학회보』 36집 3호(가을).

______, 2002. "정당민주화를 위한 국민참여 경선제도 검토", 참여사회연구소·의정감시센터 공동주최, 대통령후보 경선제에 관한 토론회 발표문.

이현출, 2003. "대통령선거와 총선의 후보선출과정", 김용호 외, 한국의회발전연구회 연구보고서, 『정당개혁기조하의 국회의원공천제도 개선에 관한 연구』.

임혁백, 2000. "21세기 한국 대의제 민주주의의 대안", 한국정치학회 "Post-IMF Governance"하계학술회의 발표논문.

______, 2001. "정보화사회의 민주주의, 한국 정치의 새로운 패러다임", 한국정치학회 2001년도 제1차 라운드테이블 발표문.

장 훈, 2003. "16대 대선과 후보 선출과정: 정당개혁의 경쟁", 서울대 한국정치연구소 주최, 『16대 대선의 선거과정과 의의』 발표논문.

정대화, 2002. "16대 대선의 특징과 결정요인", 교수 7단체 주최 2002년 대선 평가토론회 발표논문.

정상호, 2002. "세대정치: 4.19, 68, 그리고 386", 노혜경 외, 『유쾌한 정치반란, 노사모』, 서울: 개마고원.

정연정, 2000. "미국 시민이익집단 활동과 인터넷 이용", 『한국정치학회보』 제34집 4호.

______, 2001. "선거과정에서의 인터넷 활용에 관한 연구", 한국정치학회·김영래 엮음, 『정보사회와 정치: 새로운 정치 패러다임의 모색』, 서울: 오름.

______, 2003. "선거에서 인터넷의 활용과 한계", 『한국정당학회보』 제2권 1호.

정영태, 1997. "정당과 참여민주주의", 참여사회연구소 편, 『참여민주주의와 한국사회』, 서울: 창작과비평사.

______, 1998. "대의제민주주의의 한계와 대안의 모색", 인하대학교 사회과학연구소『논문집』, 제16집.

______, 2003. "변화를 감지한 세력만이 성공했다",『이론과 실천』, 1월호.

정진민, 2002(a). "세대와 정당정치",『계간 사상』, 가을호.

정진민, 2002(b). "후보선출제도의 개혁과 정당민주화", 참여사회연구소·의정감시센터 공동주최, 대통령 후보 경선제에 관한 토론회 발표문.

정진민·황아란, 1999. "민주화 이후 한국의 선거정치: 세대요인을 중심으로",『한국정치학회보』제33집 2호.

정진우, 2002. "전자투표에 관한 동향과 전망",『정보화정책』, 여름.

조정관, 2004. "인터넷 선거: 디지털 정당, 인터넷 정치헌금의 실태와 발전방안", 대전: 정보통신정책연구원.

조중빈, 2003. "16대 대통령 선거와 세대", 한국정치학회,『2002년 대선 평가와 차기 행정부의 과제』발표문.

조 흡. 2002, "카니발적 가치를 추구하는 노사모", 노혜경 외.『유쾌한 정치반란, 노사모』, 서울: 개마고원.

조희연, 2000(a). "민주주의이행과 제도정치, 민중정치, 시민정치",『경제와 사회』, 여름호.

______, 2000(b). "정치개혁과 낙천낙선운동", 총선시민연대 정책자문교수단 제2차 토론회 발표문.

최장집, 2000. "한국의 민주화, 시민사회, 시민운동", 한국정치학회 기획학술회의,『한국 시민사회와 민주주의』발표논문.

한상진, 2002. "네티즌과 시민: 인터넷이 민주 정치에 미치는 영향", 대통령자문정책기획위원회,『정책포럼』통권 제32호(가을).

홍덕률, 2003. "한국사회의 세대 연구",『역사비평』, 통권 64호(가을호).

홍성구, 2001.「인터넷과 정치적 공론영역의 복원: 숙의 민주주의를 중심으로

」, 고려대학교 대학원 신문방송학과 박사학위논문.

황 근, 2001. "사이버 공간에서의 정치 커뮤니케이션 양식 분석 연구", 『한국 언론정보학보』 제16호(봄호).

황주성 외, 2001. "인터넷이 정치과정에 미치는 영향과 대응방안 연구", 『인터넷의 정치·사회적 파급효과 및 대응방안 연구』, 과천: 정보통신 정책연구원.

3. 외국 문헌

1) 영문 단행본

Barber, Benjamin, 1984. *Strong Democracy: Participatory Politics for a New Age,* Berkeley, CA: University of California Press.

Budge, Ian, 1996. *The New Challenge of Direct Democracy,* Cambridge: Polity Press.

Corrado, Anthony, & Charles M. Firestone (eds.), 1996. *Elections in Cyberspace: Towerds a New Era in American Politics,* Washington D. C.: Aspen Institute.

Dahl, Robert, 1971. *Polyarchy: Participation and Opposition,* New Haven and London: Yale University. Press.

___________, 1982. *Dilemmas of Pluralist Democracy: Autonomy vs. Control,* New Haven: Yale University Press.

___________, 1985. *Controlling Nuclear Weapons: Democracy versus Guardianship,* New York: Syracuse University. Press.

__________, 1998. *On Democracy,* New Haven, CT: Yale University Press.

Davis, Richard, 1999. *The Web of Politics: The Internet's Impact on the American Political System,* New York: Oxford University.

Domhoff, William G., 1990. *The Power Elite and the State,* New York: Walter de Gruyter.

Ferdinand, Peter, (ed.), 2000. *The Internet, Democracy and Democratization,* London; Portland, Frank Cass.

Fishkin, James S., 1991. *Democracy and Deliberation: New Directions for Democratic Reform,* New Haven: Yale University Press.

Gallagher, Michael & Michael Marsh, (ed.), 1988. *Candidate Selection in Comparative Perspective: The Secret Garden of Politics,* London: SAGE Publication.

Gibson, Rachel and Ward, Stephen (ed.), 2000. *Reinvigorating Democracy?: British Politics and the Internet,* Aldershot ; Burlington: Ashgate.

Gould, Julius, and William L. Kolb, (ed.), 1964. *A Dictionary of the Social Sciences,* New York: Free Press.

Habermas, Jürgen, 1989. *The Structural Transformation of the Public Spere: An Inquiry into a Category of Bourgeois Society,* Cambridge: The MIT Press.

Hague Barry N., and Brian D. Loader, (ed.), 1999. *Digital Democracy: Discourse and Decision Making in the Information Age,* New York: Routledge.

Held, David, 1996. *Models of Democracy,* Stanford: Stanford University.

Hill, Kevin and E. John, 1998. *Cyberpolitics: Citizen Activism in the Age of the Internet,* Hughes Rowman & Littlefield.

Hirst, Paul, 1990. *Representative Democracy and Its Limits,* Cambridge: Polity Press.

Huntington, Samuel, 1991. *The Third Wave,* Norman, OK: University of Oklahoma Press.

Laudon, Kenneth C., 1977. *Communications, Technology and Democratic Participation,* New York: Praeger.

Levy, Pierre, 1997. *Cyberculture,* Minneapolis: University of Minnesota.

Macpherson, C. B., 1977. *The Life and Times of Liberal Democracy,* Oxford: Oxford University Press.

Margolis, Michael and David Resnick, 2000. *Politics as Usual: the Cyberspace "Revolution",* Thousand Oaks: Sage Publications.

Melucci, A., by John Keane & Paul Mier, (ed.), 1989. *Nomads of the Present: Social Movements in Contemporary Society,* Philadelphia: Temple University Press.

Michell, William C., 1970. *The American Polity: A Social and Cultural Interpretation,* New York: Free Press.

Milbrath, Lester W., and M. L. Goel, 1977. *Political Participation: How and Why Do People Get Involved in Politics?,* Chicago: Rand McNally Colleg.

Norris, Pippa, (ed.), 1998. *Elections and Voting Behaviour: New Challenges, New Perspectives,* Brookfield, VT: Ashgate.

Norris, Pippa, 2002. *Democratic Phoenix: Reinventing Political Activism,* Cambridge: Cambridge University Press.

Price, V., 1992. *Public Opinion,* Newbury Park. CA: Sage.

Przeworski, Adam, 1991. *Democracy and the Market: Political and Economic Reforms in Eastern Europe and Latin America,* Cambridge: Cambridge University Press.

Rash, Wayne, 1997. *Politics on the Nets: Wiring the Political Process,* New York: W.H. Freeman.

Rheingold, Howard, 1994. *The Virtual Community,* London: Secker and Warburg.

Riley, Thomas B., & Rogers, (ed.), 2000. *Electronic Governance and Electronic Democracy: Living and Working in the Wired World,* W'O Okot—Uma Commonwealth Secretariat.

Robinson, William I., 1996. *Promoting Polyarchy: Globalizarion, US Intervention,* Chicago: The University of Chicago Press.

Rogers, Evertt M., 1986. *Communication Technology: The New Media in Society,* New York: The Free Press.

Toulouse, Chris, and Timothy W. Luke, (ed.), 1998. *The Politics of Cyberspace: a New Political Science Reader,* New York: Routledge.

Ware, Alan, 1996. *Political Parties and Party System,* Oxford: Oxford University Press.

2) 영문 논문

Barber, Benjamin, 1998—99. "Three Scenarios for the Future of Technology and Strong Democracy", *Political Science Quarterly,* Vol. 113. No. 4.

Becker, Ted, 1993. "Teledemocracy-Gathering Momentum in State and Local Government", *Spectrum*, Spring.

Bimber, Bruce, 1998. "Toward an Empirical Map of Political Participation on the Internet", Paper for presentation at the 1998 annual meeting of the American Political Science Association, Boston, September.

Braungart Richard G., and Margaret M. Braungart, "Life-Course and Generational Politics." *in Annual Review of Sociology.* 12: 205~31. Palo Alto: Annual Reviews.

Button, Mark and Kevin Mattson, 1999. "Deliberative Democracy in Practice: Challenges and Prospects for Civic Deliberation", *Polity*, Vol. 31, No. 4. Summer.

Elshitain, J. B., 1987. "Democracy and QUBE Tube", *The Nation*, August.

Fraser, N., 1990. "Rethinking the public sphere: A contribution to the critique of actuality existing democracy", *Social Text*, Vol. 26.

Gandy, Oscar H. 1989. "The Surveillance Society Information, Technology and Bureaucratic Social Control", *Journal of Communication*, Vol 39. No 3.

Huber, E. and D. Rueschemeyer and J. D. Stephens. 1993. "The Impact of Economic Development on Democracy" *The Journal of Economic Perspective*, Vol. 7. No. 3.

Keohane, Robert and Joseph Nye, Jr., 1998. "Power and Interdepandence in the Information Age", *Foreign Affairs*, Vol 77. No 5(September/October).

London, Scott, 1997. "Civic Networks: Building Community on the Net"

(March)

Ong, Walter 1982. "Writing is a Technology that Restructures Thought", Gerd Baumann, (ed.), *Orality and Literacy: The Technologizing of the Word*, London: Methuen.

Parry, Geraint, and Moran, Michael, 1994. "Democracy and Democratization", in Geraint Parry and Michael Moran (eds.), *Democracy and Democratization*, London & New York: Routledge.

Poster, Mark, 1997. "Cyberdemocracy: Internet and Public Spere", David Porter, (ed.), *Internet Culture*, London: Routlege.

Rahat, Gideon and Reuven Y. Hazan, "Candidate Selection Methods: An Analytical Framework," *Party Politics* Vol. 7. No. 3. London: SAGE.

Resnick, David, 1998. "Politics on the Internet: The Normalization of Cyberspace", Chris Toulouse and Timothy W. Luke. (ed.), *The Politics of Cyberspace: A New Political Science Reader*, New York: Routledge.

Schmidtke, Oliver, 1998. "Berlin in the Net", Roza Tsagarousianou & Damian Tambini & Cathy Bryan, (ed.), *Cyberdemocracy: Technology, Cities, and Civic Networks*, London ; New York: Routledge.

Staton, C. D., 1994. "Democracy's Quantum Leap", Demos Quarterly, No. 3.

Warren, Mark E., 1996. "What Should We Expect from More Democracy? Radically Democratic Responses to Politics", *Political Theory*, Vol. 24. No. 2.

3) 영문 번역서 및 논문

Arterton, Christopher, *Teledemocracy: Can Technology Protect Democracy?*, 한백연구재단 편역, 1994. 『텔레데모크라시』, 서울: 거름.

Barber, Benjamine, *Strong Democracy: Participatory Politics for a New Age*, 박재주 역, 1992. 『강한 민주주의』, 서울: 인간사랑.

Beck, Ulrich, *Die Erfindung des Politischen*, 문순홍 옮김, 1998. 『정치의 재발견』, 서울: 거름.

Beck, Ulrich 「정치의 재창조: 성찰적 근대화 이론을 향하여」, Anthony Giddens·Ulrich Beck·Scott Lash, *Reflexive Modernization*, 임현진·정일준 옮김, 1998. 『성찰적 근대화』, 서울: 한울.

Bobbio, Norberto, *Liberalism and Democracy*, 황주홍 역, 1992. 『자유주의와 민주주의』, 서울: 문학과지성사.

Bobbio, Norberto, *The Future of Democracy: a Defence of the Rules of the Game*, 윤홍근 역, 1989. 『민주주의의 미래』, 서울: 인간사랑.

Bonchek, Mark S., *From Broadcast to Netcast: The Internet and the Flow of Political Information*, 원성묵 옮김, 1997. 『브로드캐스트에서 넷캐스트로』, 서울: 커뮤니케이션북스.

Cairncross, Frances, *The Death of Distance: How the Communications Revolution Will Change Our Lives*, 홍석기 역, 1999. 『거리의 소멸@디지털 혁명』, 서울: 세종서적.

Dahl, Robert A., *Democracy and Its Critics*, 조기제 역, 1999. 『민주주의와 그 비판자들』, 서울: 문학과지성사.

Downs, Anthony, *An Economic Theory of Democracy*, 전인권·안도경 역, 1997. 『민주주의 경제학 이론』, 서울: 나남출판.

Gibson, William, *Neuromancer*, 노혜경 옮김, 1996. 『뉴로맨서』, 서울: 열음사.

Giddens, Anthony, *Beyond Left and Right: The Future of Radical Politics*, 김현옥 역, 1997. 『좌파와 우파를 넘어서』, 서울: 한울.

Giddens, Anthony, *The Third Way and Its Critics*, 박찬욱 외역, 2002. 『제3의 길과 그 비판자들』, 서울: 생각의 나무.

Habermas, J rgen, 한상진 편, 1996. 『현대성의 새로운 지평』, 서울: 나남출판.

Habermas, J rgen "Three Normative Models of Democracy", 한상진 편, 1996. 『현대성의 새로운 지평』, 서울: 나남출판.

Habermas, J rgen, 한상진 외역, 2000. 『사실성과 타당성』, 서울: 나남출판.

Habermas, J rgen, *The Structural Transformation of the Public Sphere: An Inquiry of Bourgeois Society*, 한승완 역, 2001. 『공론장의 구조변동』, 서울: 나남출판.

Held, David, *Models of Democracy*, 이정식 역, 1988. 『민주주의의 모델』, 서울: 인간사랑.

Jones, Steve (ed.), *Doing Internet Research: Critical Issues and Methods for Examining the Net*, 이재현 역, 2000. 『인터넷 연구 방법: 쟁점과 사례』, 서울: 커뮤니케이션북스.

Jordan, Tim, *Cyberpower: The Culture and Politics of Cyberspace and The Internet*, 사이버문화연구소 역, 2002. 『사이버 파워』, 서울: 현실문화연구.

Keane, John, *The Media and Democracy*, 주동황 외 공역, 1995. 『언론과 민주주의』, 서울: 나남출판.

Kourvetaris, George A., *Political Sociology: Structure and Process*, 박

형신·정헌주 옮김, 2003. 『정치사회학』, 서울: 일신사.

Levy, Pierre, *Cyberculture*, 김동윤·조준형 공역, 2000. 『사이버 문화』, 서울: 문예출판사.

Lyon, David, *The Electronic Eye*, 1994. 『전자감시사회』, 대전: 한국전자통신연구소.

Morris, Dick, *VOTE.com*, 이형진·문정숙 공역, 2000. 『Vote.com: 인터넷과 직접 민주주의, 그리고 쌍방향 대화』, 서울: 아르케.

Naisbitt, John, *Megatrends: Ten New Directions Transforming Our Lives*, 박재두 역, 1985. 『탈산업사회의 새 조류』, 서울: 법문사.

Orwell, George, *Nineteen Eighty-Four*, 정회성 역, 2003. 『1984』, 서울: 민음사.

Pateman, Carole, *Participation and Democratic Theory*, 권오진·홍민식 옮김, 1986. 『참여와 민주주의』, 부산: 서당.

Poulantzas, Nicolas, *State, Power and Socialism*, 박병영 옮김, 1994. 『국가권력·사회주의』, 서울: 백의.

Poster, Mark, *The Second Media Age*, 이미옥·김준기 공역, 1998. 『제2미디어 시대』, 서울: 민음사.

Przeworski, Adam, (ed.), *Sustainable Democracy*, 김태임·지은주 공역, 2001. 『지속가능한 민주주의』, 서울: 한울.

Reingold, Howard, *Smart Mobs: the Next Social Revolution*, 이윤경 역, 2003. 『참여군중』, 서울: 황금가지.

Ronfeldt, David, *Cyberocracy is Coming*, 홍석기 역, 1997. 『정보지배사회가 오고 있다: 사이버시대와 정보통신혁명』, 서울: 자작나무.

Sabine, George 외, 강정인·김세걸 엮음, 1994. 『현대 민주주의론의 경향과 쟁점』, 서울: 문학과 지성사.

Sartori, Giovanni, *The Theory of Democracy Revisited, Part One: The Contemporary Debate*, 이행 역, 1989. 『민주주의 이론의 재조명 Ⅰ』, 서울: 인간사랑.

Schiller, Herbert, *Information and the Crisis Economy*, 강현두 역, 1990. 『현대 자본주의와 정보지배논리』, 서울: 나남.

Shapiro, Andrew L., *The Control Revolution: How the Internet is Putting Individuals in Charge and Changing the World We Know*, 김명준 역, 2001. 『테크놀로지와 통제혁명』, 서울: 커뮤니케이션북스.

Smith, Marc, & Peter Kollock, (ed.), *Communities in Cyberspace*, 조동기 역, 2001. 『사이버공간과 공동체』, 서울: 나남출판.

Tofler, Alvin, *The Third Wave*, 이규행 감역, 2002. 『제3의 물결』, (서울: 한국경제신문사.

Webster, Frank, *Theories of The Information Society*, 조동기 역, 1997. 『정보사회이론』, 서울: 사회비평사.

Wolfe, Joel D. "Varieties of Participatory Democracy and Democratic Theory", *The Political Science Reviewer*, Vol. 16. 안승국 외 편역, 1995. 『민주주의론 강의 1』, 서울: 인간사랑.

4. 인터넷 URL 자료

박동진, 2003. 「인터넷과 16대 대선: 전자적 공론장의 가능성을 중심으로」, http://www.arc.re.kr/krfspecial/krfspecial3.asp(검색일 2003. 8. 22)

유석진, 2002. 「인터넷 투표의 허와 실」, 미래전략연구원 발표논문. http://www.kifs.org/main/info_article_view.php?section=2&s_id=594(검색일 2003. 9. 18)

이갑윤·문용직, 1995. 「투표행태의 변화와 정당제 변동, 1987~1996」, 서울: 한국의회발전연구회. http://www.assembly.re.kr/html/94-95leek.htm(검색일 2003. 9. 18)

Barber, Benjamin R., 2000/2001. "Which Technology for Which Democracy? Which Democracy for Which Technology?" *International Journal of Communications Law and Policy*, Issue 6. http://www.ijclp.org/6_2001/pdf/ijclp_webdoc_5_6_2001.pdf (검색일 2003. 9. 5)

Bearse, Peter, "Why is People's Political Participation Important?", http://www.iog.ca/policity/CP/Public%20Library/references.htm(검색일 2003. 9. 5)

Friedland, Lewis A., "Electronic Democracy and the New Citizenship" http://www.cpn.org/crm/contemporary/electronic.html(검색일 2003. 9. 5)

Kamarck, Elane Ciulla, 1999. "Campaigning on the Internet in the Off-Year Elections of 1998", http://siyaset.bilkent.edu.tr/ Harvard /kamarck2.htm(검색일 2003. 9. 5)

London, Scott, 1995. "Teledemocracy vs. Deliberative Democracy: Comparative Look at Two Models of Public Talk", *Journal of Interpersonal Computing and Technology*, Vol. 3. No. 2(April). http://www.scottlondon.com/reports/index.html(검색일 2003. 9. 18)

London, Scott, 1994. "Electronic Democracy: A Literature Survey", (March). http://www.scottlondon.com/reports/index.html(검색일 2003. 9. 18)

Mansbridge, Jane, 1995. "Does Participation Make Better Citizens?",

304

        http://www.cpn.org/crm/contemporary/participation.html#top.
        (검색일 2003. 10. 2)

Poster, Mark, 1995. "Cyberdemocracy: Internet and the Public Sphere",
        http://www.hnet.uci.edu/mposter/writings/democ.html(검색일
        2003. 10. 2)

Thomas B. Riley, 2001. "Electronic Democracy and Change", The Riley
        Report (Feb), http://www.rileyis.com/report/feb2001.htm(검
        색일 2003. 9. 18)

http://www.knowhow.or.kr/warp/app/home/kr_home(검색일 2003. 9. 18)

http://www.nosamo.org

http://www.ngokorea.org

http://www.ohmynews.co.kr 2002. 5. 8일(검색일 2003. 9. 18)

http://www.people.go.kr

5. 신문 및 잡지

강원택, 2002. 「'G'이펙트가 지역성 누른다」, 『신동아』 8월호.

김교준, 2002. 「3김식 정치의 종말」, 『월간중앙』 5월호.

김기영, 2002. 「정치권 지각변동의 핵, 네티즌 파워」, 『신동아』 5월호.

김호기, 2002. 「이회창의 보수인가, 노무현의 진보적 중도인가」, 『신동아』 8월호.

박성원 · 김재환, 2003. 「국민참여가 '뉴코리아'의 원동력」, 『뉴스위크 한국판』
        3. 5일.

안부근, 2002. 「'노풍의 견인차' 30대 표심정밀 분석」, 『월간중앙』 5월호.

윤성이, 2002. 「인터넷 투표, 정치문화 바꿀까?」, 『주간 조선』 1. 24일.

신정록, 2003. 「2002 대선과 새 대통령의 과제: 광주경선 이변에서 대통령
        당선까지의 노무현 드라마 내막」, 『월간조선』 1월호.

안철홍, 2000. 「'클릭' 인터넷, '접속' 전자 민주주의: 사이버 공간 새로운 정치 실험 활발…분열 지향적 여론 부추기는 역기능도」, 『시사저널』 10. 5일.

정영태, 2002. 「한국정치, 보혁구도로 가나」, 『월간중앙』 5월호.

조기숙, 2002. 「경선폭풍, 한국정치 대변혁의 전주곡」, 『신동아』 5월호.

클라우스 레게비, 2001. 「민주적 사이버 공간을 점령하는 상혼을 차단하라: 독일 기센대학 정치학과 클라우스 레게비 교수의 에세이: 직접민주주의를 재현하는 인터넷 정치」, 『월간중앙』 1월호.

· 저자 ·

정동규(鄭東圭)
· 고려대학교 물리학과 졸업
· 성균관대학교 대학원 정치학박사
· (사)한국사회과학연구소 연구원
· 한국정당정치연구소 책임연구원
· 성균관대학교 강사
· 국제정보격차해소 정책협의회 자문위원

논문 및 공저

· 「인터넷과 정치: 정치관계법을 중심으로」
· 「인터넷과 선거참여: 온/오프라인 정치참여의 상호작용」
· 「利用因特网參政和韓國選擧」
· 「선거와 정치참여: 2000년 이후 한국의 선거를 중심으로」
· 『강좌 한국사: 북한의 정치와 사회 2』(공저), (한길사, 1995)

인터넷과 참여민주주의

· 초판 인쇄	2005년 7월 5일
· 초판 발행	2005년 7월 10일
· 지 은 이	정동규
· 펴 낸 이	채종준
· 펴 낸 곳	한국학술정보㈜
	경기도 파주시 교하읍 문발리 526-2
	파주출판문화정보산업단지
	전화 031) 908-3181(대표) · 팩스 031) 908-3189
	홈페이지 http://www.kstudy.com
	e-mail(e-Book사업부) ebook@kstudy.com
· 등 록	제일산-115호(2000. 6 19)
· 가 격	19,000원

ISBN 89-534-2445-3 93340 (Paper Book)
89-534-2446-1 98340 (e-Book)